U0563519

云南省哲学社会科学创新团队成果文库

中国餐饮产业发展研究：2000－2020年

Studies in Catering Industry Development of China: 2000-2020

于干千　著

社会科学文献出版社
SOCIAL SCIENCES ACADEMIC PRESS(CHINA)

国家社会科学基金项目
“我国餐饮业高质量发展的产业政策转型研究”(19BJY181）研究成果

《云南省哲学社会科学创新团队成果文库》编委会

《云南省哲学社会科学创新团队成果文库》编辑说明

《云南省哲学社会科学创新团队成果文库》是云南省哲学社会科学创新团队建设中的一个重要项目。编辑出版《云南省哲学社会科学创新团队成果文库》是落实中央、省委关于加强中国特色新型智库建设意见，充分发挥哲学社会科学优秀成果的示范引领作用，为推进哲学社会科学学科体系、学术观点和科研方法创新，为繁荣发展哲学社会科学服务。

云南省哲学社会科学创新团队从 2011 年开始立项建设，在整合研究力量和出人才、出成果方面成效显著，产生了一批有学术分量的基础理论研究和应用研究成果，2016 年云南省社会科学界联合会决定组织编辑出版《云南省哲学社会科学创新团队成果文库》。

《云南省哲学社会科学创新团队成果文库》从 2016 年开始编辑出版，拟用 5 年时间集中推出 100 本云南省哲学社会科学创新团队研究成果。云南省社科联高度重视此项工作，专门成立了评审委员会，遵循科学、公平、公正、公开的原则，对申报的项目进行了资格审查、初评、终评的遴选工作，按照“坚持正确导向，充分体现马克思主义的立场、观点、方法；具有原创性、开拓性、前沿性，对推动经济社会发展和学科建设意义重大；符合学术规范，学风严谨、文风朴实”的标准，遴选出一批创新团队的优秀成果，根据“统一标识、统一封面、统一版式、统一标准”的总体要求，组织出版，以达到整理、总结、展示、交流，推动学术研究，促进云南社会科学学术建设与繁荣发展的目的。

编委会

2017年6月

前　言

中国餐饮业从1978年一个50亿元规模的传统服务业，到2018年跨越式发展成为超过4万亿元收入的基础型生活服务产业，年均复合增长率高达18%，在稳增长、促消费等经济贡献方面一直稳居传统服务业前列，走出了一条中国特色的餐饮业发展之路。中国餐饮业被称为持续吸纳社会就业的“稳定器”，中小企业、民营经济发展的“晴雨表”，是“大众创业、万众创新”的“聚集地”，是人民群众幸福感、获得感最直接的表达。中国餐饮业在实施乡村振兴战略、传承传统文化、发挥美食外交作用等方面的独特行业价值正在逐步被认可和放大。

进入21世纪，中国餐饮业把握餐饮市场化和餐饮需求社会化的发展机遇，实现了粗放式的高速发展，餐饮收入快速突破万亿元（2006）、2万亿元（2011）、3万亿元（2015）和4万亿元（2018），成为全球第二大餐饮市场。在21世纪前20年的发展中，中国餐饮业既分享了改革开放红利带来的繁荣，又煎熬过内外环境突变后的“寒冬”，产业发展回归理性，转型升级加速推进，发展速度重回高增长轨道，成为消费升级新形势下现代服务业的重要组成部分。

2000—2020年，餐饮业产业能力虽有提升，但较制造业而言仍处于较低水平，主要体现在：一是产业化程度低，产业生产水平总体以家庭作坊式生产为主，产业分工水平低下；二是品牌竞争力弱，全国性品牌餐饮企业相对较少；三是创新能力弱，产品同质化程度高；四是食品安全风险控制能力不足。这种低水平粗放式发展在外部政策、经济、社会和技术环境冲击下面临着较大产业发展压力。正是这种外部压力，成为近年来餐饮业转型升级的巨大推动力。

2020年新春伊始，一场突如其来的新冠肺炎疫情对餐饮全产业链产生了剧烈的冲击，导致需求端受到抑制，供给端运转停顿，停摆的联动效应开始凸显。据国家统计局公布的数据，2020 年 1—11 月全国餐饮收入 34578 亿元，同比下降 18.6%，降幅比社会消费品零售总额降幅高出 13.8 个百分点，餐饮业并未出现理想的消费反弹，这种“断崖式”的骤降远超过 2003 年“非典”对餐饮业的影响，创下了新中国 70 年餐饮产业收入降幅之最。

习近平总书记强调，“危和机总是同生并存的，克服了危即是机”。新冠肺炎疫情虽然给餐饮业全产业链带来巨大危机，但疫情不改中国长期发展趋势，危机不改人民对高质量餐饮的新期待。在当前社会经济形势下，既要全面估量新冠肺炎疫情对餐饮业发展所产生的冲击与影响，充分认识餐饮业对当前保就业、稳消费的重要作用，从抗击新冠肺炎疫情中总结经验、反思教训、精准施策、帮扶企业共渡难关；又要对餐饮业长期向好的发展趋势和社会、经济、文化、生态贡献有清晰的判断，化危为机，加快产业转型升级。

本研究成果对 2000—2020 年中国餐饮产业发展的历程、基本经验进行系统研究，探析餐饮产业经济运行的基本规律，研究其经济、社会及文化等产业功能与作用，研讨餐饮业供给侧结构性改革的经验，对于准确把握传统服务业产业转型升级的路径、新时代餐饮业高质量发展的趋势有重要的研究价值，亦可为推动中国餐饮业高质量发展的理论研究和实践探索提供借鉴参考。

在云南省社科联及餐饮产业升级与饮食文化创新团队的支持下，笔者梳理回顾中国餐饮业 21 世纪前 20 年的发展历程，将餐饮业宏观经济运行、政策变迁、产业转型升级、供给侧结构性改革、饮食文化传承、地方餐饮业发展实践等方面的团队和个人研究成果进行梳理和总结，汇集成《中国餐饮产业发展研究：2000—2020 年》成果，主要包括以下五个方面的内容。

第一，中国餐饮业高质量发展的产业政策转型研究。围绕餐饮业高质量发展的产业政策转型，结合新冠肺炎疫情对餐饮业的冲击与影响，就重新认识餐饮业的产业地位与作用、短期扶持政策的调整、长期产业政策的转型进行研讨。

第二，2011—2019 年中国餐饮产业年度发展报告。该部分回顾总结 2011—2019 年中国餐饮业发展的历程、主要特征，以年度报告的形式全景式描绘中国餐饮业取得的主要成绩和存在的主要问题，并就餐饮业可持续发展提出策略和建议。其中 2018 年度报告聚焦改革开放 40 年中国餐饮业发展成就，2016 年度报告对“十二五”时期中国餐饮业的发展进行回顾与总结。

第三，中国餐饮产业创新与改革实践研究。围绕餐饮业产业创新、供给侧结构性改革等现实要求，就行业存在的共性问题展开研究，并提出对策建议。

第四，云南省餐饮产业发展研究。从产业政策、品牌建设产业优化升级等视角，梳理总结了云南省发展餐饮产业的经验，提供了传统服务业产业政策研究的案例。

第五，饮食文化研究。围绕饮食类非物质文化遗产的标准和传承展开研究，并对 2001—2011 年中国饮食文化的研究情况进行归纳总结。

本书是 2019 年国家社会科学基金项目“我国餐饮业高质量发展的产业政策转型研究”（19BJY181）的研究成果。感谢全国餐饮业界同人对笔者研究的鼎力支持，感谢世界中餐业联合会提供的研究平台，感谢云南省社科联对创新团队和本书出版的资助。期望中国餐饮业能迅速从新冠肺炎疫情的困境中走出来，重新步入经济新常态下的发展轨道，化危为机，坚定不移地走转型升级之路，推动产业高质量发展，不断满足人民对美好生活的新期待。笔者将与餐饮业界同人一起，保持冷静的头脑和理性的思维，持续关注中国餐饮产业的发展，不断总结与反思，期望下一个 20 年能为业界奉献中国餐饮产业发展研究的姊妹篇。

Preface

China's catering industry has greatly developed from a 5 billion Yuan scale of traditional service industry in 1978 to more than 4 trillion Yuan income life service consumption industry in 2008. With the average annual compound growth rate as high as 18% , and the steady growth and promoting consumption, China's catering industry has stood out firmly on the contribution of the economy in the traditional service industries, and walked out a catering industry development road with Chinese characteristics. China's catering industry is known as a "stabilizer" for continuously absorbing social employment, a "barometer" for the development of small and medium - sized enterprises and private economy, and a "gathering place" for mass entrepreneurship and innovation in the service sector. It is the most direct expression of people's happiness and sense of fulfillment. The unique industry value of China's catering industry in implementing the strategy of rural revitalization, inheriting traditional culture and playing the role of gourmet diplomacy is gradually recognized and amplified.

In the 21st century, China's catering industry has grasped the development opportunities of marketization and socialization of catering demand, and achieved extensive and rapid development. The catering revenue has rapidly exceeded trillion Yuan (2006), 2 trillion Yuan (2011), 3 trillion Yuan (2015) and 4 trillion Yuan (2018), making it the second largest catering market in the world. In the first 20 years of the 21st century development, China's catering industry not only shared the dividend boom of reform and opening up, and also rode out the "winter" environment mutation from both inside and outside. With the rational regression of industrial development, transformation upgrading and accelerating, China's catering industry growth has returned to high track and become the important part of modern service industry under the "new normal" of China's consumption.

During the period from 2000 to 2020, although the industrial capacity of the catering industry has been improved, it is still at a lower level than that of the manufacturing industry. Firstly, the industrialization degree is low, industrial production level gives priority to the family workshop type production on the whole, and the industrial division of labor level is also low. Secondly, the brand competitiveness is weak, the national brand catering enterprises are relatively few. Thirdly, the innovation ability is weak, the product homogeneity degree is high. Fourthly, the food safety risk control ability is insufficient. Under the impact of external policy, economy, society and technological environment, this kind of low level and extensive development is confronted with great industrial development pressure. It is this external pressure that has become a huge impetus for the catering industry to accelerate the transformation and upgrading in recent years.

At the beginning of the New Year in 2020, a sudden outbreak of COVID – 19 had a severe impact on the whole food and beverage industry chain. The demand side was suppressed, the supply side stopped running, and the linkage effect of the shutdown began to stand out. According to the National Bureau of Statistics, from January to November, 2020, the catering revenue was 3. 4578 trillion Yuan, decreasing by 18. 6%, which was 13. 8% higher the total retail sales of consumer goods. But the catering industry did not appear ideal rebound in consumption, this kind of "precipice plunge type" has further impact than "2003 SARS" on food and beverage industry and establishes the new record for 70 years in new China.

General Secretary Xi Jinping stressed that "Danger and opportunity always exist side by side. overcoming a crisis is an opportunity". Although the outbreak of COVID – 19 has brought a huge crisis to the whole industry chain of the catering industry, the pandemi has not changed the long – term development trend of China, and the crisis has not changed people's new expectations for high – quality catering. Under the current social and economic situation, we should not only comprehensively assess the impact and influence of COVID – 19 epidemic on the development of catering industry, fully understand the important role of catering industry in maintaining employment and stabilizing consumption, but also summarize the experience, reflect on the lessons, adopt precise measures and help enterprises to tide over the difficulties. In addition, we should have a clear judgment on the long – term well development trend of the catering industry and its social, economic, cultural and ecological contributions, try to turn the crisis into an opportunity, and accelerate the industrial transformation and upgrading.

The research achievements focus on the systematic research of the development and basic experience of China's catering industry in the last 20 years, analyze the basic economic operation rule in catering industry, its economic, social and cultural function and significance, also explore the experience of catering supply side structural reform, provide crucial research value to accurately grasp the path of the industrial transformation and upgrading of the traditional service industry for the high-quality development in the new era, and offer the reference for the theory research and practice exploration for promoting the catering industry with high quality in China.

With the support from Academy of Social Sciences in Yunnan province and catering industry culture innovation team, the author clarified and reviewed the China's catering industry development for the first 20 years in the 21st century, combining personal research achievements including the catering industry macroeconomic operation, policy changes, the industrial transformation and upgrading, supply side structural reforms, the diet culture heritage, the local catering industry development practice to form the *Studies in Catering Industry Development of China*: *2000 – 2020*, mainly including the following five aspects.

First, do research on the transformation of industrial policy for high – quality development of catering industry. Centering on the transformation of industrial policy for high – quality development of the catering industry, and combining the impact and influence of COVID – 19 epidemic on the catering industry, this book discusses the rediscovering of the industrial position and role of the catering industry, the adjustment of short – term support policies, and the transformation of long – term industrial policies.

Second, review and summarize the development, main features of China's catering industry from 2011 to 2019 with the annual and panoramic report, the main achievements and existing problems are depicted, also the strategies and suggestions are offered in terms of the sustainable development. Therein, 2018 annual report focuses on the development achievements of China's catering industry of 40 years reform and opening-up, 2016 annual report summarizes the development of China's catering industry during the 12th Five-year plan period.

Third, do research on the innovation and reform of China's catering industry practice. Based on the realistic requirements of industry innovation and supply – side structural reform in the catering industry, this book studies the common problems in the industry and puts forward countermeasures and suggestions.

Fourth, do research on catering development in Yunnan. This book sorts out and summarizes the experience of catering development in Yunnan from the industrial policy, brand construction and industrial upgrading perspectives. Case study of the traditional service industry policy is given.

Fifth, do research on culinary culture. This book conducts the research on the standard and inheritance of intangible cultural heritage of Chinese diet, summarizes the research on the Chinese culinary culture from 2001 to 2011.

This book is the research achievement of National Social Science Fund project named "Research on the industrial policy transformation of high-quality development of China's catering industry" (19BJY181). The sincere appreciation goes to all the colleagues in the catering industry in China for their support to the author's research, the research platform offered by the World Chinese Restaurant Association, and Academy of Social Sciences in Yunnan province for their support to the innovation team and the publication of this book. It is expected that China's catering industry can quickly recover from the plight of COVID – 19 epidemic, step back into the development track under the new normal of the economy, turn crisis into opportunity, consistently take the road of transformation and upgrading, promote the high – quality development of the industry, and continuously meet the new expectations of the people for a better life. The author will keep a cool head and rational thinking together with the catering colleagues, continue to pay attention to the development of China's catering industry, constantly summarize and reflect, and expect to give the following contribution to the development of China's catering industry research for the next 20 years.

目录

Contents

表目录

图目录

第一章

中国餐饮业高质量发展的产业政策转型研究

第一节　中国餐饮业高质量发展的产业政策转型：基于公共卫生安全的视角①

餐饮业是新冠肺炎疫情防控的重要阵地，也是复工复产、提振消费信心的“试金石”，还是受到新冠肺炎疫情影响最为深远的生活服务业和政府重点扶持的民生产业之一。2020 年春节至今，各地餐饮企业按照当地政府统一部署要求积极开展门店和就业人员的疫情防控工作，大量餐饮门店进入停摆或半停摆状态。这使得餐饮企业在本应火热的春节市场中进入凛冽寒冬，在面临疫情防控极大压力的同时，面临巨大的经营压力，乃至生存危机。

餐饮业的高质量发展，既是满足人民美好生活新期待的必然要求，也是巩固抗疫成果、助推餐饮业转型升级的迫切需求。新冠肺炎疫情致使餐饮业面临前所未有的信誉危机、生存危机，完全依靠市场实现自我恢复增长或寄希望于疫情过后出现“报复性消费反弹”是一种理想状态，政府更需要从“消费反弹有限、恢复增长乏力”的非理想市场状况考量，更加积极主动地就产业政策做出适时、适度的调整，以应对“市场失灵”时的“政策缺陷”，从抗击新冠肺炎疫情中总结经验、提升治理效能。为了帮助餐饮企业渡过此次疫情难关，中央及地方政府出台了一系列直接或间接的

① 于千千、赵京桥、杨遥：《公共卫生安全视域下餐饮业高质量发展的产业政策转型》，《开发研究》2020 年第 4 期。本节第二部分“危中有机的后疫情餐饮市场”内容系根据疫情防控的新形势、新要求，在原文的基础上新增的研究成果。

扶持政策，积极采取措施，有效减轻了餐饮企业成本压力，在一定程度上缓解了当前的短期困难。为帮扶餐饮企业走出困境，重新步入稳定、健康发展的轨道，有效抑制餐饮业下滑的趋势，化危为机，推动产业转型升级和高质量发展，不仅需要政府精准调整短期扶持政策，强化政策实施保障，更需要政府以高质量发展为指引完善长期产业政策。

一　新冠肺炎疫情对餐饮产业的冲击与影响

新冠肺炎疫情引发的公共卫生安全危机对餐饮全产业链的冲击，致使全国几乎所有的餐饮门店和大部分上游企业、相关行业进入休业状态；对餐饮业短期可见的以及长期高质量发展的影响，可以从产业增长、产业就业、产业结构、全产业链、产业文化和产业安全六个方面来看。

（一）产业增长影响

近几年来，餐饮产业紧抓消费升级趋势，围绕大众化消费，依托信息技术，加快推进供给侧结构性改革，产业收入规模保持稳定、快速的增长势头。到 2019 年，全产业收入达到 4.67 万亿元，继续保持 9.4% 的较快增长速度①；餐饮业已经成为社会消费增长的重要动力之一，是增强中国经济内生增长动力的重要消费产业。但自 2020 年 1 月突发新冠肺炎疫情以来，为配合新冠肺炎疫情的防控，大部分餐饮企业处于停摆和半停摆状态，不仅在往年最火热的春节市场颗粒无收；还要承担营运成本和存货损失，不少企业因此现金流濒临枯竭，甚至有不少企业及个体经营户退出市场。尽管随着疫情防控取得了积极成效，在复工复产政策推动下，社会、经济逐步恢复正常秩序，但餐饮门店由于在此次疫情传播中具有较高公共卫生安全风险，复工面临巨大疫情防控压力，而且消费者对公共卫生安全的信心依然不足，正常经营面临重重挑战。整个产业的良好增长势头在此次全国公共卫生安全事件中被迅速遏制。国家统计局公布，2020 年 1—3 月餐饮收入 6026 亿元，同比下降 44.3%，是社会消费品零售总额降幅的

---

① 国家统计局：http://www.stats.gov.cn/tjsj/zxfb/202001/t20200117_1723391.html。

2.3 倍；3 月份餐饮收入同比下降 46.8%，降幅比 1—2 月扩大 3.7 个百分点，而社会消费品零售总额降幅比 1—2 月收窄 4.7 个百分点。[①] 餐饮业并未出现理想的消费反弹，这种“断崖式”的骤降远超过 2003 年“非典”对餐饮业的影响，创下了新中国成立 70 年来餐饮产业经济降幅之最。虽然预期疫情结束后会迎来一定消费反弹，但此次公共卫生安全事件带来的冲击会给整个产业的未来发展和产业消费的公共卫生安全信心蒙上阴影，产业恢复期需要进一步延长，如果全球疫情进一步恶化，在国内没有相应消费刺激的情形下，预计 2020 年全年餐饮业增速将达历史“冰点”，负增长可能达到两位数以上。

（二）产业就业影响

餐饮业属于典型的劳动密集型服务行业，在吸纳城镇闲散劳动力和农村转移劳动力中贡献显著。从就业规模来看，由于餐饮业全产业就业统计数据缺乏，按照规模以上餐饮人均年餐费收入 21.35 万元推算，2018 年全行业就业人数至少达到 2000 万人。由于规模以上餐饮企业人均效率高于规模以下企业，而且规模以下餐饮企业收入在全行业占比达到 78%，餐饮业就业人数估计达到 2600 万人。如果加上流动饮食摊贩、农家乐等，餐饮业实际就业人数会超过 3000 万人。除直接就业贡献外，餐饮业还带动围绕餐饮业发展的农业、食品加工业、餐饮设备制造业、餐饮信息服务业等产业的间接就业。

从就业群体特征来看，主要有五个特点。一是餐饮业从业人员大多数为来自农村的青年劳动力，其就业及收入对家庭收入影响较大。新冠肺炎疫情使餐饮企业停工、歇业甚至破产的风险剧增，返城受阻、就业搜寻时间延长，也进一步影响部分农民工的就业决策；二是从业人员平均文化程度为高中以下（占比 67.6%，2017 年）[②]，自主创业和再就业能力较低，容易形成不稳定因素；三是从业者中女性占比较高，约 60% 以上[③]，容易形成弱势失业群体；四是餐饮业已经成为大学生创业

---

① 国家数据：http://data.stats.gov.cn/easyquery.htm? cn = A01&zb = A0701&sj = 202003。

② 国家统计局：http://www.stats.gov.cn/tjsj/ndsj/2018/indexch.htm。

③ 国家统计局：http://www.stats.gov.cn/tjsj/ndsj/2019/indexch.htm。

选择较多的行业，抵御风险的能力较差，出现“关店潮”在所难免，将对大学生创业形成较大冲击；五是餐饮业是实施精准扶贫战略选择较多的产业扶贫行业，如餐饮农家乐、农村原辅食材种植养殖及食品加工等。

因此，受到疫情影响后，不少餐饮企业退出市场或关闭门店，以及通过裁员降低成本，同时新增餐饮门店的停滞也减少了大量新增就业机会，这会对低收入人群的家庭收入、就业机会和社会稳定造成较大冲击和影响，加大了以餐饮业相关产业链为依托的贫困地区的返贫风险。尽管有的餐饮企业通过与盒马鲜生等零售企业合作降低人员成本，度过此次疫情，但这种“共享员工”模式难以在行业内普遍推广。

（三）产业结构影响

在新冠肺炎疫情影响下，生存和发展倒逼餐饮企业必须加快适应当前社会经济数字化进程加速推进的新形势以及需求热点的转换，对餐饮业的产业结构产生了重要影响，主要体现在以下四个方面。

一是从食材来源看，以龟、蛇、虫、鸟等动物食材及辅料的养殖、流通、生产加工以及消费等环节都会受到严厉的监管，市场和消费者对食材安全属性要求的理性回归，不仅对原材料、辅料市场的品类、生产、流通、消费产生影响，也对业界选择餐饮食材新、奇、特、鲜等传统美食思维产生冲击。与新冠肺炎疫情直接或间接相关的食材市场会进一步压缩，有些敏感食材受到禁食禁令影响而退出市场。受到新冠肺炎疫情以及近年来其他全球公共卫生安全事件的影响，消费者对禁止非法交易和滥食野生动物形成了广泛共识。“没有买卖就没有杀害”，为了从源头革除陋习，遏制野味饮食文化，提倡健康、生态的饮食文明，全国人大常委会出台了《关于全面禁止非法野生动物交易、革除滥食野生动物陋习、切实保障人民群众生命健康安全的决定》（以下简称《革除滥食野生动物陋习的决定》）[①]。各地陆续出台地方法规落实会议精神，出台地方禁食的野生动物

---

① 全国人民代表大会常务委员会：《关于全面禁止非法野生动物交易、革除滥食野生动物陋习、切实保障人民群众生命健康安全的决定》，2020 年 2 月 24 日，中国共产党新闻网，http：//cpc. people. com. cn/n1/2020/0225/c419242 - 31602497. html。

名单，餐饮食材负面清单目录呼之欲出。

二是从生产方式来看，符合卫生安全规范的标准化餐饮生产方式在应对公共卫生安全事件中更具抗风险能力。一些连锁餐饮企业加大了中央厨房、无接触服务等设备设施的投入，不仅考虑在生产安全性、产品安全性上能够满足新冠肺炎疫情防控需要，而且着眼于未来满足大规模、标准化生产服务的需求，以应对餐饮生产方式的变革。

三是从餐饮网点布局来看，围绕社区餐饮服务发展的餐饮网点在新冠肺炎疫情中更具有韧性，而对过去以人流聚集发展的商业中心网点冲击较大；许多餐饮门店充分利用门店的生产和流通能力，满足门店周边的民生保障需求，进一步提高餐饮门店的零售能力，如向消费者销售净菜等食材，餐饮半成品等，逐步向综合性社区生活服务提供商转型。

四是从业态来看，以堂食为主的正餐业、休闲餐饮业态受到冲击最大，而快餐、团餐企业在抗疫中可以更好地适应无接触餐饮服务的要求，满足抗疫、复工复产的民生保障要求；从商业模式来看，自建和第三方在线餐饮服务平台快速发展，成为当前餐饮供需匹配的重要平台，在线外卖模式已经成为餐饮企业生存发展的重要商业模式。

（四）全产业链影响

随着餐饮业规模的不断增长，围绕餐饮企业的生产形成了巨大的产业链市场，既包括了食材种植养殖、调味料生产、食品加工等供应链市场，又包括了餐饮业相关生产性服务市场和设备制造市场。在新冠肺炎疫情造成餐饮产业停摆的状态下，餐饮全产业链也受到了巨大冲击，餐饮业需求端受到抑制，供给端运转停顿。首先，受疫情的影响，乡村道路的封阻、物流运输的困难等原因导致很多产品出现了滞销的情况，尤其是农副产品滞销最为严重。这些农副产品大多存放时间短、不易储存，因此它们的滞销会给农民带来严重的损失。疫情下供需的严重不平衡，供应链中的生产端、流通端都受到不同程度的影响，产品积压卖不出、消费者高价才能买到的现象普遍存在。其次，社会总需求短期受到抑制，产业链终端面对消费者的企业受到的冲击最大，餐饮业因疫情导致的群体性需求收缩，损失惨重，特别是春节正处于消费旺季，整个高效运转的餐饮供应链被突如其来的公共卫生安全事件瞬间冻结，对链条仓储、物流、资金流带来巨大压力，也造成了大量存货损失。与餐饮业相关的生产性服务业、设备制造业也难独善其身，损失无法估量。

（五）产业文化影响

新冠肺炎疫情对餐饮产业文化的影响主要有三个方面。

1. 坚决遏制野味饮食文化的发展

《中国－世界卫生组织新型冠状病毒肺炎（COVID－19）联合考察报告》明确了新型冠状病毒为动物源性病毒，可能宿主为蝙蝠。尽管中间宿主还未确定，但是病毒源于野生动物成为共识，食用野生动物之风被广泛诟病。全国人大常委会通过了《革除滥食野生动物陋习的决定》，从国家层面坚决抵制滥食野生动物的陋习，在全国掀起了遏制野味饮食文化，提倡健康、生态的饮食文明浪潮。

2. 加速了双筷、公筷、分餐等文明餐饮社交文化的普及

在疫情防控背景下，单筷制、共餐制等中餐传统的餐饮社交习惯并不符合公共卫生安全要求。世界中餐业联合会倡议全球中餐业，推动“分餐制、公筷制、双筷制”① 等文明聚餐方式进入餐厅服务规范，对进一步提高餐饮业公共卫生安全水平和重塑中餐业的行业形象有着重要且深远的影响。

3. 回归家庭厨房的亲情文化对餐饮社交文化的影响

由于疫情期间服务业全面停摆，平日忙碌的民众终于得以停下脚步宅在家里陪伴家人或自己独处。尤其恰逢春节这个中华民族最重要的节日，“人间烟火味，最抚凡人心”；一日三餐成为家人联络感情最重要的纽带，家庭成员的感情更加深厚，互相理解，家庭观念意识越来越强，随之将带动餐饮社交文化的改变，以及共享厨房、线上餐饮教学等餐饮新业态的产生。

---

① 世界中餐业联合会，中国贸促会商业行业委员会：《中餐分餐制、公筷制、双筷制服务规范》（标准编号为：T/CCPITCSC 101—2020 和 T/WFCCI 101—2020），http：//www. wacc. cn/info. php？ act = detail&id = 1865。世界中餐业联合会：《“培养健康饮食习惯、共创中华餐桌文明”倡议书》，www. wacc. cn/info. php？ act = detail&id = 1861。

（六）产业安全影响

此次突发重大公共卫生事件对整个餐饮业的冲击，暴露了餐饮产业在防范突发公共卫生安全事件上的严重不足，同时使人们对餐饮业产业安全内涵有了清晰和深刻的认识。在加强食品安全风险管控的同时，还要建立和完善防范突发公共卫生安全风险的应急体制机制，保障国家或地区在应急状态下的餐饮供应有序、稳定、安全。

1. 食品安全治理体系和治理能力现代化进程加速

新冠肺炎疫情再次倒逼食品安全管控升级；促使理顺监管主体职责职能，推进“跨部门联合监管”进而形成监管合力，实现“全链条、全流程监管”是餐饮业高质量发展的体制机制保障。一要立足食品安全风险关键控制点建立权责明晰的食品安全监管体系，推进食品安全监管资源向基层倾斜、提升监管效率，实现食品安全集中监管与日常监督无缝对接；二要加强各部门食品安全信息交流，依托大数据和区块链技术构建食品安全信息交流平台，实现各级食品安全监管部门实时共享风险识别和风险预警信息，为实施有效的风险防控措施提供信息支撑；三要健全食品安全信息披露机制，推进餐饮企业信用档案建设，完善餐饮企业失信公示制度和违法问责制度，加强食品安全舆情管理，创新政府、餐饮企业、第三方机构、媒体和消费者等多元主体共治的监管模式。

2. 将餐饮业纳入公共健康体系建设形成广泛共识

此次疫情再次暴露了公共健康体系建设不足与人民美好生活愿望之间的矛盾，尤其是公共健康教育的缺失，让猎杀嗜食野生动物的积习、自用餐具为他人传菜递酒的陋习、铺张浪费的心理顽疾仍在一定范围内合理地存在，甚至被标榜伪装成中华传统饮食文化，使国际社会和年青一代国人对中华传统饮食文化产生了误解。此次疫情代价惨痛，使人们进一步认识到把餐饮业纳入公共健康体系建设的重要性。作为完善公共健康体系建设的重要组成，倡导和树立健康文明的“饮食素养”刻不容缓。政府不仅要加快餐饮业供给侧结构性改革，引领大众餐饮消费的升级，更要培育全民饮食素养，使其能够辨识和抵制传统文化和外来文化的糟粕，让大众饮食健康的价值观念融入“健康中国”的实践中，构筑起牢固的公共健康体系。

3. 把餐饮业纳入应急体系建设势在必行

在全国抗击新冠肺炎疫情的大考中化危为机，不断完善国家应急体系的建设被提到了重要的议事议程。满足大量医护、防控、隔离人员的饮食需求，满足社区居家隔离生活需求以及满足政府、企事业单位复工复产饮食需求是疫情防控顺利开展，减少社区交叉感染风险和恢复正常社会经济秩序的基础保障，餐饮业在应急保障体系中的重要作用在危机中再次得到印证。把餐饮业纳入应急体系建设是民心所向，企业所望，大势所趋。重视公共安全卫士和“逆行者”的餐饮保障质量；重视餐饮业作为基础性生活服务业，重要的民生产业、幸福产业，在特殊的时期所承担的社会解压器作用；重视建立餐饮供给与需求的应急响应机制；重视建立餐饮食材采购、生产加工、物流配送等常态化保障机制；重视建立餐饮企业的公益援助的表彰机制；等等。我们要重视在此次疫情中暴露出的短板与不足，必须从完善应急体系建设着眼，克服体制机制的障碍与弊端，才能变压力为动力、化危为机。①

二 危中有机的后疫情餐饮市场

习近平总书记强调：“危和机总是同生并存的，克服了危即是机。”新冠肺炎疫情给餐饮业全产业链带来巨大危机，但疫情不改中国长期发展趋势，危机不改中国人民美好生活的高质量饮食需要。在“十四五”“加快形成以国内大循环为主体、国内国际双循环相互促进的新发展格局”的战略指引下，后疫情餐饮市场迎来新发展机遇。

（一）新消费机遇

尽管疫情重创了餐饮市场，但十四亿人口的饮食消费需求并没有消亡，而是以不同的场景和不同的诉求在疫情和后疫情餐饮市场中出现，而且当前正处于消费升级的长期趋势中，消费者对健康、营养的品质餐饮，对餐饮服务体验和饮食文化体验需求不断增长。这给后疫情时期餐饮市场发展带来了新消费机遇，主要体现在三个方面。

---

① 新华社评论员：《在抗疫大考中化危为机》，《新华每日电讯》2020 年 4 月 2 日。

一是疫情期间堂食场景的公共卫生安全风险以及数字商务、数字生活的发展推动了传统堂食场景向宅食场景、食堂场景等生活和工作餐饮消费场景转换。这种消费场景的转换带来了对互联网外卖服务、高品质团餐服务、高品质方便食品、预制菜的消费需求的快速增长。

二是疫情冲击进一步提高了消费者对餐饮消费的安全和健康诉求。在后疫情餐饮市场发展中，符合食品安全生产标准和公共卫生安全环境的餐饮产品和服务更加受到消费者青睐，这推动了品牌餐饮和连锁餐饮的消费需求增长。此外，轻食品类、饮食健康服务等餐饮产品和服务越来越成为餐饮的重要品类和服务。

三是被疫情压抑的餐饮体验消费需求在疫情后释放带来了沉浸式主题文化餐饮、美食旅游等体验式、融合式餐饮消费需求的新发展。

（二）新投资机会

疫情带来的短期产业波动造成了行业剧烈洗牌，给餐饮业投资带来了新机会。一方面，诸多在疫情期间因短期资金短缺陷入经营困境的品牌连锁餐饮企业需要更多资本市场支持来稳定企业发展，这为产业资本和风险资本进入餐饮市场创造了良好投资机会；另一方面，拥有较多现金储备或资金支持的品牌连锁企业正利用行业洗牌机会加快布局全国餐饮市场，获取更多优质商圈门店资源，进一步扩大市场占有率。如百盛中国在2020年开设了1165家门店，并计划在2021年继续开设上千家门店；海底捞在2020年开设了544家门店，占2020年底门店数量的45%；麦当劳在2020年也开设了430家门店。这些资本的进入和新增门店投资会进一步加快品牌连锁餐饮发展，提高餐饮市场集中度。

（三）新技术发展

信息技术、食品工业技术正在改变传统餐饮的管理方式、服务模式，生产工艺。疫情的防控加快了新兴技术在餐饮业的应用。

在信息技术应用发展方面，疫情加速了经济、社会的数字化进程，数字商务和数字生活成为日常生活方式。消费者的线上化成为餐饮线上化发展的最大动力。为了更好地与消费者沟通，线上门店的品牌维护、产品信息、营销策划与促销引流、售后服务成为门店日常管理的重要内容；线上品牌社区成为餐饮企业宣传品牌、推广产品、维系消费者关系的重要方式，而微博、微信、抖音、快手等新媒体成为餐饮企业的重要引流渠道。消费行为的线上化积累为基于人工智能、大数据的智能分析技术发展提供了学习素材和发展空间，智能技术已经开始帮助餐饮企业更好地洞察消费者。在供给端，人工成本和租金成本的上升，要求餐饮企业深入应用信息技术，创新产品与服务，规范企业经营和成本核算，优化传统流程和供应链，而互联网服务平台、SaaS 餐饮软件服务和移动支付的快速发展应用极大降低了中小微餐饮企业从前端到后端全流程数字化成本。此外，为了满足疫情防控需求，基于机器人厨师、机器服务员等智能设备的智能餐厅加快应用实践，优化商业模式；为了满足消费者的体验需求，3D 裸眼技术、虚拟现实技术等开始融入餐饮环境布置与菜品设计。总之，信息技术正在加快与餐饮业融合，以数字服务方式优化传统餐饮服务流程，以数字内容提升餐饮消费体验，以智能技术变革传统餐饮生产、服务方式。

在食品工业技术应用发展方面，疫情催生的“宅”经济带来了大量方便餐食和预制菜产品的消费需求，这大大加快了餐饮产业化发展进程。餐饮零售化发展要求通过食品工业技术应用实现餐饮产品从人工烹饪工艺向工业化工艺流程转变，实现餐饮产业化，并在保鲜技术和冷链环境下，为消费者提供接近于堂食产品的餐饮体验。

（四）新产业链协作

餐饮业的规模持续增长，带来了产业分工的不断细化，从农地到餐桌的全产业链，从餐饮企业开业、运营到注销的全企业生命周期，涌现了大量生产、服务企业，共同构筑了繁茂的餐饮生态圈。疫情对餐饮业的冲击波及了整个餐饮生态圈，不仅体现在早期第一季度产业停摆阶段导致的供应链短期停滞，更为重要的是疫情防控时期推出的禁野、禁塑政策，禁止餐饮浪费指示，境外输入冷链防控措施，以及以北京新发地市场新冠肺炎疫情暴发为代表的疫情反复事件等给餐饮产业链发展带来了长期影响，推动了餐饮产业链专业化分工水平的提高，加快了产业链的生态化和数字化协作，催生了新的产业链协作机会。

一是餐饮产业链分工水平提升。近年来，餐饮业的规模化发展推动餐饮供应链市场的快速增长，超万亿的餐饮供应链市场成为产业和资本争抢的香馍馍，形成了多方角逐的市场格局。其中有餐饮企业自身成立发展起来的综合性餐饮供应链企业，如海底捞的颐海国际，有依托零售企业成立的食材供应链企业，如永辉的彩食鲜，有互联网供应链平台企业美菜、美团快驴、饿了么有菜等，还有拥有农产品种养殖、加工优势的供应链企业，如正大食品、首农裕农、望家欢等，以及垂直食材供应链企业，如专注于火锅供应链的锅圈食汇、懒熊火锅和查特熊，专注于速冻品的供应商千味央厨、安井、三全、惠发等。尽管餐饮供应链企业在新冠肺炎疫情期间都面临严峻经营压力，但供应链的巨大市场潜力吸引了更多资本进入食材供应链领域。不少食材供应链企业都在2020年获得融资，渡过疫情难关，并加快市场布局。餐饮企业对供应链服务需求不仅在食材领域，还包括餐饮易耗用品、设备设施、商务服务等，越来越多的生产企业、服务企业也进入餐饮供应链市场。

二是生态化协作成为餐饮产业链协作新要求。2020年，全国人大常委会发布了《关于全面禁止非法野生动物交易、革除滥食野生动物陋习、切实保障人民群众生命健康安全的决定》，审议通过了《中华人民共和国固体废物污染环境防治法》，并就《反食品浪费法》公开征求意见，国家发展改革委、环境部、商务部等部委陆续发文落实禁塑令，各地方人大、地方政府也纷纷出台地方禁野政策，加强生态保护、环境保护和资源保护力度。

这些法律法规的出台和修订完善，以及整治落实对传统不符合禁野、禁塑要求的食材供应商、塑料制品供应商造成巨大冲击，对食材供应商的食材流通效率，降低损耗率提出了更高要求。这给合规食材供应商、环保制品供应商提供了更好的发展机会。

三是数字化协作成为餐饮产业链协作的新方式。由于新冠肺炎疫情防控要求、冷链防控要求以及北京新发地市场新冠肺炎疫情暴发对传统餐饮食材采购环节的冲击，数字化采购和数字化溯源成为餐饮企业在保障食材供应前提下，提高供应链效率、加强食材供应链安全管理的重要方式。这给专业食材供应商、食材供应平台发展创造了更多机会。同时，为了更好地降低门店仓储成本和食材损耗，餐饮企业也加快了供应链数字化管理，利用数字技术实现消费、生产和供应链之间的匹配，提高供应链的精准性。

三　当前与餐饮业相关的防控及扶持政策①

新冠肺炎疫情发生以来，党中央高度重视，习近平总书记发出了坚决打赢疫情防控阻击战的总号令，要始终把人民群众生命安全和身体健康放在第一位。这场没有硝烟的战争是全体人民对抗病毒的战争，只有团结才能最终战胜病毒。“千里之堤，溃于蚁穴”，任何环节的侥幸和疏忽都可能使整个防控工作陷入更大的困境。一切为了打赢疫情防控战，这是当前所有工作的出发点和前提。餐饮门店作为具有明显公共场所聚集特征的营业场所，在疫情期间属于重点防控场所，因此餐饮业是疫情防控重点产业，同时，餐饮业作为消费大产业和就业大产业，对于推动经济增长，保障民生，稳定就业具有重要作用，是政府应重点扶持的生活服务业。

（一）防控政策

餐饮业是公共卫生安全的重要环节。自新冠肺炎疫情暴发以来，随着疫情防控的进展，餐饮业的防控政策也经历了从全面严格防控阶段到分级分区精准防控、有序复工复产阶段。

1. 全面严格防控阶段

2020 年 1 月 24 日到 2020 年 2 月中旬。新冠肺炎疫情暴发以来，中国内地 31 个省区市都启动了重大突发公共卫生事件一级响应，按照各地疫情防控要求，除部分团餐企业继续提供饮食保障服务，绝大多数餐饮企业配合政府抗疫要求，门店经营进入停业状态。2 月 6 日，《商务部办公厅　国家卫生健康委办公厅关于做好生活服务企业新型冠状病毒感染肺炎疫情防控工作的通知》②，要求“各地要明确企业主体责任，指导企业成立防控工作小组，制定应急方案，做好信息采集工作，建立报备制度，并在日常经营

---

① 本部分所涉及产业政策的成文时间自 2020 年 1 月 24 日起，截止时间为 2020 年 3 月 31 日。表 1－1 至表 1－5 中涉及的主要政策内容完全来源于政策原文，具体扶持金额、时限、申报程序及具体要求等可通过文中脚注所附文件的具体信息查询。

② 商务部办公厅，卫生健康委办公厅：《商务部办公厅　国家卫生健康委办公厅关于做好生活服务企业新型冠状病毒感染肺炎疫情防控工作的通知》，2020 年 2 月 6 日。

中做好各项疫情防控管理工作”。此外商务部联合国家卫健委发布了由中国商业联合会、中国饭店协会、中国烹饪协会、全国酒家酒店等级评定委员会、美团点评集团联合制定的《零售、餐饮企业在新型冠状病毒流行期间经营服务防控指南》（以下简称《餐饮企业防控指南》）[①]，为全国餐饮企业提供抗疫指引。部分餐饮企业为谋生存，保民生，在遵守各地防控要求的前提下，开展外卖、食材销售等业务，但总体防控政策依然处于严格防控阶段。

2. 分级分区精准防控、有序复工复产阶段

2020 年 2 月中旬至 2020 年 6 月。从 2 月 21 日起，甘肃、辽宁、广东等省市陆续降低重大突发公共卫生事件响应等级，这意味着部分省市疫情风险降低，社会经济秩序正在逐步恢复正常。随着疫情防控取得积极进展，推进有序复工复产，抓紧恢复社会经济运行秩序，稳定经济、就业成为重要工作。2 月 18 日发布的《商务部关于应对新冠肺炎疫情做好稳外贸稳外资促消费工作的通知》[②]，要求各地支持企业有序复工复产，支持商贸流通企业创新经营服务模式，推动服务消费提质扩容，释放新兴消费潜力。国务院在 2 月 22 日印发《企事业单位复工复产疫情防控措施指南》（以下简称《企事业防控指南》）[③]，从员工健康监测、工作场所防控、员工个人防护和异常情况处置四个方面对企事业单位复工复产做出了指引。习近平总书记在 2 月 23 日召开的统筹推进新冠肺炎疫情防控和经济社会发展工作部署会议上明确要落实分区分级精准防控，精准复工复产，稳定就业，保障民生。按照会议精神，商务部印发《商务部关于统筹做好生活必需品供应保障有关工作的通知》[④] 和《关于在做好防疫工作的前提下推动商务领域企业有序复工复产的通知》[⑤]，要求各地餐饮业按照“分区分级精准防控”的原则开始有

---

① 商务部办公厅，卫生健康委办公厅：《零售、餐饮企业在新型冠状病毒流行期间经营服务防控指南》，2020 年 2 月 6 日。

② 商务部：《商务部关于应对新冠肺炎疫情做好稳外贸稳外资促消费工作的通知》（商综发〔2020〕30 号），2020 年 2 月 18 日。

③ 国务院应对新型冠状病毒感染肺炎疫情联防联控机制：《国务院应对新型冠状病毒感染肺炎疫情　联防联控机制关于印发企事业单位复工复产疫情防控措施指南的通知》（国发明电〔2020〕4 号），2020 年 2 月 22 日。

④ 商务部：《商务部关于统筹做好生活必需品供应保障有关工作的通知》，2020 年 2 月 21 日。

⑤ 商务部：《关于在做好防疫工作的前提下推动商务领域企业有序复工复产的通知》，2020 年 2 月 23 日。

序复工复产，做好民生保障工作；广东等地也陆续发布餐饮业分区分级精准防控，有序复工复产政策，推动本地餐饮企业安全复工。在全球新冠肺炎疫情蔓延，外防输入压力迅速增大，国内餐饮业复工复产压力增强的形势下，商务部，国家发展改革委和国家卫生健康委在 3 月 19 日发布《关于支持商贸流通企业复工营业的通知》[①]，对切实巩固疫情防控成果，精准高效推进协同复工复产，有效刺激市场消费和提振市场信心做出再部署再强调。

由于全球各国疫情还没有得到有效控制，外防输入压力仍在不断增大，新冠病毒以及新冠肺炎的研究与治疗仍在进行中，对新冠病毒的认识，对新冠肺炎的预防和治疗仍在不断发展变化中，而且病毒存在潜伏期和愈后阳性等现象，餐饮业不管在哪个防控阶段，只要疫情仍未结束，都要遵守和配合地方疫情防控要求，按照《企事业防控指南》和《餐饮企业防控指南》，做好安全防范工作。

在新冠肺炎疫情防控期间，部分餐饮企业、互联网餐饮服务平台按照《商务部办公厅关于进一步强化生活必需品市场供应保障工作的通知》[②]，积极参与到抗疫民生保障工作中。

（二）扶持政策

为帮助在此次受到重创的餐饮企业，特别是中小微企业、个体工商户渡过疫情难关，协助企业和个体工商户复工复产，恢复生机，中央及地方政府出台并落实了一系列扶持政策，包括复工复产便利化措施、降低运营成本、提高流动性、加大政府服务力度等，大致可以分为中央财政扶持政策、中央金融扶持政策、中央其他扶持政策、地方扶持政策等四类。

1. 中央财政扶持政策

新冠肺炎疫情发生后，党中央、国务院高度重视利用财政政策的直接扶持作用，财政部、国家税务总局牵头出台了一系列财政扶持政策。与餐饮业相关的财政扶持政策以税费减免和延长缓缴为主，涉及增值税减免、

---

① 商务部办公厅、国家发展改革委办公厅、国家卫生健康委办公厅：《商务部办公厅　国家发展改革委办公厅　国家卫生健康委办公厅关于支持商贸流通企业复工营业的通知》（商办服贸函〔2020〕103 号），2020 年 3 月 19 日。

② 《商务部办公厅关于进一步强化生活必需品市场供应保障工作的通知》，2020 年 2 月 1 日。

亏损结转延长期限、社保费减免和缓缴、住房公积金缓缴、鼓励减免租金和检测及认证费用减免等六种类型，详见表1－1。

表1－1　与餐饮业相关的中央财政扶持政策

政策文件名称	主要政策内容	发布单位	时间
《关于支持新型冠状病毒感染的肺炎疫情防控有关税收政策的公告》	1. 受疫情影响较大的困难行业企业2020年度发生的亏损，最长结转年限由5年延长至8年 2. 对纳税人提供公共交通运输服务、生活服务，以及为居民提供必需生活物资快递收派服务取得的收入，免征增值税	财政部、国家税务总局	2020年2月6日
《关于阶段性减免企业社会保险费的通知》	1. 自2020年2月起，除湖北省外，可免征中小微企业三项社会保险单位缴费部分，免征期限不超过5个月；对大型企业等其他参保单位可减半征收，减征期限不超过3个月 2. 自2020年2月起，湖北省可免征各类参保单位（不含机关事业单位）三项社会保险单位缴费部分，免征期限不超过5个月 3. 受疫情影响生产经营出现严重困难的企业，可申请缓缴社会保险费，缓缴期限原则上不超过6个月，缓缴期间免收滞纳金	国家税务总局	2020年2月21日
《关于妥善应对新冠肺炎疫情实施住房公积金阶段性支持政策的通知》	受新冠肺炎疫情影响的企业，可按规定申请在2020年6月30日前缓缴住房公积金，缓缴期间缴存时间连续计算，不影响职工正常提取和申请住房公积金贷款	住建部、财政部、中国人民银行	2020年2月21日
《关于应对疫情影响加大对个体工商户扶持力度的指导意见》	1. 减免社保费用。个体工商户以个人身份自愿参加企业职工基本养老保险或居民养老保险的，可在年内按规定自主选择缴费基数（档次）和缴费时间。对受疫情影响无法按时办理参保登记的个体工商户，允许其在疫情结束后补办登记，不影响参保人员待遇 2. 实行税费减免。继续执行公共交通运输服务、生活服务以及为居民提供必需生活物资快递收派服务收入免征增值税政策。对疫情期间为个体工商户减免租金的大型商务楼宇、商场、市场和产业园区等出租方，当年缴纳房产税、城镇土地使用税确有困难的，可申请困难减免。政府机关所属事业单位、国有企业法人性质的产品质量检验检测机构、认证认可机构，减免个体工商户疫情期间的相关检验检测和认证认可费用	国家市场监管总局、国家发展改革委、财政部、人力资源和社会保障部、商务部、中国人民银行	2020年2月28日

续表

政策文件名称	主要政策内容	发布单位	时间
《关于支持个体工商户复工复业增值税政策的公告》	自 2020 年 3 月 1 日至 5 月 31 日，对湖北省增值税小规模纳税人，适用 3% 征收率的应税销售收入，免征增值税；适用 3% 预征率的预缴增值税项目，暂停预缴增值税。除湖北省外，其他省、自治区、直辖市的增值税小规模纳税人，适用 3% 征收率的应税销售收入，减按 1% 征收率征收增值税；适用 3% 预征率的预缴增值税项目，减按 1% 预征率预缴增值税	财政部、国家税务总局	2020 年 2 月 28 日

资料来源：笔者根据各部委网站资料整理。

2. 中央金融扶持政策

新冠肺炎疫情暴发伊始，中国人民银行、财政部、银保监会等金融监管部门发布了诸多金融扶持政策，超预期提供流动性保障疫情期间的金融稳定，旨在纾解企业资金困境，防范因疫情引发的金融风险。与餐饮业相关的金融扶持政策主要有强化信贷支持，提供临时性还本付息安排，提高金融服务效率和降低融资成本等四个方面，详见表 1－2。

表 1－2　与餐饮业相关的中央金融扶持政策

政策文件名称	主要政策内容	发布部门	时间
《关于进一步强化金融支持防控新型冠状病毒感染肺炎疫情的通知》	1. 不得盲目抽贷、断贷、压贷。对受疫情影响严重的企业到期还款困难的，可予以展期或续贷 2. 加强制造业、小微企业、民营企业等重点领域信贷支持 3. 建立金融服务“绿色通道”，简化业务流程，提高审批放款等金融服务效率	中国人民银行、财政部、中国银行保险监督管理委员会、中国证券监督管理委员会、国家外汇管理局	2020 年 1 月 31 日
《关于支持金融强化服务　做好新型冠状病毒感染肺炎疫情防控工作的通知》	1. 加大对受疫情影响个人和企业的创业担保贷款贴息支持力度 2. 优化对受疫情影响企业的融资担保服务。各级政府性融资担保、再担保机构应当提高业务办理效率，取消反担保要求，降低担保和再担保费率	财政部	2020 年 2 月 1 日

续表

政策文件名称	主要政策内容	发布部门	时间
《关于对中小微企业贷款实施临时性延期还本付息的通知》	1. 银行业金融机构给予贷款企业一定期限的临时性还本付息安排。对于2020年1月25日以来到期的困难中小微企业（含小微企业主、个体工商户）贷款本金，银行业金融机构应根据企业延期还本付息申请，结合企业受疫情影响情况和经营状况，通过贷款展期、续贷等方式，给予企业一定期限的临时性延期还本付息安排。最长可延至2020年6月30日，免收罚息 2. 降低湖北地区小微企业融资成本。银行业金融机构应为湖北地区配备专项信贷规模，实施内部资金转移定价优惠，力争2020年普惠型小微企业综合融资成本较上年平均水平降低1个百分点以上 3. 银行业金融机构应积极对接中小微企业融资需求，建立绿色通道，简化贷款审批流程，适度下放审批权限，应贷尽贷快贷；努力提高小微企业信用贷款、中长期贷款占比和“首贷率”；积极配合政策性银行的新增信贷计划，以优惠利率向民营、中小微企业发放贷款	中国银行保险监督管理委员会、中国人民银行、国家发展改革委、工业和信息化部、财政部	2020年3月1日

资料来源：笔者根据各部委网站资料整理。

3. 中央其他扶持政策

除了财政和金融扶持政策，国家发展改革委、国家市场监管总局、人力资源和社会保障部、商务部、民政局等部委压紧压实工作职责，进一步落实中央抗疫精神，坚持全国一盘棋，维护统一大市场，精准高效推进产业链协同复工复产，积极刺激市场消费和提振市场信心，与餐饮业相关的政策主要涉及促进消费、稳定就业、降低用电用气价格、积极发挥行业协会作用、减免个体工商户房租、便利个体工商户市场准入和加大对个体工商户的服务力度等七个方面，详见表1-3。

表 1-3　与餐饮业相关的中央其他扶持政策

政策文件名称	主要政策内容	发布部门	时间
《关于妥善处理新型冠状病毒感染的肺炎疫情防控期间劳动关系问题的通知》	企业因受疫情影响导致生产经营困难的，可以通过与职工协商一致采取调整薪酬、轮岗轮休、缩短工时等方式稳定工作岗位，尽量不裁员或者少裁员。符合条件的企业，可按规定享受稳岗补贴	人力资源和社会保障部	2020 年 1 月 24 日
《关于阶段性降低非居民用气成本支持企业复工复产的通知》	至 2020 年 6 月 30 日，非居民用气门站价格提前执行淡季价格政策；及时降低天然气终端销售价格	国家发展改革委	2020 年 2 月 22 日
《关于阶段性降低企业用电成本支持企业复工复产的通知》	自 2020 年 2 月 1 日起至 6 月 30 日止，电网企业在计收上述电力用户（含已参与市场交易用户）电费时，统一按原到户电价水平的 95% 结算	国家发展改革委	2020 年 2 月 22 日
《关于积极发挥行业协会商会作用，支持民营中小企业复工复产的通知》	1. 推动企业分区分类分批复工复产；2. 协助保障企业复工复产防疫需求；3. 协调解决用工用料用能用运困难；4. 提供专业化高质量支援服务；5. 精准施策全力救助受困企业；6. 及时反映行业诉求有力支撑政府决策；7. 自觉维护行业市场秩序；8. 创新推广新模式新业态；9. 积极做好舆论宣传引导	国家发展改革委、民政部	2020 年 2 月 27 日
《关于应对疫情影响加大对个体工商户扶持力度的指导意见》	1. 个体工商户房租；2. 个体工商户进入市场；3. 个体工商户的服务力度：商贸流通、餐饮食品、旅游住宿、交通运输等行业个体工商户用电、用气价格按照相关部门出台的阶段性降低用电、用气成本的政策执行	国家市场监管总局、国家发展改革委、财政部、人力资源和社会保障部、商务部、中国人民银行	2020 年 2 月 28 日
《关于促进消费扩容提质加快形成强大国内市场的实施意见》	1. 大力优化国内市场供给；2. 重点推进文旅休闲消费提质升级；3. 着力建设城乡融合消费网络；4. 加快构建“智能 +”消费生态体系；5. 持续提升居民消费能力；6. 全面营造放心消费环境	国家发展改革委等 23 个部委	2020 年 2 月 28 日

续表

政策文件名称	主要政策内容	发布部门	时间
《国务院办公厅关于进一步精简审批优化服务精准稳妥推进企业复工复产的通知》	提高复工复产服务便利度：简化复工复产审批和条件，优化复工复产办理流程 大力推行政务服务网上办：加快实现复工复产等重点事项网上办，依托线上平台促进惠企政策落地，围绕复工复产需求抓紧推动政务数据共享 完善为复工复产企业服务机制：提升企业投资生产经营事项审批效率，为推进全产业链协同复工复产提供服务保障，建立健全企业复工复产诉求响应机制 及时纠正不合理的人流物流管控措施：清理取消阻碍劳动力有序返岗和物资运输的烦琐手续 加强对复工复产企业防疫工作的监管服务：督促和帮助复工复产企业落实防疫安全措施	国务院办公厅	2020 年 3 月 3 日
《关于应对新冠肺炎疫情影响强化稳就业举措的实施意见》	更好实施就业优先政策：推动企业复工复产，加大减负稳岗力度，提升投资和产业带动就业能力，优化自主创业环境，支持多渠道灵活就业 引导农民工安全有序转移就业：引导有序外出就业，支持就地就近就业，优先支持贫困劳动力就业 拓宽高校毕业生就业渠道：扩大企业吸纳规模，扩大基层就业规模，扩大招生入伍规模，扩大就业见习规模，适当延迟录用接收 加强困难人员兜底保障：保障失业人员基本生活，强化困难人员就业援助，加大对湖北等疫情严重地区就业支持 完善职业培训和就业服务：大规模开展职业技能培训，优化就业服务 压实就业工作责任：强化组织领导，加强资金保障，强化表扬激励，加强督促落实	国务院办公厅	2020 年 3 月 20 日

资料来源：笔者根据各部委网站资料整理。

4. 地方扶持政策

在党中央、国务院的抗疫精神及各部委支持抗疫文件指引下，各地方陆续出台了地方应对新冠肺炎疫情防控，稳定社会经济发展的各项政策，其中部分省市与餐饮业相关的扶持政策，主要包括：保障企业复工复产工作力度；进一步降低企业用工成本；进一步减轻企业经营负担；进一步加大财政金融支持；进一步优化政府服务五个方面，详见表 1－4。为保障疫情期间的基本餐饮需要，河北、山西、辽宁、陕西、山东、江苏、云南、北京、上海等省市制定出台了针对餐饮业等传统服务业有序复工、业态复苏、财税扶持、鼓励消费等差异化扶持政策，详见表 1－5。河北省公布了餐饮团餐目录和外卖名单；山东省以政府作为平台对接餐饮产业供需双方，协同限额以上和连锁餐饮企业为复工复产企业提供团餐和工作餐服务；云南省支持本地企业加大餐饮和生活必需品线上销售力度，根据销售情况给予奖励，并对第三方电商平台在疫情期间线上餐饮、生活必需品交易减免费用的给予补助。此外，浙江、山东、江苏、安徽、湖南、河北、宁夏、辽宁、江西、广西、四川、河南、广东等省区在保障疫情防控的前提下，引导消费者安全消费，发放各种形式消费券，引导城市旅游、社会化餐饮等需求恢复。

表 1－4 部分省市出台的与餐饮业相关的通用扶持政策

政策文件名称	相关政策内容
《关于应对新型冠状病毒感染的肺炎疫情影响促进中小微企业持续健康发展的若干措施》	（一）保障企业复工复产工作力度 1. 加强防疫指引 2. 落实复工条件 3. 统筹做好防护 4. 拓宽招工渠道 （二）进一步降低企业用工成本 5. 减轻社会保险负担 6. 实施失业保险稳岗返还 7. 发放援企稳岗补贴
《关于应对新型冠状病毒感染的肺炎疫情支持中小企业共渡难关的二十条政策措施》	
《重庆市人民政府办公厅关于印发重庆市支持企业复工复产和生产经营若干政策措施的通知》	
《关于有效应对疫情稳定经济增长 20 条政策措施》	
《浙江省新型冠状病毒感染的肺炎疫情防控领导小组关于支持小微企业渡过难关的意见》	
《关于坚决打赢新冠肺炎疫情防控阻击战全力稳企业稳经济稳发展的若干意见》	

续表

<table>
<tr><th>政策文件名称</th><th>相关政策内容</th></tr>
<tr><td>《关于应对新型冠状病毒肺炎疫情缓解中小企业生产经营困难的政策措施》</td><td rowspan="16">（三）进一步减轻企业经营负担
8. 减轻企业税费负担
9. 减轻企业租金负担
10. 加大技改资金支持
11. 发挥国有企业关键作用
（四）进一步加大财政金融支持
12. 加强金融纾困
13. 加大财政支持力度
14. 支持企业担保融资和租赁融资
15. 优化企业小额贷款服务
16. 优化企业征信管理
（五）进一步优化政府服务
17. 强化项目建设要素保障
18. 完善审批工作“直通车”制度
19. 建立疫情防控物资境外采购快速通道
20. 强化涉企信息服务支撑</td></tr>
<tr><td>《关于应对新型冠状病毒感染的肺炎疫情扎实做好“六稳”工作的若干措施》</td></tr>
<tr><td>《海南省应对新型冠状病毒感染的肺炎疫情支持中小企业共渡难关的八条措施》</td></tr>
<tr><td>《黑龙江省人民政府办公厅关于应对新型冠状病毒感染的肺炎疫情支持中小企业健康发展的政策意见》</td></tr>
<tr><td>《天津市打赢新型冠状病毒感染肺炎疫情防控阻击战进一步促进经济社会持续健康发展的若干措施》</td></tr>
<tr><td>《关于应对新型冠状病毒感染的肺炎疫情支持企业复工复产促进经济稳定运行的若干政策措施》</td></tr>
<tr><td>《关于支持打赢疫情防控阻击战促进经济平稳运行若干措施的通知》</td></tr>
<tr><td>《吉林省人民政府办公厅关于应对新型冠状病毒感染的肺炎疫情支持中小企业保经营稳发展若干措施》</td></tr>
<tr><td>《关于支持防控疫情重点保障企业和受疫情影响生产经营困难中小企业健康发展政策措施》</td></tr>
<tr><td>《关于印发应对新型冠状病毒肺炎疫情支持中小微企业共渡难关有关政策措施》</td></tr>
<tr><td>《关于应对疫情有序推动中小企业复工复产相关工作的通知》</td></tr>
<tr><td>《关于应对新冠肺炎疫情稳定经济运行22条措施的意见》</td></tr>
<tr><td>《贵州省人民政府办公厅关于应对新型冠状病毒感染肺炎疫情促进中小企业平稳健康发展的通知》</td></tr>
<tr><td>《陕西省人民政府关于坚决打赢疫情防控阻击战促进经济平稳健康发展的意见》</td></tr>
<tr><td>《关于应对新冠肺炎疫情支持生活服务业批发零售业展览业及电影放映业健康发展的若干意见》</td></tr>
<tr><td>《河南省应对疫情影响支持中小微企业平稳健康发展的若干政策措施》</td></tr>
</table>

资料来源：笔者根据部分省市政府网站发布的资料整理。

表 1－5　部分省区市出台的与餐饮业相关的差异化扶持政策

政策文件名称	相关政策内容
《北京市人民政府办公厅关于进一步支持打好新型冠状病毒感染的肺炎疫情防控阻击战若干措施》	延迟缴纳社会保险费：将 1 月、2 月应缴社会保险费征收期延长至 3 月底。对于旅游、住宿、餐饮、会展、商贸流通、交通运输、教育培训、文艺演出、影视剧院、冰雪体育等受影响较大的行业企业，经相关行业主管部门确认，可将疫情影响期间应缴社会保险费征收期延长至 7 月底 鼓励大型商务楼宇、商场、市场运营方对中小微租户适度减免疫情期间的租金，各区对采取减免租金措施的租赁企业可给予适度财政补贴
《上海市全力防控疫情支持服务企业平稳健康发展若干政策措施的通知》	加大对流动资金困难企业的支持力度：加大对旅游、住宿餐饮、批发零售、交通运输、物流仓储、文化娱乐、会展等受疫情影响较大行业信贷支持，通过变更还款安排、延长还款期限、无还本续贷等方式，对到期还款困难企业予以支持，不抽贷、不断贷、不压贷。加快建立线上续贷机制。如因疫情影响导致贷款逾期，可合理调整有关贷款分类评级标准
《关于打好新型冠状病毒感染的肺炎疫情防控阻击战促进经济社会平稳健康发展的若干措施》	积极培育消费热点：制定支持受疫情冲击的餐饮、住宿、零售等行业恢复运营平稳发展的政策措施，推动生活服务企业实现线上交易和线下服务相结合，推进电子商务企业与社区商业网店融合
《河北省疫情防控期间社会化团餐供餐服务方案》	设立团餐供应名单，制定团餐服务方案
《关于统筹推进新冠肺炎疫情防控和经济社会发展工作的若干措施》	促消费，出台针对性措施，帮扶住宿餐饮等受疫情影响较大的服务业
《山西省应对疫情支持中小企业共渡难关的若干措施》	2020 年，省内各类金融机构对中小微企业新增贷款利率，同比下降幅度不低于 10%；对受疫情影响较大的批发零售、住宿餐饮、物流运输、文化娱乐和旅游等行业的中小微企业新增贷款利率，同比下降幅度不低于 20%
《辽宁省应对新型冠状病毒感染的肺炎疫情支持中小企业生产经营若干政策措施》	对旅游、住宿、餐饮、会展、商贸流通、交通运输、教育培训、文艺演出、影视剧院、冰雪体育等受损严重行业企业，经相关行业主管部门确认，可将疫情影响期间应缴社会保险费征收期延长至 6 月底。缓缴期间免征滞纳金。缓缴期满后，企业足额补缴缓缴的社会保险费，不影响参保人员个人权益
《陕西省应对新冠肺炎疫情支持中小微企业稳定健康发展的若干措施》	严格落实交通运输部关于疫情防控期间免收车辆通行费政策。旅游、住宿、餐饮、会展、商贸流通、交通运输、教育培训、文艺演出、影视剧院等受疫情影响较大的行业企业，可向主管税务部门申请免征水利建设基金和残疾人就业保障金

续表

政策文件名称	相关政策内容
《关于加快外商投资企业复工复产推进外商投资的若干措施的通知》	协调提供餐饮服务：联系对接餐饮企业、连锁快餐企业，为不具备餐饮防疫条件的复工复产企业提供餐饮配送服务
《关于应对新型冠状病毒肺炎疫情影响推动经济循环畅通和稳定持续发展的若干政策措施》并配套出台《“苏政 50 条”服务指南》	1. 规范引导文化旅游、住宿餐饮等服务行业有序复工； 2. 研究制定推动传统消费业态复苏的政策措施，积极引导消费预期，加快新兴消费业态成长，进一步培育居民健康生活习惯
《云南省人民政府关于应对新冠肺炎疫情稳定经济运行 22 条措施的意见》	降低实体企业成本：批发零售、住宿餐饮、物流运输、文化旅游等行业非电力市场化交易用户，2020 年 2—3 月用电按目录电价标准的 90% 结算；疫情防控期间采取支持性两部制电价政策，降低企业用电成本。对疫情防控物资重点保障企业和受疫情影响较大的批发零售、住宿餐饮、旅游演艺和旅游运输企业，确有困难的，可申请减免城镇土地使用税和房产税 加大中小微企业信贷支持：对受疫情影响较大的批发零售、住宿餐饮、物流运输、文化旅游等行业和“三农”领域行业，以及有发展前景的企业和合作社，金融机构不得盲目抽贷、断贷、压贷；对受疫情影响严重的企业和合作社，到期还款困难的，予以展期或续贷 加快现代服务业发展：深入实施云南省《服务经济倍增计划(2017—2021 年)》。促进“食、住、行、游、购、娱”等传统业态优化升级，打造生态游览、休闲康养、露营自驾、文化演艺、边跨境游等重点产品
《云南省财政厅云南省商务厅云南省文化和旅游厅关于支持住宿餐饮业复工营业加快发展 12 条实施意见》	全面落实减税降费和稳岗就业政策，切实减轻住宿餐饮企业成本负担； 全面落实企业融资财政支持政策，积极支持住宿餐饮业复工营业； 全面落实财政专项扶持措施，全力支持住宿餐饮业提速增效发展
山东省济南市（2020 年 3 月 2 日）	发放 2000 万元消费券，拉动文旅消费
浙江省建德市（2020 年 3 月 5 日）	向外地游客发放 1000 万元旅游消费券
山东省济宁市（2020 年 3 月 11 日）	发放文化惠民优惠券 10 万元

续表

政策文件名称	相关政策内容
江苏省南京市（2020 年 3 月 12 日）	向市民和困难群体发放 3.18 亿元消费券
浙江省（2020 年 3 月 12 日）	推出总价达 10 亿元的文旅消费券和 1 亿元的文旅消费大红包
安徽省（2020 年 3 月 16 日）	联动企业共同推出 1 亿元消费补贴
湖南省（2020 年 3 月 17 日）	湖南省总工会向全体职工工会会员发放消费券
河北省（2020 年 3 月 18 日）	河北省发放 1500 万元的体育消费券
宁夏回族自治区银川市（2020 年 3 月 18 日）	分批发放消费券
山东省青岛市（2020 年 3 月 18 日）	城阳区向全区市民发放总价值 1000 万元的电子消费券
浙江省杭州市（2020 年 3 月 19 日）	淳安县第 1 批 5 万份旅游消费券，优惠额度达千万元
北京市（2020 年 3 月 19 日）	联合 300 余家企业向市民发放 1.5 亿元消费券
山东省青岛市（2020 年 3 月 20 日）	拟发放总额 3.4 亿元的健身消费券
辽宁省沈阳市（2020 年 3 月 21 日）	和平区首期派发 100 万元电子消费券
江苏省南京市（2020 年 3 月 22 日）	向市民摇号发放体育券
江苏省常州市（2020 年 3 月 23 日）	推出 3000 万元“常州旅游消费券”
四川省德阳市（2020 年 3 月 23 日）	发放 4 万张餐饮优惠惠民消费券
安徽省合肥市（2020 年 3 月 23 日）	庐阳区向市民发放 1000 万元消费券
江西省（2020 年 3 月 23 日）	4 月起面向全省发放电子消费券
广西壮族自治区（2020 年 3 月 24 日）	通过支付宝发放亿元消费券，26 日可上支付宝领
浙江省杭州市（2020 年 3 月 27 日）	向全体在杭人员发放消费券，总金额达 16.8 亿元
重庆市（2020 年 3 月 27 日）	渝中区发放七大类消费券，近千万元
浙江省杭州市（2020 年 4 月 1 日）	追加发放消费券 5000 万元

续表

政策文件名称	相关政策内容
广东省佛山市（2020 年 4 月 1 日）	率先发放亿元消费券，支付宝上领取
河南省郑州市（2020 年 4 月 1 日）	发放 4 亿元消费券，4 月 3 日起可领

资料来源：笔者根据部分省区市政府网站发布的资料整理。

（三）产业政策需要持续改进的方向

综合上述中央及地方出台的与餐饮业相关的防控和扶持政策，可以看出，政府高度重视餐饮业在疫情防控中的公共卫生安全风险，在防控新冠肺炎疫情时期面临的经营困境，在防控疫情后勤保障、民生保障中的重要性，陆续出台了疫情防控指南，财政、金融扶持政策，复工复产政策，以及促进消费政策等，帮助企业开展安全有效防控工作，规范有序复工复产，并通过多种方式刺激消费，提振国内市场。但结合餐饮业长期高质量发展和当前走出困境的需要，依然存在需要进一步改进之处。

第一，政策以短期应急为主，长期发展规划不足。当前出台的防控和扶持政策多为应对新冠肺炎疫情防控和企业经营困境的短期应急政策，但在后新冠肺炎疫情时期，鉴于餐饮业在社会、经济、文化、健康、国家应急保障等多个领域的重要作用，更需要着眼于长远发展的产业发展政策，吸引产业投资，提振产业发展信心。

第二，政策缺乏统筹，协同效应不足。当前餐饮业防控和扶持政策分布在多个政府部门出台的多个政策文件中，缺乏政策统筹，难以发挥协同效应。餐饮业经过了改革开放 40 多年的发展，已经形成了从农、林、牧、渔到餐桌，从设备制造到生产服务的较为完备的产业生态体系。因此需统筹出台餐饮业防控和扶持政策。

第三，政策的着力点都是供给侧，需求侧政策仍需强化。当前扶持政策主要着力点在于企业，帮助企业渡过难关，但对提振消费信心，优化消费环境的政策涉及不多。餐饮业既面临各地疫情防控压力，又面临消费环境剧烈变化。而在当前全球新冠肺炎疫情暴发，中国防控外部输入压力持续增加的形势下，国内消费者对公共卫生安全信心不足，消费动力不强，导致餐饮业复工难复产，复产难以为继的现象普遍存在，因此政策要兼顾供给侧挑战和需求侧提振。

第四，政策分类指导、差异化政策设计与实施、适时动态调整的能力、水平与产业发展和消费需求还存在较大差距。餐饮业具有分布广、主体和从业人员多、业态多样、生产消费联结紧密等产业特点，客观上要求顶层设计、统筹规划，又要求因地制宜，实现更精准化施政，加速推进餐饮业治理体系和治理能力现代化的进程。

四　加快推进餐饮业高质量发展的政策转型建议

鉴于餐饮业的重要作用和当前受到新冠肺炎疫情的严重影响，既要针对餐饮企业困难，加大当前扶持政策力度，帮助餐饮企业渡过疫情难关，又要立足产业长远发展角度，加快推进餐饮业高质量发展政策转型。

（一）优化短期扶持政策

在当前中央及地方出台的抗击新冠肺炎疫情，稳定社会经济发展的各项扶持政策中，虽然可以找到不少与餐饮业相关的扶持政策，但对于受到疫情影响严重的餐饮业，仍缺乏针对性的系列扶持政策组合拳。因此对于面临供给侧持续经营困难和需求侧消费信心低迷的餐饮业，政府应从加大供给侧扶持力度和加强需求刺激两个方面入手，形成政策合力，提振行业信心和消费信心。

1. 落实分级分区，有序复工复产

在中央“分级分区精准防控”精神指导下，各地尽快出台餐饮业分级分区复工复产指导意见。餐饮业当前最大的困难是经营无法正常开展，这既有政府疫情防控因素，也有舆论因素，以及消费者心理因素，因此在无疫情风险地区和低疫情风险地区，应尽快恢复正常社会、经济运行秩序。

2. 有效防控境外输入，恢复消费信心

消费信心不足是餐饮业在后新冠肺炎疫情时期面临的严峻挑战。在国内疫情得到有效控制后，预期中的消费反弹并没有出现。由于受到疫情在全球暴发的影响，外防疫情输入压力骤增，未来经济预期变坏，这给逐步恢复的消费信心带来巨大打击。因此尽管在中央推动尽快复工复产，恢复正常社会、经济运行秩序的号召下，各地出台了稳定社会经济、支持复工复产的各项措施，但没有足够消费需求支撑，餐饮业仍然处于难复工，或者复工难复产的状态。因此必须加大有效外防力度，增加舆论宣传，提高消费者对国内公共卫生安全的信心。

3. 出台短期刺激餐饮消费措施

各地根据自身财政状况和地方疫情防控情况，以消费券形式定向刺激餐饮消费；在符合国家三公经费使用标准的情况下，鼓励各地政府采购社会化餐饮服务，弥补居民消费不足，帮助企业复工复产。

4. 加大对餐饮业财政扶持政策力度

在落实当前中央财政扶持政策的基础上，进一步加大对餐饮业的专项财政扶持力度。一是免征餐饮业 2020 年全年增值税，并延长属于一般纳税人的餐饮企业在 2020 年取得的增值税进项税额抵扣期限；二是自 2020 年 2 月起，免征中小微餐饮企业三项社会保险单位缴费部分，免征期限不超过 6 个月，大型餐饮企业三项社会保险单位缴费部分减半征收，期限不超过 6 个月；三是免征餐饮业 2020 年涉企政府性基金和行政事业收费。

5. 加大对餐饮业金融扶持政策力度

在落实当前中央金融扶持政策的基础上，进一步加大对餐饮业的专项金融扶持力度。一是建议协调政策性银行、疫情专项贷款尽快为稳定就业餐饮企业提供贴息或低息贷款。二是建议银行业金融机构主动为中小微餐饮企业提供智慧化便利化服务，审批流程做“减法”，纾解企业资金困难，应贷尽贷快贷；积极配合政策性银行的新增信贷计划，以优惠利率向餐饮企业发放贷款。三是建议国有融资担保机构给予稳定就业餐饮企业短期流动资金贷款担保支持，并给予担保费率优惠。四是发挥互联网餐饮服务等平台机构信用信息优势，联合互联网银行、中小银行，帮助中小微餐饮企业、个体餐饮商户拓展融资渠道，提供定期免息或低息贷款。五是考虑到餐饮企业复工复产进度缓慢，建议进一步延长银行业金融机构给予贷款餐饮企业临时性还本付息安排的时间至 2020 年 9 月 30 日。

6. 加大餐饮企业稳岗支持力度

在落实现有中央稳岗政策基础上，针对餐饮企业用工难、员工不稳定等问题，建立分级分类扶持企业的名录，以用工数量和税收贡献为参照，加大对餐饮企业稳岗支持补贴，鼓励提高员工稳定系数。一是对坚持不裁员或少裁员的参保餐饮企业，加大稳岗补贴力度，并给予各项扶持政策倾斜。二是稳岗餐饮企业缴纳社会保险费、住房公积金确有困难的，建议相关机构审核备案后，可延长至 2020 年 9 月 30 日。延期缴费期间，不收取滞纳金，不影响职工个人权益。三是加大对餐饮企业员工新冠肺炎疫情防控培训支持，提高餐饮企业疫情防控能力。

7. 进一步减轻餐饮企业成本压力

在落实当前中央价格、就业扶持政策的基础上，进一步减轻餐饮企业成本压力。一是建议加大对餐饮企业的水、电、气、有线电视及垃圾清运等费用的优惠力度，优惠时间延长至 2020 年 12 月 31 日。二是建议政府相关部门召集美团、阿里口碑、饿了么等大型互联网餐饮服务平台，协商降低平台佣金费率，与餐饮企业共渡难关。

（二）完善短期扶持政策机制

充分认识餐饮业对当前保就业，稳消费的重要作用，以“消费反弹有限、恢复增长乏力”非理想市场状况考量，从完善短期扶持政策机制入手，应对“市场失灵”时的“政策缺陷”，提升政务的服务质量和效率，推动餐饮业恢复性增长。

1. 注重发挥扶持政策的组合协调效应，预防政策效应的逐级递减

针对餐饮企业面临的经营困难，政府应尽量缩短政策文件与实施细则的时间差，从加大供给侧扶持力度和加强需求刺激两个方面入手，协调政策形成合力，调整短期刺激餐饮消费措施，提振行业发展信心和消费信心。

2. 完善政策评估与动态调整、督查与容错等机制

对已经出台的财政、金融、社会保障等政策的实施效果及时开展第三方动态评估，动态分级分区调整减免或扶持资金的力度、时限以及认定程序等。除采用常态化的行政督查手段外，不断完善社会、企业参与的多元化政策督查和监督机制，同时对疫情期间政策实施的责任部门和相关人员建立和完善容错机制。

3. 完善服务便利化机制

充分借鉴“最多跑一次”政务服务改革经验，建立上下联通、左右连贯的服务企业统一调度保障机制，建立分级分类扶持企业的名录与政策清单，采用区域统一的信息化平台报送、审核相关材料，简化审批流程，提高服务质量，并及时接受社会监督检查。

4. 完善企业应急状态信用评价机制

在动态完善分级分类扶持企业名录的基础上，建立应急状态信用评价标准，引入第三方开展财政补贴和税收减免的绩效评估，在提升事前申报审核服务质量的同时，加强事中、事后对扶持企业的跟踪服务与管理，科学使用信用评价结果，形成良性的奖惩机制。

（三）长期政策转型的路径和举措

疫情冲击与影响虽不会改变我国餐饮业长期发展的趋势，但需要业界重新审视餐饮业的产业地位，将其视为国家公共卫生安全体系和国家应急保障体系的重要组成部分，并视为支撑健康中国战略的重要产业。从提升治理效能和促进产业政策转型等方面入手，推动餐饮业高质量发展。

1. 以新发展理念引领餐饮业高质量发展的政策转型

一是适应餐饮业创新发展的政策转型。创新发展是餐饮业持续高质量发展的重要动能。产业政策要营造适宜创新的餐饮营商环境，通过人才政策、创业政策、金融政策，吸引人才和资本进入餐饮业，鼓励符合数字经济发展趋势、满足人民消费升级需求、提升产业效率的数字化餐饮服务创新、餐饮业态创新、餐饮生产力创新和商业模式创新。

二是适应餐饮业协调发展的政策转型。协调发展是餐饮业全面高质量发展的保障。产业政策要顶层设计，统筹产业发展推进中的各种矛盾，实现城乡一体化发展、产业发展规模、速度与质量的平衡发展以及产业发展与产业治理的协同。

三是适应餐饮业绿色发展的政策转型。绿色发展是餐饮业高质量发展的本质要求。产业政策要构建符合餐饮业绿色发展需要的法律法规体系、绿色标准体系和食材负面清单等，建立数字化监测机制和激励与约束机制，通过系统化产业规制方式护航餐饮业绿色发展。

四是适应餐饮业共享发展的政策转型。共享发展是餐饮业高质量发展的重要特征。共享经济、平台经济发展是数字经济重要发展模式，是餐饮业高质量发展的重要特征。产业政策要符合共享经济和平台经济发展需要，构建社会化多边治理体系，加强对外卖平台的公平性审查，维护共享市场和平台市场公平公正，保护中小餐饮企业的权益。

五是适应餐饮业开放发展的政策转型。开放发展是餐饮业实现全球高质量发展的内在要求。中华饮食发展是在全球饮食文化交流中不断发展的，饮食文明的融合发展与传播是构建人类命运共同体的重要内容。产业政策要营造开放包容的外商投资环境和符合对外投资需要的人才、金融、商务、法律服务生态。

2. 不断完善餐饮业治理体系，提升治理效能

经历此次新冠肺炎疫情，尽管遭受重创，但餐饮业在配合疫情防控、阻断传播渠道、保障居民健康上发挥了重要作用，而且餐饮业在各地抗疫工作和复工复产中发挥了重要后勤保障和民生保障作用，凸显出餐饮业在国家公共卫生安全体系中的重要责任和国家应急保障体系中的重要作用。此次疫情对餐饮业的巨大冲击，其产业脆弱性进一步印证了健康、卫生、安全是餐饮业的立业之本，也反映了餐饮业在公众健康、国家公共卫生安全和国家应急保障中所具有的重要社会责任。随着社会化餐饮消费比重的进一步提高，餐饮业的服务规模和服务范围必将越来越大，这决定了其在未来公众健康、国家公共卫生安全和国家应急保障中要承担更多的社会责任。因此，推进餐饮业高质量发展，把餐饮业列入实施健康中国战略的重要产业，纳入国家公共卫生安全体系和国家应急保障体系的重要组成部分，不断完善治理体系，全面提升餐饮业治理效能。

一是建设餐饮业公共卫生安全防控和应急管理体系。建设国家、省、市县三级餐饮业公共卫生安全防控和应急管理体系，通过建立制度，出台指南，完善基础设施和应急措施，落实行业教育培训等方式，强化餐饮业公共卫生监管，提高餐饮业公共卫生水平，提高餐饮业应对突发公共卫生事件的能力。

二是建设国家应急餐饮保障体系。除原有的工业化方便食品储备、居民生活食材储备供给等传统餐饮保障形式外，着眼于餐饮业高质量发展的需求，还应加强专业化餐饮服务保障体系的建设，提升应急保障的质量和水平，特别是基于中央厨房的规模化、标准化饮食供应，具有保障成本相对较低、保障能力强、保障期限长、风险更加可控的特点。可以中央国家单位、地方机关单位、社区餐饮为依托，按照平时市场化运营，应急服从保障原则，联合有能力餐饮企业建设不同规模应急餐饮保障中央厨房、社区食堂，在应急响应状态下提供安全、营养、可口、数量充足、稳定供应的餐饮产品，满足集体餐饮需求和社区餐饮需求。此外还应支持餐饮应急保障设备设施相关的科技研发、推广应用及合理布局，如无接触式餐饮外卖、应急保障餐饮机器人、餐饮消毒包装设备设施等。

三是建设公共餐饮服务平台。餐饮业是以中小微企业、个体工商户为主体的行业，对于公共、准公共服务平台具有大量需求，同时餐饮企业要接受公共卫生，食品安全监管。因此支持各地建设集监管与服务于一体的公共餐饮服务平台，积极引入商务服务、信息服务、供应链服务企业，搭建餐饮监管和服务生态圈，提高餐饮业治理现代化水平。

3. 制定餐饮业发展条例，依法推进餐饮业高质量发展

依法治国作为中国特色社会主义发展的本质要求和重要保障，以法治化思维和法治手段，推进餐饮业高质量发展是提升治理体系和治理能力现代化的必然要求。深化餐饮业供给侧结构性改革，发挥餐饮业联动一、二、三产业融合发展的聚合效应，满足人民对美好生活的新期待，已成为党和政府高度关注及学界热议的焦点问题。然而，在餐饮业高质量发展的进程中，暴露出诸多现实治理困境，诸如法律体系不健全，市场竞争的公平、规范性需要持续改进，餐饮资源利用不足与浪费严重，创意知识产权法律保护机制不完整，餐饮文明素养滞后，公共服务保障落后于产业发展速度，餐饮应急体制机制不健全，促进餐饮业高质量发展的投融资和税收法律保障不健全等都成为制约餐饮业高质量发展的体制机制障碍。这些治理困境追根溯源，很大程度上生发于法治保障的缺失，亟待以法律这一具有国家强制力的手段予以规制，从源头治理餐饮业高质量发展的体制机制问题。依托政策法律化途径，将行得通、真管用、有效率的政策规章上升为法律，制定促进餐饮业发展条例，并将其纳入相关法律议程依法推进改革，是餐饮业治理体系和治理能力现代化的现实要求，将为构建餐饮业高质量发展的长效机制提供法律保障。

4. 谋划餐饮业“十四五”发展规划，依规推进餐饮业高质量发展

目前餐饮业复工复产有序推进，一方面受到全球疫情暴发的影响，外防输入压力大增，消费者对公共卫生安全信心一时难以恢复；另一方面，全球疫情导致的经济衰退，外需下降会对国内消费预期产生重大影响，消费反弹未及常态，国内餐饮收入很可能出现大幅回落，导致大量企业倒闭和低收入群体失业，产业恢复增长期会进一步延长，预计 2021 年实现恢复性增长。基于对餐饮业系基础性生活服务业，是满足人民美好生活新期待的幸福产业，也是巩固脱贫攻坚成果吸纳稳定社会就业的产业定位，政府需要强化顶层设计，研究“十四五”乃至更长时期内餐饮业发展规划，着力在消费升级、数字经济、绿色生态、餐饮文明等方面进一步提升餐饮业发展的质量，指导产业科学、稳定、健康发展。

一是提振消费信心，回应消费升级。应着眼于满足人民美好生活饮食需求，紧扣消费群体变化和消费升级的长期趋势，科学规划餐饮网点布局，优化消费环境，进一步完善多元化餐饮服务体系。

二是发展数字经济，力促产业转型。应着眼于构建现代化产业体系需要，紧扣信息技术变革和数字经济发展的长期趋势，大力发展餐饮平台经济、共享经济，鼓励餐饮业信息技术研发投入和服务创新，加快餐饮业数字化和智能化发展进程。

三是发展绿色餐饮，重构产业生态。应着眼于完善国家公共健康体系需要，紧扣绿色生态发展的长期趋势，完善餐饮食材负面清单制度，加快绿色餐饮标准制定、实施和落实有效监管；加大全民饮食素养培育，倡导新时代餐饮文明，引领绿色消费；完善餐饮业公共卫生安全应急管理。

四是坚持包容开放，打造中餐形象。应着眼于构建人类命运共同体的需要，紧扣中外饮食文化融合发展趋势，加大力度保护中华饮食文化，鼓励和扶持饮食类非物质文化遗产活化；建设和完善餐饮业海外投资服务平台，鼓励和支持具有国际竞争力的餐饮企业“走出去”，树立现代中餐新形象；加大国际化餐饮人才培育，繁荣中外餐饮文化交流。

第二节　新冠肺炎疫情对中国餐饮业发展的影响与再认识

习近平总书记强调，“危和机总是同生并存的，克服了危即是机”。新冠肺炎疫情对餐饮全产业链产生了剧烈冲击，但也为产业转型升级和高质量发展带来新的机遇。

一　疫情对餐饮全产业链的冲击与影响

疫情对餐饮全产业链产生了剧烈的冲击，导致需求端受到抑制，供给端运转停顿，停摆的联动效应开始凸显。从需求端研判疫情冲击与影响，餐饮消费需求受抑反弹乏力，餐饮收入降幅进一步扩大。据国家统计局公布的数据，2020 年 1—11 月全国餐饮收入 34578 亿元，同比下降 18.6%，降幅比社会消费品零售总额降幅高出 13.8 个百分点，餐饮业并未出现理想的消费反弹，这种“断崖式”的骤降远超过 2003 年“非典”对餐饮业的影响。从供给端分析疫情冲击与影响，疫情造成全产业链停摆的状态，既对食材种植养殖、调味料生产、食品加工等供应链市场造成直接冲击，又对与餐饮业相关的生产性服务市场、设备制造市场等造成影响，还对就业市场、创业信心和精准扶贫形成巨大压力。目前，餐饮业从业人员超过 3000 万人，自主创业和再就业能力较低，疫情导致餐饮业“休克”会对低收入人群的收入来源、就业机会、社会稳定造成较大的冲击。

二　疫情之下把握餐饮业转型升级和高质量发展的新机遇

新冠肺炎疫情危机中蕴藏着餐饮业发展的新机遇。从推进产业结构优化来看，生存和发展倒逼餐饮企业必须迅速适应当前公共卫生需要和社会经济数字化进程。加速推进餐饮业生态化、标准化、社区化、数字化、无触化和跨界融合发展，或成为产业转型升级的“催化剂”。从激发饮食文化变革角度审视，摒弃野味饮食文化、倡导文明餐饮社交文化和回归家庭厨房亲情文化等方面的守正创新措施，将激发传统饮食文化的深刻变革。从提升食品安全治理效能来看，此次疫情使政府、社会和民众对餐饮业产业安全内涵有了刻骨铭心的认识，对将餐饮业纳入公共健康体系建设和应急体系建设形成了广泛共识，必将有力推进餐饮业高质量发展的进程。

三　后新冠肺炎疫情时期对餐饮业发展的再认识和新定位

餐饮业既是当前防疫重要阵地，也是复工复产、提振消费信心的主战场。餐饮业的高质量发展，既是满足人民美好生活新期待的必然要求，也是巩固抗疫成果、助推餐饮转型升级的迫切需求。此次新冠肺炎疫情使餐饮业受到空前巨大的冲击，也使学界和业界可以从公共卫生、应急保障两个视角认识餐饮业在国家高质量发展中的作用。从过去的发展来看，餐饮业作为国民经济中关系民生的基础性消费产业，历经了改革开放 40 多年的跨越式发展，产业规模和增速实现高速增长，并在供给侧结构性改革战略引领下，内部结构和发展质量得到优化提升，成为继美国之后全球第二大的餐饮产业。对其在稳增长、促消费、稳就业、惠民生等方面发挥的重要作用已经形成了共识，而且在创业创新、协同开放、绿色生态、行业监管、传承文化等领域的拓展实践也取得了积极成效。经历此次新冠肺炎疫情，尽管遭受重创，但餐饮业在配合疫情防控、阻断传播渠道、保障居民健康上发挥了重要作用，而且餐饮业在各地抗疫工作和复工复产中发挥了重要后勤保障和民生保障作用，凸显出餐饮业在国家公共卫生安全体系中的重要责任和国家应急保障体系中的重要作用。因此在后新冠肺炎疫情时期的餐饮业发展中，在更好地发挥产业原有社会、经济、文化效应的同时，必须进一步做好餐饮业公共卫生安全防范工作和公共卫生应急管理工作，发挥餐饮业对公众健康消费的引领作用，支撑“健康中国”战略实施；必须进一步完善餐饮业应急保障体系，保证安全、可靠、高效地完成国家应急保障任务。

（一）餐饮业对后新冠肺炎疫情时期稳定社会经济发展具有重要作用

在后新冠肺炎疫情时期，恢复正常社会经济秩序，稳定社会经济发展成为重要任务。但受到美国、意大利、德国、西班牙、英国、法国、伊朗等多个国家的新冠肺炎疫情持续暴发的影响，全球社会、经济发展都受到了严重冲击，尤其是以美、欧为主的发达国家和地区疫情暴发，对全球供应链造成重大影响。国际货币基金组织（IMF）总裁格奥尔基耶娃在二十国集团财政部长和中央银行行长电话会议结束后发表声明，认为新冠肺炎疫情给全球经济造成严重损失，预计全球经济 2020 年将陷入衰退。因此在当前国内外抗疫形势下，中国外需面临严峻挑战，稳定社会经济发展必须进一步增强内需的稳定作用，特别是发挥消费的“压舱石”作用。

要发挥消费的“压舱石”作用，就必须重视餐饮业对消费的“稳定器”作用。主要体现在以下三个方面。

1. 餐饮消费是居民消费的稳定器

从产业供给来看，餐饮业在 2019 年收入规模已经超过 4.6 万亿元，增长速度达到 9.4%，占社会消费品零售总额的 11.3%，在国民经济中的消费贡献日益突出。从消费需求来看，新冠肺炎疫情无法动摇中国建设社会主义现代化强国的坚定步伐，不改中国当前社会主要矛盾，中国居民对美好生活的追求会带来对高质量社会化餐饮需求的持续增长；从消费内部结构来看，在整个消费升级的进程中，尽管饮食消费比重长期趋于下降，但其比重和规模依然是居民消费结构中最大的，因此满足新时代居民美好生活需要的重要内容就是满足饮食消费升级需要。随着中国居民外出就餐倾向的不断提高，餐饮业在满足居民饮食消费需求中发挥越来越重要的作用，成为消费升级的主力军。

2. 餐饮业是低收入群体就业稳定器

稳定就业对于稳定消费、稳定社会经济发展意义重大，特别是餐饮业作为就业门槛较低的劳动密集型服务行业是中国吸纳低技能劳动力、城镇闲散劳动力和农村转移劳动力的重要产业，对保障低收入群体的社会稳定和消费具有重要作用。近年来，随着受到社会各界的关注，餐饮业也成为大学生创业的重要领域。2019 年，根据课题组估算，餐饮业吸纳就业超过 3000 万人。考虑因餐饮业发展而带动的农业、制造业、旅游业等相关产业发展和地方经济发展带来的就业机会，其对就业的贡献更大。①

3. 餐饮业是餐饮产业生态体系的稳定器

餐饮业紧密连接生产和消费，经过长期发展已经形成了较为完备的产业生态体系。从供应链来看，餐饮业对农业、食品加工制造业、餐厨用品及设备制造业、生产性服务业等上下游相关产业具有直接的带动作用，每年消耗农产品、食品调味品等原材料近两万亿元②；从协同产业来看，餐饮业作为基础消费产业与旅游、文化娱乐、批发零售业等产业都有较强的产业协同效应，特别是在电子商务爆发式增长的时期，餐饮业的体验经济属性使其成为重要的线下引流产业，成为旅游休闲产业、文化创意产业、批发零售业跨界融合的焦点。③

（二）餐饮业是关系国家公众健康的重要产业

餐饮业是关系国家公众健康的重要产业，主要体现在以下三个层面。

1. 食品安全层面

保障食品安全是餐饮业发展的基本要求。“十二五”以来，餐饮业不断加强供应链管理，提高生产和服务的规范化和标准化水平，特别是《食品安全法》颁布后，餐饮企业依法履行食品安全职责，加大食品安全管理投入和从业人员食品安全教育培训力度，使产业食品安全风险控制能力得到不断提升。

2. 健康饮食层面

健康从饮食开始。随着居民生活水平从温饱向小康、富足发展，饮食对居民健康的影响越来越大，不合理饮食、营养过剩带来的肥胖和糖尿病等慢性疾病已经成为困扰居民健康的重要问题，健康饮食在居民健康管理中的地位与作用越来越重要，消费者将对饮食安全的关注进一步提升到对饮食健康的关注。从公共卫生服务来看，健康饮食管理和服务也越来越重

---

① 于干千、赵京桥：《新时代中国餐饮业的特征与趋势》，《商业经济研究》2019 年第 3 期。
② 于干千、赵京桥：《新时代中国餐饮业的特征与趋势》，《商业经济研究》2019 年第 3 期。
③ 于干千、赵京桥：《新时代中国餐饮业的特征与趋势》，《商业经济研究》2019 年第 3 期。

要。公共卫生是关涉一国全体人民健康福祉的公共事业，是具有普遍性、普惠性的卫生服务。中国基本卫生服务包括十四项：城乡居民健康档案管理、健康教育、预防接种、0—6岁儿童健康管理、孕产妇健康管理、老年人健康管理、慢性病（高血压、糖尿病）患者健康管理、重性精神疾病患者管理、结核病患者健康管理、传染病及突发公共卫生事件报告和处理服务、中医药健康管理、卫生计生监督协管服务、免费提供避孕药具、健康素养促进。[①] 其中多项基本卫生服务与饮食健康服务息息相关。

与此同时，随着中国城镇化水平的不断提高，居民生活水平的快速提升，社会化餐饮消费成为饮食行为的重要趋势，餐饮服务成为现代城市生活服务的重要组成部分，餐饮业成为城市运行的重要民生保障，也成为满足人民美好生活的重要幸福产业。如果按照人均50元就餐标准，中国餐饮业在2019年提供就餐服务达920亿人次。因此无论从饮食对健康的重要性还是以餐饮服务的普及水平看，餐饮业在居民全生命周期健康饮食管理和公共健康管理中的重要性日益凸显。

3. 公共卫生安全层面

餐饮业是提供社会化饮食服务的产业，无论是其经营场所还是其生产过程、消费行为，都关涉人民的健康与安全，都是公共卫生安全的重要环节。由新冠肺炎疫情引发的新中国成立以来传播速度最快、感染范围最广、防控难度最大的重大突发公共卫生事件[②]对稳步发展的餐饮业造成了巨大冲击。规模庞大的餐饮业在重大突发公共卫生事件中缺乏科学、系统的公共餐饮安全应对措施，显得格外脆弱和被动。没有安全和健康护航，没有科学防护体系和应急管理体系指引，无论是餐饮业的消费贡献、就业贡献还是文化弘扬、民生保障功能，在公共卫生安全危机下都举步维艰。习近平总书记指出："既要立足当前，科学精准打赢疫情防控阻击战，更要放眼长远，总结经验、吸取教训，针对这次疫情暴露出来的短板和不足，抓紧补短板、堵漏洞、强弱项，该坚持的坚持，该完善的完善，该建立的建

① 国家卫健委：《关于做好2019年基本公共卫生服务项目工作的通知》（国卫基层发〔2019〕52号），2019年8月30日。

② 搜狐网：《卫健委：新冠肺炎疫情防控难度为新中国成立以来最大》，https://www.sohu.com/a/376705433_100191057。

立，该落实的落实，完善重大疫情防控体制机制，健全国家公共卫生应急管理体系。”[①] 此次新冠肺炎疫情全面暴露了餐饮业在重大突发公共卫生事件中的脆弱性，给餐饮业带来深刻影响的同时，也凸显出餐饮业在维护公众健康和公共卫生安全防控和应急管理中应承担的重要责任。

从上述三个层面可以看出，随着社会经济的发展、居民生活水平的提高以及威胁人类的病毒不断出现，餐饮业在食品安全管理、公众健康饮食管理以及公共卫生安全防控中承担着越来越重要的社会责任。

（三）餐饮是国家应急保障体系中的重要服务保障

民以食为天。在国家应急保障中，饮食保障是重要内容。在当前重大突发公共卫生事件中，饮食保障主要通过四种形式进行。第一种是工业化方便食品，比如方便面、蛋糕、面包。这种供应方式生产成本低，供应快速，供应范围广，易存储和携带，但营养和口味单一，并不适合长期后勤保障。第二种是由商贸流通企业供应粮食、蔬菜和肉类等生活物资，由公众自主烹制解决。这种供应保障方式适合居家且具备烹制设备和技能的家庭，具有个性化特点，是当前居家防控的主要饮食保障方式，但在公共卫生安全风险下，个人生活物资购置防控成本较高。第三种是中央厨房或移动餐车统一制作、包装，统一配送供应，这种供应方式相比第二种生产更加标准化和集约化，比第一种在口味和营养上更丰富，适用于长期集体供餐，是当前疫情防控的各医疗单位、定点隔离点和政府机关、企事业单位的主要饮食保障方式。第四种是以互联网餐饮服务平台为依托的无接触式餐饮外卖。这种供应方式可以满足居民个性化饮食需要，是第二种居家防控饮食保障的补充，但在重大突发公共卫生事件下，监管成本风险较大，供应成本较高，应急保障功能相对较弱。

综上四种饮食保障方式，专业化餐饮服务已经是国家应急保障体系中的重要服务保障，特别是基于中央厨房的规模化、标准化饮食供应，具有保障成本相对较低、保障能力强、保障期限长、风险更加可控的特点。

---

① 习近平：《完善重大疫情防控体制机制　健全国家公共卫生应急管理体系》，《人民日报》2020 年 2 月 15 日。

（四）强化餐饮产业发展的政府职能与作用

改革开放40多年来，餐饮业的发展取得了非凡成就，为中国经济、社会和文化发展做出了突出贡献，产业地位快速提升，不少地方已经把餐饮业作为政府工作和城市品牌的重要抓手，引领地方社会、经济发展。作为服务人民基础消费需求的餐饮业，满足人民日益增长的美好生活的餐饮消费需求，既是产业发展的根本目标，也是政府服务产业保障民生的重要职能。充分发挥政府在餐饮业高质量发展中的作用，建立和完善以大众化餐饮服务市场为主体的多层次餐饮服务市场体系，不断增强人民的获得感和幸福感，同时增强餐饮业就业群体的归属感和责任感。

（五）以新发展理念为指引，制定餐饮业高质量发展规划

我国餐饮业在2019年收入规模已经超过4.6万亿元。如果没有新冠肺炎疫情的影响，预计在2020年超过5万亿元。但一方面受到全球疫情暴发的影响，外防输入压力大增，餐饮复工复产受阻，消费者对公共卫生安全信心难以恢复；另一方面，全球疫情导致的经济衰退、外需下降会对国内消费预期产生重大影响，消费反弹难以展开，国内餐饮收入很可能出现大幅回落，导致大量企业倒闭和低收入群体失业，产业恢复增长期会进一步延长，预计2021年实现恢复性增长。鉴于餐饮业规模大，就业多，以及产业日益凸显的重要性，应该从国家层面顶层设计，研究“十四五”乃至更长时期内餐饮业高质量发展规划，充分发挥餐饮业在公共卫生、健康中国、增进消费、稳定就业、弘扬文化、保护生态等方面的积极作用，指导产业科学、稳定、健康发展。疫情冲击不改餐饮业长期发展趋势。为更好地推动餐饮业创新、协调、绿色、共享和开放发展，构建现代化餐饮产业体系，实现高质量发展，餐饮产业高质量发展规划应更加注重以下五个方面的统筹协调。

一是餐饮业创新发展。创新发展是餐饮业持续高质量发展的重要动能。产业规划要更加注重营造适宜创新的餐饮营商环境，通过人才政策、创业政策、金融政策，吸引人才和资本进入餐饮业，鼓励符合数字经济发展趋势、满足人民消费升级需求、提升产业效率的数字化餐饮服务创新，

餐饮业态和商业模式创新以及餐饮生产力创新。

二是餐饮业协调发展。协调发展是餐饮业全面高质量发展的保障。产业规划要统筹解决产业发展中的各种矛盾，实现城乡一体化发展，产业发展规模、速度与质量的平衡发展以及产业发展与产业治理的协同。

三是餐饮业绿色发展。绿色发展是餐饮业高质量发展的本质要求。产业规划要构建符合餐饮业绿色发展需要的法律法规体系、绿色标准体系和食材负面清单等，建立数字化监测机制和激励与约束机制，通过系统化产业规制方式护航餐饮业绿色发展。

四是餐饮业共享发展。共享发展是餐饮业高质量发展的重要特征。共享经济、平台经济发展是数字经济重要发展模式，是餐饮业高质量发展的重要特征。产业规划要符合共享经济和平台经济发展需要，构建社会化多边治理体系，加强对外卖平台的公平性审查，维护共享市场和平台市场公平公正，保护中小餐饮企业的权益。

五是餐饮业开放发展。开放发展是餐饮业实现全球高质量发展的内在要求。中华饮食发展在全球饮食文化交流中不断发展，饮食文化的融合发展与传播是构建人类命运共同体的重要内容。产业规划要营造开放包容的外商投资环境和符合对外投资需要的人才、金融、商务、法律服务生态。

第二章

2011—2019 年中国餐饮产业年度发展报告

第一节　2019 年中国餐饮产业发展报告与“十四五”展望[①]

2019 年是中华人民共和国成立 70 周年。回望新中国 70 年的发展，餐饮业在百废待兴的新中国成立初期重获动力，在改革开放中释放活力，从不到 10 亿元的以国有经济为主的小产业一路成长为收入规模超 4.6 万亿元的以中小微民营经济为主体的全球第二大餐饮产业，取得了瞩目成就：产业规模和速度实现超常规增长，内部结构和发展质量得到优化提升，在稳增长、促消费、稳就业、惠民生等方面发挥着日益重要作用，成为全球产品种类最齐全、业态最丰富、市场体系最完备的餐饮市场，在创业创新、协同开放、行业监管、传承文化等方面的生动实践成为中国服务业发展历程的缩影。

突如其来的新冠肺炎疫情对势头良好、平稳发展的餐饮业造成了巨大冲击。疫情防控的需要和消费者公共卫生安全信心的缓慢恢复使产业发展迅速跌落谷底，但疫情阻挡不了中国建设社会主义现代化强国的步伐，疫情不改中国人民美好生活对高质量餐饮的需求，不改餐饮业长期向好的发展趋势，因此餐饮业要从抗击新冠肺炎疫情中总结经验、反思教训、深刻分析、积极应对、化危为机，以创新发展、协调发展、绿色发展、共享发展、开放发展为引领，加快推进高质量发展。

---

① 于干千执行主编《中国餐饮产业发展报告（2020）》，社会科学文献出版社，2020。

一　2019 年中国餐饮产业宏观运行分析

2019 年，在国际政治、经济挑战明显上升，国内经济下行压力日益增加的宏观政治经济形势下，餐饮业围绕人民美好生活饮食服务需求，紧扣消费升级方向，持续推进供给侧结构性改革，实现餐饮收入创新高，达到了 46721 亿元，同比增长 9.40%，总体继续保持了较快增长（见图 2－1）。全年餐饮业发展主要呈现以下特点。

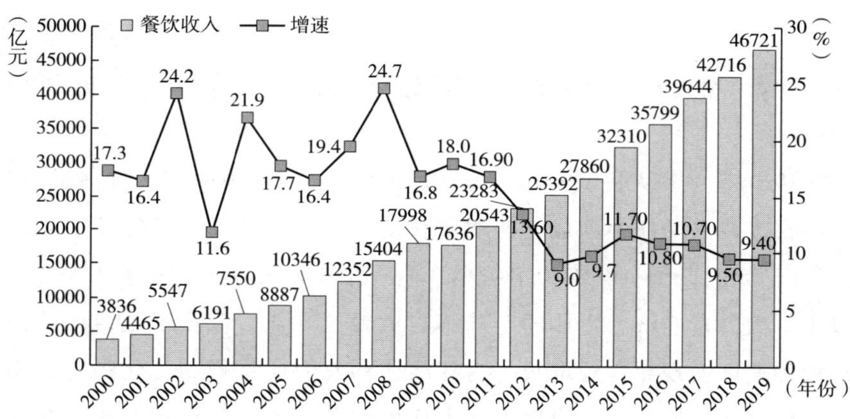

图 2－1　中国餐饮业收入规模增长情况（2000—2019）

注：2009 年之前（包括 2009 年）数据为住宿与餐饮业零售总额。自 2010 年开始数据为餐饮收入统计数据。

资料来源：国家统计局网站 www. stats. gov. cn。

（一）产业收入保持较快增长，但下行压力较大

伴随中国经济的稳定增长，城镇化水平的持续提高，人民生活水平的快速提升，对外交流的日益密切，社会化餐饮需求持续爆发，2019 年餐饮市场突破 4.6 万亿元，继续保持 9.40% 的较快增速，比社会消费品零售总额增速高 1.4 个百分点，已经连续 5 年增速超过社会消费品零售总额。其中限额以上餐饮收入达到 9444.9 亿元，增长 7.10%，比 2018 年增速回升 0.7 个百分点（见图 2－2）。

但从近几年的餐饮收入增速变动趋势（见图 2－3）来看，餐饮业增速自 2013 年反弹至 2015 年 11.7% 的高点后，连续 5 年呈现逐年下降趋势。

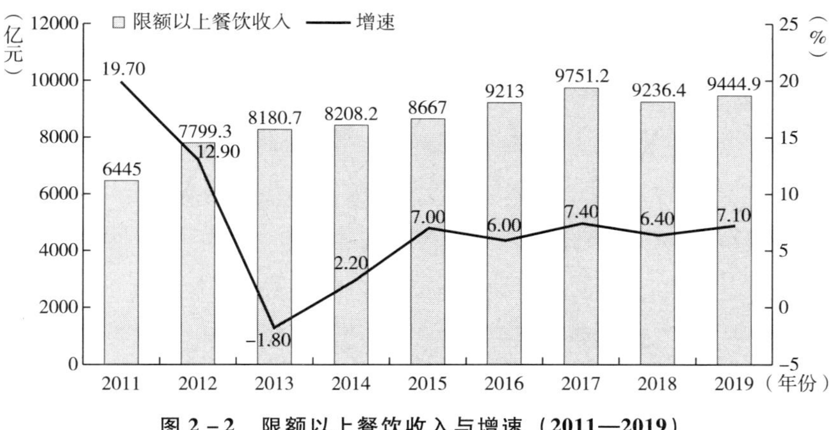

图 2－2　限额以上餐饮收入与增速（2011—2019）

资料来源：国家统计局网站 www. stats. gov. cn。

在宏观经济增长压力上升、国内消费增长放缓的形势下，餐饮业同样面临较大下行压力。

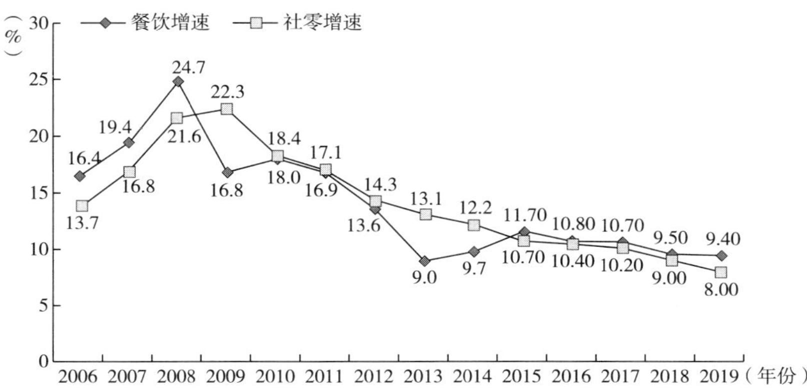

图 2－3　餐饮收入与社会消费品零售总额增速（2006—2019）

资料来源：国家统计局网站 www. stats. gov. cn。

而且由于 2019 年食品类商品零售价格指数从 2018 年的 102. 1 迅速攀升至 107. 8，餐饮收入增速受到价格影响增大，实际增速进一步承压。如果剔除食品类商品零售价格指数影响后，实际增速呈现了快速下滑趋势（见图 2－4）。①

① 由于食品类商品零售价格指数只能部分反映餐饮价格变化，剔除食品类商品零售价格指数的餐饮实际增速可在一定程度上反映趋势性变化，但并不能完全代表餐饮业的实际增长情况。

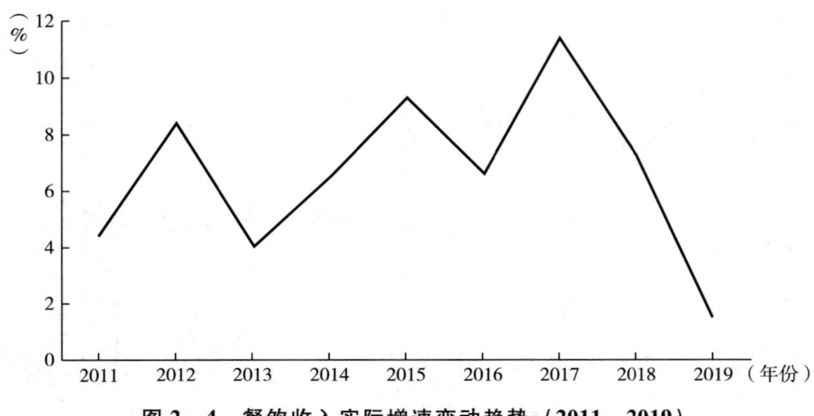

图 2－4 餐饮收入实际增速变动趋势（2011—2019）

资料来源：国家统计局网站 www. stats. gov. cn。

（二）产业消费贡献持续提升

消费发展对于中国经济发展和人民美好生活需求具有越来越重要的作用。为进一步促进消费发展，优化消费环境，2019 年国务院办公厅发布《关于加快发展流通促进商业消费的意见》，明确提出要从“促进流通新业态新模式发展”“推动传统流通企业创新转型升级”“改造提升商业步行街”“活跃夜间商业和市场”等 20 个方面推动商业创新，繁荣消费市场，挖掘消费潜力。2019 年全社会消费品零售总额突破 40 万亿元，达到了 41. 2 万亿元，同比增长 8%；最终消费支出对经济增长贡献率达到了 57. 8%，消费在经济增长中的作用突出。从居民消费情况来看，居民可支配收入的稳定增长推动居民消费支出的稳定增长和消费结构的持续升级，全年人均消费支出突破 2 万元，达到了 21559 元，同比增长 8. 9%，扣除价格因素，实际增长 5. 5%；恩格尔系数小幅下降至 28. 2%，医疗、教育等服务类消费比重保持上升趋势（见图 2－5）。

餐饮业对消费贡献主要体现在三个方面，一是餐饮消费对消费增长的压舱石作用明显。餐饮消费占社会消费品零售总额比重已经连续 5 年呈现上升趋势，2019 年达到 11. 35%，比 2014 年提高了 1. 1 个百分点（见图 2－6）；对社会消费品零售总额的增长贡献率上升至 13. 1%，为 10 年来新高（见图 2－7）。

二是餐饮消费对消费升级贡献进一步凸显。尽管在居民消费结构中，

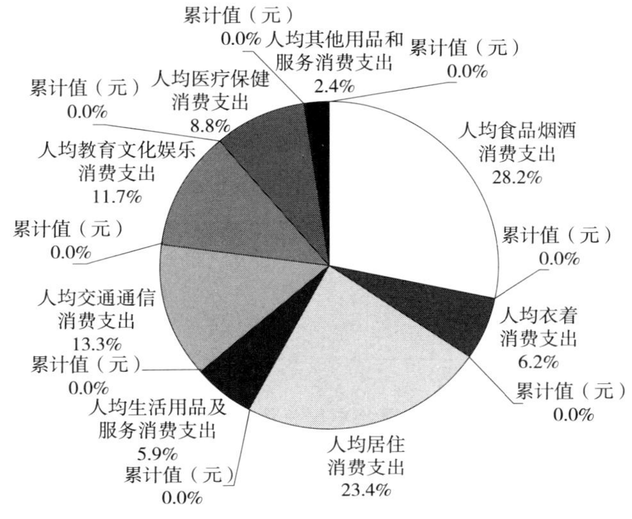

图2－5　2019年居民人均消费结构

资料来源：国家统计局网站 www. stats. gov. cn。

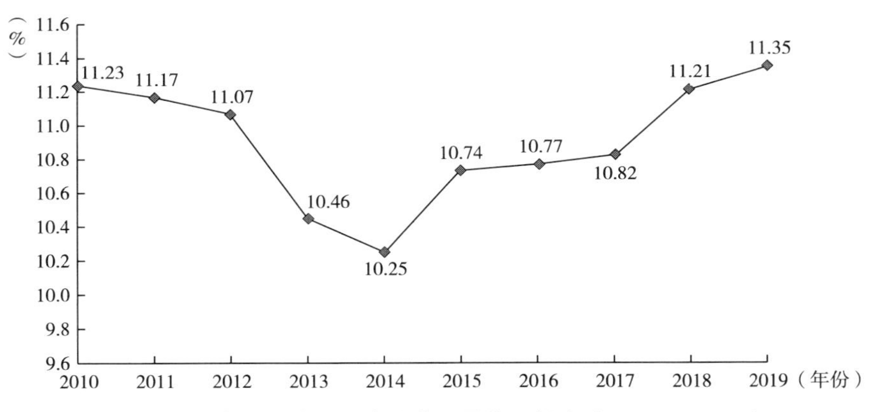

图2－6　餐饮消费占社会消费品零售总额比重（2010—2019）

资料来源：国家统计局网站 www. stats. gov. cn。

饮食类消费占比呈现持续下降趋势，但饮食消费比重依然是所有消费中最大的，2019年居民人均饮食类消费支出达到6084元，增长8.0%，比上年提高3.2个百分点。因此饮食消费的升级对整体消费升级具有重要作用。餐饮业的加快高质量发展，更好地满足了居民社会化、品质化、多元化、个性化的饮食消费需求，推动了饮食消费的升级。2019年人均餐饮消费达到约3337元，占居民人均饮食消费支出的比例约为54.8%。

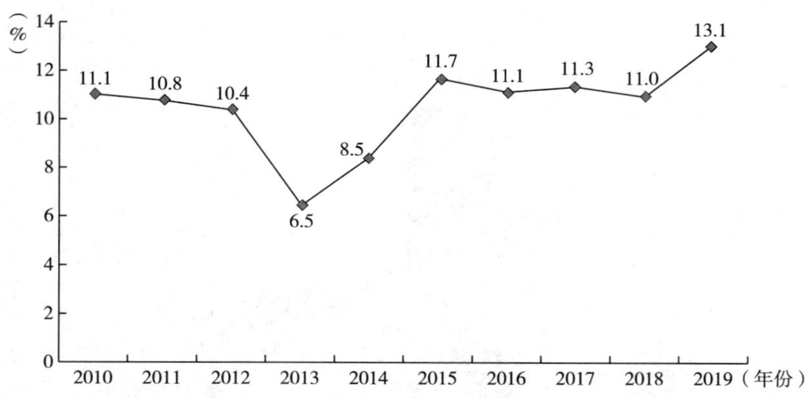

图 2-7　餐饮消费对社会消费品零售总额的增长贡献率（2010—2019）

资料来源：国家统计局网站 www. stats. gov. cn。

三是餐饮消费引领体验消费经济发展。色、香、味和饮食文化的全方位体验消费是餐饮经济所具有的独特优势，也成为吸引线下消费流量的重要竞争优势。在城市商业融合创新发展、商业街改造升级、城乡夜经济发展、全域旅游发展、乡村旅游发展中，餐饮业都成为重要的业态，引领体验消费经济发展。

（三）产业就业贡献稳定

餐饮业属于典型的劳动密集型服务行业，对整体就业贡献主要体现在两个方面。一是餐饮业对稳定就业发挥了重要作用。按照规模以上餐饮企业人均年餐费收入 22 万元推算，2019 年规模以上餐饮业就业人数约为 430 万人；由于规模以上餐饮企业人数总体高于规模以下企业，而且规模以下餐饮企业收入在全行业占比已经接近 80%，以人均餐费收入 16.5 万元推算，规模以下餐饮企业就业人员估计超过 2200 万人。餐饮业全产业就业人数估计会超过 2600 万人。如果加上外卖快递、流动饮食摊贩、农家乐等，提供餐饮服务的实际就业人数估计超过 3000 万人。除直接就业贡献外，餐饮业还带动围绕餐饮业发展的农业、食品加工业、餐饮设备制造业、餐饮信息服务业等产业的间接就业。

二是餐饮业为社会低收入群体、弱势群体提供了大量就业机会，在吸纳城镇闲散劳动力和农村转移劳动力中贡献显著。一方面，餐饮业低技能门槛为广大来自农村的青年劳动力、城镇闲散劳动力、文化程度不高的劳动力、女性劳动力提供了大量就业机会；另一方面，餐饮业创业门槛较低，其个性化、年轻化发展趋势越来越成为吸引大学生创业的热门行业。此外餐饮业在实施精准扶贫战略中，以餐饮农家乐、农村原辅食材种植养殖及食品加工等方式，为农村贫困劳动力提供了就业机会。

（四）产业实施精准扶贫效果明显

2019年是实施精准扶贫战略的关键年，是脱贫攻坚的关键阶段。餐饮业连接着农田和餐桌，拥有超2万亿元的食材需求和超4万亿元的餐饮消费市场，同时又是农村劳动力就业的重要产业，是产业扶贫、消费扶贫和就业扶贫的重要产业。近年来，在政府、行业协会带领下，众多餐饮企业在帮扶贫困地区食材产业发展和销售、支持贫困地区劳动力就业上发挥了积极作用，取得了明显效果。

表2-1　部分餐饮业精准扶贫项目

组织实施单位	精准扶贫项目（计划）	扶贫内容和效果
世界中餐业联合会组织会员企业	“授渔计划·平安成长”精准扶贫餐饮人助学行动	帮助贫困地区学生完成职业教育，并一键对接包括餐饮企业在内的实习工作单位，精准挖掘就业岗位
世界中餐业联合会与兰州市民族宗教事务委员会	“汇聚民族餐饮、助力脱贫攻坚”扶贫项目	开展少数民族餐饮业技能培训，为少数民族贫困群众提供就业和创业服务
中国烹饪协会组织会员企业	设立美食地标与餐饮产业扶贫委员会	帮助餐饮企业对接贫困地区食材
中国饭店协会组织会员企业	贫困地区食材展示活动	帮助餐饮企业对接贫困地区食材
甘肃省商务厅	“千店万人”牛肉拉面扶贫计划	以政府推动、协会统筹、企业建店的模式，免费培训学员，奖励支持企业及个人在省外开设更多的牛肉拉面店面，着力提升兰州牛肉拉面的品质品牌和市场竞争力，全面带动贫困人员就业

续表

组织实施单位	精准扶贫项目（计划）	扶贫内容和效果
西部马华	甘肃省会宁县产业扶贫项目	以“龙头企业+基地+农户”模式，发展会宁县种养殖业
千喜鹤	河北省隆化县产业扶贫项目	以“龙头企业+基地+农户”模式，发展隆化县扶贫支柱产业
百盛中国	必胜客扶业计划	挖掘贫困地区生态、优质食材，并研发菜肴带给消费者，已经完成云南松露和贵州火龙果项目

资料来源：笔者根据政府、行业协会、企业公布资料整理。

（五）产业高质量发展取得积极成效

1. 产业数字化进程加速

基于互联网的云计算、大数据、人工智能等信息技术的兴起，智能终端、移动互联网的广泛应用，以及互联网平台经济的蓬勃发展，大大加快了传统餐饮业的数字化进程和创新数字化餐饮企业的发展。主要体现在以下三个方面。

一是餐饮门店快速上线，外卖业务蓬勃发展。在线消费渗透率的持续上升和以美团点评、饿了么为代表的互联网生活服务平台的快速发展推动了餐饮门店的线上化。线上门店已经成为餐饮企业销售和消费者关系管理的重要界面。门店线上化扩大了餐饮门店的服务半径，延长了消费时间，推动了在线外卖业务的高速发展，加快了传统餐饮门店的转型升级，催生了不少专注在线外卖商业模式的网络餐饮品牌。2019 年在线外卖交易额已经超过 6000 亿元，增速超过 30%（见图 2－8），远高于餐饮业的平均增速，在线外卖用户超过 4.2 亿个，渗透率超过 49%（见图 2－9）。在线外卖服务已经成为餐饮业增长的重要动力之一，成为餐饮门店的重要利润增长点。从互联网外卖平台竞争格局来看，经过几年的激烈竞争，互联网外卖市场集中度非常高，美团、饿了么和饿了么星选（原百度外卖）三家占据了整体市场的 95% 以上。头部平台美团 2019 年餐饮外卖交易量达到 87.22 亿笔，比 2018 年增长 36.4%（见图 2－10），交易额 3927 亿元，同比增长 38.9%，市场份额超过 65%。随着互联网外卖平台市场影响力越来越大，外卖佣金的上升引发了以中小微企业为主体的餐饮企业的担忧，如何更好地进行平台治理，实现平台、餐饮企业和消费者的多方共赢是需要合力解决的产业治理问题。

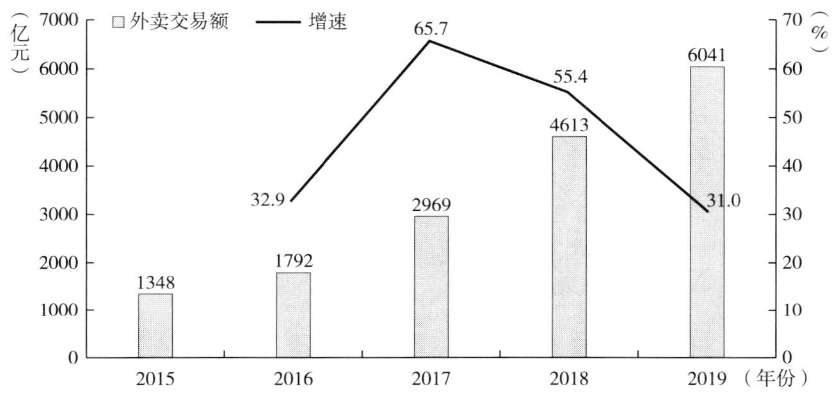

图2－8　中国在线外卖交易额

资料来源：Trustdata《2019年Q3中国外卖行业发展分析报告》，《2019年上半年中国外卖行业发展分析报告》。2019年数据为笔者根据Trustdata预测数据和美团2019年餐饮外卖交易额估计。

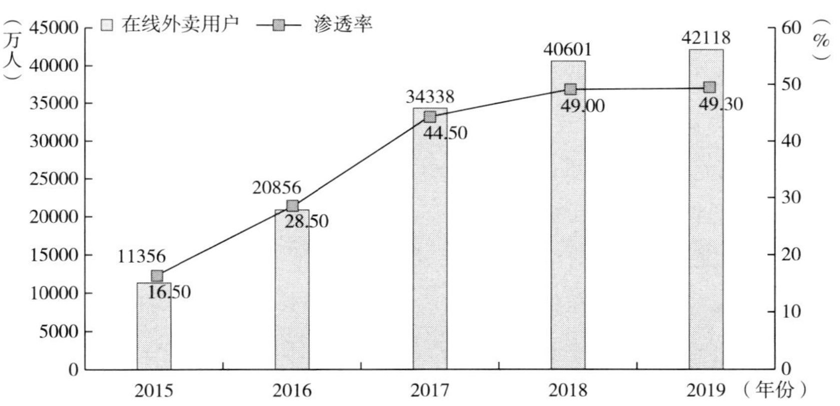

图2－9　在线外卖用户市场规模（2015—2019）

资料来源：中国互联网络信息中心《第44次中国互联网络发展状况统计报告》，2019。

二是餐饮SaaS软件应用方兴未艾，餐饮数字化管理水平不断提升。以美团、饿了么等为代表的互联网生活服务平台正加快通过餐饮SaaS软件实现对餐饮企业从前端向全流程服务发展。随着餐饮门店线上化，消费者的在线化和支付的移动化，客观上推动了中小微餐饮企业对餐饮SaaS软件的

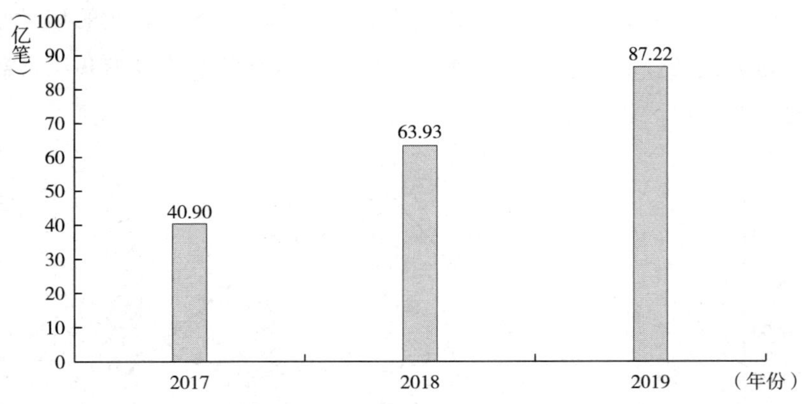

图 2－10　美团餐饮外卖交易笔数（2017—2019）

资料来源：笔者根据美团年报整理。

应用需求。中小微餐饮企业通过云端信息化解决方案，可以实现从 C 端订单到厨房生产、供应链管理等全流程和人、财、物全职能的数字化改造，以及构筑基于 C 端消费数据的餐饮企业决策体系。

三是智慧餐厅不断探索，餐饮生产服务智能化加速。智慧餐厅正在多个企业、地区不断探索、优化，其背后是餐饮科技的不断发展。智能厨房、智能厨师、智能服务员等数字化、智能化生产、服务系统和设备的发展和应用，提高了生产标准化、自动化和智能化水平，加快了餐饮业生产、服务智能化进程。

2. 产业分工持续推进，产业生态日益繁荣

由纵向餐饮服务商和横向协同产业构成的餐饮产业生态日益繁荣。一方面，随着餐饮业规模的持续扩大和数字化平台经济的快速发展，餐饮业吸引了越来越多的包括食材种植养殖、调味料生产、食品加工、设备制造等供应链服务商，人力资源、市场营销、菜品研发设计、食品安全等商务服务商，企业信息化服务、网络平台服务、数据服务等软件和信息服务商进入产业生态发展，产业内专业化分工水平日益提高，产业生产组织从家庭作坊式向现代化产业分工体系发展。另一方面，随着餐饮业体验消费带来的引流作用越来越重要，零售业、旅游业、文化娱乐业等产业不断深化与餐饮业的融合，推动形成互哺的产业协同效应。

3. 品牌餐饮企业发展质量持续提升，连锁发展加快

品牌餐饮企业在激烈的市场竞争中，显现出企业品牌化发展、标准化发展、连锁化发展的品牌优势、经营管理优势和效率优势。从限额以上餐饮（简称限上餐饮）企业经营数据来看，企业总体资产负债率依然较高，达到了 69.9%，但呈现了持续改善的趋势，比 2014 年降低了 2 个百分点（见图 2 - 11）；营业收入保持了稳定增长，经营质量有了较好的提升，企业主营利润率从 2015 年的 43.5% 逐年升至 48.7%，其中饮料及冷饮服务主营利润率高达 68.9%，在餐饮各经营业态中处于较高水平（见图 2 - 12）。

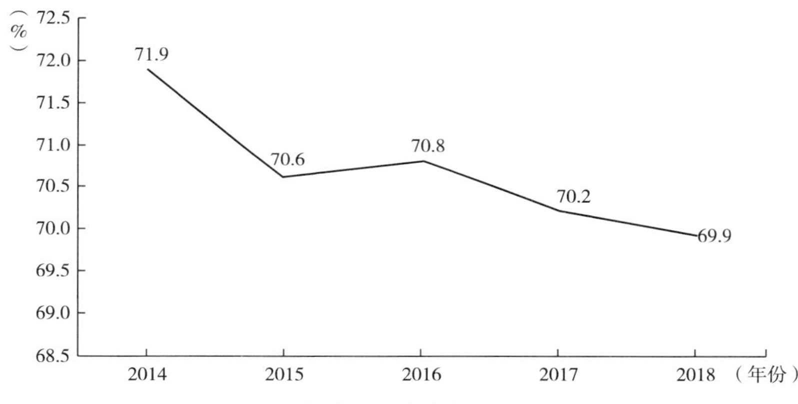

图 2 - 11　限上餐饮企业资产负债率（2014—2018）

资料来源：国家统计局网站 www.stats.gov.cn。

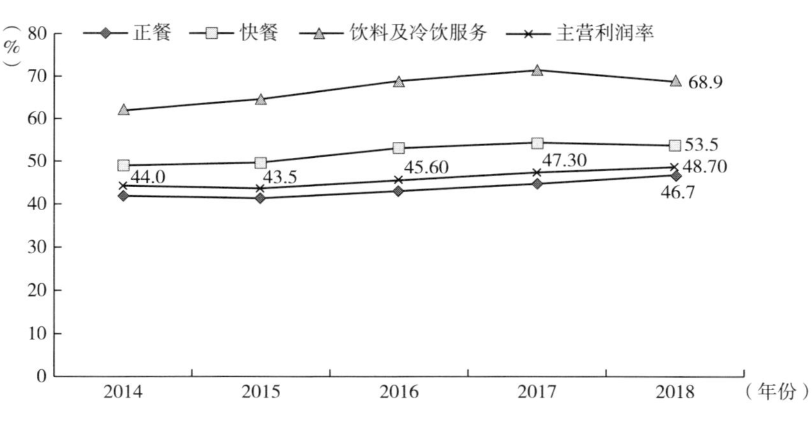

图 2 - 12　限上餐饮企业主营利润率（2014—2018）

资料来源：国家统计局网站 www.stats.gov.cn。

限上餐饮企业加快通过连锁经营模式扩大规模。连锁餐饮企业总店及门店数量、营业收入实现快速增长，经营效率持续提升。到 2018 年年底，限上连锁餐饮企业总店增长至 482 家，新增连锁门店 3523 家，同比增长 12.8%（见图 2－13），营业收入达到了 1950.01 亿元，同比增长 12.4%，超过全国餐饮收入增长平均水平（见图 2－14）。品牌连锁餐饮企业占限上企业收入规模达到了 21.1%，比重进一步提升，连锁化经营趋势愈加明显。在门店数量大幅扩张的同时，单店面积继续向小型化发展，年坪效大幅上升至 1.81 万元/米^2（见表 2－2）。

表 2－2　限上连锁餐饮企业运行情况（2010—2018）

年份	2010	2011	2012	2013	2014	2015	2016	2017	2018
连锁总店（个）	415	428	456	454	465	455	459	463	482
连锁门店（个）	15333	16285	18153	20554	22494	23721	25634	27478	31001
营业面积（万米^2）	742.65	821.37	869.23	937.07	1020.00	970.89	1036.90	1075.40	1075.01
营业额（亿元）	955.42	1120.39	1283.26	1319.62	1391.02	1526.61	1635.15	1735.48	1950.01
就业人数（万人）	70.61	83.29	80.55	80.31	78.00	71.36	75.59	78.00	89.28
年坪效（万元/米^2）	1.29	1.36	1.48	1.41	1.36	1.57	1.58	1.61	1.81
单店面积（米^2）	484	504	479	456	453	409	405	391	347
单店就业人数（人）	47	52	45	40	35	31	30	29	29

资料来源：笔者根据国家统计局（www.stats.gov.cn）数据统计。

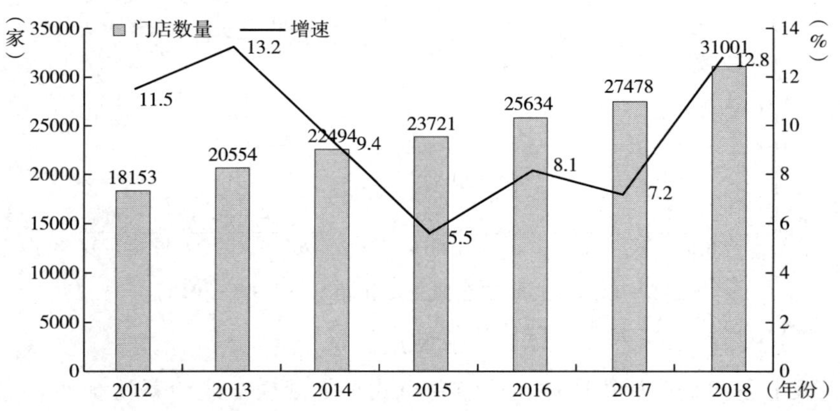

图 2－13　限上连锁餐饮企业门店数量（2012—2018）

资料来源：国家统计局网站 www.stats.gov.cn。

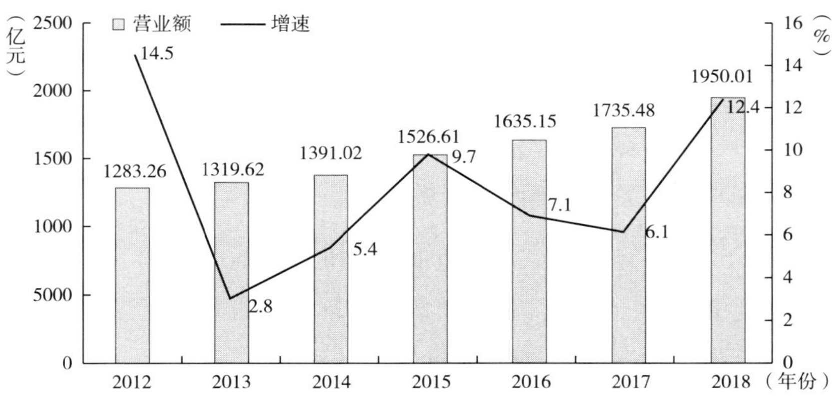

图 2－14 限上连锁餐饮企业营业额（2012—2018）

资料来源：国家统计局网站 www. stats. gov. cn。

4. 产业食品安全监管进一步完善

食品安全工作是关系民族未来，人民健康的战略大事，是人民美好生活的基本要求，但当前我国食品安全工作仍面临不少困难和挑战，形势依然复杂严峻。为了加强食品安全工作，2019 年国家出台、修订了多项政策、法规。一是中共中央、国务院印发《关于深化改革加强食品安全工作的意见》（以下简称《加强食品安全的意见》）。《加强食品安全的意见》是第一个以中共中央、国务院名义出台的食品安全工作纲领性文件，明确了初步建立“基于风险分析和供应链管理的食品安全监管体系”（2020）的短期目标和“基本实现食品安全领域国家治理体系和治理能力现代化”（2035）的长期目标，要提高从农田到餐桌全过程的监管能力，提升食品全链条质量安全保障水平，提出了“建立最严谨的标准”“实施最严格的监管”“实行最严厉的处罚”“坚持最严肃的问责”，要“严把餐饮服务质量安全关”，实施“餐饮质量安全提升行动”，切实增强广大人民群众的获得感、幸福感、安全感。二是中共中央、国务院印发《地方党政领导干部食品安全责任制规定》（以下简称《规定》）。《规定》的出台标志着食品安全责任进一步明确落实到地方党政干部工作中，并加强考核和监督。三是国务院修订通过《中华人民共和国食品安全法实施条例》并于 2019 年 12 月 1 日实施。新修订的《食品安全法实施条例》比原条例新增了 22 个条款，进一步细化明确了食品安全责任，进一步提高食品安全违法成本，完善食品安全标准，加强食品安全风险监测，要普及食品安全教育，提高国民食品安全意识。随着食品安全工作目标、原则和任务的明确，法律法规的完善，和政府工作责任的落实，中国食品安全监管制度日益完善。

（六）产业资本市场表现分化

到 2020 年第一季度，中国内地现有上市餐饮企业共 10 个[①]：西安饮食、味千（中国）、全聚德、国际天食（原名小南国）、唐宫中国、呷哺呷哺、广州酒家、百福控股、海底捞和九毛九。

从 2019 年上市餐饮企业的表现来看，5 家企业年度股价表现上涨，4 家企业年度股价表现下降，不同企业的表现分化严重（见表 2－3）。其中，海底捞是中国上市餐饮企业市值最高的，达到 1486.7 亿元人民币，年度增长高达 83.21%，比上市开盘市值增长近一倍，成为资本市场最为看好的中国餐饮企业；国际天食在 2017 年由小南国更名为国际天食后，并没有扭转市场颓势，股价持续下跌，到 2019 年末，市值 3.41 亿元人民币，年度下降 19.63%，比上市开盘市值下跌 84%，是当前中国上市餐饮企业市值最低，也是 2019 年降幅最大的餐饮企业。

表 2－3　2019 年中国内地上市餐饮企业资本市场表现

单位：亿元人民币，%

	市值	年度涨跌幅
西安饮食（SZ000721）	20.66	4.28
味千（中国）（HK00538）	27.1	36.93
全聚德（SZ002186）	31.8	－7.90
百福控股（HK01488）	14.86	－11.02
国际天食（HK03666）	3.41	－19.63
唐宫中国（HK01181）	11.38	15.23
呷哺呷哺（HK00520）	98.9	－16.28
广州酒家（SH603043）	122.7	13.83
海底捞（HK06862）	1486.7	83.21

资料来源：市值根据 2019 年收盘价计算，香港上市企业按照 2019 年 12 月 31 日港币对人民币汇率 0.8962 计算。

① 由于九毛九为 2020 年上市企业，2019 年市场表现并没有纳入研究。

与国际知名跨国餐饮企业相比（见图 2－15），海底捞作为中国上市餐饮企业市值最高的企业，仅为麦当劳的 1/7，第二梯队广州酒家、呷哺呷哺两家市值与海底捞落差巨大，市值不到海底捞的 1/10，与麦当劳、星巴克、百胜餐饮等国际知名跨国餐饮企业差距更大。

相对于中国持续稳定增长，规模超过 4.6 万亿元的餐饮市场，中国上市餐饮企业总体表现并没有实现稳定的增长，相反，福记食品清盘，乡村基私有化退市，湘鄂情（现中科云网）、名轩控股（现中华燃气）退出原餐饮业务，给资本市场信心较大打击。

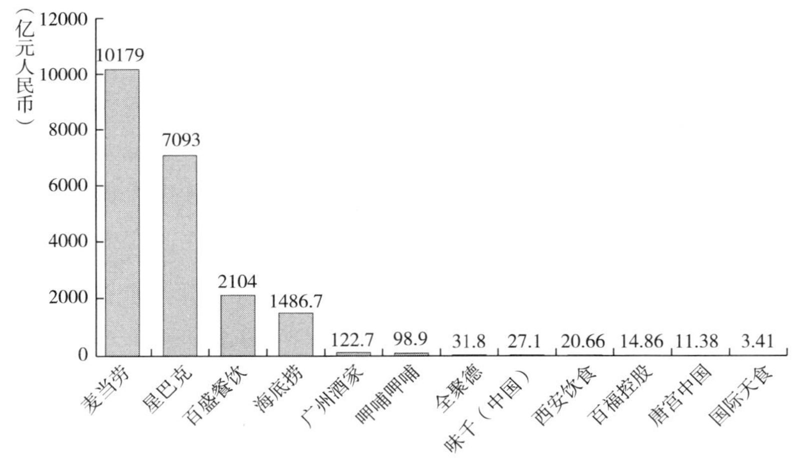

图 2－15　国内上市餐饮企业与知名国际餐饮企业市值比较

资料来源：根据上市公司 2019 年收盘价计算。

综上可以看出，餐饮业 2019 年在稳增长、稳消费、稳就业、惠民生上做出了积极贡献，并且随着供给侧结构性改革的持续推进，餐饮高质量发展取得积极成效。一是餐饮业的数字化改造快速推进，产业创新能力有了进一步提高；二是餐饮业的产业内部分工体系和产业间协同水平都有了较好的提升，产业生态日益完善、繁荣；三是餐饮企业经营管理质量提升，连锁化经营提速增效；四是食品安全监管进一步完善。此外，随着产业竞争格局从线下转向线上线下全面竞争，从产品、服务竞争转向企业生态系统综合能力竞争，在餐饮业实际增速放缓，增长压力加大的形势下，产业内竞争更加激烈，加速了市场的优胜劣汰和结构性分化。

二　中国餐饮业发展面临的新环境

2020 年春节，一场突如其来的新冠肺炎疫情拉响了全国公共卫生安全的警报，各地纷纷启动重大突发公共卫生事件一级响应，世界卫生组织也把此次疫情列为“全球关注公共卫生紧急事件”。在这样严峻的疫情防控形势下，餐饮业因其门店广、消费人群杂、就业人员多等特点，极易造成疫情扩散，因此成为疫情防控的重要战场之一。为配合新冠肺炎疫情的防控，大部分餐饮企业处于停摆和半停摆状态，不仅在往年最火热的春节市场颗粒无收，还要承担营运成本和存货损失，不少企业因此现金流濒临枯竭，甚至有不少企业及个体经营户退出市场。尽管随着中国疫情防控取得了积极成效，在复工复产政策推动下，社会、经济逐步恢复正常秩序，但全球其他国家疫情造成的境外输入压力依然巨大，而且由于新冠肺炎疫情防控难度高，人类对病毒的认识还不充分，餐饮门店在此次疫情传播中具有较高公共卫生安全风险，复工面临疫情防控巨大压力，而且消费者对公共卫生安全的信心依然不足，正常经营面临重重挑战，复工难复产现象普遍。整个产业的良好增长势头在此次全国公共卫生安全事件中被迅速遏制。2020 年第一季度，全国实现餐饮收入 6026.3 亿元，同比下降 44.3%，在疫情得到有效控制的 3 月，餐饮收入下滑速度甚至进一步扩大至 46.8%，超过了 1—2 月的下滑速度，创下餐饮业产业收入下滑之最（见图 2 - 16）。疫情对产业的影响超过 2003 年的非典时期，而且更加深远。

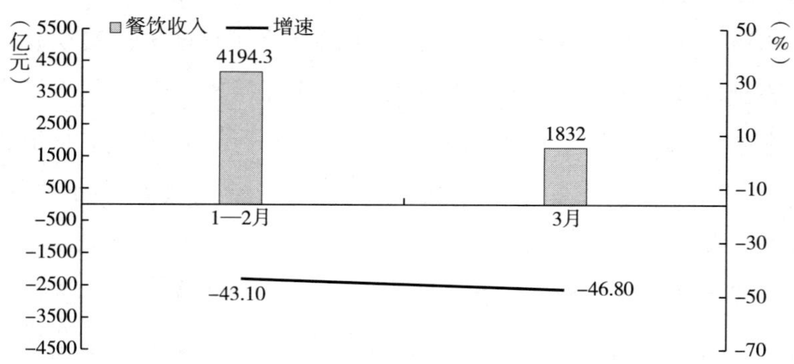

图 2 - 16　2020 年前三个月餐饮收入情况

资料来源：国家统计局网站 www. stats. gov. cn。

新冠肺炎疫情在全球的肆虐，对餐饮业发展的政治、经济、社会和技术环境都造成了重要影响。在后新冠肺炎疫情时期，餐饮业在受到严重冲击后，必须冷静分析当前餐饮业发展环境的新变化，更好地制定应对措施，保障更长远的稳定、高质量发展。

（一）政策、法律环境

受到疫情冲击和影响，中国在公共卫生安全防控、扶持复工复产、促进消费以及保护野生动物等方面都出台了一系列政策，给餐饮业未来经营发展带来重大影响。

1. 餐饮业要加快适应常态化新冠肺炎疫情防控和更加严格、完善的公共卫生安全防控政策

新冠肺炎疫情对中国公共卫生安全体系和人民生命健康造成的严重冲击，加快了中国疫病防控政策和国家公共卫生应急体系的完善。从短期来看，新冠肺炎疫情防控将成为中国社会经济活动的常态。随着 2020 年 4 月 8 日湖北武汉的解封，到 5 月 2 日全国各省（区、市）突发公共卫生事件一级响应调整完毕，再到 5 月 7 日全国中高风险区域全部清零，中国新冠肺炎疫情得到全面有效控制，这意味着从 2020 年 1 月开始的应急性超常规疫情防控的终止。但是美国、欧盟、俄罗斯等国家、地区的新冠肺炎疫情仍在肆虐，国内个别地区出现聚集性疫情的风险仍在，新冠肺炎疫情还有很大不确定性，中国疫情防控仍然不可放松。因此在中央防控精神指引下，中国新冠肺炎疫情进入常态化防控阶段。国务院联防联控机制印发《关于做好新冠肺炎疫情常态化防控工作的指导意见》（以下称《常态化指导意见》）。《常态化指导意见》明确提出："按照相关技术指南，在落实防控措施前提下，全面开放商场、超市、宾馆、餐馆等生活场所。"对于餐饮业来说，必须按照《常态化指导意见》，以及商务部联合国家卫健委发布的由中国商业联合会、中国饭店协会、中国烹饪协会、全国酒家酒店等级评定委员会、美团点评集团联合制定的《餐饮企业在新型冠状病毒流行期间经营服务防控指南（暂行）》和国务院在 2 月 22 日印发的《企事业单位复工复产疫情防控措施指南》，落实好防控措施，才能真正实现全面开放。

从长期来看，研究和总结此次新冠肺炎疫情防控的经验和教训，完善中国疫病防控体制机制和国家公共卫生应急管理体系成为当务之急。餐饮业作为公共饮食场所，是公共卫生安全防控的重要环节，也应加快产业公共卫生安全防控和应急管理体系的构建，增强产业应对公共卫生突发事件的能力。

2. 餐饮业复工复产要充分利用政府扶持政策，抓住国家促进消费发展的政策红利

从短期扶持政策来看，为帮助在此次受到重创的餐饮企业，特别是中小微企业、个体工商户渡过疫情难关，协助企业和个体工商户复工复产，恢复生机，中央及地方政府出台并落实了一系列扶持政策，包括出台复工复产便利化措施、降低运营成本、提高流动性、加大政府服务力度等，大致可以分为财政扶持政策、金融扶持政策和其他扶持政策三类。

- 中央及部委财政扶持政策。疫情发生后，党中央、国务院高度重视利用财政政策的直接扶持作用，财政部、国家税务总局牵头出台了包括减免增值税，延长亏损结转期限，减免和缓缴社保费，缓缴住房公积金，鼓励减免租金，减免检测和认证费用等一系列财政扶持政策。

- 中央及部委金融扶持政策。疫情暴发伊始，中国人民银行、财政部、银保监会等金融监管部门发布了诸多金融扶持政策，超预期提供流动性保障金融稳定，防范因疫情引发的金融风险，支持金融机构降低融资成本，有序复工复产。与餐饮业相关的金融扶持政策主要包括：加强制造业、小微企业、民营企业等重点领域信贷支持，不得盲目抽贷、断贷、压贷；提供临时性还本付息安排；提高金融服务效率；降低融资成本；等等。

- 中央及部委其他扶持政策。除了财政和金融扶持政策，国家发展改革委、国家市场监督管理总局、人社部、商务部、民政部等部委稳定就业，降低电、气价格，优惠租金，积极发挥行业协会作用，便利市场准入，优化行政服务等各个方面进一步落实中央抗疫精神。

- 地方扶持政策。在党中央、国务院的抗疫精神及各部委支持抗疫文件指引下，各地方陆续出台了地方应对疫情防控，稳定社会经济发展的各项政策，其中部分省市与餐饮业相关的扶持政策，主要包括有序推进企业复工复产，以减税降费，延税延费，减免租金，降低水、电、气价等方式降低企业负担，加大金融支持力度，降低融资成本，支持企业稳岗，出台消费券等措施促进消费恢复，等等。

从长期来看，促进消费发展是国家长期经济工作内容，特别是在当前外需不振的形势下，发展国内消费市场成为当前“六稳六保”工作——稳就业、稳金融、稳外贸、稳外资、稳投资、稳预期工作，保居民就业、保基本民生、保市场主体、保粮食能源安全、保产业链供应链稳定、保基层运转——的重要抓手。新冠肺炎疫情暴发以来，在中央“加快释放国内市场需求”，“要扩大居民消费，合理增加公共消费”精神指引下，各个部委陆续出台了促进消费发展的政策措施。如国家发展改革委等 23 个部委出台了《关于促进消费扩容提质加快形成强大国内市场的实施意见》，提出了优化国内市场供给，重点推进文旅休闲消费提质升级，着力建设城乡融合消费网络，加快构建“智能 +”消费生态体系，持续提升居民消费能力，全面营造放心消费环境 6 个方面工作，19 条任务来加快发展国内消费市场。商务部出台了《关于统筹推进商务系统消费促进重点工作的指导意见》，落实各省市促进消费发展的重点工作，并会同国家邮政局、中国消费者协会在 4 月 28 日至 5 月 10 日举行“双品购物节”，促进假期消费。在中央和各部委促进消费政策指导下，各省市也在积极落实地方促进消费发展的各项政策。

表 2-4　中央及部委出台的重要促进消费发展文件

文件名	出台部门	时间
《关于加快发展流通促进商业消费的意见》	国务院	2019 年 8 月 27 日
《关于应对新冠肺炎疫情做好稳外贸稳外资促消费工作的通知》	商务部	2020 年 2 月 18 日
《关于促进消费扩容提质加快形成强大国内市场的实施意见》	国家发展改革委等 23 个部委	2020 年 2 月 28 日
《关于统筹推进商务系统消费促进重点工作的指导意见》	商务部	2020 年 4 月 22 日

资料来源：笔者根据中央及各部委出台文件整理。

综合上述中央及地方出台的与餐饮业相关的复工复产扶持政策和促进消费政策，可以看出，尽管新冠肺炎疫情对餐饮业造成了巨大冲击，但是一系列扶持政策和促进消费发展政策会缓解当前企业困境，并给餐饮业未来发展带来政策红利。

3. 餐饮业要严格遵守禁野政策

受到新冠肺炎疫情以及近年来全球公共卫生安全事件的影响，消费者对禁止非法交易和滥食野生动物形成了广泛共识。全国人大常委会出台了《关于全面禁止非法野生动物交易、革除滥食野生动物陋习、切实保障人民群众生命健康安全的决定》（以下简称《革除滥食野生动物陋习的决定》）。根据《革除滥食野生动物陋习的决定》和《中华人民共和国畜牧法》，农业农村部起草了《国家畜禽遗传资源目录（征求意见稿）》，包括猪、牛、羊、马、驴、骆驼、兔、家禽八类传统畜禽和梅花鹿、马鹿、驯鹿、羊驼、珍珠鸡、雉鸡、鹧鸪、绿头鸭、鸵鸟、水貂（非食用）、银狐（非食用）、蓝狐（非食用）、貉（非食用）十三类特种畜禽。湖北、广东、江西、北京、广西、湖南等省区市陆续在全国人大常委会《革除滥食野生动物陋习的决定》指导下，积极推进地方立法工作，加大力度保护野生动物。深圳市人大常委会 3 月 31 日率先通过了《深圳经济特区全面禁止食用野生动物条例》（以下称《深圳条例》），并在 5 月 1 日实施。《深圳条例》明确规定的禁止食用野生动物及其制品包括：（1）国家重点保护野生动物以及其他在野外环境自然生长繁殖的陆生野生动物；（2）人工繁育、人工饲养的陆生野生动物；（3）用于科学实验、公众展示、宠物饲养等非食用性的动物及其制品。同时也明确了可食用动物为《国家畜禽遗传资源目录》中规定的可食用动物，以及依照法律、法规未禁止食用的水生动物。《深圳条例》还明确推行可食用动物冷链配送、禁止私宰家禽家畜及相关行为、禁止以提供食用为目的向消费者销售家禽家畜活体。

可以预见的是，随着各地方对于禁食野生动物的立法推进，全国范围内禁食野生动物是必然趋势，因此餐饮业要认真学习禁野法律法规并严格遵守。

（二）经济环境

新冠肺炎疫情在全球蔓延，特别是在发达国家的肆虐，造成各国正常社会经济活动陷入停摆，全球贸易、全球供应链和国际正常交往受到了严重威胁。国际货币基金组织在 2020 年 4 月发布的《世界经济展望：大封锁》中，认为新冠肺炎大流行病正在全世界造成高昂和不断上升的人力成本，必要的保护措施正在严重影响经济活动。由于这场大流行病，预计 2020 年全球经济将大幅萎缩 3%，其中美国、欧元区预测 2020 年经济萎缩 5.9% 和 7.5%（见图 2 - 17），要比 2008—2009 年金融危机期间严重得多。而国际货币基金组织在 2020 年 1 月新冠肺炎疫情全球暴发前预测 2020 年增长 3.3%，可见新冠肺炎疫情对全球经济冲击之大。

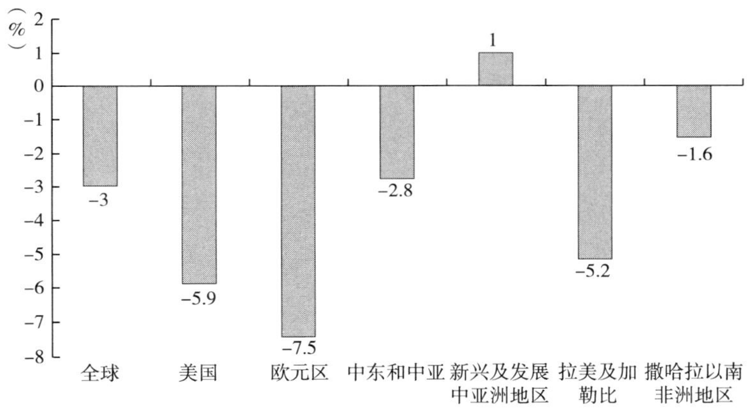

图 2 - 17　全球及主要地区 2020 年经济增长预测

资料来源：国际货币基金组织《世界经济展望：大封锁》，2020。

在世界经济陷入衰退、不稳定不确定因素显著增多的非常时期[①]，已经融入全球经济的中国很难独善其身。尽管中国相对较早地实现了对新冠肺炎疫情的全面有效控制，开始全面复工复产，但是新冠肺炎疫情对第一季度的社会经济的严重冲击，以及世界经济衰退带来的外需不振，新冠肺炎疫情造成的全球供应链不畅等不利因素依然对 2020 年中国经济增长带来严重不利影响。国际货币基金组织预计中国 2020 年全年实现增长 1.2%。

从 2020 年第一季度来看，中国国内生产总值同比下降 6.8%；社会消费品零售总额同比下降 19.0%；全国居民人均消费支出实际下降 12.5%；货物

① 宁吉喆：《如何全面辩证看待一季度经济形势》，《统计科学与实践》2020 年第 5 期。

进出口总额（按人民币计）同比下降 6.4%，实际使用外资下降 10.8%。积极的一面在于，在新冠肺炎疫情封锁下被动发展起来的宅经济，倒逼数字经济的快速发展，加快了全国消费线上化转移和产业的数字化改造进程。一季度，智能终端、服务器、电子商务、互联网教育、互联网医疗、云办公、在线外卖和快递物流呈现逆势增长。

2020 年是中国完成脱贫攻坚战、全面实现小康社会的收官年。尽管面临严峻挑战和诸多全球不确定因素，但在以习近平同志为核心的党中央坚强领导下，充分发挥制度优势，坚持稳中求进，统筹疫情防控和社会经济发展，全力做好“六稳”“六保”工作，如期完成了新时代脱贫攻坚目标任务，现行标准下农村贫困人口全部脱贫，全面实现小康社会。

对于 2021 年全球经济增长情况，国际货币基金组织认为，假设流行病在 2020 年下半年消退，封锁可以逐步解除，随着经济活动在政策支持的帮助下正常化，预计 2021 年全球经济将恢复增长 5.8%（见图 2－18），中国预计经济增长会反弹至 9.2%（见图 2－19）。

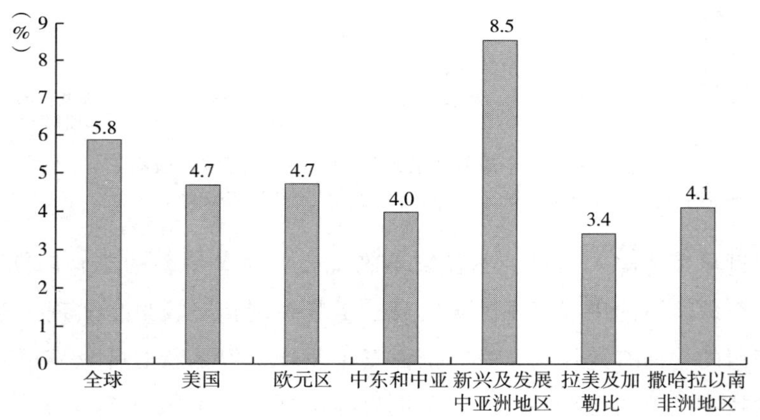

图 2－18　全球及主要地区 2021 年经济增长预测

资料来源：国际货币基金组织《世界经济展望：大封锁》，2020。

对于餐饮业来说，既要对 2020 年的经济困难和挑战做好充分的准备，先生存后发展，稳中求进，依照中央“六稳”“六保”工作要求，做好稳增长、稳消费、稳就业，惠民生工作，发挥产业应有贡献，又要积极谋划，抓住未来全球经济复苏和中国经济大幅增长，全面建设现代化社会主

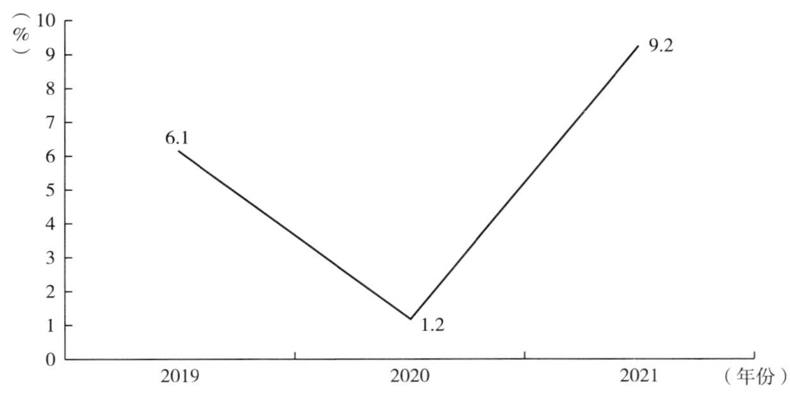

图 2－19　中国 2020—2021 年经济增长预测

注：2020 和 2021 年为预测数据。

资料来源：国际货币基金组织《世界经济展望：大封锁》，2020。

义国家进程中的发展机会，加快实现高质量发展。

（三）技术环境

科技对餐饮业高质量发展的贡献越来越重要，产品、服务创新，商业模式创新，管理创新等都依赖于科技的快速发展。未来餐饮业面临的技术环境变化主要有信息技术和生物科技两个方面。

1. 信息技术基础设施升级扩容，信息应用水平提升

新冠肺炎疫情带来的封锁效应客观上推动了中国数字经济发展，加快了 5G 通信技术、云计算、人工智能、大数据和物联网等信息技术的应用和发展。消费的海量在线化转移和产业的大规模数字化转型，对信息基础设施提出了更多需求和更高要求。

2020 年 3 月，中共中央政治局常委会会议强调要“加快 5G 网络、数据中心等新型基础设施建设进度”。新型基础设施建设已经成为中国占领新兴信息技术高地，加快数字经济发展，实现高质量发展的重要抓手。以 5G、物联网、工业互联网、卫星互联网为代表的通信网络基础设施，以人工智能、云计算、区块链等为代表的新技术基础设施，以数据中心、智能计算中心为代表的新型基础设施，三大信息技术基础设施的完善发展，将会极大提高全社会信息生产力，加快社会数字化进程，提升社会智能化水平。

信息技术基础设施的升级扩容，将会支撑信息应用水平的大幅提升。主要体现在消费者应用和企业应用两个方面。

从消费者应用来看，随着信息基础设施的升级，网民规模的不断扩大和活跃程度的日益提高，移动智能终端的快速普及，基于用户需求的大量应用开发井喷式发展，呈现移动化、平台化、社交化、视频化四大升级方向。

- 移动化。移动互联网提速和移动智能终端升级，大幅提高了消费者的移动连接能力、信息获取和处理能力，加快线上线下消费场景融合，进一步发挥线上交易优势和线下体验优势，推动消费场景的移动化。
- 平台化。互联网平台作为一种网络多边市场，可以充分发挥信息技术在供求中的高效匹配作用，降低社会交易成本，而且随着互联网平台的集聚能力越来越大，其匹配能力也越大，所产生的交易能力也越大。当前基于社会、经济活动需求形成的互联网消费平台已经有以天猫淘宝、拼多多为代表的网络零售平台，以美团、饿了么为代表的生活服务平台，以滴滴为代表的交通出行平台，已经基本覆盖了消费者的日常消费需求。新冠肺炎疫情期间，消费的线上化进一步加快了互联网消费平台的发展。
- 社交化。随着微信、微博、QQ、钉钉、抖音、快手等不同应用形式，不同应用场景的社交软件的普及应用，以及各类消费、文娱平台的社交功能的完善，网络中存在的强连接和弱连接的消费者迅速形成了跨地域、全天候，具有快速传播能力和强黏性的消费社交网络。这使得社交化消费成为消费的重要特征，消费者不仅关注产品和服务本身，还关注消费行为是否可以获得更好的社交体验。
- 视频化。视频消费受制于网络传输速度和流媒体数据处理能力限制，随着云计算、5G 网络、数据中心，以及流媒体处理技术等软硬件能力的提升，信息传输和处理能力大幅提升，使得视频消费体验大幅提升，基于视频的信息应用快速发展，如短视频社交和直播电商。

从生产应用来看，物联网、大数据技术和人工智能技术的发展，加速了泛在智能生产网络的发展，大幅提升基于动态数据的企业决策能力和市场反应速度，以及基于需求数据的智能化企业生产和供应链管理水平。

对于餐饮业来说，要充分认识新兴信息技术对餐饮生产、经营和消费的影响，重视互联网平台经济发展，加快线上消费与线下场景的融合，重视网络社区维护，提高消费的社交体验，重视短视频、直播等新兴传播手段，提升品牌传播能力，重视消费数据资源的挖掘和分析，推动经营管理信息化向经营管理决策数字化转变。

2. 生物科技发展对餐饮食材产生重要影响

食材是餐饮业发展的基础原料，因此生物科技发展对食材发展的影响会对餐饮业产生巨大影响。

2019年，生产“人造肉”的美国超肉（Beyond Meat）公司成功在美国证券市场上市，引发了全球对“人造肉”生物技术的关注。肉是人类消费的重要食材，在全球拥有万亿美元的市场。近年来，随着生物科技的发展，研发生产肉类替代品越来越受到生物科技创业企业和风险投资资金的青睐。从传统食材来看，利用大豆等植物蛋白、鸡蛋、明胶等原料生产的素肉已经进入消费食谱，可以在一定程度上解决素食消费者需求，但无法满足肉食消费者对真肉口感和味道的需求，因此传统素肉仅满足素食消费者的小众市场，并无法替代肉，没有对肉类市场产生巨大冲击。但以美国超肉公司为代表的新型植物蛋白肉，利用生物科技已经可以实现接近真肉的口感和味道，既可以满足消费者的健康需求又可以满足消费者对肉类的消费需求。此外，还有利用动物干细胞制造出的人造肉技术正在研发、探索中。南京农业大学在2019年成功培养了人造肉，这种人造肉在细胞结构上与传统肉细胞结构一样，但要实现传统肉类口感还需要持续研发。

在生物科技飞速发展的环境下，餐饮业要积极关注生物科技对食材等原材料的影响，既要充分利用生物科技带来的食材创新，给消费者提供更多消费体验，也要积极关注生物科技对食材供应链和食品安全的全方位影响。

（四）社会环境

尽管新冠肺炎疫情已经在中国取得了全面有效控制，但新冠肺炎病毒对中国整个社会的影响非常深远。

从短期来看，新冠肺炎病毒的高隐匿性、高传播性和高危险性极大削弱了中国消费者的公共卫生安全信心。在全国中高风险地区清零后，由于外部疫情依然严重，境外输入压力大，病毒造成的心理阴霾并没有完全消散，口罩、消毒液已经成为消费者防控必需品。

从长期来看，新冠肺炎疫情带来的公共卫生安全危机倒逼餐饮消费文化的转变。

一是坚决遏制野味饮食文化的发展。《中国 - 世界卫生组织新型冠状病毒肺炎（COVID - 19）联合考察报告》明确了新型冠状病毒为动物源性病毒，可能宿主为蝙蝠。尽管中间宿主还未确定，但是病毒源于野生动物成为共识，食用野生动物之风被广泛诟病。全国人大常委会通过了《革除滥食野生动物陋习的决定》，从国家层面坚决抵制滥食野生动物的陋习，在全国掀起了遏制野味饮食文化，提倡健康、生态的饮食文明的浪潮。

二是加速了双筷、公筷、分餐等文明餐饮社交文化的普及。在当前疫情防控背景下，单筷制、共餐制等中餐传统的餐饮社交习惯并不符合公共卫生安全要求。世界中餐业联合会倡议全球中餐业，推动“分餐制、公筷制、双筷制”等文明聚餐方式进入餐厅服务规范，进一步提高中餐业公共卫生安全防范水平。

三是回归家庭厨房的亲情文化对餐饮社交文化的影响。由于疫情期间服务业全面停摆，平日忙碌的国人们终于得以停下脚步宅在家里陪伴家人或自己独处。尤其恰逢春节这个中华民族最重要的节日，“人间烟火味，最抚凡人心”，一日三餐成为家人联络感情最重要的纽带，家庭成员的感情更加深厚，互相理解，家庭观念意识越来越强，随之将带动餐饮社交文化的改变，以及新餐饮业态的产生。

三　中国餐饮业“十四五”展望

2020 年是“十三五”规划收官之年，是全面建成小康社会的冲刺年，是实现第一个百年奋斗目标的决胜之年，也是脱贫攻坚战的达标之年；2020 年是展望“十四五”的规划之年，是迈向 2035 年基本实现社会主义现代化的新起点。尽管新冠肺炎疫情在 2020 年初给整个产业发展带来了巨大危机，但疫情不改中国长期发展目标和发展趋势，危机不改中国人民美好生活的高质量饮食需要。餐饮业作为国民经济中基础性的生活服务业，是满足人民美好生活需求的重要消费产业，是关系广大人民群众的获得感、幸福感、安全感的重要民生产业，在全面建设社会主义现代化进程中依然具有重要作用。习近平总书记强调："危和机总是同生并存的，克服了危即是机。"因此餐饮业要充分研判新冠肺炎疫情对政策、法律、经济、技术和社会的全面影响，既要运用底线思维，做好应对严峻挑战的准备，从抗击新冠肺炎疫情中总结经验、反思教训，用好短期扶持政策，加快提质增效，强化食品安全管理，又要有战略视野，对餐饮业长期向好的发展趋势和社会、经济、文化、生态贡献有清晰的判断，把握长期政策红利，化危为机，以"创新""协调""绿色""开放""共享"发展理念为指导，加快转型升级，推动餐饮业高质量发展。

（一）创新发展

创新是一个民族进步的灵魂，是一个国家兴旺发达的不竭动力，也是中华民族最深沉的民族禀赋。[①] 在开启全面建设社会主义现代化强国的道路上，在推进社会经济高质量发展的进程中，创新是第一动力。

创新发展是餐饮业持续高质量发展的第一动力。在劳动力、土地要素成本趋涨的形势下，餐饮业过去依赖的劳动力密集，粗放扩张型增长模式已经面临越来越严峻的挑战。餐饮业要抓住未来国家发展机遇，必须加快发展动力从劳动力、土地、资本要素驱动向创新驱动、知识驱动、科技驱动转变，重视高端复合型、技能型、知识型人才引进和培养，重视信息技术、生物技术等科技与餐饮业的融合发展。

在政府层面，要更加注重营造适宜创新的餐饮营商环境，通过人才政策、创业政策、金融政策，吸引人才和资本进入餐饮业，鼓励符合数字经济发展趋势，满足人民消费升级需求、提升产业效率和提升产业附加值的产品和服务创新，管理创新，生产模式、商业模式及业态创新和烹饪技艺创新。

（二）协调发展

协调是中国特色社会主义建设总体目标，也是保障全面建设社会主义

① 《习近平在欧美同学会成立 100 周年庆祝大会上的讲话》（2013 年 10 月 21 日）。

现代化道路的行稳致远的重要发展方式。

协调发展是餐饮业全面高质量发展的目标和平稳推进高质量发展的重要保障。当前餐饮业依然处于不平衡发展中，主要体现在城乡发展不平衡，东西部发展不平衡，发展速度与发展质量不平衡，产业发展与产业治理能力不平衡。这些发展矛盾成为餐饮高质量发展的绊脚石，同时也是餐饮业发展的拓展空间和提升方向所在。

在政府层面，一要统筹协调区域发展不平衡，一方面鼓励符合中西部、乡村产业发展和生态保护需求的特色餐饮发展；另一方面鼓励品牌连锁餐饮企业，带动中西部、乡村地区食材产业链发展，尤其是支持有能力和需求的餐饮企业实施精准扶贫战略，带动脱贫攻坚地区食材产业发展。二要提升产业治理能力，提高依法监管，科技监管水平。三要充分发挥行业协会的自我约束和产业协调作用。

（三）绿色发展

绿色发展关系人民福祉，关乎民族未来[①]，是社会主义现代化事业可持续发展的要求。

绿色发展是餐饮业高质量发展的本质要求，也是人民美好生活的内在要求。当前中国绿色餐饮发展仍面临不少困难和挑战，一是中国微生物和重金属污染、农药兽药残留超标、添加剂使用不规范、制假售假等问题时有发生[②]，环境污染对食材安全的影响逐渐显现；二是绿色餐饮门店、绿色餐饮生产和服务缺乏高质量、可操作标准和监管措施，员工操作不当导致的食品安全事件和公共卫生担忧时有发生；三是新冠肺炎病毒导致的公共卫生安全风险给餐饮业发展带来巨大的公共卫生安全冲击和防控挑战，并进一步加速了消费者对健康、绿色饮食的关注。因此，对餐饮业来说，绿色发展既是挑战更是巨大的机遇。

在政府层面，要构建符合餐饮业绿色发展需要的法律法规体系，加快完善食品安全、保护野生动物、公共安全防控等方面的立法，推进依法监

---

① 2013 年 5 月 24 日，习近平在中共中央政治局第六次集体学习时强调“建设生态文明，关系人民福祉，关乎民族未来”。

② 中共中央、国务院：《关于深化改革加强食品安全工作的意见》，2019 年 5 月 19 日。

管，同时加快高质量标准体系制定，提升餐饮行业标准化水平，建立数字化监测机制和激励与约束机制，通过系统化产业规制方式护航餐饮业绿色发展；继续推广“明厨亮灶”、餐饮安全风险分级管理；鼓励餐饮外卖对配送食品进行封签，使用环保可降解的容器包装；大力推进餐厨废弃物资源化利用和无害化处理，防范“地沟油”流入餐桌；开展餐饮门店“厕所革命”，改善就餐环境卫生。[①]

（四）共享发展

共享发展是中国特色社会主义的本质要求，是否实现共享发展是全面建设社会主义现代化是否惠及全体人民，是否符合最广大人民的根本利益的检验标准。

对于餐饮业来说，共享发展是餐饮业高质量发展的重要特征。作为以中小微企业为主体，以中低收入群体为主要就业群体的餐饮业，坚持共享发展理念：一是坚持以人为本，发展大众化餐饮，着力满足人民美好生活的饮食需求；二是要抓住共享经济和平台经济发展带来的发展机遇，实现平台、企业和消费者的共赢；三是要规范和完善人力资源管理，让企业发展惠及全体员工，推动形成企业员工命运共同体。

在政府层面，一方面，要加大力度保护中小微餐饮企业合法利益，普惠提供政府公共服务，降低金融、法律服务等获取成本；另一方面，根据共享经济和平台经济发展需要，构建社会化多边治理体系，加强对外卖平台的公平性审查，维护共享市场和平台市场公平公正，保护中小餐饮企业的权益。

（五）开放发展

开放发展是建设人类命运共同体的内在要求，是向世界展示中国，让世界了解中国的重要发展理念。

中华饮食发展在全球饮食文化交流中不断发展，饮食文明的融合发展与传播是构建人类命运共同体的重要内容。开放发展是中国餐饮业“走出

---

① 中共中央、国务院：《关于深化改革加强食品安全工作的意见》，2019 年 5 月 19 日。

去”实现全球高质量发展的内在要求，也是引进国际先进餐饮企业，丰富国内餐饮市场的内在需要。尽管餐饮市场“走出去”“引进来”已经具有较长历史进程，但是在“走出去”方面，依然面临诸多挑战，包括资金、人才、供应链，东道国的政治法律环境，经济社会环境等。特别是新冠肺炎疫情在全球暴发后，全球餐饮业面临巨大挑战，很多餐饮企业陷入经营危机而倒闭。因此中国餐饮企业在实施“走出去”发展战略中，要充分研判国际疫情发展趋势、东道国的投资环境，以及自身国际竞争能力，制定可行、可控国际化战略和实施策略。

在政府层面，一方面，要营造开放包容的外商投资环境，引进更多具有国际竞争力和东道国特色的餐饮企业，进一步丰富中国餐饮市场，满足中国消费者以及海外人士的餐饮需求；另一方面，搭建餐饮国际化公共服务平台，构建符合对外投资需要的人才、金融、商务、法律服务生态。

第二节　2018 年中国餐饮产业发展报告——改革开放 40 年回顾与展望①

中国餐饮业借助改革开放的动力赢得快速发展的机遇，从一个 50 亿元规模的传统服务业，持续释放市场微观主体的活力，跨越式发展成为超过 4 万亿元产业收入的生活服务消费产业、超 2000 万就业人口的社会民生产业和传承五千年中华文明的民族文化事业，走出了一条中国特色的餐饮业发展之路。

改革开放 40 年来，中国餐饮业年均复合增长率高达 18%，稳增长、促消费等经济贡献一直稳居服务业前列，是持续吸纳社会就业的“稳定器”，是中小企业、民营经济发展的“晴雨表”，是服务业“大众创业、万众创新”的“聚集地”，是人民群众幸福感、获得感最直接的表达。中国餐饮业在实施乡村振兴战略、践行绿色发展理念、传承传统文化、重塑文明行为、发挥美食外交作用等方面的独特行业价值正在逐步被认可和放

① 于干千执行主编《中国餐饮产业发展报告（2019）》，社会科学文献出版社，2019。

大，开启了高质量发展的新征程。

一　改革开放 40 年中国餐饮业发展的主要阶段与特征

改革开放 40 年来，中国餐饮业经历了恢复期、增长期、成熟期和转型期四个发展阶段，既分享了改革开放红利带来的繁荣，又熬过了内外环境动荡后的“寒冬”，餐饮产业回归理性发展，启动深耕模式，转型升级初步完成，产业融合效应增强，成为消费“新常态”下现代服务业的重要组成部分。1978 年中共十一届三中全会的召开，拉开了中国改革开放的大幕。自此，以国有企业、集体企业为主的中国餐饮业告别计划经济时代，开启了以个体经济和民营经济为主体的市场化经营时代，发展成为改革开放 40 年个体经济、民营经济发展最为活跃，市场竞争最为激烈的产业之一。改革开放极大地激发了微观市场主体的活力，释放了消费者的社会化餐饮需求，中国餐饮业从 1978 年仅有 12 万家营业网点、54.8 亿元收入规模的“小”行业，蝶变成为如今营业网点接近 480 万家，收入规模达到 4 万亿元的“大”产业，分别是改革开放初期的约 40 倍和 730 倍，并一跃成为全球第二大餐饮消费市场。40 年的产业发展巨变，不仅体现为规模和速度的超常规增长，也体现为结构和质量的优化提升；迈入新时代中国餐饮产业拥有更丰富的业态、产品品类，更广泛的大众化消费群体，更加多元化、多层次的市场体系，更完善的网点布局，更先进的管理手段和科技应用水平，更严格的食品安全监管和更坚定的文化自信。

（一）产业恢复期：1978—1991 年

党的十一届三中全会确立的解放思想、实事求是的思想路线冲破了长期禁锢人们思想的许多旧观念，中国人民开始进入了改革开放和社会主义现代化建设的新时期。个体经济和私营经济活动开始被人们认可和接受。1980 年，上海第一家个体餐馆“美味馆”和北京第一家个体餐馆“悦宾饭店”的陆续开业，标志着餐饮产业率先解放思想并实践个体和私营经济发展。小小的餐饮门店，在当时就像在平静的湖面扔下块大石头，极大地冲击了固有思想和旧观念，引发了全国人民和万里、习仲勋等时任国家领导人的关注，并开始围绕个体餐饮经营遇到的各类经营问题研究个体经济的政策和监管。

改革开放总体战略和路线的确立为餐饮业市场化发展明确了方向，打破了市场主体的思想枷锁。在这一时期，全国各地的个体餐饮企业如雨后春笋般涌现，并带动着一批解放思想的餐饮从业者投资经营餐饮门店。全国餐饮收入保持快速增长，到 1983 年，全国餐饮收入突破百亿元，在 1991 年接近 500 亿元水平。

外资餐饮企业也在这一时期开始布局中国市场。1987 年 11 月 12 日，美国连锁快餐肯德基在北京前门开设了第一家分店，带来了全新的餐饮体验，西式餐饮文化开始冲击固有的餐饮经营管理理念。肯德基前门店开业当日创下 2200 份炸鸡和营业额 83000 元的销售纪录，成为中国餐饮发展历程中现象级门店，上肯德基吃西餐变成了一件时髦的事情，甚至成为北京旅游的一大景点。中国火爆的餐饮市场也吸引了后期更多的外资餐饮企业来中国投资经营，如麦当劳在 1990 年进入中国，在深圳开设了第一家分店。

为了更好地服务和规范行业发展，除了原有烹饪中等专业学校、技工学校外，以江苏商业专科学校（现扬州大学旅游烹饪学院）、四川烹饪高等专科学校（现更名为四川旅游学院）、哈尔滨商业大学旅游烹饪学院、济南大学烹饪学院、河北师范大学等为代表的院校开始在 20 世纪 80 年代末 90 年代初设立烹饪专科教育，为行业输送人才；行业组织中国烹饪协会和世界中国烹饪联合会（现世界中餐业联合会）在国家领导人倡导和精心策划下分别于 1987 年和 1991 年宣告成立，各地方行业组织也随之陆续成立。教育体系的建立和行业组织的成立为餐饮业进一步发展奠定了人才和组织基础。

（二）产业增长期：1992—2001 年

1992 年，以邓小平“南方谈话”和中共十四大为标志，中国改革开放和现代化建设事业进入了一个新的阶段。中共十四大第一次明确提出了建立社会主义市场经济体制的目标模式，拉开了中国社会主义市场经济体制改革的大幕。国有企业改革、分税制改革、金融改革、价格改革、医疗改革、住房改革、教育改革等，围绕社会主义市场经济体制建设的各项改革措施在20世纪90年代密集推出。中国社会主义市场经济体制的建设全面激发了社会主义市场微观主体的活力，一方面，原有国有、集体餐饮企业开始进行现代企业制度改革，以全聚德、广州酒家等为代表的一批“老字号”国有餐饮企业通过建立现代企业制度，重新焕发活力，并经过市场化经营检验，引领中国餐饮业发展；另一方面，价格的市场化和餐饮市场的供不应求刺激了全社会投资餐饮业的热情，民营资本和外资纷纷进入餐饮市场，餐饮业以民营企业为主体，国有企业、外资企业为补充的所有制结构形成。在这一时期，餐饮业充分享受改革开放的红利，全产业收入规模增长了10倍，到2001年达到4465亿元，10年的复合增长率达到惊人的25.3%，是餐饮业在改革开放40年发展历程中增长速度最快的时期。

这一时期也是培育和见证诸多中国领先餐饮品牌诞生和发展的时期，如小南国（1987）、西贝（1988）、西部马华（1988）、真功夫（1990）、唐宫（1992）、吉野家（1992）、丽华快餐（1993）、金鼎轩（1993）、海底捞（1994）、德克士（1994）、陶然居（1995）、永和大王（1995）、味千中国（1996）、眉州东坡（1996）、面点王（1996）、呷哺呷哺（1998）、外婆家（1998）、小肥羊（1999）、丰收日（1999）、华莱士（2000）、刘一手（2000）等。这些品牌在改革开放中成长，迄今依然活跃在中国餐饮市场上，并且已经发展成为中国知名餐饮品牌，引领着整个行业的发展。

（三）产业成熟期：2002—2011年

进入21世纪，在社会主义市场经济体制改革持续推进的同时，中国在2001年12月11日正式加入世界贸易组织，标志着中国的改革开放进入了新平台。在这一时期，中国对外贸易快速发展，成为世界第一大出口国和第二大进口国；中国国内生产总值在2011年超越日本成为世界第二大经济体，人均GDP从中等偏下水平进入中等偏上水平，居民消费结构按照联合国粮农组织恩格尔系数划分标准，城市居民从小康水平进入富裕消费水平，农村居民从温饱水平进入小康水平；宏观经济的景气带来商务和公务餐饮消费的快速增长，同时，居民生活水平的提高转变了传统的家庭就餐习惯，家庭外出就餐比例不断提高，全国社会化餐饮需求呈现全面暴发的态势。

在供给侧，餐饮产业加速品牌化和连锁化进程，品牌连锁餐饮企业规模迅速扩大，出现了味千（中国）、全聚德、小肥羊（已经被百胜收购）、唐宫、乡村基等上市餐饮公司及大量获得风险投资的餐饮企业；餐饮营业网点快速增长，经营业态不断丰富，形成了包括正餐、快餐、火锅、休闲餐、自助餐、团餐、外卖等在内的较为完善的业态体系，产品线不断扩展，形成了以中餐为主，以西餐、日本料理、韩餐等各国特色餐饮为辅的多元化餐饮品类结构，餐饮业满足饮食服务消费需求的能力得到大幅提升；同时，随着大量资本的进入，餐饮产业的竞争日趋激烈，优胜劣汰进程加速，产业集中度呈现持续上升趋势。

在供需两端共同推动下，餐饮业收入规模分别在 2006 年和 2011 年突破 1 万亿元和 2 万亿元，10 年复合增长率达到 16.5%。

在中国不断融入全球化发展的进程中，随着中国在全球经济地位的提升，通过举办奥运会、世界博览会、亚运会等具有全球和区域影响力的国际赛事、展会，以及通过世界中餐业联合会的持续全球推广活动，代表中华民族悠久文化的中餐在全球的影响力在这一阶段有了全面的提升，中国餐饮企业也开始通过品牌连锁的方式走向世界。

（四）产业转型升级期：2012—2018 年

从 2012 年开始，中国餐饮业开始告别 30 多年的高速增长，进入转型升级的结构性调整期，其间复合增长率回落至 10.6% 左右。这一时期既是中国餐饮业面临结构性调整的时期，更是中国餐饮业从传统服务业转型升级、迈向更高质量发展阶段的时期。

中国餐饮业在过去高速规模化扩张，外部政策、经济、社会和技术环境变化冲击下，面临较大的产业发展压力，不少规模化经营的餐饮企业的收入大幅下降，经营利润大幅缩减，面临巨大经营压力乃至生存危机。限额以上餐饮企业在 2012 年和 2013 年增速快速回落，特别是在 2013 年，限额以上餐饮企业收入为 8180.7 亿元，同比下降 1.8%。

中国餐饮业面临结构性调整的同时，又正处于历史性的战略机遇期。随着中国进入社会主义发展新时代，中国社会主要矛盾转为人民日益增长的美好生活需要和不平衡不充分的发展之间的矛盾，在带领中国人民迈向2050 年全面建成社会主义现代化强国的进程中，中国居民收入的增长、城乡生活水平的提高带来的大众化餐饮需求的增长和升级为餐饮业提供了强劲的增长动力。

正是这种历史发展机遇、外部环境压力以及内部产业竞争成为近年来餐饮业加快供给侧结构性改革推动整个产业转型升级，提高发展质量，保障长期可持续发展的巨大推动力。在扩大消费需求、加强食品安全监管、鼓励大众化餐饮发展等政策环境下，在需求侧变革和供给侧改革的共同作用下，餐饮产业紧紧围绕大众消费需求，通过提高文化创意能力、产业化能力、科技应用能力、食品安全控制能力等多种途径，加快转型升级。"十三五"开局至今，餐饮业正在恢复勃勃生机，供给侧结构性改革成效明显，到 2018 年底，中国餐饮业不仅收入规模突破 4 万亿元，达到 42716 亿元，而且产业化能力、品牌能力、创新能力和食品安全控制能力有了质的提升，产业正在步入高质量发展的新阶段。

历经改革开放 40 年的跨越式发展，餐饮产业抓住了历史机遇，在改革中发展，在开放中学习，在转型中创新，成功地从弱小的传统服务业发展成为国民经济中关系民生的基础性消费产业、幸福产业，在稳增长、调结构、促消费、惠民生等方面的功能和作用日益凸显，成为能够不断满足人民和时代发展需要的产业。

二　改革开放 40 年中国餐饮业发展主要成绩

改革开放 40 年，中国取得了世界人类发展史上的惊人成就；中国餐饮业在这样的历史大潮中乘风破浪，用 40 年时间，走过了西方国家上百年的产业发展历程，实现了跨越式发展，为中国经济、社会和文化发展做出了突出贡献。

（一）持续高速增长，产业规模跃居世界第二

从改革开放 40 年发展来看，餐饮业长期保持了快速、稳定增长。产业收入从 1978 年的 54.8 亿元到 1983 年突破百亿元，1994 年突破千亿元，

2006 年突破万亿元，2011 年超过 2 万亿元，2015 年超过 3 万亿元，在 2018 年超过 4 万亿元，达到 4.27 万亿元，复合增长率高达 18.1%，已经成为仅次于美国的世界第二大餐饮市场（见图2－20）。以 1978 年中国餐饮产业收入为基点，餐饮收入突破 1 万亿元历时 29 年，从 1 万亿元到 2 万亿元历时 5 年，而从 2 万亿元到 3 万亿元仅用 3 年，也只经过 3 年，2018 年中国餐饮产业收入突破 4 万亿元，达到 42716 亿元，不断被刷新的产业规模和增速，是世界餐饮产业发展史上的奇迹。以近 3 年中国、美国的餐饮产业收入的平均增速预估，中国餐饮业有望在 2023 年超过美国，成为全球第一大餐饮市场。

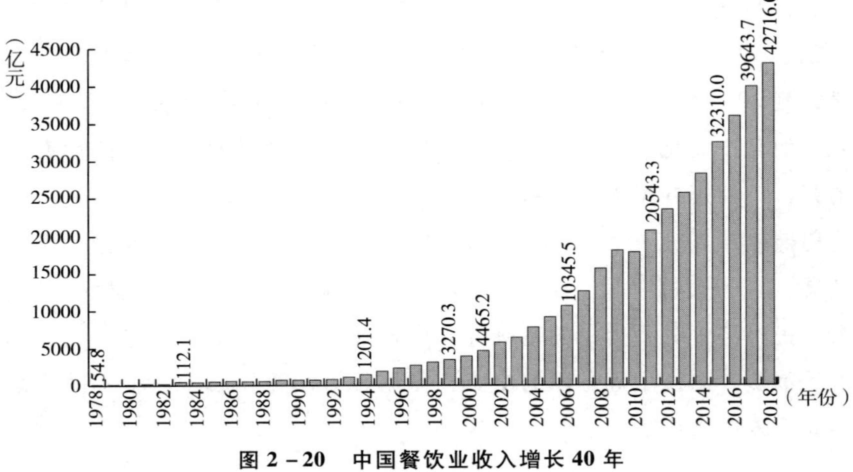

图 2－20　中国餐饮业收入增长 40 年

（二）满足消费需求，经济贡献稳居三产前列

餐饮产业的稳定、持续、快速增长使其经济贡献稳居服务业前列。

从消费来看，40 年间，餐饮收入占社会消费品零售总额的比重从 1978 年的 3.5% 开始快速上升，到 1992 年超过了 5%，到 2001 年超过 10%，近几年稳定在 10%—11% 的水平，而且餐饮收入增速在较长时期内高于社会消费品零售收入增速。这反映了我国居民消费结构从改革开放初期的温饱阶段向小康、富足阶段发展的进程中，饮食消费从自我服务向社会化服务的转变。尽管烟酒食品类支出比重呈现下降趋势，恩格尔系数从改革开放初期的 60% 下降至 2017 年的 29.3%，但居民对社会化餐饮服务需求呈现持续增长态势，外出就餐比例持续提高，人均餐饮消费支出从改革开放时的 5.7 元增加至 2017 年的约 2850 元，增长了 499 倍，推动了餐饮消费支出持续稳定增长。

从投资来看，在景气预期下，餐饮业在增长期和成熟期中，持续成为民营资本、外资的活跃投资领域之一，特别是进入 21 世纪后和转型期前，餐饮业固定资产投资增速连续多年高于全社会固定资产投资增速。

从关联产业发展来看，餐饮业是紧密连接生产和消费的产业，具有较高的产业关联度，对包括农业、食品加工制造业、餐厨用品及设备制造业、生产性服务业等在内的上下游相关产业具有直接的带动作用，每年消耗农产品、食品调味品等原材料近 2 万亿元；同时，餐饮业作为基础消费产业与旅游、文化娱乐、批发零售业等产业都有较强的产业协同效应，特别是在电子商务爆发式增长的时期，餐饮业的体验经济属性使其成为跨界融合的焦点，已经成为旅游休闲产业、文化创意产业、批发零售业的重要协同产业；餐饮业态成为城市商圈、城市综合体、购物中心的重点业态。

（三）稳定吸纳就业，民生保障作用日益凸显

餐饮业作为门槛较低的劳动密集型服务行业是中国吸纳技能劳动人口和农村转移人口就业的重要产业，就业贡献突出。40 年间，餐饮业在吸纳国有企业下岗职工、农村进城务工人员方面都做出了重要贡献。在 1978 年全行业从业人员约 104.4 万人，仅占全社会就业人口的 0.26%。到 2016 年，住宿与餐饮业就业人口持续上升至 2488.2 万人，占统计就业人口的 5.1%，其中住宿与餐饮业私营企业和个体就业人员 2218.5 万人，占私营企业和个体就业人员的 7.2%。考虑因餐饮业发展而带动的农业、制造业、旅游业等相关产业发展和地方经济发展带来的就业机会，其对就业的贡献更大。

1978—1991 年，批发和零售贸易、餐饮业等产业用工占全国用工需求的比重从 2.84% 增长到 4.85%，平均增长率略高于全国年末就业人员增长率。

1992—2001 年，产业用工需求占全国总需求的比重保持稳定增长，从 4.85% 增长到 6.51%，就业人员增长率略高于全国水平。

2002—2011 年，餐饮业用工需求占全国总需求的比重平均值为 1.60%，平均增长率略高于全国水平，私营和个体企业是餐饮就业市场主力军，就业人员平均占比为 6.37%，2011 年解决了 1072.4 万人就业。

2012—2018 年，餐饮产业就业贡献呈现吸纳就业效应放大、个体经营仍是主体的特征。餐饮业用工需求占全国总需求的比重平均值为 1.61%，就业吸纳能力在各行业位居前列。2012—2015 年住宿和餐饮业就业人员平均增长率为 -2.06%，2016 年后开始逐渐回升，2017 年餐饮业贡献了约 4257.61 万个就业岗位（其中包括传统餐饮业 3000 万个，互联网餐饮服务企业 357.61 万个和休闲农业乡村旅游企业 900 万个），私营和个体企业就业人员平均占比为 6.40%。

（四）加强行业监管，食品安全水平稳定提升

餐饮产业 40 年发展离不开政府的行业监管和行业协会行业自律管理的不断完善，食品安全水平稳步提升。一方面，40 年来，政府行业监管完成了在餐饮市场中从参与者向监管者的角色转变，当好市场“守夜人”的角色，监管方式从“九龙治水式”监管向依法监管转换，特别是《食品安全法》的出台进一步推动了行业依法监管的发展；另一方面，以世界中餐业联合会、中国烹饪协会为代表的社会组织以及各个地方行业协会在餐饮业安全、规范发展中起到了重要的行业自律和专业化服务作用，通过制定行业标准，开展行业研究、培训、展会、国际交流等行业服务，引导行业健康、规范发展。

1978—1991 年，行业监管主要聚焦于餐饮产品的卫生范畴，国家通过实施《食品卫生法（试行）》（1982）、《酒类卫生管理办法》（1990）等一系列法律法规和行政手段对食品领域的监督管理制度做出重大调整，标志着我国食品卫生管理全面步入法制化、规范化的轨道。

1992—2001 年，行业监管主要在关注餐饮产品安全卫生的同时，将新出现的集体、私营餐饮和食品企业列入重点监管范围。1998 年国务院机构改革成立专门的食品安全监管机构（国家食品药品监督管理局），进一步提高了我国食品药品监督管理水平；餐饮产业监管进入以卫生行政部门为主体，国家税务、工商行政部门为辅助的多维度监管模式，对长期相对粗

放经营的餐饮企业确立了行业规范和依据。

2002—2011 年，行业监管主要集中在规范餐饮企业经营和消费环节，助力餐饮业集约化和精细化发展。这一时期基本确立了由多个部门分段监管为主、品种监管为辅的食品安全监督管理制度，实现了对食品从养殖种植环节到餐饮消费的全过程监管。

2012—2018 年，行业监管重点是在国家科学发展、协调发展的政策要求下，规范餐饮经营、保证餐饮环节食品安全、促进餐饮行业健康可持续发展。各项法律法规，部门规章、规范性文件以及行业标准密集出台。在法律监管方面，保障食品安全、规范市场行为成为法律出台的重要导向，迎来了影响餐饮企业经营管理最重要的两部法律的修订。一是《食品安全法》自 2009 年实施后，经过 6 年来的完善，修订版于 2015 年正式出台实施。在行政监管、行业许可和食品安全标准等方面都有了更严格的要求，推进了餐饮服务环节食品安全的统一监管、动态监测和全程监控。二是《消费者权益保护法》经修订后在 2014 年 3 月 15 日正式实施。修订后的《消费者权益保护法》不仅提高了对消费者权利保护的水平，而且对经营者提出了更多、更严格的义务要求。这对于长期相对粗放经营的餐饮企业而言不仅仅是一道紧箍咒，更是推动行业转变经营方式、提高服务水平的加速器。

（五）坚持市场改革，成为民营经济的“晴雨表”

在改革开放进程中，餐饮业是最早进行市场化改革的行业之一，市场化改革激发了餐饮业市场主体的主观能动性，形成了以个体、民营企业为主体，国有控股企业、股份制企业、外资和合资企业并存的多元所有制结构，充分发挥了市场在资源配置中的决定性作用，推动了行业的快速发展。

中国餐饮业发展的 40 年是民营餐饮企业成长的 40 年。既有诸多在 20 世纪 90 年代成立的品牌餐饮企业，从最初的一个门店、几张餐桌，逐步积累，历经 20 多年的稳步发展，已经成为中国餐饮业发展的中坚力量；又有成立于 21 世纪满足新一代消费需求的新兴的餐饮品牌，依托互联网的力量，迅速获取大量“粉丝”，成为中国餐饮业发展的新势力。民营经济已经成为餐饮产业的主体和发展动力及重要的“晴雨表”。在这 40 年中，民营餐饮企业在政府引导和行业协会服务下，在改革开放中坚持市场的优胜劣汰机制，在发展中通过学习和创新，通过干中学，不断提高自身的管理水平和经营能力，建立了品牌连锁运营模式和供应链管理体系，逐步实现了从家族式管理向现代化的企业管理制度转变，不断增强文化自信，做大做强，已经成为中国餐饮业发展的主导力量。

1978—1991 年，《关于深化企业改革增强企业活力的若干规定》（1986）正式拉开了全国大型国有企业股份制改革的序幕，随着居民生活水平的提高，消费观念也逐渐改变，个体经济和私营经济活动开始被认可和接受。改革开放总体战略和路线的确立为餐饮业市场化发展明确了方向，打破了市场主体的思想枷锁。1980 年，上海第一家个体餐馆“美味馆”和北京第一家个体餐馆“悦宾饭店”陆续开业，全国各地的第一家个体餐饮企业如雨后春笋般涌现，并带动了一批解放思想的餐饮从业者投资经营餐饮门店。在这一时期，全国餐饮业收入保持快速增长，于 1983 年突破百亿元，在 1991 年接近了 500 亿元水平。餐饮业的快速发展引发了全国人民和万里、习仲勋等时任国家领导人的关注，并开始围绕个体餐饮经营遇到的各类经营问题研究个体经济的政策和监管。

1992—2001 年，基于上一轮改革中的放权让利、经营承包制等改革红利基本消失，国有企业经营每况愈下。1993 年中共十四届三中全会明确提出要建立现代企业制度，开启大中型国有企业公司制、中小型国有企业民营化改革进程。餐饮业充分享受改革开放红利，这一时期培育和见证了诸多中国领先餐饮品牌的诞生和发展，如小南国（1987）、西贝（1988）、真功夫（1990）、唐宫（1992）、吉野家（1992）、海底捞（1994）等。这些品牌在改革开放中成长起来，迄今依然活跃在中国餐饮市场上，并且已经发展成为中国知名餐饮品牌，推动着整个行业的发展。1998—2001 年，我国限额以上餐饮企业中国有企业资产、主营业务利润逐渐萎缩，逐渐退出产业主导地位。私营企业和有限责任公司企业快速发展，企业资产分别增长了 4. 2 倍和 3. 37 倍，主营业务利润增幅高于资产和成本增幅。国有企业资产占比最大但在盈利和成本控制方面的劣势已经凸显，有限责任公司和私营企业虽然处于培育和成长阶段，但已展现出蓬勃的生命力。

2002—2011 年，国有企业所有权改革进一步深化，国有小企业民营化改革的力度持续加大。同时，政府部门更多聚焦在支持中小企业、民营企业健康发展上。以私营和个体企业为主的餐饮产业迎来了黄金时期，品牌化和连锁化进程持续加速，品牌连锁餐饮企业规模迅速扩大，出现了味千（中国）、全聚德、小肥羊（已经被百胜收购）、唐宫、乡村基等上市餐饮公司及大量获得风险投资的餐饮企业；餐饮营业网点快速增长，经营业态不断丰富，产品线不断扩展，餐饮业满足饮食服务消费需求的能力得到了大幅提升；同时，随着大量资本的进入，餐饮产业的竞争日趋激烈，优胜劣汰进程加速，产业集中度呈现持续上升趋势。在中国不断融入全球化发展的进程中，中国餐饮企业也开始用国字号品牌讲中国故事，通过品牌连锁走向世界。2002—2011 年，国有企业法人企业数和企业资产都呈现快速萎缩趋势，基本退出产业主导地位；私营企业法人企业数、企业资产、营业额和利润都快速成长为产业主体，尤其是主营业务利润增长了 32.98 倍，远远领跑其他类型企业；有限责任公司法人企业数、资产和主营业务利润占比与发展速度仅次于私营企业，在产业中占据重要地位，营业额增长了 3.08 倍，处于产业领先地位。在国家加大国有小企业民营化改革力度的政策红利下，随着民营企业投融资、税收、土地使用等一系列重大政策的推动，以私营企业、民营中小型企业为主的餐饮产业得到快速发展，企业资产运营效率不断提高，盈利和抗风险能力不断加强，但与外商和港澳台商投资企业相比仍有一定差距。

2012—2018 年，餐饮企业的发展主要得益于国有企业混合所有制改革和中小企业政策精准对接。一方面，结合“大众创业、万众创新”的整体政策背景，中小企业作为创新主体得到了更多政策的支持和强化。私营企业依然占据产业主要地位，但增长速度和经营表现却不如有限责任公司亮眼，后者以 34.31% 的法人企业数增长带动了 60.89% 的企业资产提升，营业额和利润增长接近 40%。另一方面，在国家“正税清费”各项配套政策出台后，餐饮业的产业发展政策环境得到了进一步改善，发展成本优化。中小企业政策的调整和完善，既有利于餐饮企业在新时代的发展，也保障了国家战略发展目标的实现，促成了中小企业与经济社会共生共赢的发展局面。

在这个时期，“八项规定”和“厉行节约”的社会“新常态”成为我国餐饮企业发展的分水岭。以湘鄂情为代表的部分正餐企业面对政策和市场的变化未能及时有效地进行调整导致逐步丧失核心竞争力；全聚德、唐宫、小南国等正餐企业以及火锅、快餐和休闲餐饮企业积极回归和拥抱大众化餐饮市场，在消费需求和信息技术深刻变革中寻求转型升级。在这个时期，餐饮企业粗放式发展时代结束，部分私营企业和有限责任公司对于企业内部精细化管理的缺乏导致发展后劲不足的现象日益突出。

（六）勇于对外开放，成为国际化发展的“窗口”

中国餐饮产业既是改革的先行者也是开放的开拓者，在改革开放 40 年中一直坚持开放包容式的发展，既欢迎外资餐饮企业来华投资发展，也鼓励中国餐饮企业“走出去”，为国家发展开放型经济做出积极的贡献。

一方面，中国积极吸引外资餐饮企业进入中国，外国烹饪大师来中国交流，推动了中西方餐饮技艺和文化的交流与学习，满足了中国消费者和在华外国友人的饮食和文化交流需求。1983 年进入中国的第一家中法合资马克西姆餐厅，至今依然活跃在中国西餐市场上；1987 年进入中国的百胜集团旗下品牌肯德基，已经在 1200 多个城市和乡镇开设了 5000 余家肯德基连锁餐厅，在被中资收购前，一直是百胜全球第一大市场；1999 年进入中国的星巴克，已经在中国开设了近 3000 家门店，成为全球第二大市场；在加入 WTO 后，随着中国和世界各国的交流日益密切，大量外国美食进入中国市场，并广受中国消费者喜爱，必胜客、赛百味、汉堡王、棒约翰、永和大王（菲律宾最大餐饮集团快乐蜂旗下品牌）等跨国餐饮品牌已经成为服务中国餐饮消费市场的重要品牌；法国、日本、韩国、墨西哥、巴西、西班牙、意大利、俄罗斯、土耳其、印度以及东南亚等国特色餐饮纷纷进入中国餐饮市场。

另一方面，中国餐饮业鼓励中餐立足中华传统文化，“走出去”，服务全球消费者。早在 1980 年，四川省与美籍华人合营的川菜馆荣乐园在纽约开业，成为中国餐饮业“走出去”的开拓者。尽管在“走出去”的进程中，餐饮企业面临很多挑战，但餐饮企业“走出去”的步伐从未停歇。随着中餐企业自身市场竞争力的增强，当前中餐企业国际化经营的能力有了大幅提升。在国家“发展更高层次的开放型经济”战略和“一带一路”倡议支持下，在行业组织引导下，包括全聚德、便宜坊、海底捞、大董烤鸭、小南国、眉州东坡、小尾羊、狗不理、广州酒家、北京局气等在内的一批品牌中餐企业和餐饮食品企业已在拓展海外市场。

此外，中国多个城市也在通过建设国际美食之都，扩大城市国际影响力。经过多年发展，成都、顺德、澳门已经成为联合国教科文组织的国际美食创意城市；扬州、广州、西安、长沙等城市已经被世界中餐业联合会评为“国际美食之都”。

（七）敢于融合创新，成为服务创新的“聚集地”

中国餐饮业在改革开放40年的发展进程中，敢于进行融合创新，已经成为服务创新的“聚集地”。首先是消费多元化推动经营业态的创新。中国餐饮业经营业态多元化、个性化和细分化趋势增强，从改革开放初期仅按正餐、快餐等划分，衍生出正餐、快餐、火锅、民族风味餐、休闲餐、国际美食、团餐、小吃等多个创新业态，跨越空间、时间、情境的O2O餐饮、VR餐厅等网络和科技型餐厅，主题餐、DIY餐等生活场景式餐厅。在服务上，部分餐饮企业突破传统营业时空格局，实行全天候、场景可选式餐饮服务。基于中国巨大的人口基数和消费市场，随着产业转型和消费需求的多元化，中国快餐业态方兴未艾，尤其是中式快餐具备很大的发展潜力，正餐和快餐都在进行品牌、产品或服务的市场细分，这些细分市场有望形成餐饮业的新业态。其次是产业跨界融合推动了餐饮服务创新。近年来，餐饮业日益成为旅游业、农业、批发零售业等产业进行跨界融合、服务创新的对象。餐饮消费具有鲜明的体验经济特征和基础性消费特征，因此，在电子商务高速发展的信息时代，餐饮服务成为吸引消费者的重要引流服务。阿里巴巴的“盒马鲜生”，永辉超市的“超级物种”，京东的“7 - Fresh”，都把餐饮业态引入零售门店，通过餐饮为用户提供更好的线下体验服务；大量购物中心、百货店也在积极调整业态结构，提高餐饮业态比重，通过餐饮来吸引线下流量。同时，餐饮业自身也在积极引入零售业态，通过零售化来提高门店效益。最后是科技进步推动餐饮管理创新和商业模式创新，主要体现在以下四个方面。

一是自动化生产和控制技术的发展推动了中国中央厨房的发展，变革了传统的餐饮供应链管理模式和门店生产模式，促进了中国餐饮品牌连锁模式的快速发展。

二是中国餐饮业的信息化水平、数字化能力随着信息技术应用成本、学习成本下降而不断提高，特别是基于云计算的 SaaS 软件的广泛应用和互联网餐饮平台的快速发展，餐饮业的管理和渠道正在快速数字化，加快了从传统服务业向数字化服务业转型的速度。

三是互联网推动餐饮产业平台经济蓬勃发展。互联网与餐饮的融合发展推动了餐饮外卖市场的飞速发展，互联网外卖平台的出现是餐饮外卖市场的重要商业模式创新，极大地推动了外卖市场的发展，也对餐饮门店、传统外卖企业乃至餐饮企业的经营模式发展产生了巨大影响。2018 年，中国在线外卖市场规模已经超过了 2500 亿元，是 2011 年的近 10 倍，发展势头强劲；在线外卖用户超过 4 亿人，比 2015 年增加 2.9 亿人，渗透率达到 49%（见图 2－21）。

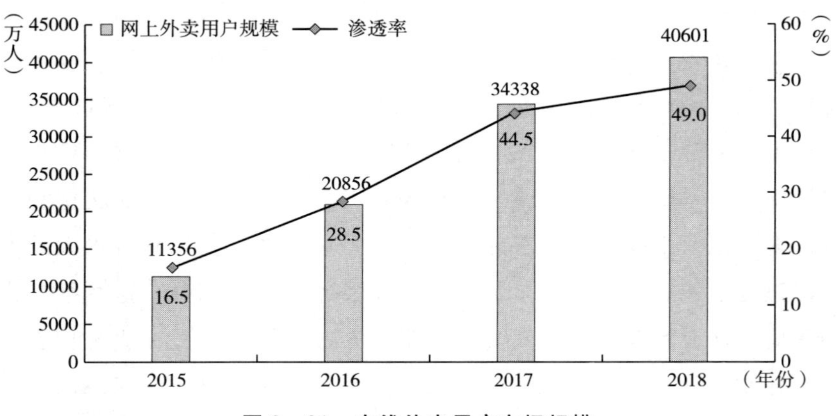

图 2－21　在线外卖用户市场规模

四是随着人工智能的快速发展和技术逐渐成熟，在人口红利消失、劳动力成本压力日益提高的背景下，餐饮业智能化发展加速，以烹饪和服务机器人等科技应用为特色的智能餐厅、无人餐厅兴起。

（八）承载文化传承，成为文化自信的“流行语”

中餐传承了中国劳动人民几千年来的农业生产发展、生活习俗、烹饪技艺和饮食文化，是中华民族五千年悠久历史文化的凝结和典型代表。正是餐饮业这种鲜明的文化活化特征，使其越来越受到政府及社会各界的重视，成为非物质文化遗产传承和传播的重要产业；长期以来，中餐伴随着华人华侨的全球流动而广泛传播，拥有大量全球消费群体，随着中国经济、社会的全球影响力不断扩大，开放水平不断提高，中餐成为中西方文化交流的重要内容，成为中华民族文化自信的重要组成部分。饮食类非遗的申报和保护也越来越受到社会各界的关注和重视。迄今为止，国务院公布的四批国家级非遗项目中总计有 71 项饮食类非遗项目，主要集中在传统手工技艺类。中华饮食文化传承具有明显的地域文化特征。立足本地文化、饮食习俗和特色食材的多元化地方菜系不断走向全国和世界，服务全国和全球消费者。中国历史沿革形成的为人熟知的鲁菜、川菜、粤菜、苏菜、浙菜、闽菜、湘菜、徽菜八大菜系已经在全国乃至全球具有较大影响力，对中餐的传播、发展、传承、教育具有重要意义。改革开放以来，特别是近几年来，随着地方社会、经济、文化的发展，越来越多的地方政府、协会开始重视本地化的特色食材、菜肴、技艺、文化的传承、发展和对外传播，推动了地方特色菜不断走向全国和世界。这些融合了地方文化和独特食材、技艺的菜肴被越来越多的厨师所认知，被广大消费者所喜爱。

三 新时代中国餐饮业高质量发展的战略思考

（一）以人为本是新时代中国餐饮业高质量发展的基本理念

人是餐饮业的核心，无论是生产环节还是消费环节，人都是餐饮业的生产主体和服务对象，因此必须把以人为本作为餐饮业高质量发展的基本理念。

习近平总书记在党的十九大报告中强调，中国特色社会主义进入新时代，我国社会主要矛盾已经转化为人民日益增长的美好生活需要和不平衡不充分的发展之间的矛盾。作为服务人民基础消费需求的餐饮业，要在新时代实现高质量发展，必须坚持以人为本的发展理念，把满足人民日益增长的美好生活的餐饮消费需求作为餐饮产业发展的首要目标，做好顶层设计和发展规划，以大众化餐饮服务市场为主体，建立多层次餐饮服务市场体系，完善餐饮网点布局，既要保障居民基本餐饮需求的安全、有效供给，又要满足不同收入阶层、年龄结构的多元化的餐饮消费需求，不断满足人民日益增长的美好生活饮食需求，不断增强人民的获得感和幸福感。

同时，要坚持以人为本的发展理念，从餐饮业人才教育培养、人力资本积累和就业人员权益保障工作三个方面出发，做好餐饮业人力资源发展的顶层设计和发展规划，不断增强餐饮业就业群体的归属感和责任感，不断巩固和增强餐饮业的就业贡献。

（二）消费升级是新时代中国餐饮业高质量发展的产业方向

消费升级为新时代中国餐饮业高质量发展指明了方向。

消费的发展一直是餐饮产业发展的主线，而消费结构的优化升级是中国居民消费发展的长期趋势。改革开放以来，我国居民收入持续增长，消费水平逐年提高。我国恩格尔系数的长期下降趋势显示（见图 2－22），中国居民食品消费比例在逐步降低，而医疗、教育等服务及影视娱乐文化等服务类、精神类消费比例在持续增长，消费结构处于从温饱向小康、富足消费水平长期升级的过程中。我国餐饮业抓住餐饮市场化、社会化的历史机遇，在温饱消费向小康消费、富足消费发展的进程中，实现了粗放式的规模化增长。

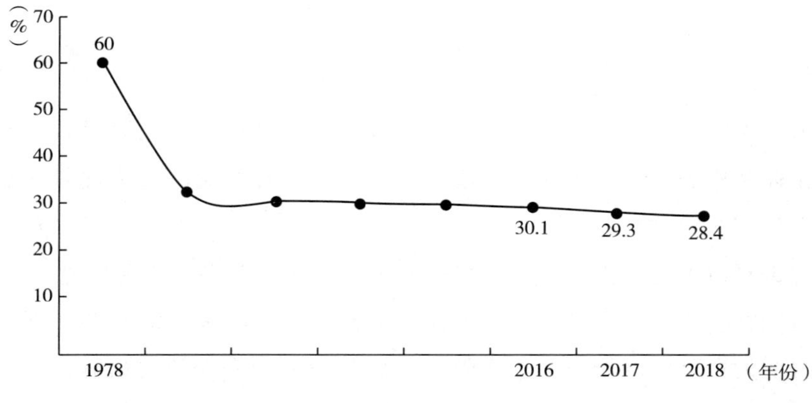

图 2－22　中国恩格尔系数变化趋势

到2017年，中国恩格尔系数已经低于30，2018年进一步降低到28.4，这意味着中国消费结构按照联合国恩格尔系数的划分标准，已经进入富足型消费区间。居民消费结构的量变正在带来消费升级的质变。主要体现在，一是尽管食品消费比重下降，但是消费水平的提高意味着更多的社会化餐饮需求，更高的餐饮安全、健康和品质要求，客观上要求中国餐饮业从追求规模化发展向高质量发展转变；二是消费结构的升级意味着消费者更加追求服务消费和精神消费，这要求中国餐饮业从过去的规模式增长向内涵式发展转变，更加注重餐饮服务和餐饮文化的发展。

党的十八大报告提出，到2020年，实现城乡居民人均收入比2010年翻一番；党的十九大报告提出，"坚持在经济增长的同时实现居民收入同步增长、在劳动生产率提高的同时实现劳动报酬同步提高"。因此，在迈向2050年全面建成富强民主文明和谐美丽的社会主义现代化强国的进程中，伴随居民收入水平的提升，居民消费从小康水平向富足乃至富裕水平发展将是一个长期、必然发展趋势，是新时代人民日益增长的美好生活需要的最直接体现。因此未来消费升级带来的深刻变化，必将成为新时代中国餐饮业高质量发展的指引。

此外，当前的消费升级，正处于人口结构变化带来的消费群体转换期和互联网带来的消费模式变革期，年轻化、个性化、社交化、在线化等成为消费发展的重要趋势。因此，在新时期的消费升级背景下，中国餐饮业必须深刻理解和把握消费发展趋势，只有这样才能实现高质量发展。

（三）绿色生态是新时代中国餐饮业高质量发展的主要特征

绿水青山就是金山银山，建设生态文明是关系人民福祉、关系民族未来的大计。绿色生态发展是人类实现可持续发展的要求，也是建设美丽中国的要求；是新时代中国餐饮业高质量发展的主要特征，也是新时代中国消费者的重要消费诉求。

尽管中国餐饮业在改革开放40年中取得了令人瞩目的成就，但是在绿色生态发展能力和水平上，还存在大量不足，亟待改进。

一是绿色生态餐饮的概念和标准亟待确立和完善。绿色生态餐饮已经成为餐饮发展的趋势，但绿色生态餐饮的概念和标准依然模糊，导致市场中存在大量的虚假概念宣传和劣币驱逐良币现象。因此必须从国家和产业层面确立绿色生态餐饮行业标准，并予以宣传、推广和实施。

二是建立绿色生态餐饮发展的信息披露机制。绿色生态餐饮的信息披露机制要求餐饮业进一步降低与消费者、监管者之间的信息不对称水平，使得消费者和监管者可以全面了解和实施监督。阳光厨房、可追溯供应链等制度已经开始在部分城市推广实施，但还需要进一步完善和制度固化。

三是建立绿色生态餐饮发展的激励约束机制。激励约束机制的缺位是绿色生态餐饮市场劣币驱逐良币的重要原因。一方面通过政府补贴、政府引导基金等多种形式鼓励餐饮企业发展绿色生态餐饮，在市场中形成正向引导作用；另一方面，通过建立绿色生态餐饮信用档案，对失信餐饮企业采取限制乃至禁止市场准入等惩罚措施。

（四）能力建设是新时代中国餐饮业高质量发展的主要内容

在过去 40 年的产业发展进程中，尽管中国餐饮业的品牌能力、管理能力取得了长足的进步，但相对于 4 万亿元的餐饮业收入规模和长期中高速增长速度来说，其规模与其产业能力呈现不平衡发展态势，产业能力建设落后于产业规模发展水平。一是产业化程度相对较低，以家庭作坊式生产为主，产业分工水平较低，产业劳动生产率不高；二是品牌竞争力相对较弱，全国性品牌餐饮企业相对较少，全球化餐饮品牌依然空缺；三是创新水平有待提高，商业模式低水平复制较为严重，产品同质化程度相对较高；四是食品安全风险控制水平相对落后。这种低水平粗放式发展面临着较大产业发展压力，已经无法适应新时代发展需要。因此必须加强产业能力建设，提高供给水平，推动高质量发展。

一是加强产业组织能力建设。一方面，对于以个体经营、中小微企业为主的餐饮业，应大力发展餐饮平台经济，通过平台组织，形成个体、中小微餐饮企业的统一市场，以推动产业分工，提高产业专业化分工水平，鼓励专业化厨房服务、食品安全服务、供应链服务、信息化服务、品牌服务、管理服务、餐饮科技服务等专业餐饮服务企业的发展。另一方面，鼓励限额以上餐饮企业完善企业管理制度，提高规范化、标准化、信息化和工业化发展水平，提高产业劳动生产率。

二是加强品牌能力建设。品牌餐饮企业的高质量发展是餐饮业高质量发展的主要外在体现。近年来，餐饮市场的转型升级发展，优胜劣汰，造就了以海底捞、呷哺呷哺、唐宫、西贝、眉州东坡等为代表的一批高质量发展的全国连锁品牌，以及诸多中小餐饮新兴品牌，同时也淘汰了诸多传统品牌。餐饮市场品牌意识和品牌能力有了较大的提升。在迈向高质量发展阶段进程中，还需要进一步加强品牌国际化能力建设，品牌连锁能力建设；同时要重视传承中华传统饮食文化的餐饮老字号品牌振兴和区域餐饮品牌的发展和保护。

三是加强餐饮创新能力建设。一方面，鼓励餐饮企业菜品研发投入，重视烹饪大师的技艺传承和创新，推动大师工作室、餐饮研发平台的建设，提高菜品、烹饪技艺的创新水平；另一方面，鼓励餐饮企业与科研院所、高校合作，推动餐饮科技发展，增强餐饮业创新能力，从而提高餐饮业全要素生产率。当前依托互联网、云计算、大数据、人工智能等科技支撑，互联网订餐、外卖平台、智能餐厅、数字餐厅、裸眼 3D 菜品等业态创新、模式创新、产品和服务创新不断涌现。此外，鼓励社会资本、创业人员进入餐饮业创业以及推动产业跨界融合，为餐饮业引入新理念和创新元素。

四是加强餐饮食品安全风险控制能力建设。从政府层面加大监管力度，建立社会化监管治理机制和统一的食品安全信用记录，重视对新兴商业模式和食材食品安全风险研究；在行业层面，加快行业标准建设，提高行业自律能力和规范发展水平；在企业层面，鼓励企业建立专业食品安全管理体系和加大教育培训力度，提高员工食品安全意识和风险管理能力。另外，还要提高企业供应链管理水平，健全食品可追溯系统。

（五）公共服务是新时代中国餐饮业高质量发展的环境保障

新时代中国餐饮业高质量发展要求更高质量的发展环境，需要有更完善的公共服务。

一是鉴于餐饮业改革开放取得的瞩目成就和在新时代中国特色社会主义建设中的重要作用以及在保障就业和食品安全工作中的重要责任，应进一步提高餐饮业在政府工作中的地位，紧抓餐饮业供给侧结构性改革，从产业发展规划、产业发展政策、产业监管等方面给予产业发展更多的支持和更加重要的地位，给民营餐饮业发展营造更宽松的环境。

二是产业监管与产业发展并举，做好餐饮业食品安全工作。食品安全工作是高质量发展的根基，是餐饮业工作的生命线。鉴于餐饮业的产业特点，必须通过产业监管和产业发展并举的方式做好餐饮业食品安全工作。一方面，通过完善监管体系，提高监管能力，实现线上线下一体化监管，加大监管实施力度，遏制行业违法违规行为；另一方面，通过制定科学的产业发展政策，促进产业健康发展，激励餐饮企业合法合规经营，对违法违规行为形成挤出效应。

三是加快餐饮业标准体系建设。通过标准和行业规范引导行业工作，提高广大中小微餐饮企业的发展水平。要重视餐饮业标准体系的研究，建立完善的标准工作流程，制定符合产业发展需要和发展实际的行业标准和规范。

四是充分发挥行业组织在发展餐饮业中的重要作用，使其成为政府和行业之间沟通的桥梁，发挥其行业自律作用，引导产业健康发展。要明确餐饮业国家级和地方行业协会的功能，规范行业协会行为，推动行业协会的合作，避免行业协会之间的恶性竞争、损害行业发展。

五是重视餐饮教育的高质量发展。餐饮业高质量发展需要高质量人才支撑。因此必须加快餐饮业高等教育的改革和创新，重新审视原有餐饮教育体系，特别是本科和研究生教育体系与产业需求之间的鸿沟，提高餐饮人才的综合素质，推动餐饮业走向高质量发展。

（六）文化传承是新时代中国餐饮业高质量发展的社会责任

“文化强国”战略是中华民族伟大复兴的重要战略。习近平总书记在党的十九大报告中提出：“文化是一个国家、一个民族的灵魂。文化兴国运兴，文化强民族强。没有高度的文化自信，没有文化的繁荣兴盛，就没有中华民族伟大复兴。要坚持中国特色社会主义文化发展道路，激发全民族文化创新创造活力，建设社会主义文化强国。”

餐饮是人类文化传承的重要载体，是历史文化活化的重要表现，同时文化也是餐饮业高质量发展的灵魂。新时代中国餐饮业高质量发展要重视餐饮灵魂的塑造，承载起中华饮食文化传承的历史责任。

一方面，加强餐饮业非物质文化遗产的挖掘、保护和宣传，通过建立饮食文化档案，建设饮食文化博物馆等方式，形成长效保护机制；鼓励地方特色菜系发展，传承地域特色文化、风俗和食材。

另一方面，推动中国餐饮业的国际化发展，以民间交流方式推动中华文化的传播，促进中西方文化的交流，成为文化“走出去”战略的重要支撑。

第三节　2017年中国餐饮产业发展报告①

2017年是中国特色社会主义发展历程上具有重要意义的一年。在中国共产党召开的第十九次全国代表大会上，习近平总书记向世界宣告中国特色社会主义进入新时代，向社会各界发出中国社会主要矛盾已转变为人民日益增长的美好生活需要和不平衡不充分的发展之间的矛盾的强烈信号，提出了到2050年全面建成社会主义现代化强国的新目标和新时代中国特色社会主义的14项基本方略。中国正在习近平新时代中国特色社会主义思想指导下，在新目标、新方略指引下开启新时代的新征程。

在这个时代背景下，餐饮产业作为国民经济中关系民生的基础性消费产业、幸福产业历经了改革开放40年的跨越式发展，在稳增长、调结构、促消费、惠民生等方面的功能和作用日益凸显，在市场机制和政府宏观调控下，2015—2017年中国餐饮业连续保持两位数增长，规模与质量协调发展，提质转型升级效果明显。在消费升级、数字经济、开放共享、绿色生态的新时代发展大势下，中国餐饮业正在开启高质量发展的新征程。

一　中国餐饮业运行总体情况

（一）产业保持高速增长，产业规模迈上新台阶

中国餐饮业在2017年继续保持“十三五”开局以来的良好增长势头，全年餐饮业收入达到39644亿元，接近4万亿元关口，同比增长10.7%，连续三年保持两位数增长（见图2－23）。如扣除价格因素，餐饮业实际增速高达11.4%，是自“十一五”以来首次实际增速超过两位数，显示出餐

① 于干千执行主编《中国餐饮产业发展报告（2018）》，社会科学文献出版社，2018。

饮产业已经走出“八项规定”等政府政策影响，在信息技术和资本的推动下，服务于大众化消费需求，重新步入快速发展轨道。从改革开放 40 年发展来看，餐饮业总体保持了快速、稳定增长，2017 年餐饮业收入比 1978 年餐饮业收入增长了 722 倍，复合增长率高达 18%。

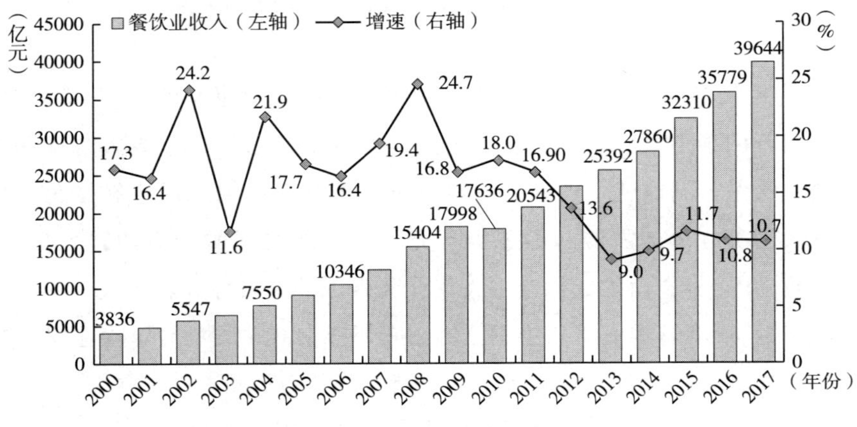

图 2-23　中国餐饮业收入规模增长情况（2000—2017）

从餐饮产业增加值来看，2017 年，中国餐饮产业增加值继续保持加快增长态势，达到 1.5 万亿元，增速超过了 12%，是近年来增长速度的新高（见图 2-24），占国内生产总值的比重逐步升至 1.81%，占第三产业增加值的比重止跌回升到 3.51%（见图 2-25），体现出餐饮产业对服务业和国民经济稳定增长发挥了越来越重要的作用。

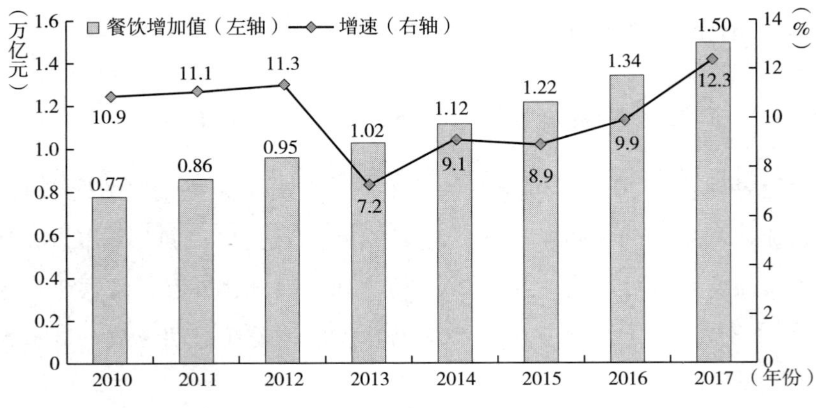

图 2-24　中国餐饮产业增加值增长情况（2010—2017）

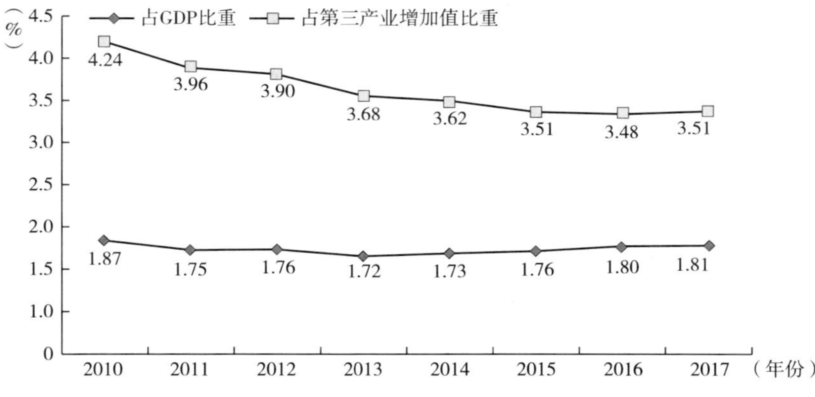

图 2－25　中国餐饮业增加值占国内生产总值及第三产业增加值比重

无论是餐饮业收入还是餐饮业增加值的规模与增长势头都凸显了餐饮产业在制度变革、供给侧结构性改革和消费升级驱动下的转型升级取得了实效，产业满足人们美好生活需求的能力在不断提高，产业附加值日益增加。

（二）产业对消费的贡献稳步提升，成为消费升级的主力军

餐饮业收入的快速增长使餐饮对消费的贡献稳步回升。2017 年，餐饮业收入占社会消费品零售总额的比重达到 10.82%，连续 3 年保持增长，扭转了 2010 年以来的下降趋势（见图 2－26）；对社会消费品零售总额的增长贡献率从 2013 年 6.5% 的低点回升到了 11.4%，连续 3 年维持在 11% 以上的水平（见图 2－27）。

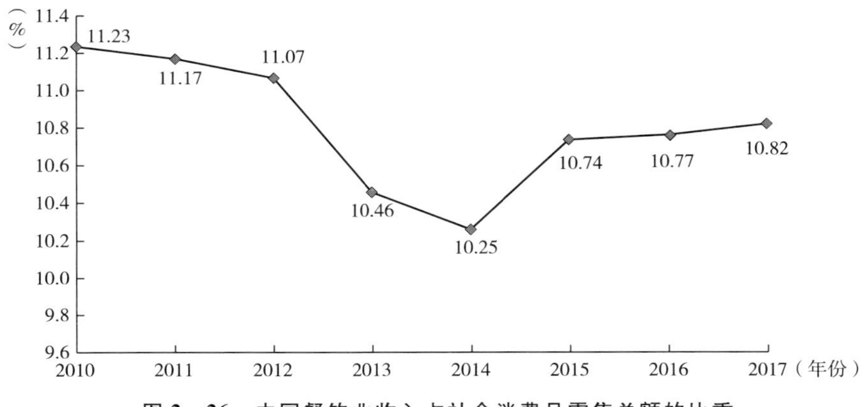

图 2－26　中国餐饮业收入占社会消费品零售总额的比重

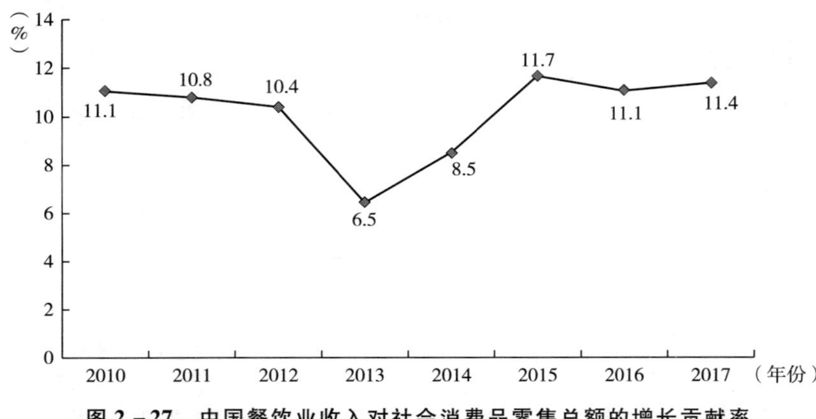

图 2－27　中国餐饮业收入对社会消费品零售总额的增长贡献率

从 2016 年中国居民消费支出结构来看（见图 2－28），食品类消费支出比重逐年下降至 30.11%，教育、文娱、医疗健康消费支出比重逐年上升至 18.83%，显示出中国居民从温饱型消费向小康型消费转变，消费升级趋势明显。在整个消费升级的进程中，尽管食品类消费比重下降，但其比重和规模依然是所有居民消费中最大的，因此满足新时代居民美好生活需要的重要内容就是满足食品消费升级需要。随着中国居民外出就餐倾向的不断提高，餐饮业在满足居民饮食消费需求中发挥着越来越重要的作用，成为消费升级的主力军。

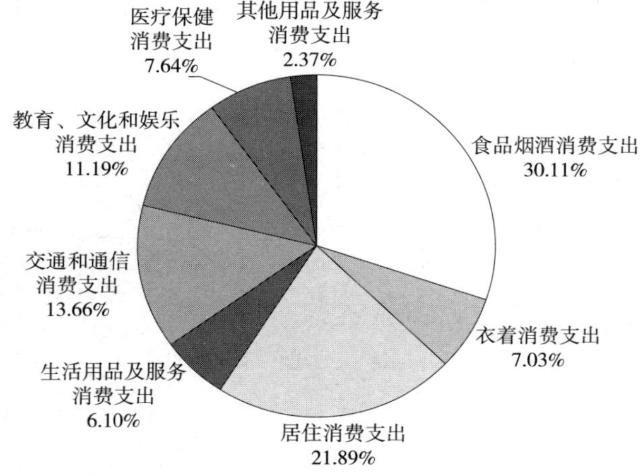

图 2－28　2016 年中国居民消费支出结构

（三）产业固定资产投资回暖，重获资本市场青睐

在社会固定资产投资放缓的宏观经济背景下，餐饮业固定资产投资在产业乐观预期下呈现回暖迹象。在过去 5 年里，餐饮业固定资产投资（不含农户）在“十二五”末、“十三五”开局迅速遇冷，增速呈现断崖式下跌，从 2012 年增长 38.1% 迅速跌至个位数乃至负增长（见图 2－29）。2017 年，从住宿与餐饮业固定资产投资（不含农户）来看（见图 2－30），增速依然大幅低于社会固定资产投资增速，但相比于 2016 年负增长的住宿与餐饮业固定资产投资形势，2017 年恢复了正增长，显示出在产业增长预期较好的情况下，市场主体对未来餐饮业投资回报信心上升，固定资产投资呈现回暖迹象。

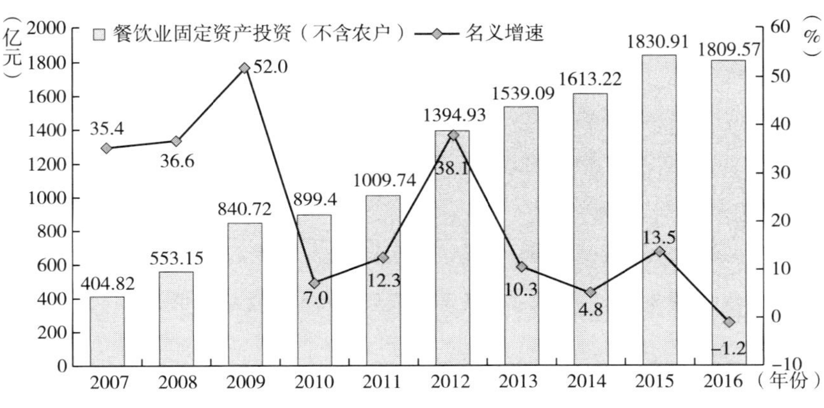

图 2－29　餐饮业固定资产投资（不含农户情况）

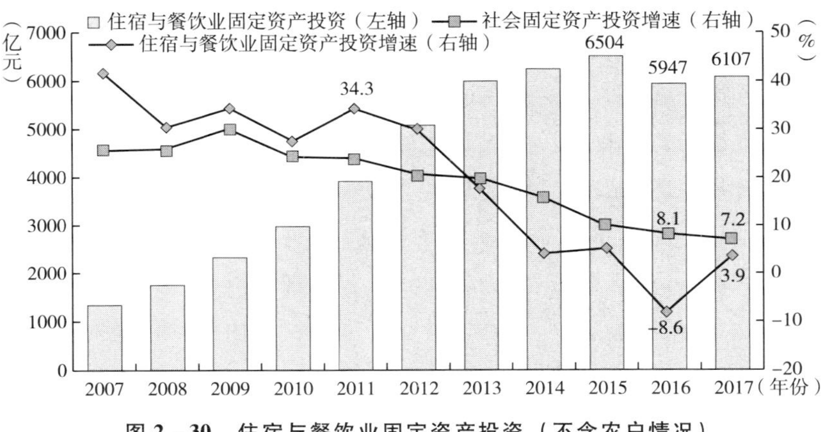

图 2－30　住宿与餐饮业固定资产投资（不含农户情况）

从餐饮业新建固定资产投资和新建项目情况来看（见图 2－31），尽管投资额在 2013—2016 年维持在 1000 亿—1200 亿元，但是新建项目数量在 2015 年和 2016 年都呈现快速上升趋势，这体现了餐饮业单体体量趋向小型化。

从餐饮业收入、增加值和固定资产投资数据可以发现，中国餐饮产业已经从过去以高投资、广开店、开大店为主要特征的粗放式增长模式向轻资产、精开店、开小店的集约式增长模式发展。

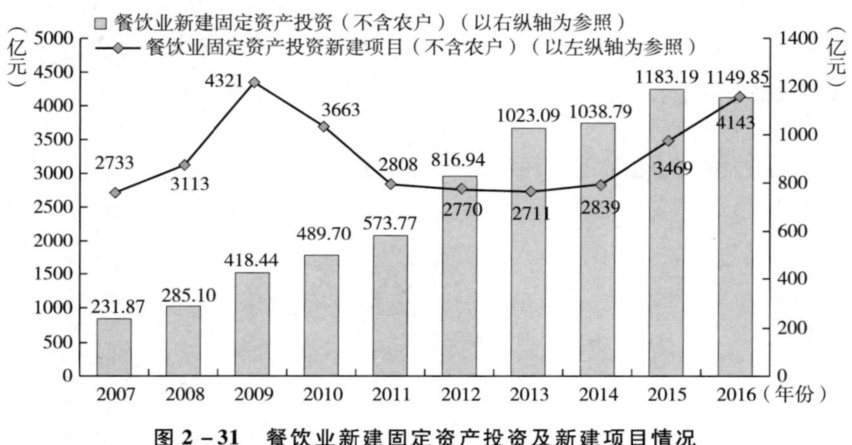

图 2－31　餐饮业新建固定资产投资及新建项目情况

近两年来，随着餐饮产业的稳定增长和规范发展，无论是在 A 股市场还是风险投资领域，餐饮业受资本关注度明显提高。

从 A 股市场来看，2017 年 6 月，广州酒家在中国 A 股 IPO 成功，是中国资本市场继 2009 年湘鄂情上市后的首支餐饮股，意味着国内资本市场及监管层对餐饮业态度的转变。在过去 10 年中，资本与餐饮业之间的融合受到中国资本市场监管政策、餐饮业自身发展水平的影响，从最初的蜜月合作期迅速转为摩擦冷战期。在这期间，诸多餐饮企业在国内 IPO 排队被叫停或退出排队，部分餐饮企业，如乡村基（CSC）、小南国（03666）、名轩控股（08246，现已更名为北方新能源）、唐宫中国（01181）、呷哺呷哺（00520）选择在美国纽交所和香港港交所上市；国内资本市场对餐饮业的拒绝态度也导致了风险投资在餐饮业的投资大量减少以及不少投资方与创业人的冲突。

从风险投资的进入情况来看，餐饮业项目在近两年再次成为风险投资的关注领域之一。在 2016 年和 2017 年，诸多新兴餐饮品牌，如西少爷、遇见小面、喜茶、美奈小馆、松哥油焖大虾、好色派沙拉、米有沙拉、大虾来了等数十个项目获得了风险投资。相比于过去的餐饮项目，这些创业人往往并没有餐饮从业背景，但是具有较高的教育背景、风投资源，项目的商业运作相对以往更加规范，商业模式更加明晰，可复制性更强。

（四）产业就业贡献突出，惠民生效应逐步放大

餐饮业作为门槛较低的劳动密集型服务行业是中国吸纳低技能劳动人口和农村转移人口就业的重要产业，就业贡献突出。国家统计局统计数据显示，2016 年，住宿与餐饮业就业人口持续上升至 2488.2 万人，占统计就业人口的 5.1%（见图 2－32），其中住宿与餐饮业私营企业和个体就业人员 2218.5 万人，占私营企业和个体就业人员的 7.2%。

图 2－32　住宿与餐饮业就业人口统计及占比

2016 年，住宿与餐饮业新增就业人口 353.3 万人，新增就业贡献率达 13.5%，创造了近 10 年来的新高。如果考虑因餐饮业发展而带动的农业、制造业、旅游业等相关产业发展和地方经济发展带来的就业机会，其对就业的贡献更大。

同时，餐饮业作为重要的民生产业，惠民生效应逐步放大。

一方面，餐饮业在保障食品安全、满足居民基本生活饮食需要上发挥着重要作用。“食品安全是关乎人人的重大基本民生问题”，作为提供饮食

消费的终端产业，餐饮业的食品安全是我国食品安全工作的重要组成部分，是重要的基本民生问题。随着居民外出就餐比例的提高、自身食品安全意识的提高，餐饮业食品安全的关注度与日俱增。在餐饮业监管部门、行业组织和市场主体的共同努力下，餐饮业食品安全水平有了很大提升。政府引导下的放心早餐工程经过多年发展，已经成为解决居民安全、便捷早餐的重要渠道。

另一方面，餐饮业在实施精准扶贫战略上发挥着越来越重要的作用。除了贡献就业机会外，餐饮业还在拉动贫困地区种植养殖业、生态旅游业发展上发挥着积极作用。

（五）产业供给侧结构性改革成效显现

在国家供给侧结构性改革战略和《居民生活服务业发展“十三五”规划》《加快发展大众化餐饮的指导意见》的指引下，餐饮产业加快转型升级、提质增效步伐，产业供给结构逐步优化，供给质量和供给能力明显提高。

1. 供给结构优化，大众化餐饮发展动力强劲

大众化餐饮是中国餐饮产业的主要市场所在，也是中国餐饮产业发展的最大动力所在。近年来，大众化餐饮呈现快速发展态势，市场份额已经超过 85%，引领了中国餐饮业的转型升级和行业回暖。仅从限额以下企业餐饮收入来看（见图 2－33），2017 年餐饮收入已经接近 3 万亿元，同比增长 12.5%，近 5 年来增速一直高于餐饮收入平均增速。

图 2－33　限额以下企业餐饮收入情况

大众化餐饮的引领作用不仅仅体现在市场份额、规模和增速上，更体现在整个产业的发展方向上。餐饮产业围绕大众化餐饮需求发展，更具活力，更加理性和更具有可持续性，真正发挥了其基础性民生消费产业的社会和经济作用，满足了人们美好生活的饮食消费需求。

伴随居民收入水平的提高，餐饮消费需求水平的提升，餐饮消费群体结构的变化，餐饮消费需求呈现多元化发展，使大众化餐饮的内涵也发生了与时俱进的变化。过去的低价、同质、低端等大众化餐饮标签已经逐渐被健康、品质、年轻、个性、特色、文化、休闲等多种标签取代。大众化餐饮在不断满足消费需求的同时，其自身也在不断地创新发展、提质发展和多元化发展。因此发展大众化餐饮不是发展低价低端餐饮否定高价高端餐饮，而是发展多层次大众化餐饮市场，满足越来越多元化的餐饮消费需求。

2. 供给质量提升，企业发展提质增速

近 3 年来，餐饮企业加快转型升级发展，通过品质化、品牌化、连锁化、互联网化，匹配消费需求，提高供给质量，实现了发展质量与速度的双提升。从限额以上企业发展来看，餐饮企业逐步消化了 2012 年、2013 年以来受到的政府政策、宏观经济、食品安全等方面因素的冲击，实现了餐饮收入恢复增长。尽管增速依然低于餐饮业平均增速，但显示出良好的发展势头。到 2017 年，限额以上单位餐饮收入达到 9751.2 亿元，同比增长 7.4%，创近 5 年来的新高（见图 2 - 34）。

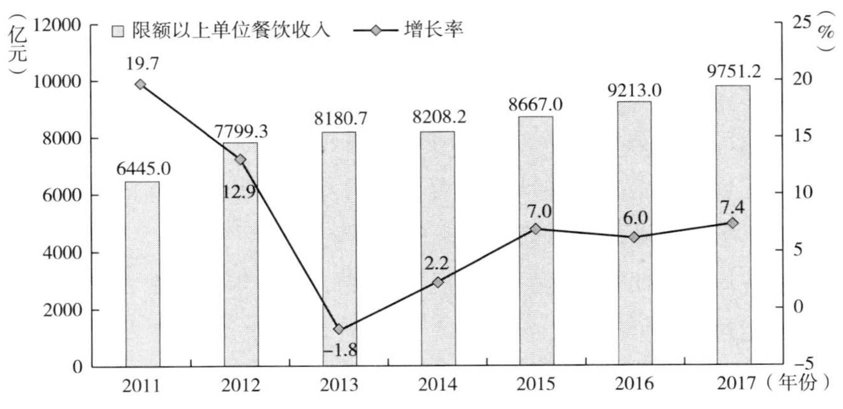

图 2 - 34　限额以上单位餐饮收入情况

连锁餐饮企业在总店水平保持稳定的情况下，实现了企业规模与效率的双提升。到 2016 年底，全国连锁门店扩大至 25634 个，营业面积达 1036.9 万平方米，营业额达到 1635.15 亿元，占限额以上企业餐饮收入的 17.7%，年坪效进一步提升至 1.58 万元，远远高于限额以上餐饮企业的 0.95 万元的年坪效水平，门店单位面积和单店就业向小型化和精简化发展（见表 2－5）。规模与效率的双提升，显示出餐饮业连锁化经营模式在经历快速扩张、连而不锁的粗放式发展阶段后，连锁品牌管理能力、企业管理能力和经营水平有了较大提升，进入了新的发展阶段。

表 2－5　连锁餐饮企业运行情况

年份	2010	2011	2012	2013	2014	2015	2016
连锁总店（个）	415	428	456	454	465	455	459
连锁门店（个）	15333	16285	18153	20554	22494	23721	25634
营业面积（万米^2）	742.65	821.37	869.23	937.07	1020	970.89	1036.9
营业额（亿元）	955.42	1120.39	1283.26	1319.62	1391.02	1526.61	1635.15
就业人数（万人）	70.61	83.29	80.55	80.31	78	71.36	75.59
年坪效（万元/米^2）	1.29	1.36	1.48	1.41	1.36	1.57	1.58
单店面积（米^2）	484	504	479	456	453	409	405
单店就业人数（个）	47	52	45	40	35	31	30

资料来源：根据国家统计局（www.stats.gov.cn）数据统计。

3. 供给能力增强，“互联网＋餐饮”飞速发展

互联网与餐饮的融合推动了餐饮外卖市场的飞速发展，外卖已经成为餐饮产业发展的重要动力。外卖是传统餐饮市场的重要服务模式之一，可以扩大餐饮门店的服务半径，提高餐饮门店的产能利用率和服务能力，从而提高餐饮门店的盈利水平。互联网外卖平台的出现是餐饮外卖市场的重要商业模式创新，极大地推动了外卖市场的发展，也给餐饮门店、传统外卖企业乃至餐饮企业的经营模式带来巨大影响。

艾瑞咨询、美团等企业发布的报告显示，2017 年，中国在线外卖市场规模已经超过了 2000 亿元，是 2011 年的近 10 倍，发展势头强劲（见图 2－35）；在线外卖用户超过 3.43 亿个，同比增长 64.6%，渗透率达到了 44.5%，在线外卖服务已经成为网民的高频应用之一（见图 2－36）。

（亿元）
2500
2000
1500
1000
500
0
在线外卖市场规模
增速
80（%）
70
60
50
40
30
20
10
0
54.8
49.8
71.3
45.2
33.0
23.1
335.5
502.6
860.8
1250.3
1662.4
2045.6
2012
2013
2014
2015
2016
2017
（年份）

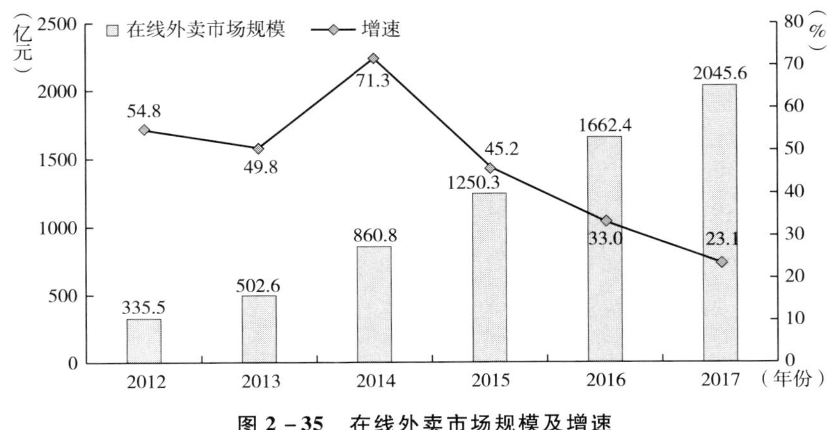

图 2－35 在线外卖市场规模及增速

（万个）
40000
35000
30000
25000
20000
15000
10000
5000
0
在线外卖用户
渗透率
50（%）
40
30
20
10
0
16.5
28.5
44.5
11356
20856
34338
2015
2016
2017
（年份）

图 2－36 在线外卖用户市场规模及渗透率

从当前在线外卖市场格局来看，经历了一轮行业创业和投资热后，不少外卖平台或倒闭或被收购，行业集中度不断提高，在饿了么收购百度外卖后，中国在线外卖市场形成了以美团和饿了么两大平台为主导，各类小平台、餐饮企业自有外卖平台共发展的格局。在阿里以 95 亿美元收购饿了么平台后，加入阿里集团的饿了么将会继续利用阿里的资源优势，巩固和扩大自身在外卖市场的地位。此外，领先的出行服务平台滴滴利用自身用户优势进军外卖平台服务市场，也给行业带来了新兴力量。可见，餐饮外卖服务作为一项高频互联网应用已经成为互联网巨头获取用户资源、提高用户价值、巩固市场地位的重要领域。

“互联网＋餐饮”飞速发展的同时，也带来了诸多食品安全风险和行

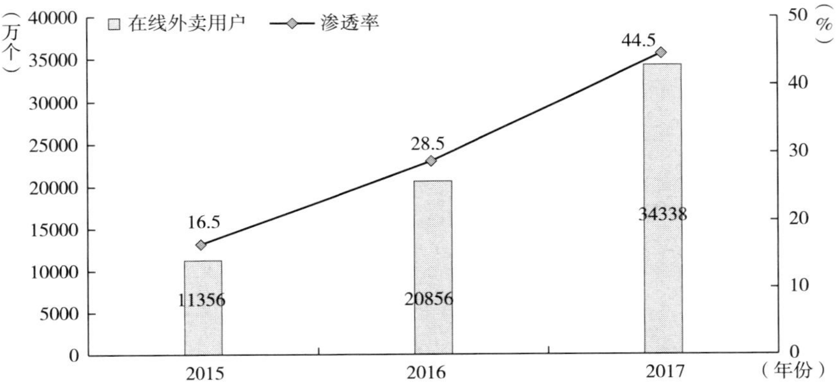

业发展乱象。面对新兴产业发展模式和服务方式，监管部门积极履行监管职责，《网络食品安全违法行为查处办法》《网络食品经营监督管理办法》《网络餐饮服务食品安全监督管理办法》三部法规的陆续出台实施，保障了网络餐饮市场健康有序发展。

综合上述餐饮业运行数据来看，中国餐饮产业在供给侧结构性改革推动下，提质转型升级取得了明显成效，餐饮业满足人们美好生活的餐饮消费需求的能力进一步提高，整个产业发展正在步入新的快速发展时期。

（六）中餐海外发展的步伐更加自信

伴随中国经济的日益强大，尤其是在“一带一路”倡议指引下，中国文化在全球的影响力与日俱增。中餐作为中国文化最具代表性的载体之一，也成为“走出去”战略的重要抓手，已经形成了从政府、协会到企业全面“走出去”之势。中餐“走出去”开始迈入新阶段。

在政府层面，中餐“走出去”日益受到从中央到地方各级政府的重视。2017 年中共中央办公厅、国务院办公厅印发的《关于实施中华优秀传统文化传承发展工程的意见》明确提出，支持包括中华烹饪在内的中华传统文化“走出去”。商务部等 16 部门联合发布《关于促进老字号改革创新发展的指导意见》提出，大力推动中华传统餐饮等领域老字号企业“走出去”。文化部、国家侨办等部门也积极通过中外文化交流活动和“海外中餐繁荣计划”等扩大中餐在海外的影响力。地方政府在国家“走出去”战略指引下，也纷纷制定各自的具体措施。一方面，云南、江苏、福建、浙江、四川等地方政府在 2017 年纷纷推出地方菜系“走出去”计划；另一方面，地方政府积极建设国际美食之都，扩大地方美食影响力。在澳门被联合国教科文组织评定为“创意城市美食之都”后，中国已经有包括成都、顺德在内的 3 个城市纳入了联合国创意城市网络；西安、长沙两座城市也在 2017 年被世界中餐业联合会评定为“国际美食之都”，加上广州和扬州，中国已经有 4 座城市被评为“国际美食之都”。

在协会层面，世界中餐业联合会作为中餐的国际组织在中餐走向全球方面发挥着越来越重要的作用，组织实施的“行走的年夜饭”活动和“世界厨师艺术节”活动国际影响力越来越大；中国烹饪协会作为国内行业协会也在积极准备中餐申遗工作，并组织和参加多项国际性烹饪大赛。

在企业层面，随着中餐企业自身市场竞争力的增强，相比于过去的中餐企业“走出去”的失败案例，当前中餐企业国际化经营的能力有了大幅提高。在国家“发展更高层次的开放型经济”战略，特别是“一带一路”倡议支持下，在行业组织引导下，包括全聚德、便宜坊、海底捞、大董烤鸭、小南国、眉州东坡、小尾羊、狗不理、广州酒家、北京局气等在内的一批优秀中餐企业和餐饮食品企业已在拓展海外市场。

二　新时代中国餐饮业发展的新特征

（一）中国餐饮业开启高质量发展的新阶段

在改革开放 40 年的餐饮产业发展历程中，在很长时期内，餐饮产业围绕政府消费以及温饱消费，抓住了餐饮市场化和餐饮需求社会化的发展机遇，实现了粗放式的高速发展，餐饮业收入快速突破万亿元（2006）、2 万亿元（2011）和 3 万亿元（2015），但是从产业自身来看，产业能力依然处于较低水平。一是产业化程度低，产业生产水平总体以家庭作坊式生产为主，产业分工水平低下；二是品牌竞争力弱，全国性品牌餐饮企业相对较少；三是创新能力弱，产品同质化程度高；四是食品安全风险控制水平落后。这种低水平粗放式发展在外部政策、经济、社会和技术环境冲击下面临着较大产业发展压力。正是这种外部压力成为近年来餐饮业加快供给侧结构性改革推动整个产业转型升级，提高发展质量，保障长期可持续发展的巨大推动力。

随着中国居民收入的增长，新型城镇化水平和乡村发展水平的提高，大众化餐饮需求的增长和升级为餐饮业提供了强劲的内生增长动力。在政府扩大消费需求，加强食品安全监管，鼓励大众化餐饮发展等政策环境下，在需求侧变革和供给侧改革的共同作用下，餐饮产业紧紧围绕消费需求，通过提高产业化水平、科技应用水平、食品安全控制水平等多种方式，加快转型升级速度。可以说，“十三五”开局至今，餐饮业正在恢复勃勃生机，供给侧结构性改革成效明显，产业化能力、品牌能力、创新能力和食品安全控制能力有了质的提升，正在步入高质量发展的新阶段。

一是产业化水平不断提高。随着餐饮收入规模的扩大，产业规范化、连锁化、标准化和工业化发展水平的提高，产业分工水平稳步提升，专业化厨房服务、食品安全服务、供应链服务、信息化服务、品牌服务、管理服务、餐饮科技服务等企业不断涌现，现代化的餐饮产业分工体系日益完善，极大地提升了产业发展效率。

二是品牌发展水平进一步提高。餐饮企业的高质量发展是餐饮业高质量发展的主要体现。近年来，伴随湘鄂情、俏江南、净雅、金钱豹等一批传统品牌被时代淘汰，市场竞争造就了一批高质量餐饮品牌的发展。以海底捞、外婆家、西贝、眉州东坡、呷哺呷哺等为代表的新兴品牌崛起，以全聚德、广州酒家等为代表的老字号品牌转型发展，以及大量地方餐饮品牌、互联网餐饮品牌的发展，都进一步提高了中国餐饮业品牌发展水平。

三是餐饮业科技发展提升创新能力。餐饮业对科技的重视程度和投入强度加大，从原材料、生产到服务各个环节的科技应用水平不断提高，从而提高了产业效率，推动了产业创新。当前依托互联网、云计算、大数据、人工智能等科技支撑，互联网订餐、外卖平台、智能餐厅、数字餐厅、裸眼 3D 菜品等业态创新、模式创新、产品和服务创新不断涌现。

四是餐饮业食品安全风险控制水平提高。通过加强政府监管，加大企业食品安全管理投入，提高企业供应链管理水平，健全食品可追溯系统，餐饮业食品安全风险控制水平有了较大提高。

（二）科技成为新时代中国餐饮业发展的核心要素

伴随信息技术等科技的发展和广泛应用，科技正成为新时代中国餐饮业发展的核心要素。餐饮产业的科技应用，变革了餐饮产业的传统管理方式和生产方式，促进了产业的管理创新、商业模式创新、业态创新和产品服务创新发展，提高了产业的服务效率和服务水平，推动产业步入高质量发展阶段。

一是科技推动餐饮步入数字化管理时代。在餐饮业发展的很长时间内，餐饮业整体信息化水平落后于国家整体信息化水平。高昂的信息化成本和学习使用成本是众多中小微企业实现数字化管理的障碍。随着云计算的发展，SaaS 软件的广泛应用极大地降低了餐饮企业的信息化成本和学习成本，提升了餐饮业数字化管理能力。

二是互联网推动餐饮产业平台经济蓬勃发展。尽管餐饮产业总体市场规模接近 4 万亿元，但是由于受到餐饮市场主体小而散以及餐饮产品服务的时空限制，4 万亿元餐饮市场往往难以聚合形成规模化优势，这阻碍了餐饮业的产业化发展。而餐饮产业互联网平台通过互联网培育发展餐饮产业多边市场，使得受时间和地域限制而割裂的餐饮市场打破时空限制，聚集形成规模化的市场，进而极大地提高了产业发展水平。除了上文中所述餐饮外卖平台，还有面向消费者的互联网餐饮等位平台、互联网餐饮点餐平台、互联网餐饮支付平台、互联网餐饮评价平台以及集合上述服务的综合性平台；面向生产者主要有互联网餐饮供应链平台、互联网餐饮信息化平台等。这些平台的出现和发展可以提高餐饮产业市场的聚集水平，从而提高产业发展效率。互联网餐饮平台的数据积累为餐饮产业大数据发展提供了重要的数据资源。

三是物联网和智能技术推动餐饮产业智能化发展。面对餐饮业日益增长的人工成本和租金成本压力，利用科技来降低成本是重要解决路径。随着物联网和智能技术应用的日益普及，厨师机器人、服务机器人、智能识别等科技应用推动了智能餐厅、无人餐厅的快速发展，当前已经从概念阶段进入实际应用阶段。

四是 3D、虚拟现实（VR）、增强现实（AR）技术推动产品和服务创新发展。3D、VR 和 AR 技术的发展推动了餐饮就餐环境、菜品的创新，使消费者在获得味觉享受的同时，体验身临其境的视觉享受。

此外，还有农业、工业领域的新科技在餐饮业的引入和应用，进一步提高了餐饮业的科技含量。

（三）融合成为新时代中国餐饮业发展的主流趋势

餐饮业的跨界融合发展成为新时代中国餐饮业发展的主流趋势，也是必然趋势。在电子商务、社交网络不断替代线下实体场景的交易和社交功能时，餐饮业所具有的不可替代的体验功能和刚需特性使其成为各个产业争相融合的对象，餐饮业的边界加速扩大至农业、零售业、文化产业、旅游业等各个领域。尤其是在零售业，其与餐饮业的融合发展成为 2017 年商业发展的热点。

在 2016 年“新零售”概念被提出后，阿里的“盒马鲜生”，永辉超市的“超级物种”，京东的“7 - Fresh”，百联的 RISO 都把餐饮业态引入零售门店，使餐饮业跨界融合处于行业风口中。不仅仅在零售业，餐饮业自身也在积极引入零售业态，提高门店效益。

从零售业和餐饮业的发展来看，这种跨界已经具有一定的产业发展历史，比如便利店提供的快餐服务，海鲜市场提供的产品加工就餐服务，餐饮门店提供的非即时烹饪食品销售服务，等等。但过去的跨界依然处于跨界组合阶段，当前的跨界两者互补和联系更加紧密，真正实现了融合。

对于零售业来说，由于受到电子商务的冲击，线下交易份额在逐步萎缩，只有充分发挥实体体验的优势才能获得更多线下客流，而餐饮业作为体验经济的重要产业，正是线下引流的最好业态选择之一，而且将生鲜零售门店引入餐饮业态，可以缩短供应链，为消费者提供更好的服务和体验。

对于餐饮业来说，受限于门店服务半径和消费者就餐时间，餐饮门店的生产利用率、餐位利用率和人工利用率都具有较强的周期性，而发展零售业态可以在很大程度上抚平这种服务半径、餐位限制和消费周期带来的影响，提高门店盈利水平。

此外，餐饮业的跨界融合还体现在农业与餐饮的融合、旅游与餐饮的融合、文化与餐饮的融合等方面。总之，融合发展成为新时代中国餐饮业发展的主流趋势，餐饮业的体验功能和基础性消费特点使其成为各个消费领域吸引客流的重要产业，同时餐饮业通过与其他产业的融合，促进了自身的创新发展。

（四）竞合成为新时代中国餐饮业发展的主题词

竞争与合作正在成为新时代中国餐饮业发展的主题词。一方面，随着信息传播加速、商业空间的调整，新时代餐饮业面临更加激烈的竞争环境。餐饮业是市场机制发挥较为充分的产业，行业竞争激烈，每年新进市场和退出市场的主体都非常多。尤其是在人流向商业中心聚集，信息流向互联网平台聚集的新时代，消费者与以往相比拥有更多的选择权、更低的选择成本，每个餐饮企业既拥有更多更好的发展机会，也面临更多更激烈的竞争。

另一方面，随着市场竞争环境的加剧，餐饮竞争已经不仅仅是单个餐饮企业的竞争，更是餐饮集群的竞争、商业区域的竞争、供应链的竞争，因此餐饮企业正在加强餐饮集群之间的合作，实现有序竞争，发挥餐饮集聚效应，加强与商业地产、各业态的合作，实现商圈的共赢，加强与上下游供应商的合作，实现餐饮企业核心竞争力的提升。当前餐饮业出现的共享厨房、共享厨师等新兴共享经济形态正是新时代中国餐饮业竞合发展的重要体现。

（五）健康成为新时代中国餐饮业发展的内涵特征

新时代居民美好生活的饮食诉求已经从过去的“吃饱”向“吃好”转变。尽管“吃好”意味着多元化饮食消费需求，但是其基本诉求在于健康。因此，新时代中国餐饮业发展必然建立在健康的就餐环境和餐饮服务上。

健康的首要保障是安全。食品安全是餐饮业发展的生命线，是重大民生问题。特别是在通信便捷、社交媒体广泛应用的网络时代，食品安全事件会严重损害企业发展，损害消费者对产业的消费信心，更为严重的是会引起社会恐慌，影响社会稳定。在各级政府、协会、消费者、企业的重视和共同努力下，《食品安全法》的颁布，监管机构改革，食品安全信用档案的建立，各地“阳光厨房”工程的实施，原辅材料可追溯机制的建立，企业食品安全人员的设置和管理机制的建立等，完善了中国餐饮业食品安全的法律法规、监管体制机制和企业管理制度。产业食品安全控制水平相比过去有了巨大的提升。

在安全的基础上，健康是新时代居民美好生活的重要诉求。改革开放以来，随着人民生活水平的提高，高热量、高脂肪、高蛋白等富营养饮食过量摄入引起了诸多健康问题，如高血压、高血糖、高血脂等“富贵病”。国家卫生计生委公布的《中国居民营养与慢性病状况报告（2015年）》（以下简称《报告》）显示，与10年前相比，我国居民平均每天多吃了

3.8 克脂肪，成人超重率从 22.8% 增长到了 30.1%，高血压患病率从 18.8% 上升至 25.2%，糖尿病患病率激增到 9.7%。这种因饮食带来的慢性疾病已经引起了人们的高度重视，特别是在经济发达地区。近两年来，餐饮企业高度重视健康问题，从就餐环境、原辅材料、菜品规格、营养搭配等各个方面营造健康餐饮品牌，以满足消费者的健康饮食需求。以沙拉主题餐饮为代表的轻餐饮的快速发展，营养配餐的兴起，正迎合了消费者的饮食消费理念的转变。餐饮消费已经由过去的重口味、重数量的肉食为主的消费结构向低盐、低糖、低油的素食为主的消费结构转变。

（六）人民满意度成为新时代中国餐饮业发展的重要衡量指标

在新时代，餐饮业发展的重要目标就是满足人民的美好生活需求。能否满足人民美好生活需求关键在于人民对餐饮业的满意程度。因此在大众化餐饮已经占据 85% 以上餐饮市场的产业格局下，人民满意度已经成为新时代中国餐饮业发展的重要衡量指标，是决定一个餐饮企业（品牌）长期发展的关键，因此必须树立以人为本的发展理念。

对于政府来说，伴随城镇化水平的进一步提升，乡村振兴战略的深入实施，要做好餐饮产业规划，营造良好发展环境，引导产业健康、有序发展，为地方经济、民生做贡献。一是发展多层次大众化餐饮市场。坚决守住食品安全红线，把满足人民日益增长的美好生活的餐饮消费需求作为餐饮产业发展的首要目标，发展多层次大众化餐饮服务市场，既要保障居民基本餐饮需求的供给，又要满足不同收入阶层、年龄结构的多元化的餐饮消费需求。二是科学规划社会餐饮网点。充分考虑消费者在工作、生活、旅游休闲的全生命周期的社会化餐饮需求，科学规划社会餐饮网点，特别是要完善社区餐饮服务网点，降低消费搜寻成本。

对于餐饮企业来说，首先，要变革传统的以生产为中心的思维模式和企业流程，改变过去以厨师为出发点的 B2C 模式为以消费者为出发点的 C2B 模式，即要精准定位消费者，时刻了解消费需求的变化，并以消费者消费需求出发，统领企业产品研发、组织管理、生产实施和品牌营销。其次，要重视消费者各个渠道的消费反馈，并根据反馈信息不断改进产品和服务，提高满意度。随着互联网的发展，以大众点评网、口碑网为代表的在线名誉评价体系以及各类社交媒体已经成为消费者表达消费感受的主要渠道之一，成为餐饮企业和消费者互动、提高满意度的主要渠道之一。

但是即便是在互联网时代，餐饮企业的满意度最终也是建立在产品和服务品质上。仅仅赢得了消费者的眼球而没有获得消费者的胃和心，是无法在如此激烈的市场竞争中树立竞争优势的。以网红餐饮为例。网红餐饮是利用互联网传播效应和粉丝经济迅速发展的新兴餐饮品牌。互联网新兴餐饮品牌的崛起为中国餐饮产业发展带来了新生力量，其对消费者的餐饮需求的敏锐嗅觉，对餐饮服务的全新理解和诠释，对互联网传播渠道的熟练应用以及对互联网消费者的尽心维护，为餐饮业发展带来了新理念和新元素，并带动了一批非餐饮人士跨界创业进入餐饮产业，活跃了整个餐饮市场。但同时也存在大量网红餐饮，仅仅依靠互联网营销炒作，并不注重产品的安全和品质、企业和供应链的管理，最终昙花一现，在竞争中迅速湮灭在市场中。

三　新时代中国餐饮业发展面临的新趋势

党的十九大报告提出了中国特色社会主义新时代“坚持和发展中国特色社会主义的总目标、总任务、总体布局”，为中国未来发展描绘了宏伟蓝图。

新的国家战略目标和战略任务赋予中国餐饮业新的使命。在完成两个阶段的发展目标，即基本实现社会主义现代化国家（2035 年）和富强民主文明和谐美丽的社会主义现代化强国（2050 年）的长期进程中，必须明确餐饮业在国家战略中的基础性和战略性产业定位，明确餐饮业在“五位一体”总体布局，尤其是经济建设、社会建设、文化建设和生态文明建设上的重要作用，明确餐饮业在“解决社会主要矛盾”“建设现代化产业体系”“推动社会主义文化繁荣兴盛”“提高保障和改善民生水平”“建设美丽中国”等任务方面所承担的产业使命。

在这个长期进程中，餐饮业要充分发挥自身的产业优势和战略性作用，完成新时代赋予的产业使命，就必须围绕消费升级、数字经济、开放共享和绿色生态四个新时代发展大势，继续深化餐饮业供给侧结构性改革，开启高质量发展的新征程。

（一）消费升级

中国经济增长已经由过去的投资、出口拉动型向消费驱动型转型。一是 2017 年中国社会消费品零售总额达到了 36.6 万亿元，同比增长 10.2%，进入 21 世纪一直保持着两位数以上的增速。二是 2017 年国内生产总值中的最终消费已经超过了 40 万亿元，居民消费超过了 30 万亿元，从 2012 年开始，最终消费率持续维持在 50% 以上，并且保持上升趋势，最终消费支出对 GDP 增长的贡献率在最近 3 年分别达到了 59.7%、66.5% 和 58.8%（见图 2－37）。消费无论是在总量还是增长贡献上都已经成为中国经济的中流砥柱，成为内生增长动力的重要源泉。

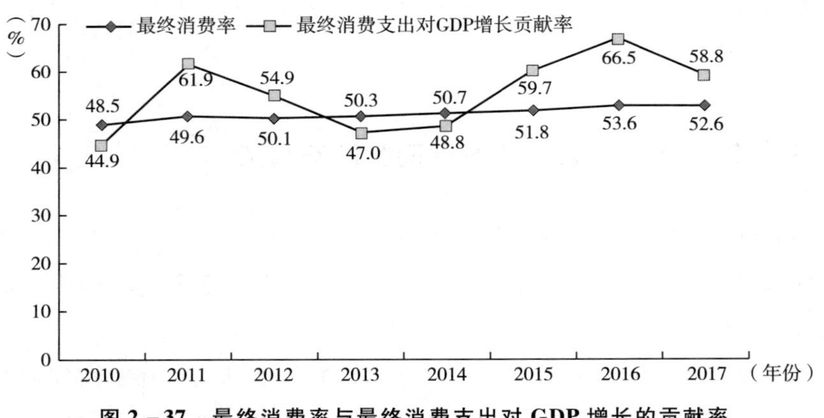

图 2－37 最终消费率与最终消费支出对 GDP 增长的贡献率

党的十八大报告提出，到 2020 年，实现城乡居民人均收入比 2010 年翻一番。党的十九大报告提出，“坚持在经济增长的同时实现居民收入同步增长、在劳动生产率提高的同时实现劳动报酬同步提高”。到 2017 年，全国居民人均可支配收入 25974 元，比上年增长 9.0%。居民收入的快速增长是消费升级的最直接动力。因此，可以预见消费升级是中国特色社会主义进入新时代后，消费领域的长期重要发展趋势，是人民日益增长的美好生活需要的最直接体现。正在拉开大幕的消费升级所带来的变化将给餐饮产业发展带来深远影响。

从当前消费升级来看，主要体现在以下四个方面。

1. **消费群体变化**

中国拥有全球最大规模的消费人口，因而人口结构变迁和消费群体更替将会带来消费的巨大变化。一方面，中国正在步入老龄化社会，65 岁以上人口已经超过 1.5 亿人，占所有人口的比例已经超过 10%，并且呈现增长势头；另一方面，中国中等收入群体规模持续扩大，已经成为消费主体，目前我国中等收入群体已经超过 3 亿人，拥有世界上最大的中等收入群体，而且拥有不同消费理念的“80 后”“90 后”正在迅速成为中等收入群体的重要组成部分。消费群体的年龄结构变化，收入分层、消费理念更新使得餐饮需求更加多元化和个性化。

2. **消费水平提高**

随着收入的提高，居民人均消费支出也在不断增长，居民消费水平指数持续攀升至 1820.5（1978 = 100），到 2017 年，居民人均消费支出超过 18000 元；此外，随着收入的提高，居民在工作和休闲的时间分配决策上也发生了重要转变，休闲时间分配比例逐步提高。由此，生活水平的提高对社会化餐饮、休闲餐饮需求进一步提升，对餐饮的安全、健康、品质提出了更高要求。

3. **消费结构升级**

消费结构升级是消费升级的主要特征。随着收入的提高，消费者的消费结构将会不断优化，食品消费等物质消费比例逐步下降，而教育、医疗、文化、娱乐等服务类消费比重上升。到 2017 年，中国恩格尔系数进入 30 以下区间（见图 2 - 38），按照联合国标准，意味着中国居民生活进入 20%—30% 富足区间。尽管恩格尔系数存在偏差，但是改革开放 40 年的恩格尔系数变化趋势，充分反映了中国人民生活不断改善，消费结构不断升级。这意味着中国餐饮也必须从满足温饱的物质需求阶段向满足精神文化和服务消费需求阶段转变。

4. **消费模式**

随着互联网的普及以及消费金融的发展，中国消费者的消费模式也正在发生变革。一方面，网络消费成为重要消费模式，这也是在线餐饮外卖服务市场、网红餐饮品牌快速崛起的重要原因。另一方面，在监管机构鼓励发展消费金融的政策指引下，以金融机构为主导、互联网金融平台为补

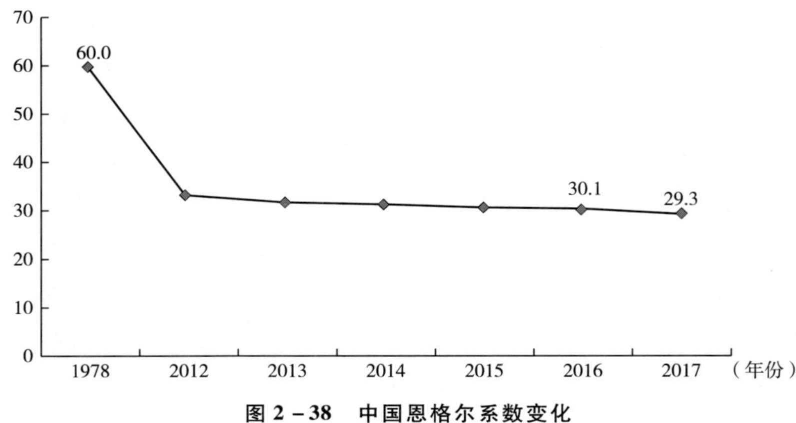

图 2－38　中国恩格尔系数变化

充的消费金融市场发展迅速，短期消费贷款余额快速提升到 2017 年的 6.81 万亿元水平（见图 2－39），尤其是在互联网、大数据技术支持下，消费金融交易成本迅速降低，提前消费、负债消费正在成为年轻消费群体的主要消费模式。

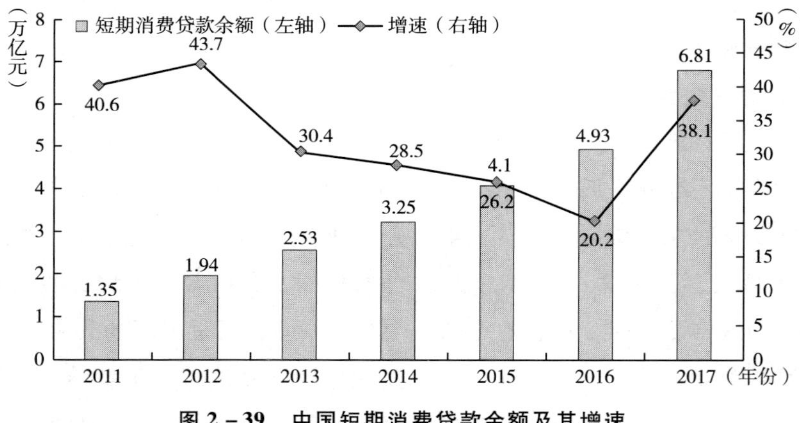

图 2－39　中国短期消费贷款余额及其增速

紧紧把握消费领域中的消费群体、消费水平、消费结构和消费模式等方面的重大变化和发展趋势是餐饮业满足人民日益增长美好生活需求、实现餐饮业高质量发展的核心工作。从当前中国大众化餐饮业发展来看，消费升级正在引领大众化餐饮的发展，更高品质、更加多元化的大众化餐饮正在不断满足市场需求。

（二）数字经济

数字经济是新时代的重要特征和发展趋势。信息技术的广泛深入应用，特别是以智能手机为代表的智能终端技术，以传感器为代表的物联网技术，以云计算、大数据为代表的互联网信息技术，以及以电子商务、网络社交为代表的网络应用，加快了全球社会、经济的数字化进程。数字经济正在变革和主导经济发展。

从中国来看，数字经济正在成为中国综合国力和创新能力的重要体现。

1. 中国拥有世界上最大的数字人口

中国已经成为全球网民和手机用户规模最大的国家。截至 2017 年底，中国网民规模达到 7.72 亿人，互联网普及率达到 55.8%，其中手机网民规模达到了 7.53 亿人，占全体网民的 97.5%；中国移动电话用户总数达到 14.2 亿户，其中 4G 用户超过了 9.97 亿户。

2. 中国数字经济活动活跃

中国在电子商务、移动支付、网络出行等多个数字经济发展领域处于世界领先水平。到 2017 年，全国电子商务交易额超过 29 万亿元，约为全社会批发零售进销额的 25%，网络零售额达 7.2 万亿元，其中网上商品零售额 5.48 万亿元，占社会消费品零售总额的 15%；银行金融机构处理移动支付 375.52 亿笔，交易额 202.93 万亿元；第三方移动支付交易规模迅速突破 100 万亿元，比 2014 年增长了 6 倍多，是 2010 年交易规模的 2000 多倍；中国移动出行用户规模达到 4.35 亿人，共享单车用户达到 2.21 亿人。

3. 中国数字经济总量庞大

《中国互联网发展报告 2017》和《世界互联网发展报告 2017》显示，2016 年中国数字经济规模总量达 22.58 万亿元，跃居全球第二位，占 GDP 比重达 30.3%。也有研究报告从更广义的范围定义数字经济，认为中国数字经济规模总量已经超过 GDP 的 50%。这些数字明确传递出数字经济在中国当前和未来社会经济发展中将发挥非常重要的作用，数字驱动型经济将成为中国经济高质量发展的重要推动力。

餐饮业相对于零售业、金融业、交通运输业等服务业来说，数字化发展水平相对落后，但是发展空间巨大。加快餐饮业数字化进程，是发展数字经济的国家战略需要，也是建设现代化餐饮业、提高餐饮业运行效率和创新能力的需要，更是深入、动态了解消费需求，更好地满足美好生活需求的需要。此外，餐饮业数字化形成的海量数据资源也是国家社会、经济领域的宝贵数据资源。

当前餐饮业从生产端到消费端，从原材料到最终产品的各个环节正在开始数字化进程，数字餐厅、数字供应链、餐饮服务平台的出现和高速发展，体现了传统服务业对数字化进程的巨大需求。

发展数字驱动型餐饮是数字经济环境下，餐饮业发展的必然趋势。一要发展壮大餐饮业平台经济。餐饮业互联网平台的发展是聚合餐饮市场，提高供应商与餐厅之间、餐厅和消费者之间的匹配效率和服务效率，扩大产业内分工，提高餐饮业协调分工水平的重要抓手。应鼓励利用互联网平台建立和聚合餐饮市场，构建餐饮业的多边市场。当前，互联网外卖平台经过大量投入资本和培育发展，已经形成了 2000 亿元以上规模的餐饮外卖市场，产业带动效应凸显，一方面推动了诸多专注外卖市场的新兴餐饮品牌的发展以及拉动了城市“最后一公里”配送的物流服务发展；另一方面也催生了共享厨房等服务于外卖企业的新兴餐饮分享经济商业模式。二要鼓励企业提高数字化水平和数字决策能力。重视提高餐饮门店的数字化能力，提高门店经营效率，降低经营成本，提高客户满意度。三要搭建餐饮科技公共服务平台。搭建餐饮科技公共服务平台，为中小微餐饮企业提供餐饮科技咨询、交易和普及应用服务，提高中小微餐饮企业的科技应用水平。四要建立餐饮科技研发引导基金。以餐饮科技研发引导基金模式，鼓励餐饮企业投入研发资金，加快餐饮科技发展。

（三）开放包容

开放包容是时代发展的主题，也是中国文化发展的重要特征。习近平总书记提出建设“人类命运共同体”，并已被写入中国宪法，这意味着新时代中国特色社会主义向世界发出了开放发展、包容发展的邀约。

中国餐饮业作为中国文化的形象代表之一和重要载体，无论是在对外的中西餐文化交流传播还是在地方餐饮文化的兼收并蓄和融合发展上都要坚持开放包容的发展原则，致力于推动社会主义文化繁荣兴盛和人类命运共同体的发展。

1. 以开放包容原则推进中餐“走出去”

中餐“走出去”是具有经济和文化双重意义的重要战略，尤其是在文化方面。文化“走出去”已经成为中国“走出去”战略的重要内容。世界历史发展经验表明，文化不仅是一个民族、一个国家凝聚力和创造力的基因和源泉，也是评判一国综合国力、国际竞争力的重要因素和指标。中华文化源远流长、博大精深，是中华民族生生不息、发展壮大的丰厚滋养，也是当代中国发展的突出优势，对延续和发展中华文明、促进人类文明进步发挥着重要作用。近年来，以习近平同志为核心的党中央、国务院高度重视文化建设和传播。这不仅是国家经济实力增强的必然结果，更是中国“软实力”提升的重要表现。习近平总书记明确指出“提高国家文化软实力，关系‘两个一百年’奋斗目标和中华民族伟大复兴中国梦的实现”。文化“走出去”有助于世界了解中国文化，提升国家形象；有助于增强国家互信，深化国际经济政治的交流与合作，有助于建设文化强国和构建人类命运共同体。中餐是中华民族五千年悠久历史文化的凝结，集合了中国劳动人民的生活传统和智慧，相对于过去以官方主导的文化交流模式，中餐以民间交流形式“走出去”更具有开放性和包容性。

2. 以开放包容原则推进中国地方菜发展

幅员辽阔，民族众多，地形和物产多样的中国在漫长的历史发展中，在地方资源禀赋和生活风俗习惯影响下，形成了各具特色的地方菜系，并留下了大量非物质文化遗产。这些造就了丰富多彩的中国餐饮，也给消费者带来了别具一格的美食体验。在中国餐饮历史的发展中，从南食北食，到“四大菜系”，再到“八大菜系”，体现了不同历史时期地方菜的发展水平；从当前地方菜发展来看，一方面，随着食材的流通便利和厨师的流动交流，地方菜的融合创新成为重要发展趋势；另一方面，很多地方政府都在积极挖掘、打造自身的特色地方餐饮品牌，呈现百花齐放的发展态势。地方特色餐饮是体验地方文化的重要渠道，是满足消费者多元化餐饮体验需求的重要餐饮服务，应该以更加开放包容的原则鼓励地方特色餐饮走向全国市场，走向全球市场。

在全面推进中餐的国际传播工作中，一要出台国家层面的推进中餐“走出去”规划，指导各级部门和地方政府充分整合资源，有序有效地推进中国传统文化的国际化传播。二要积极利用行业协会平台，特别是世界中餐业联合会的国际性行业组织，通过会议会展、厨艺交流、学术论坛等多种方式，加强中外餐饮文化交流。三要注重提高中餐企业的国际竞争力。企业是中餐“走出去”，传播中餐文化的主体，因此必须提高中餐企业的国际竞争力，建立中餐“走出去”长效市场化机制。一方面，必须加强中餐企业对自身中餐文化的理解和传承，本土的文化、民族的文化是中餐走向世界的根和灵魂所在；另一方面，要提高中餐的国际交流能力，学会用国际化的餐饮语言或者东道国本土化餐饮语言传播中国餐饮文化才能获得东道国市场的真正理解和接受，并成为中餐传播者。

（四）绿色生态

绿色生态发展是人类可持续发展的要求，也是建设美丽中国的要求。习近平总书记说过，绿水青山就是金山银山，建设生态文明是关系人民福祉、关系民族未来的大计。

对于餐饮产业来说，绿色生态发展要体现在以下几个方面。

1. 生产方式的绿色生态

一是发展节能环保型厨具和设施设备，降低生产能耗及其环节污染；二是鼓励发展餐饮业节能环保服务企业，为餐饮企业提供节能环保解决方案，如清洁生产方案、企业内部循环经济方案等；三是严格和科学回收泔水，既要充分利用泔水的生物质能源，又要防止泔水通过非法途径回流餐桌，造成食品安全问题。

2. 消费方式的绿色生态

一是培育和鼓励消费者理性消费、节约打包的消费习惯，培养生态友好型消费习惯；二是加强消费者绿色生态常识教育，培养绿色生态消费意识，从而对企业行为形成良好的监督和倒逼机制。

发展绿色生态餐饮产业，必须加强绿色生态发展的激励和约束机制。一是加强政府监管。一方面，建立全国一体化的餐饮业信用监管体系，对环保失信餐饮企业采取市场禁入措施；另一方面，鼓励第三方和消费者形成社会化监管机制，共同维护美好的生态环境。二是设立餐饮业绿色生态发展政府基金，通过政府引导，鼓励研发投入发展绿色生态友好型餐饮生产设施、设备，鼓励发展绿色生态发展专业服务企业，提高市场对餐饮绿色生态发展的服务能力。

消费升级、数字经济、开放包容和绿色生态四大发展趋势既是新时代赋予餐饮业的重大发展机遇，也是餐饮业发展面临的巨大挑战。新时代中国餐饮业必须树立以人为本的发展理念，紧紧围绕消费升级，拥抱数字经济，扎根中华民族文化，服务全球消费者，勇于承担社会责任，在新时代新征程中实现可持续发展。

第四节　2016 年中国餐饮产业发展报告[①]

中国餐饮业进入了提质转型升级的新阶段。一是发展处于黄金期。从国际层面看，服务业已经成为推动全球经济发展的重要引擎。1980—2016 年，中国服务业增加值年均增速超过 17%，增加值占 GDP 的比重从 22.3% 上升到 51.6%，36 年共提升了 29.3 个百分点，成为经济增长的主要动力。从国家层面看，餐饮业正在成为中国大力发展的综合性民生产业。二是产业处于升级期。2016 年全国实现餐饮收入 35799 亿元，占社会消费品零售总额的 10.77%，同比增长 10.8%，增速比商品销售快了 0.4 个百分点。餐饮业发展方式加速向质量效益型转变，发展动能逐步从依靠传统核心资源支撑、规模增长向产业深度融合、产品技术创新驱动转变。三是市场处于规范期。餐饮业是居民生活服务性行业，也是典型的窗口行业，餐饮市场秩序和服务水平是人民重要的利益诉求，在一定程度上代表着国家和地区的形象。

新型工业化、城镇化、信息化、农业现代化和绿色化在为餐饮业提供新发展空间的同时，餐饮业在供给层面仍存在诸多困难和问题：一是餐饮有效供给不足，影响了餐饮消费潜力的释放；二是餐饮产品同质化程度高，资源开发不足，整体服务品质低；三是餐饮基础设施建设不均衡、不配套，餐饮

① 于干千执行主编《中国餐饮产业发展报告（2017）》，社会科学文献出版社，2017。

聚集区周边环境、设施和服务不统一、不协调，餐饮聚集区还没有真正形成规模，难以满足游客和本地居民旺盛的餐饮需求；四是餐饮市场秩序不规范，食品安全隐患犹存；五是缺乏复合型管理人才，赢得市场能力和接待服务能力较弱；六是消费者还不能充分享受科技信息带来的便利。

在新的发展起点上应谋划和推进餐饮业发展，努力把餐饮业建设成为人民群众更加满意的现代服务业。要尽快加强"两个能力"建设。一是要加强餐饮企业满足市场需求的供给能力建设；二是要加强政府公共服务的保障能力建设。通过"两个能力"建设，加快餐饮业供给侧结构性改革，充分发挥餐饮业对稳增长、促消费、调结构、惠民生的作用，不断提升餐饮业的满意度和美誉度。

一 2016 年中国餐饮产业运行分析

（一）产业概况

1. 产业规模：持续稳步上升

2016 年是"十三五"开局之年，餐饮产业规模稳步扩大，实现餐饮收入 35799 亿元。餐饮收入占社会消费品零售总额比重与"十二五"期间的占比基本持平，比 2015 年略有提升，占比从 10.74% 上升到 10.77%（见图 2－40）。

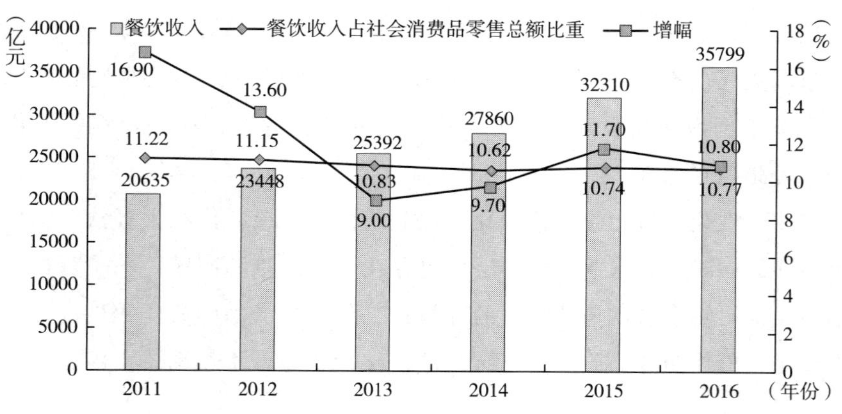

图 2－40 餐饮收入及其占社会消费品零售总额的比重情况

2. 产业增速：回暖中渐趋回落

2016 年全国餐饮收入同比增长 10.8%，增速比商品销售增加了 0.4 个百分点，限额以上单位餐饮收入为 9213 亿元，同比增长 6.0%。尽管餐饮收入依然保持 2015 年以来两位数增幅的回暖趋势，但相比 2015 年，餐饮收入增幅和限额以上单位餐饮收入增幅双双回落了 1 个百分点左右（见图 2－41）。

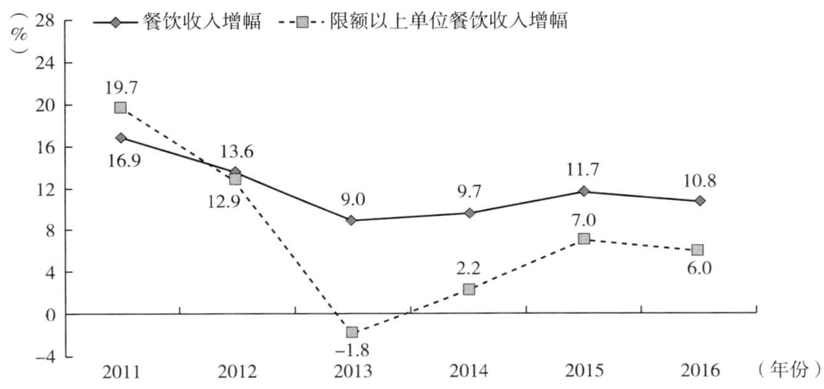

图 2－41　餐饮收入和限额以上单位餐饮收入的增长情况（2011—2016）

（二）产业能力

1. 产业活力：餐饮固定投资大幅下滑，用工需求继续走低

餐饮固定投资在整体投资降温的背景下大幅下滑。2016 年，全国固定资产投资（不含农户）总额为 596501 亿元，比上年名义增长 8.1%，相比 2015 年增幅（10%）回落了 1.9 个百分点，相比 2014 年（15.7%）增幅水平更是接近腰斩。分产业来看，第一、第二、第三产业投资同比增幅分别为 21.1%、3.5% 和 10.9%；分行业来看，住宿和餐饮行业受投资大环境影响，更是一改正增长态势，出现了前所未有的 －8.60% 的增幅水平，而且占全国固定资产投资总额的比重降到了 1% 的水平（见图 2－42）。

尽管餐饮业回暖趋势渐稳，但受用工方式、用工成本、行业待遇、餐饮信息化水平以及“90 后”新生代择业观念影响，餐饮业用工需求一直低迷。图 2－43 表明，与 2015 年相比，2016 年用工需求继续走低，2016 年第 4 季度用工需求的总量占比下滑至个位数。2016 年第 1 季度之后，用工

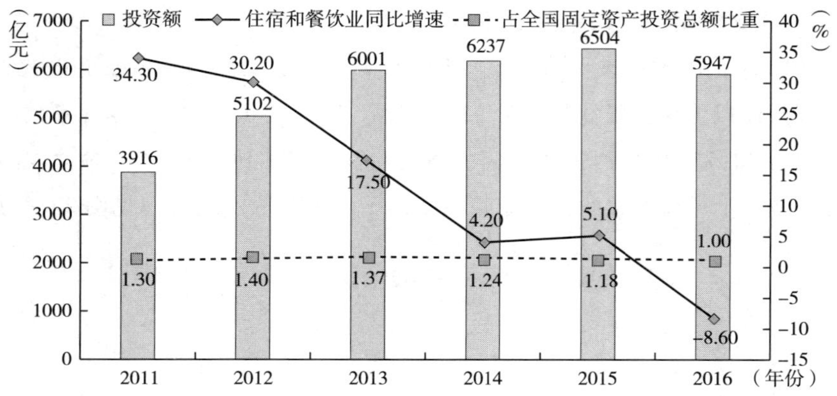

图 2-42　2011—2016 年住宿和餐饮业固定资产投资情况（不含农户）

需求同比下降幅度超过 12%。结合 2016 年农民工监测调查报告来看，尽管 2016 年全国农民工数量增长了 1.5%，新增 424 万人，但具体到住宿和餐饮业来看，农民工仅新增 0.1%，而且从农民工月均收入来看，住宿和餐饮业的收入增速回落了 0.7 个百分点，工资待遇问题也成为用工需求不旺的重要原因。

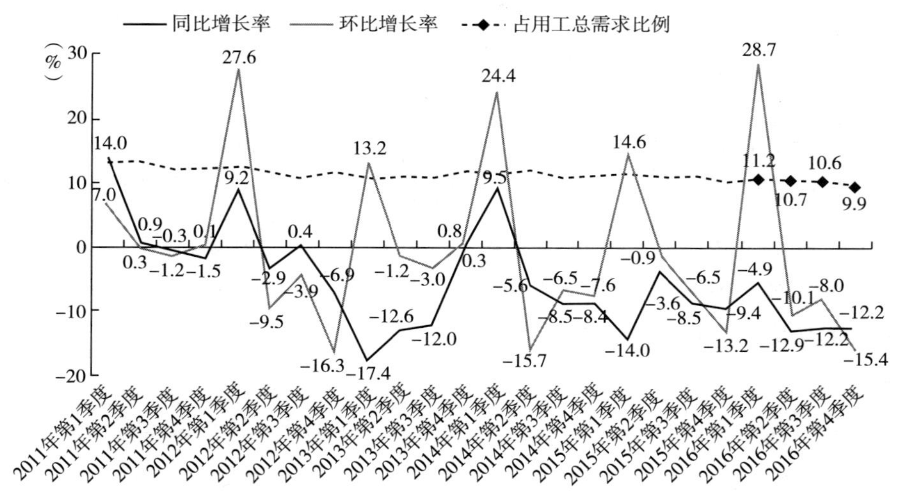

图 2-43　2011—2016 年住宿和餐饮业用工需求变动情况

2. **产业集中度：适度集中与业绩分化明显**

图 2-44 显示，2016 年不论是限额以上企业餐饮收入，还是行业前 10 名、前 100 名餐饮企业收入的集中度相比 2015 年都有较为明显的下滑。这

说明，随着餐饮行业竞争的加剧，行业集中度在适度集中趋势下略有后退，餐饮业绩效分化更趋严重，企业经营所面临的竞争冲击越来越大。

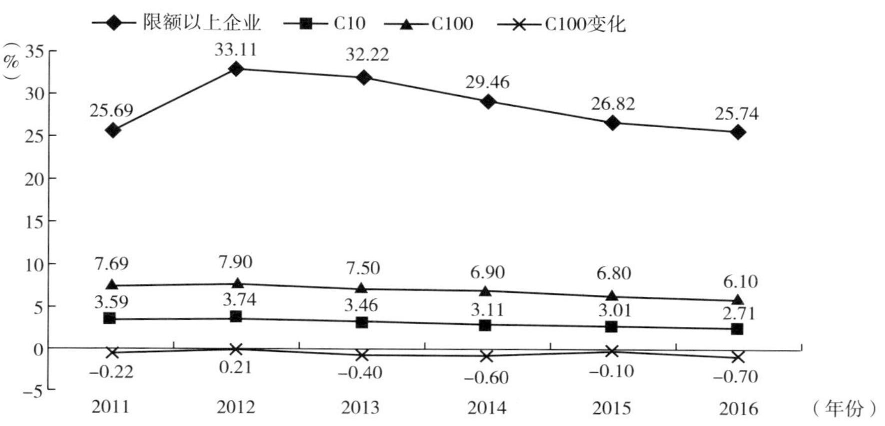

图 2－44　2011—2016 年中国餐饮产业集中度曲线

（三）产业贡献率

1. 总体贡献率

2016 年第三产业增加值 384221 亿元，同比增长 7.8%，相比 2015 年增速（8.3%）有所下滑。2016 年第三产业增加值占国内生产总值（GDP）的比重为 51.6%，比 2015 年（50.5%）提升了 1.1 个百分点，以服务业为主体的第三产业依然是当前中国经济转型升级的重点，市场活力的重点向第三产业转移的趋势依然没有改变。

图 2－45、图 2－46 显示，尽管第三产业增加值占 GDP 的比重有所提升，但第三产业增加值的增幅下滑明显，2016 年比 2015 年下滑了 0.5 个百分点，在这种情况下，住宿和餐饮业占第三产业增加值的比重有所下滑，需要足够重视。

2. 消费贡献率：趋于低位稳定

图 2－47 显示，自 2011 年开始，餐饮消费对社会消费品零售总额增长的贡献率以及拉动社会消费品零售总额增长的比例大都呈下降趋势。2016 年餐饮消费的贡献率相比 2015 年进一步下滑，已持平于“十二五”期间的开局之年。总体来看，餐饮业对于消费市场的贡献率进入了低位稳定状态。

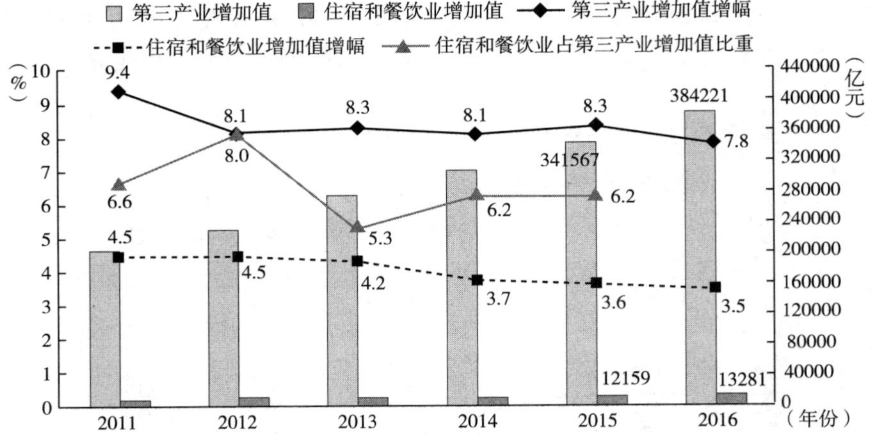

图 2－45　2011—2016 年第三产业及住宿和餐饮业增加值比较

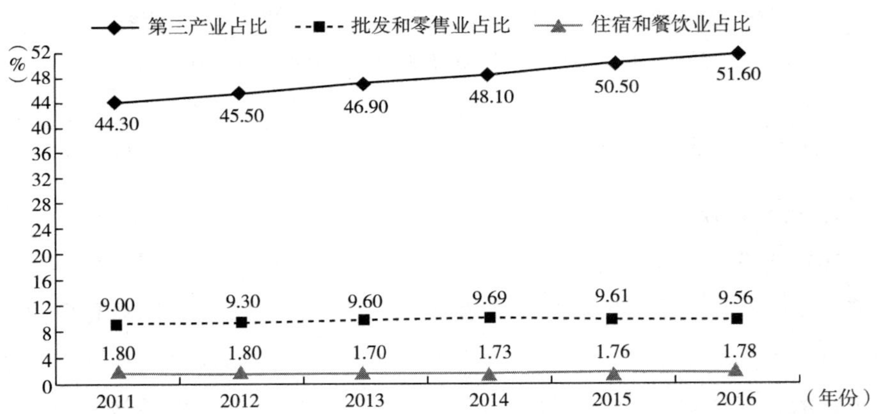

图 2－46　2011—2016 年第三产业、批发和零售业与住宿和餐饮业增加值占 GDP 比重

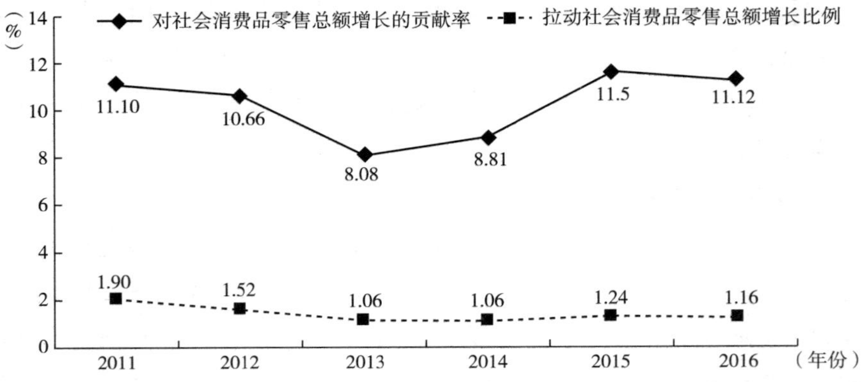

图 2－47　2011—2016 年餐饮业对市场消费的贡献情况

二　中国餐饮业供给侧结构性改革的实效

（一）供给结构不断优化

居民收入水平的提高、消费方式的变化和休闲时间的增多，对大众化餐饮产生了极大的刚性需求。推动餐饮回归大众化是供给侧结构性改革的着力点，也是中国餐饮业趋稳回暖的动力源。2014—2016 年，在高端餐饮萎靡之际，大众化餐饮呈现强势增长，餐饮市场份额由 2014 年的 75% 增加到 2016 年的 85%，提前实现了商务部 2014 年发布的《加快发展大众化餐饮的指导意见》所提出的大众化餐饮五年发展目标。根据中国烹饪协会公布的历年餐饮百强数据，餐饮消费供给逐步从“快”到“慢”，从“中高端”向“中端大众化”转型。2014—2016 年，上榜的传统正餐企业数量有减少趋势，而休闲餐饮企业的数量增长明显，从 2014 年的 4 家跃升至 2016 年的 7 家；快餐类企业数量较为稳定，2014 年为 22 家，2016 年为 21 家。以大众化为特色的百强餐饮企业增加到 28 家，营业收入占全国餐饮百强总营业收入的一半。以金百万、外婆家、云海肴等为代表的大众餐饮品牌积极扩张，一些商务正餐品牌也进军大众化餐饮市场，谋求企业转型。但值得注意的是，一些知名餐饮品牌的跟风转型，并未得到市场的认可，经营困难勉强度日。随着大众化餐饮经营门槛的不断提高，一些市场盲目追随者的投资风险也在剧增。作为大众化餐饮重要组成的社区餐饮边际利润低，市场空间大，但存在供给不足、规模化和规范化水平较低、缺乏有力的政策支持等问题。

（二）供给能力不断扩大

“互联网 +”为传统餐饮业带来了转型发展的新机遇，中国餐饮业与互联网的线上线下融合发展，在提升餐饮业信息化水平的同时，不断扩大餐饮供给能力，也成为餐饮业供给侧结构性改革的突破点。特别是随着移动互联网的飞速发展，消费者的用餐习惯正在发生改变，对传统的餐饮经营模式产生了颠覆性的影响。作为传统劳动密集型行业的餐饮业，“用工荒”愈演愈烈，一些餐饮企业通过互联网自助餐厅技术，将传统的餐厅一对一服务转型为互联网自助点单、支付的服务模式，有效地减少了餐厅服务员的数量。2015 年因受到风险投资的青睐而广为人知的“人人湘”湖南米粉，全球快餐巨头——麦当劳都已在其连锁店普及推广，2016 年中国一线城市出现了不少类似的自助点餐餐厅。

餐饮 O2O 模式已逐渐渗透到人们的日常生活中，外卖市场迅速扩大，2015 年餐饮外卖市场达到 1400 亿元，2016 年已增至近 2000 亿元，预计未来几年餐饮 O2O 市场还将出现几何级跃升。根据全球领先的移动互联网第三方数据挖掘和分析机构艾媒咨询（iiMedia Research）在《2016 年中国在线餐饮外卖市场专题研究报告》中的数据，饿了么、美团外卖和百度外卖分别以 37.8%、30.5%、15.0% 的比例领跑 2016 年 5 月移动在线订餐市场；2016 年中国在线订餐市场用户规模预计达到 2.53 亿。

在餐饮 O2O 市场迅猛发展的同时，第三方网络订餐平台存在的食品安全问题也浮出了水面。2016 年 10 月，国家食药监总局出台了旨在规范网络订餐平台运行的监管办法——《网络食品安全违法行为查处办法》，尽管法规针对的是网售成品和半成品，但对餐饮业依托中央厨房或配送中心所形成的电商运行模式起到了规范和警醒作用，目前尚无正规餐饮企业受到处罚，有效保障了餐饮 O2O 市场的健康规范发展。除了食品安全隐患以外，餐饮 O2O 市场诚信机制不健全、线上线下不对位、信息反馈不及时、服务滞后等问题也亟待解决。

（三）供给质量与水平不断提升

绿色餐饮供给水平提升。绿色餐饮是基于安全、健康、环保、节约等理念，按照原料采购绿色化、加工过程绿色化、店面管理绿色化、服务过程绿色化的标准要求供给餐饮产品和服务的运营模式，是餐饮业生态文明建设的主要载体，也是餐饮业转型升级的主要方向和供给侧结构性改革的主要领域。2016 年，餐饮业随着中央“八项规定”“六项禁令”的深入推行，厉行节俭已蔚然成风。餐饮业在审批准入制度、推广环保新技术和清洁能源燃料、减少废气的排放、倡导和推广“剩余打包”绿色消费理念、减少和杜绝使用一次性餐饮器具等方面取得了较大的进展。

餐饮安全监管力度持续加强，加大了对危害公众食品安全行为的惩处力度，将原来以罚没为主的惩罚措施转变为以刑罚为主的惩治措施。2016年，全国开展了多项专项整治活动，颁布了食品添加剂备案和公示制度、餐厨废弃物管理办法、农产品源头质量追溯保障制度、餐饮全过程的安全规范“四位一体”（企业、消费者、政府和新闻媒体）的监督管理制度以及网络订餐第三方平台和实施商户实名登记制等相关制度政策，在提高餐饮消费安全水平方面措施得力，效果明显，对人民群众关心的食品安全问题回馈及时，满意度提升。

（四）供给效率不断提高

减税降费，效果明显。降费与减税，是降低餐饮企业经营成本的重要手段。随着深化流通体制改革的推进，在餐饮税费负担上将有明显的下降。特别是 2016 年“营改增”的全面推进不仅从产业链上全面降低了餐饮业的经营成本，而且形成了良好的餐饮“提质洗牌”环境，实现了良币驱逐劣币的正效应。属于小规模纳税人的餐饮企业，税率由 5% 降到 3%，税负有所降低；属于一般纳税人的餐饮企业，需要有大量的进项税额抵扣才能达到降低税负的目的，大量的进项税额抵扣又依赖于上游企业（食品开发、生产或者物流配送等）的发展。因此，“营改增”将倒逼餐饮企业开展诸如中央厨房建设等技术改造，促使餐饮企业选择正规的食材进购渠道，有助于产品质量、服务品质等供给效率的提升。

简政放权，激发活力。在国家政策层面，2016 年 2 月 29 日《国务院关于整合调整餐饮服务场所的公共场所卫生许可证和食品经营许可证的决定》出台，提高了餐饮服务食品安全监管的效率，减少了对餐饮企业重复发证、重复监管的问题，切实减轻了餐饮企业的负担。在地方层面，一方面从监管环节、流通通道等方面进一步进行优化和疏解，例如成都市全面清理了行政审批前置条件和行政审批前置服务项目，并公布了行政审批前置条件目录，提高了审批效率。另一方面疏解餐饮供给的渠道，在地方建设规划和商业网点布局中，积极引导房地产商在新建楼盘和住宅小区建设中，合理配置餐饮网点，服务社区餐饮，或者采取政府出资、招标企业经营的方式来建设社区餐饮网点。

（五）国际交流合作拓展供给空间

“一带一路”倡议为餐饮供给侧结构性改革提供了新的拓展领域和空间。一方面，中华饮食文化交流历史由来已久，为更多以餐饮企业、餐饮特色产品为主体的向外扩张和贸易奠定了良好的饮食文化基础，在“一带一路”的经贸交流中，这种以餐厅、食物为载体的流动将更为频繁；另一方面，国家政策也积极鼓励餐饮企业特别是大型品牌餐饮企业走出国门，在国外开拓和传播中华传统饮食文化，并以餐饮为媒介形成更广泛领域的品牌、技术、人才、市场的共享共赢。全国人大代表许菊云曾在全国“两会”议案中建议，商务部应牵头实施“一带一路”国际美食长廊建设并举办国际美食节，这种政府层面的美食交流将为国内企业创造更广阔的发展空间。

三　供给侧结构性改革背景下餐饮业的产业定位

按照商务部发布的《居民生活服务业发展“十三五”规划》，餐饮业与住宿、家政等 8 个行业被列为居民生活服务业，是保障和改善民生的重要行业，对稳增长、调结构、促就业等具有重要意义。在新常态下认识餐饮业的定位，必须明晰餐饮业在国家发展战略层面的定位，紧扣国家核心利益，促进餐饮业协调发展，这样才能准确把握餐饮业供给侧结构性改革的思路。促进餐饮业的协调发展，有助于实现提高人民生活质量、推进文化复兴、提升国家软实力以及推动产业融合等四个国家战略目标。餐饮业不仅是居民服务业，还是承载国家战略目标与核心利益的综合性产业。各方面对餐饮业的认识还不够全面，还不够深入，往往是从比较单一的层面来看待餐饮业，这也造成了餐饮业在产业发展中边缘化的地位没有得到根本改观。比如认为餐饮业就是扩大消费的产业，或者认为餐饮业的作用就是增加就业等。餐饮业的综合性作用是通过餐饮业的发展激发需求、创造需求，使与餐饮相关的各种价值在市场上得以体现，从而在市场经济体制下为与餐饮关联的各种要素带来发展的机会。从经济学的角度看，餐饮业自身独有的特征，使其具有很强的正外部性，这种正外部性的直接体现就是餐饮业的各种正面效应，体现在经济、社会、文化、生态等多个方面。

当然，餐饮业可能带来的诸如食品安全、污染物排放等负面效应也同市场有关，但不能因其可能存在的负面影响而否认其巨大的正面效应。

（一）带动经济发展

餐饮业是传统服务行业，以产品不可贮存性、服务活动直接性、生产活动不确定性、服务品质差异性、产销合一等为主要行业特性，是实现经济增量发展的集成产业，其直接和间接影响的细分行业多达几十个，通过产业融合，形成资源共享，实现协调发展，创造新增价值，整个“十二五”期间餐饮业拉动社会消费品零售总额增长的贡献率平均超过 10%。

中国餐饮业在“新常态”下，已呈现新的发展特征。一是餐饮业态多样化，从以就餐范围、就餐时间、人均消费为主要区分依据的传统正餐、快餐、小吃等基本业态扩展到跨越空间、时间、情境的 O2O 餐饮、VR 餐厅等网络和科技型餐厅，更不用说结合消费者需求日益个性化的特点在基本餐饮业态上细分出的休闲餐、主题餐、DIY 餐等生活场景式消费业态。业态的多样化在某种程度上将餐饮业渐变成了一个兼集消费、生活、创意于一体的现代生活服务业。二是产业链延伸，从下游产业逐步延伸到上游产业，形成一个从“农田到餐桌”的产业链。三是产业发展聚集化，形成以美食名城、美食乡镇、餐饮街区（胡同）等为载体的不同餐饮品牌聚集发展的格局，出现了广东顺德、北京簋街、成都宽窄巷子等一批地理标志的餐饮品牌。四是产业发展初现集群化，以餐饮企业为基础逐步扩大，使设备制造、品牌运营、管理咨询、旅游营销、文化创意、地产投资、服务外包、智能信息等社会其他类企业在餐饮业发展过程中都有自己的一席之地，并在一个特定区域或空间网络集聚发展。

（二）促进社会和谐

社会和谐是中国特色社会主义的本质属性，是国家战略的核心目标。餐饮业不仅具有经济属性，而且因其产业综合性特征在三个方面体现了社会属性。一是创造就业机会。就业不仅关系到每个劳动者的生存和发展，而且关系到社会的和谐稳定。实践证明，餐饮业是以劳动密集型为主的服务业，其在提供就业机会和解决就业问题方面具有举足轻重的作用。第一，不仅提供的直接就业机会多，而且岗位的包容性使就业层次丰富。除高素质管理与技术人才外，还需要大量的对技术、年龄要求不高的操作人员，这为能力尚不具备技术专长的青年和下岗职工提供了就业机会。第二，给相关行业提供就业机会，餐饮业是个具有关联带动性的产业，不仅自己可以直接提供就业机会，而且能够连带其他行业提供就业机会。根据商务部 2013 年调查数据，全国每百人中有 1.6 人从事与餐饮相关的工作，随着近几年餐饮 O2O 的兴起，该数据预估已增加到每百人中有 1.7 人从事与餐饮相关的工作。二是帮助弱势群体。许多弱势群体通过餐饮业得到生存和发展的机会是餐饮业对社会和谐做出的突出贡献，政府为弱势群体提供最低生活保障是重要渠道之一，根据教育部发布的《农村义务教育学生营养改善计划专项督导报告》，营养改善计划实施 3 年多来，在中央有关部门、试点地区和社会力量的共同努力下，营养改善计划目前覆盖了 29 个省份的 13.4 万所学校，受益学生超过 3200 万人。也就是说，每天有超过一半的义务教育学校为学生提供营养餐，有近 1/4 的义务教育学生在校能吃上营养餐，699 个连片特困县所有农村义务教育学校全部纳入实施范围，所有农村义务教育学生全部享受营养膳食补助，实施规模位居世界第三，基本消除了农村学生“饿肚皮”的现象。餐饮企业和社会联合帮助弱势群体也不乏成功的范例，如高校食堂的平价窗口、爱心免费餐，社区养老优惠或免费餐。三是缩小贫富差距。缩小贫富差距事关社会公正，是社会和谐的重要内容。餐饮业的发展在一定程度上能增加低收入者的收入，在客观上有助于缩小贫富差距，并通过城乡交流、地区交流，实现国民收入再分配。餐饮业是增加就业的“稳定器”，实施精准扶贫具有独特优势：第一是餐饮原材料与农业的关联度最高，对贫困地区特色农业发展的拉动作用大；第二是通过订单农业，引导农民生产适销对路的农产品，有效联结了生产与市场，提高贫困地区种植养殖业的经济效益；第三是餐饮业与旅游对接融合，通过在贫困地区兴建集吃、娱、购、游于一体的基地，可以拉动乡村旅游业发展，实现贫困农民不出乡就地脱贫。

（三）增强文化自信

餐饮业对繁荣文化的作用。首先是对本土传统美食文化的保护和传承；其次是强化本地文化自信；最后是对外来饮食文化的吸收和创新。在世界非物质文化遗产保护大潮的影响下，我国非物质文化遗产（以下简称“非遗”）保护工作也开展得如火如荼，饮食类“非遗”的申报和保护也越来越受到社会各界的关注和重视。国务院公布的 4 批国家级“非遗”项目中总计有 71 项饮食类“非遗”项目，主要集中在传统手工技艺类，扩展项目和民俗类项目数量在逐渐增多。具有独特加工技艺和深厚文化内涵的代表有北京市全聚德（集团）股份有限公司的挂炉烤鸭技艺、北京六必居食品有限公司的酱菜制作技艺、上海功德林素食有限公司的功德林素食制作技艺等。除此之外，各地还有众多的地方性饮食类“非遗”项目被认定，相比国家级“非遗”名录中饮食类“非遗”项目主要集中在手工艺传统技艺类，目前各省、市级饮食类“非遗”项目所属类目则更为丰富，如吉林的“查干湖全鱼宴”属传统技艺类，北京“东来顺饮食文化”和广东“豆腐节”属民俗类，而湖北的“天门糖塑”属传统美术类。

餐饮业的发展，不仅可以提升本土餐饮企业的经济地位和文化地位，在市场上赢得尊重，还可以增强本土居民的文化自信心。而自信心的增强也会提高广大人民参与挖掘和保护美食传统文化的积极性，增强对传统美食文化的认同。与其他文化交流方式相比，美食可以增强人类的和平交往，是人类文化最理想的交流方式之一，通常能发挥正式的外交活动所不能发挥的作用。同时，餐饮业会促进本地社会文化趋向更加国际化和现代化，人们的家庭观念、社会观念、消费模式、企业和城市管理意识等都会因此发生巨大变革。

（四）推进生态文明

生态文明的核心要义是节约资源和保护环境，实现可持续发展。餐饮业的协调发展有利于形成资源节约、环境友好的产业结构、增长方式、消费模式，有利于推进生态文明建设。随着餐饮业规模化、连锁化、集约化、社会化等发展趋势日趋强化，中国餐饮企业逐步放弃传统“单向线性”模式运营，把生态文明倡导的企业内部清洁生产、资源循环利用等理念运用于餐饮业，构建循环经济模式，有效地解决餐饮企业所面临的高污染、高能耗、运营成本递增等问题。

人们对提高生活质量和改善生态环境的追求逐渐从向外诉求转变为对内的自觉行动，一方面，要求餐饮产品更优质、更安全，对环境污染更少，对企业形成倒逼机制；另一方面，在政府、社会组织倡导节约、反对浪费的影响下，消费者逐渐改变消费习惯，“光盘行动”、理性消费、剩菜打包等成为自觉行动，节约资源、减少浪费已经成为社会主流价值取向，社会绿色需求培育越来越成熟，并将逐渐成为拉动餐饮企业推进生态文明建设的重要动力源。

随着资源节约和替代、产业链延伸、污染物排放治理、有毒有害原材料替代、厨余垃圾回收处理以及绿色再制造等技术的开发和推广，制约餐饮业生态文明建设的技术障碍不断突破，餐饮企业内部清洁生产模式实施范围不断扩大、力度逐渐增强，资源在各生产环节循环使用，餐饮业与其他产业横向耦合，形成了生态农业、绿色餐饮等产业网络。

在生态文明建设背景下，餐饮业的协调发展涉及面广、公益性强、影响深远、交易成本高，政府通过管制介入可以显著降低这种交易费用。自 2015 年以来，《食品安全法》修订案、《消费者权益保护法》修订案的出台，体现了政府在法律层面加强食品安全监管、规范市场秩序的管理目标，对长期粗放经营的餐饮企业不仅仅是一个紧箍咒，还是转变发展方式、提升经营水平和推进生态文明建设的加速器。

四 推进中国餐饮业供给侧结构性改革的主要思路

围绕中央供给侧结构性改革部署和“十三五”居民服务业发展规划的总体发展目标，以“创新、协调、绿色、开放、共享”发展理念为统领，以增加餐饮产品供给为重点，以改善餐饮设施为支撑，以优化餐饮消费环境供给为载体，以强化制度政策供给为动力，全面推进中国餐饮业供给侧结构性改革，提升中国餐饮业竞争力，充分发挥餐饮业在带动经济发展、促进社会和谐、增强文化自信、推进生态文明等方面的综合效应，实现餐饮业提质增效，努力把餐饮业建设成为人民更加满意的现代服务业。

（一）增加餐饮业产品供给

1. 大众化餐饮供给

消费升级带来消费结构变化，大众化餐饮已经成为消费升级的主体市场，占据了餐饮业营业收入的八成。满足广大消费者对餐饮产品“安全放心、便利实惠、卫生营养”的需求是对大众化餐饮的基本要求。大众化餐饮是具有“准公共产品”特点的多业态的、现代餐饮服务形式，不断提升其供给的数量和质量是全面建成小康社会和政府服务民生的重要体现。

首先，增加大众化餐饮供给要将大众化餐饮优先纳入城市、乡镇、农村商业网点布局规划，构建与人口密度、交通条件、服务密度、城市化水平等相匹配的设置指标，优化大众餐饮的布局，支持有品牌影响力的诚信餐饮企业在社区、学校、医院、办公集聚区、交通枢纽等地设立经营网点；其次，要改变大众化餐饮就是“早餐工程”的观念，引导餐饮企业多业态发展大众化餐饮；再次，制定奖补政策，提供优惠，鼓励和引导国内外大中型餐饮企业发展大众化餐饮，引导餐饮企业建立集中采购、统一配送、规范化生产、连锁化经营的生产模式；最后，加快制定《大众化餐饮经营规范指引》和大众化餐饮产品、服务、管理标准体系，把大众化餐饮店全覆盖纳入食品质量安全监控体系。

2. 质量安全的农产品基地建设

随着餐饮市场供给日渐丰富，消费者的需求已从满足数量向质量安全转变。农产品基地是餐饮业可持续发展的产业基础，质量安全的农产品基地建设是提升餐饮业供给能力的基础工程。20 世纪 90 年代开始实施的“公司 + 农户”农产品基地模式，有效地增加了农产品供给，显著提高了农业经济效益和市场化程度，但这种农业产业化组织模式仍未解决餐饮原料的质量安全问题。2010 年以来，为提高农业产业化组织效率，从源头监控农产品的质量安全，发展形成了农民土地和农资流转入股等多种紧密型生产组织形式，将分散的农户组织起来，成立合作社，形成规模化、集约化生产经营的“公司 + 合作社 + 农户”模式，既保障了企业原料的来源，又提高了农产品质量，合作社按标准化组织生产，突出农产品源头管理，切实增强了农产品质量安全管理能力。建设绿色食品标准化基地，是满足餐饮消费升级的需要，也是提升餐饮产品供给质量的重要举措。在生态条件适宜的区域，鼓励社会资本和龙头企业按照绿色食品认证标准建设农产品基地，严格按照《绿色食品生产技术规程》提供符合质量标准的餐饮原料，通过多种形式加强餐饮龙头企业与基地的对接，逐步提高绿色食品在市场的占有率。

3. 餐饮文化产品供给

将文化内涵贯穿到“农田到餐桌”的各个环节，把餐饮业发展与城市改造开发、传统村落保护、古镇古巷历史文化风貌保护和传承历史文脉结合起来，不断培育历史与现代交相辉映的新型餐饮文化产品。促进文艺演出、民俗表演和餐饮市场的结合，鼓励开发带有地域、民族特色的专门针对游客的歌舞曲艺伴餐。深入挖掘饮食文化资源，大力发展美食博物馆，将美食博物馆纳入旅游线路和旅游部门市场推广平台。

餐饮老字号和饮食类“非遗”是最具文化内涵的餐饮产品，也是文化自信的重要策源地，被誉为中华民族文化传承的“活化石”，在一定程度上体现了国家、民族和城市的形象。餐饮老字号和“非遗”经历了被市场遗忘到高度重视的变迁，正在经历从政府（社会）认同到市场认同的艰苦蜕变。当下热门的“工匠精神”正是老字号餐饮企业的核心竞争力，“非遗”的生产性保护方式是餐饮老字号活态传承的关键。以老字号和“非遗”为代表的餐饮文化产品供给，要处理好生产市场需要的餐饮产品与保持独特性手工技艺之间的关系。生产性项目是一个整体，不能把工艺、饮食和民间故事严格地区分开。生产性保护可以借助文化产业进行市场运作，在协调和处理利益分割的前提下，本着本真性、整体性、保持核心技艺和流程的原则，整合社会资源，积极开拓路径，在保护老字号和“非遗”的同时创造社会价值。

4. 社区餐饮和康养餐饮产品供给

社区和谐是社会和谐的基础，构建社会生活共同体是社区建设的目标。随着住房制度改革的深入推进，“单位办社会”的模式被“社区治理”模式所取代，市场化小区内部的餐饮供给不足，老年人就餐等问题凸显。社区餐饮和康养餐饮是大众化餐饮发展的新业态，蕴藏着巨大的商机和刚性需求。与商圈餐饮比较，社区就近就餐不会堵车，不会浪费时间，顾客忠诚度更高，还可推送与餐饮相关的产品和服务等优势得以体现。

随着互联网的快速发展及“互联网 +”理念的迅速普及，餐饮企业迎来了新的发展机遇和竞争。很多知名餐饮企业正在摸索和实践用“互联网 + 连锁店”的方式增加社区餐饮的供给。截至 2015 年底，中国 60 周岁以上的老年人口已达 2.22 亿人，65 周岁以上的达 1.43 亿人，若以一天 20 元餐饮消费来计算，一年带来的餐饮消费收入超过千亿元。鉴于市场潜力和服务民生的诉求，北京、上海以政府补贴的方式，吸引大型连锁餐饮企业进驻社区，引导企业建立“中央厨房 + 社区配送 + 就餐、送餐、助餐”老年营养餐服务体系，包区、包片解决老年人就餐问题。

“互联网 + 社区”餐饮也面临菜品单一、开设网点难、配送监管约束大、配送成本高等新问题，北京、上海、广州等地的社区餐饮连锁企业瞄准“四小”：小生日、小聚会、小白领、小家庭进行餐厅的菜品设计，坚持“大厨、小菜、大饭堂”，通过时尚、社交等元素的巧妙融入，体现差异化和创新性，从而构筑起核心竞争力。一些充当了“链接社区和家庭关系”的枢纽平台，以万科等为代表的地产或物业集团进军社区餐饮，利用社区配套规划的主动权，与品牌连锁餐饮店合作，实现资源共享。

（二）改善餐饮设施供给

1. 建设特色美食小镇、美食街区

当下国家打造以产业为依托的“特色小镇”政策，为特色美食小镇的深入发展提供了新的契机，在原有美食的基础上，可增加更多的文化消费和文化创意的内容，实现产业、文化、休闲的“三位一体”。围绕乡村旅游、文化创意、健康养老、温泉养生、运动休闲、会议会展、中医康疗、研学科普、民俗旅游、生态度假、旅游商品设计与生产等产业，加强对特色美食小镇建筑风格、餐饮产品、配套设施、休闲业态等的主题化包装和产业导入。按照不低于 3A 级旅游景区的标准，开发建设产业特色鲜明、体验丰富、功能完善、体制机制灵活、生态环境优美的特色美食小镇。

加强美食街区、胡同巷子、传统村落的提升改造。加大投入，对初具规模的商业街、文化街、酒吧街、步行街、大学城等特色街区进行餐饮功

能改造和品质提升，向海内外旅游市场集中宣传推广特色街区的美食产品。建设培育文化特色鲜明、设施配套完善、餐饮业态丰富的美食胡同巷子。设立传统村落保护和开发基金，对具备开发条件的传统村落进行餐饮服务设施提升改造，重点开展传统村落以及有特色的空心村、废弃村的合理利用和环境整治。

2. 餐饮基础设施建设

商务部门要加强旅游部门与城市规划建设部门之间的协调，实现餐饮设施增加与城市基础设施建设的有机衔接。依托现有的交通枢纽、商业中心等设施，优化餐饮服务设施布局，改造人口密集区域的餐饮服务设施，提高便利和舒适程度。

推动主要交通干线与重点传统村落、餐饮街区、特色美食小镇等公路连接，解决交通中的“最后一公里”问题。加快中心城区立体停车场建设，解决重点餐饮接待区域周边停车难问题，加快餐饮聚集区停车场配套建设。

以全国旅游厕所革命为契机，积极推进美食小镇、街区、胡同巷子等厕所的改造和新建。按照旅游旺季的游客量及其分布，增加厕所供给数量，科学设置新型移动式生态环保厕所。改善现有厕所卫生环境，优化厕所结构，提高女厕位比例，在有条件的区域设置“第三空间”。

中央厨房（Central Kitchen）是为了适应餐饮工业化、连锁化发展趋势所采取的标准化和批量化的外卖生产方式，在为消费者提供更具特色的餐饮产品的同时，保证了餐饮产品的品质、卫生标准的一致性。一般认为，中央厨房的功能主要体现在集中批量生产、分工提高效率、降低运营成本、减轻厨师的工作难度、提高服务水平和工作效率等方面。目前我国在标准化供餐上除大型企业集团和机关食堂有稳定需求外，“一老一小”是未来中央厨房拓展的重要空间。教育部和国家统计局数据显示，中国小初高学生在校人数已超过 2 亿人，60 周岁以上的老年人口已达到 2.22 亿人（2015 年数据），这两类人群加在一起已超过了中国整体人口的 1/3，人口规模很大。中央厨房建设不仅可以极大地推动餐饮业结构调整和中餐企业的规模化、连锁化、标准化、国际化发展，更有助于中国餐饮食材的安全管理和食品安全的全过程监管，成为改善中国餐饮食品安全的重要突破口。推进中央厨房体系建设，可建立起科学营养配餐的工业化平台体系，实现大批量特殊人群供餐的食品安全监管。国家健全中央厨房建设、管理规范，出台鼓励中央厨房新业态产业体系发展的相关政策，将其纳入我国新城镇建设基础配套设施的范围，鼓励人口集聚、集中供餐压力大的医院、学校、政务中心等建设中央厨房，引导社会资本和餐饮企业参与中央厨房建设。

（三）优化餐饮消费环境供给

1. 加强餐饮市场监管

2015年10月1日，“史上最严”的《食品安全法》正式开始实施。中国餐饮市场监管呈现以下三个特点。一是监管范围扩大。从宾馆、酒店、饭店、酒楼扩大到商业综合体、美食城、农家乐、酒吧、小吃店、饮品店、外卖店等向消费者提供餐饮及相关综合性服务的场所，四川省还将“档口式小餐饮”纳入监管范围。应对互联网餐饮市场食品安全监管问题、监管范围延伸至网络订餐平台。《网络餐饮服务监督管理办法（征求意见稿)》要求，网络订餐平台应当对餐饮服务提供者进行实地审查，进行实名登记，审查相关许可证，与餐饮服务提供者签订协议，明确食品安全责任。二是监管内容具体。针对消费者反映突出的重点环节、重点区域开展餐饮市场秩序治理，监管的内容涉及餐饮经营行为、侵害消费者权益行为、虚假宣传行为、违法捕销受保护动植物的行为、价格违法行为、扰乱市场秩序行为等。三是动员社会力量参与监管。充分发挥媒体的舆论监督和导向作用，对典型案件予以曝光，动员社会力量积极参与到餐饮市场监管之中。

优化餐饮消费环境供给，加强市场监管还应在监管常态化和建立健全诚信体系上持续发力。一方面，要加强食品生产企业风险分级监管。对极高和高风险食品实施重点监管，采取巡查、抽查、暗访等形式，提高监督检查和抽检频次，对扰乱餐饮市场秩序的违法违规行为依法及时查处，对涉及触犯刑律的违法行为及时移交司法部门。另一方面，要建立健全餐饮业诚信体系。建立和完善餐饮经营者、从业人员的违法信息共享机制，及时公开餐饮经营者资质、服务质量等级、奖励和惩戒等信息，及时公布餐饮经营违法行为。

2. 推动餐饮公共服务平台建设

政府应加强餐饮信息化基础设施环境建设，将餐饮服务信息整合到覆盖范围更广的、统一的旅游公共信息系统和无线平台，推动餐饮名城、美食小镇、餐饮街区等聚集区实现 Wi－Fi 全覆盖。在餐饮客流热点地区装备信息自动感知采集设施设备，对人流、车辆等进行数量和特征识别，实现动态监测。推进餐饮聚集场所的视频监控设施建设。鼓励在线餐饮平台企业整合上下游资源、要素和技术，实现线下线上餐饮产品双向融合，促进在线餐饮平台企业发展壮大。

3. 鼓励发展共享经济

共享经济是将闲置的资源与他人共享，提高资源利用率，获得回报，其本质是互利互惠。国家信息中心的《中国分享经济发展报告 2017》显示，2016 年我国有大约 6 亿人参与分享经济，市场交易额约为 34520 亿元，比上年增长 103%。报告还预测未来 5 年共享经济年均增长速度在 40% 左右，到 2020 年市场规模或将占 GDP 的 10% 以上。共享经济以互联网平台应用为核心，形成了以“平台＋个人”为特征且更富灵活性和轻便化的新型劳动关系。劳动者、用人单位与国家应该分别从提高自我保护意识、承担社会责任、优化社保制度、完善法律法规等方面应对共享经济的挑战，切实维护劳动者合法权益。

餐饮共享经济主要有私厨上门，共享家庭厨房或厨房产能，集厨艺培训、体验、社交为一体的混合模式，集私厨共享、线上厨房、外卖为一体的混合模式四种类型。四种餐饮经济都有成功实践的范例，并得到了风险投资的青睐。推进餐饮共享经济发展，要修订阻碍餐饮经济共享的各项规定，制定有助于保护共享经济的政策，推动城市餐饮业与共享经济的深度融合。应逐步放开共享经济的管制，减少交易成本，促进餐饮共享经济的分工与交易，使餐饮硬件设施、软件服务、技术技能不同程度地满足消费者和餐饮业的需要。充分利用移动互联网整合和协调各种资源，提高线上线下互动的效果，不断拓展大众化餐饮的发展空间，加快制定和推行餐饮共享经济有关标准，实现个性化服务与标准化服务的有机统一。促进城市功能与餐饮业发展之间的市场分工，减少分散化服务给城市生活和食品安全带来的矛盾与冲突。

（四）强化餐饮制度和政策供给

1. 构建餐饮业综合治理体系

按照系统治理、依法治理、源头治理、综合施策的原则推动餐饮业的综合治理。以消费者满意为目标，改革城市的公共管理方式，加快形成政府主导、社会协同、公众参与、法治保障的治理体制，提高中国餐饮的品质。建立餐饮社会需求反映和功能需求完善双向工作机制。开展创业服务社会需求信息的采集、梳理和论证，鼓励人大代表、政协委员围绕餐饮需求提出有针对性的提案和建议。通过广泛收集消费者投诉、媒体报道等方式，了解社会各界反映强烈的问题。建立健全餐饮功能需求信息的反馈和评价机制，并促进相关部门按照职责分工，改进和完善政策、制度、管理和服务。

2. 加强餐饮业发展的统筹协调

推动形成有效的工作规则，强化对餐饮发展重大事项的决策和协调能力。强化商务部门统筹协调职能，增强引导餐饮业发展、推动产业融合、公共信息发布、投诉受理等方面的职责。加大标准化研发与制定力度，积极实施餐饮业相关国家标准和行业标准，全面开展标准化知识培训，提升从业人员的专业素质。

理顺政府和社会的关系，推进社会组织建设，进一步发挥各类协会在促进餐饮经营和服务质量方面自律管理的作用，编制推出区域美食攻略、美食地图。

3. 扩大国际餐饮交流与合作

充分发挥世界中餐业联合会的作用，通过举办和参与峰会、厨艺竞赛、国际论坛、会展、美食节等，提升中国餐饮业的国际话语权和影响力。通过海外中餐繁荣计划，大力弘扬中华饮食文化，引导中餐加强管控能力，树立中餐健康饮食形象，建立中餐人才培养机制，提升海外中餐整体水平。建立“一带一路”沿线著名城市饮食文化交流合作机制，联合申报“一带一路”美食非物质文化遗产。

4. 完善土地和金融支持政策

参照《关于支持旅游业发展用地政策的意见》（国土资规〔2015〕10 号），建立餐饮业网点规划和土地利用总体规划有机衔接的制度。有效落实餐饮重点项目新增建设用地。建立年度重点项目审核与用地供应的联动机制，在编制土地利用规划时预留资源保护和餐饮建设用地。依托农村集体耕地、林地发展乡村旅游餐饮的，按照相关农业政策放开一定比例的建设用地指标。加大厕所用地保障力度，探索将租用集体土地发展乡村旅游餐饮业的期限从 20 年延长到 40 年。

有条件的地区可成立餐饮产业基金，重点支持大众化餐饮、餐饮基础设施、公共服务平台建设和餐饮文化产品开发。全面加强银餐合作机制，建立健全联合优选餐饮项目机制。推出投资商、投资机构、投资项目。支持饮食资源丰富、管理体制清晰、符合发行上市条件的餐饮企业上市融资。积极引导已上市餐饮企业通过合适的方式进行再融资，或者利用资本市场进行并购重组、做大做强。

第五节　2015 年中国餐饮产业发展报告——“十二五”回顾与展望[①]

“十二五”是世界经济深度调整和中国经济“三期叠加”交织中的五年，全国各领域、各行业以新理念、新思路应对中国经济的新常态，全面推进各项改革转型工作。其中服务业更是在“十二五”期间开启了全面进入作为中国产业经济排头兵的黄金发展阶段，产业增加值占据国民经济的重要地位，成为拉动国民经济增长的主要动力和新引擎。餐饮业作为服务业中的重要组成部分，不仅在促进就业、拉动消费、改善民生等方面发挥着积极作用，而且在经济新常态和服务业黄金发展期的背景下，在政策环境、产业布局、市场结构、增长模式、发展思路等方面都经历着深刻转变与调整。

相比服务业的黄金 5 年，“十二五”对于餐饮业而言，是行业阵痛震荡、分化整合的 5 年，是产业创新驱动、深度融合的 5 年，是企业“大浪

---

① 于干千执行主编《中国餐饮产业发展报告（2016）》，社会科学文献出版社，2016。

淘沙”“破茧化蝶”的 5 年。走过了“十二五”开局之年规模突破“2 万亿”、信心满怀期待产业高速增长的 2011 年；感受了倡导“厉行节约”和践行“八项规定”市场定位转变的 2012 年；煎熬过产业增长急速下滑、企业挣扎于亏损和关门之间的 2013 年；蛰伏过行业全面回归大众市场、消费需求和信息技术深刻变革的 2014 年；迎来了转型升级成效初显、产业融合深度推进的 2015 年。而今在迈入中国实现全面建成小康社会目标的关键五年规划期之际，理性回顾分析“十二五”餐饮业走过的波澜曲折的五年，将为我们铿锵前行绘出“十三五”绚丽篇章提供初心不改的耐力和任重道远的动力。

一　宏观层面：政策利好得到固化、行业监管纵深推进、文化软实力全面增强

（一）政策利好得到固化，经营环境趋于优化

餐饮业受行业地位歧视和流通领域体制改革不顺畅的影响，在外部环境上遭受着诸多不公平的政策待遇。在“十一五”甚至更早的时候餐饮业就曾多次呼吁和反映过工商业水电不同价、企业税率过高以及银行卡刷卡费率过高等政策问题，尽管有部分省市为促进餐饮业发展在以上税费方面有所减免，但尚未形成全国的统一行动。进入“十二五”后尤其是 2012—2013 年全行业的餐饮寒冬，企业赢利能力下降明显，沉疴已久的成本四高问题为行业所集体诟病，高达 46 种税费的真相在社会媒体、行业组织的集体呼吁下，相关利好的政策相应出台。其中 2012 年出台的《国务院关于深化流通体制改革加快流通产业发展的意见》（简称“国 39 条”）作为指导流通产业降低流通成本、提高流通效益的纲领性文件，对于餐饮业减负具有重要的推动作用，之后随着国家“正税清费”各项配套政策的出台，餐饮业的政策环境得到了极大的优化，整个宏观趋势日益向好。

在银行卡刷卡费率问题上，国家发改委于 2012 年底启动了对餐饮业银行卡刷卡费率的调研，并于 2013 年出台通知，将餐饮业的银行刷卡费率进

行了微降，从 2% 降到 1. 25%。2015 年 8 月国家发改委发布的《完善银行卡刷卡手续费定价机制有关问题的意见》（征求意见稿），已经将取消行业分类等内容写入其中，曾经被划入和珠宝同类的餐饮娱乐等行业将最为受益，刷卡费率有望实现真正的大幅下降。

在餐饮税费问题上，随着国家清理和取消各种行政事业性收费，餐饮业的费用负担有所减轻，特别是在 2013—2014 年，很多省市为“救市”，出台了部分减免餐饮业各项收费的扶持政策，典型的如福建省对餐饮行业 2014 年价格调节基金实现减半征收，但是很多扶持政策只是部分省市短时间内的临时性政策，在全国层面还无法突破。在税收方面，配合全国“营改增”的推进，餐饮业在 2015 年末也搭上了政策的顺风车，虽然餐饮业的进项抵扣问题在实际操作层面存在税负不降反增的可能性，但考虑到餐饮业上下游相关行业的“营改增”效果，总体上，该项重大税制改革将能从整个产业链条上降低餐饮业发展的成本。

此外，为引导和推进餐饮业的转型升级，商务部于 2015 年在杭州、广州、成都等市开展餐饮业转型发展的试点，以切实优化餐饮业发展的政策环境为目标，重点解决落实对小微企业增值税和营业税的政策支持、清理规范餐饮业收费等问题。国务院办公厅在 2015 年 11 月出台《关于加快发展生活性服务业促进消费结构升级的指导意见》，作为生活性服务业主体的餐饮业将享受到更多的利好政策。

（二）行业监管纵深推进，进程加速手段多元

2010 年以来，在国家科学发展、协调发展的政策要求下，如何规范餐饮经营、保证餐饮环节食品安全、促进餐饮行业健康可持续发展成为政府、有关行政部门重点关注的问题，各项法律法规、部门规章、规范性文件以及行业标准密集出台（见表 2 - 6）。

在法律监管方面，保障食品安全、规范市场行为成为法律出台的重要导向，“十二五”期间餐饮业迎来了影响其经营管理最重要的两部法律的修订。一方面餐饮服务环节食品安全监管成为“十二五”期间餐饮行业发展历程中最重大的突破。2009 年正式实施的《食品安全法》，因不断出现的食品安全领域新问题以及由此带来的对中国食品安全国际形象和国内人

民生活保障的诸多影响，在6年中不断进行完善，并于2015年出台了被誉为“史上最严”的《食品安全法》修订版。在该法修订和推进实施的过程中，行政监管职能的整合、食品流通与餐饮服务许可的两证合一、食品安全标准强制性要求的统一等问题都在“十二五”期间取得了重大突破，餐饮服务环节食品安全也迎来了统一监管、动态监测、全程监控的新阶段。另一方面2009年修订通过的《消费者权益保护法》，在消费环境和消费需求不断变化中迎来了4年后的第二次修订，其修订稿于2014年3月15日正式实施。该法不仅强化了对消费者权利保护的水平，更对经营者提出了更多、更严格的义务要求，这对于长期相对粗放经营的餐饮企业而言不仅是一道紧箍咒，而且是推动行业转变经营方式、提高服务水平的加速器。

在行业监管方面，商务部作为餐饮行业的行政主管部门，致力于规范和引导餐饮服务经营活动。一方面在“十二五”期间出台了餐饮发展历程中的第一部部门法规《餐饮业经营管理办法（试行)》，该办法重点解决维护消费者和经营者合法权益，规范餐饮服务经营行为，并对餐饮行业的节能减排，资源节约，引导节俭消费、文明消费等问题提出了具体要求；另一方面加快了餐饮行业标准体系建设的步伐，立项的行业标准实用性增强，规划的行业标准系统性提高，标准研制的财政投入增多，标准宣贯培训的力度加大。

表2-6　“十二五”期间影响餐饮业发展的重要政策文件

文件名	发布日期	文号	文件等级
《国务院办公厅关于加快发展生活性服务业促进消费结构升级的指导意见》	2015-11-22	国办发〔2015〕85号	国家规范性文件
《食品经营许可管理办法》	2015-08-31	国家食品药品监督管理总局令第17号	部门规章
《中华人民共和国食品安全法》	2015-04-24	主席令第二十一号	法律
《商务部关于开展优化环境促进餐饮业转型发展试点工作的通知》	2014-12-18	商服贸函〔2014〕970号	部门规范性文件
《国务院办公厅关于促进内贸流通健康发展的若干意见》	2014-10-24	国办发〔2014〕51号	国家规范性文件
《商务部关于加快发展大众化餐饮的指导意见》	2014-06-05	商服贸函〔2014〕265号	部门规范性文件

续表

文件名	发布日期	文号	文件等级
《餐饮业经营管理办法（试行）》	2014－09－22	商务部、国家发展改革委令 2014 年第 4 号	部门规章
《中华人民共和国消费者权益保护法》	2013－10－25	主席令第七号	法律
《商务部　国家旅游局关于在餐饮业厉行勤俭节约反对铺张浪费的指导意见》	2013－01－29	商服贸发〔2013〕29 号	部门规范性文件
《国家发展改革委关于优化和调整银行卡刷卡手续费的通知》	2013－01－16	发改价格〔2013〕36 号	部门规范性文件
《国务院关于深化流通体制改革加快流通产业发展的意见》	2012－07－10	国发〔2012〕39 号	国家规范性文件
《关于餐饮等生活服务类公司首次公开发行股票并上市信息披露指引（试行）》	2012－05－26	发行监管部函〔2012〕244 号	部门规范性文件
《关于实施餐饮服务食品安全监督量化分级管理工作的指导意见》	2012－01－06	国食药监食〔2012〕5 号	部门规范性文件
《商务部关于"十二五"期间促进餐饮业科学发展的指导意见》	2011－11－16	商服贸发〔2011〕438 号	部门规范性文件

（三）"走出去"开启战略布局，文化软实力建设成果初显

随着国家"十二五"规划期有关"推动文化大发展大繁荣，提升国家文化软实力"指导意见的深入以及中国文化产业的全速发展，中国饮食文化作为中国文化的重要元素，在展现国家文化软实力、助推中国文化"走出去"和走进人心等方面的作用日益得到重视，特别是党的十八大以后，中国对外交往的全球战略意识日益清晰，"一带一路"倡议的提出，更加快了中国主动"走出去"的步伐。饮食文化成为外交活动中频繁亮相的主角，中国饮食文化"走出去"更是进入了系统化、立体化、战略化发展的阶段。

中国饮食文化"走出去"成为展示国家文化软实力的战略行动。一方面从政府层面全面推进和增强中国饮食文化的世界话语权和影响力，中国饮食文化积极主动融入联合国教科文组织的国际项目。2010

年和2014年成都和顺德先后成为联合国教科文组织创意城市网络的"美食之都"，尤其是成都作为全球第二座、亚洲第一座"美食之都"，不仅向世界展示了中国饮食文化的深厚底蕴和创意传统，而且在"美食之都"创意城市间发挥了重要作用；此外"十二五"期间中国饮食文化申报世界非物质文化遗产的工作已进入国家战略层面，自2011年以来中餐世界申遗的努力从未停止过。另一方面从全球华人层面以饮食为媒介实现海内外华人的同声共气，助推中华饮食的全球推广和文化认同。2014年国务院侨办推出"中餐繁荣计划"，作为"海外惠侨工程"的八大计划之一，不仅有利于支持海外侨胞发展中餐事业，而且对于提升海外中餐业水平，增强中华饮食文化认同，构建全球海外中餐网络起到重要推动作用。

中国饮食文化交流成为国家外交活动中的系统化内容。2013年9月孔子学院中国烹饪教材正式发布，标志着中国饮食文化在中国对外文化传播最有国际影响力的品牌项目孔子学院中，形成了持续性、体系化的传播机制；文化部的"欢乐春节"项目从2010年起已成功举办了6届，中国春节食俗和传统烹饪技艺也随着该平台在全球华人华侨欢度传统佳节之际走进了全球100多个国家的近300个城市，"欢乐春节"之"行走的年夜饭"子项目成为最受欢迎的内容之一；国务院新闻办的"感知中国"项目中，中国美食节更成为展示中国各地美食的专场项目。

中国饮食文化推广进入了全方位、立体化的发展阶段。随着中国民间对外国际交流活动的频繁、中国文化输出视角的转变以及中国文化传播方式的创新，中国美食推广在政府层面之外，形成了行业组织、民间美食文化团体、研究机构、文化企业、餐饮企业的全方位参与局面，美食文化交流、烹饪技艺交流、烹饪人才培养、海外餐饮实体投资、饮食类文化作品输出等构成中国饮食文化推广的立体化体系。轰动的推广案例有2012年5月首播的纪录片《舌尖上的中国》被翻译成英语、西班牙语、葡萄牙语、法语等畅销海外以及2013年"中国美食走进联合国"活动获得联合国秘书长潘基文盛赞，这些都对更多主体参与中国饮食文化的国际推广起到了示范和促进作用。

二 行业层面：产业发展步入中高速，产业贡献基本稳定，吸纳就业效应放大，提质增效后程发力

（一）产业概况

1. 产业规模呈阶梯状增长

餐饮收入从 2011 年的 20635 亿元增加到 2015 年的 32310 亿元，年均增加量为 2932 亿元，2015 年更在“十二五”开局年突破“2 万亿元”关口的基础上，以突破“3 万亿元”收官。整个“十二五”时期的餐饮收入比“十一五”时期增长了 0.76 倍，接近翻一番（见图 2－48、图 2－49）。

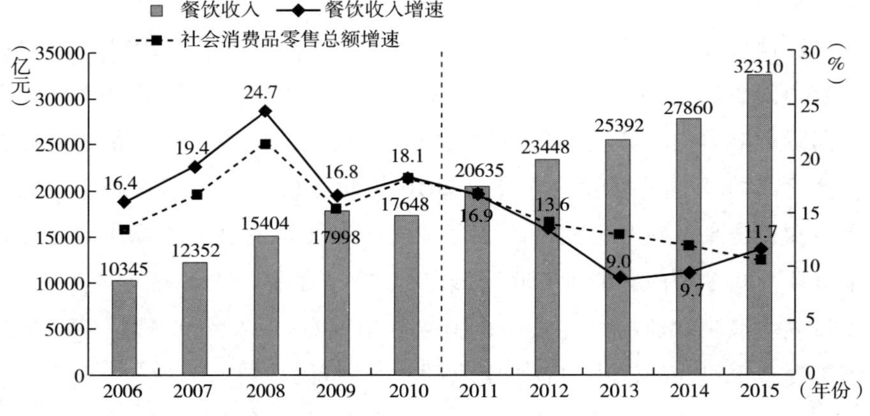

图 2－48　全国餐饮收入及增速状况（2006—2015）

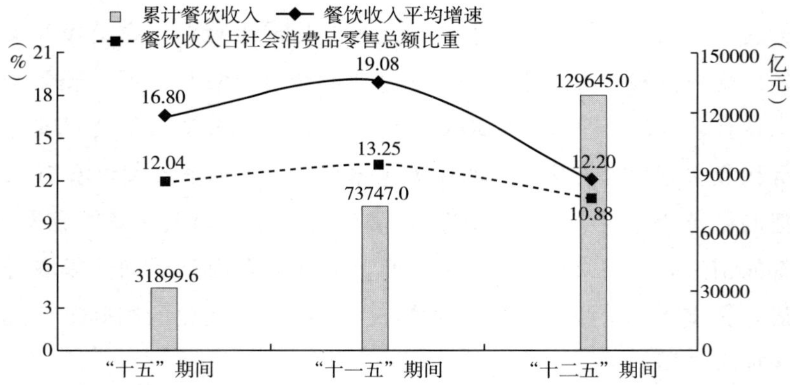

图 2－49　“十五”“十一五”“十二五”期间餐饮业发展情况比较

2. 产业增速呈V字形波动

开局之年2011年的产业规模增速为整个“十二五”期间的最高点，随后一路走低，并在中央八项规定和中国经济结构性调整的全面影响下，在2013年达到9%的最低点，这个最低点也创下了中国餐饮自“八五”以来（1991）的最低点。2013年后，在外部现代化技术的助推和内部转型升级的带动下，增速开始缓慢回升，并在2015年回归两位数的增幅水平。但是从5年规划期来看，“十二五”餐饮收入的平均增速仅为12.2%，相比“十一五”时期的增速，几乎是断崖式下降，甚至还比“十五”期间的增速水平低了4.6个百分点。

3. 消费市场活跃度有所减弱

2010年以前，餐饮收入的增速在整个消费市场处于领跑的前列位置，但2010年以后，除2015年外整个“十二五”期间，餐饮收入增速都未能跑赢社会消费品零售总额。而且从占比来看，“十二五”期间餐饮收入占社会消费品零售总额的平均比重比“十一五”期间低了2.37个百分点，比“十五”期间低了1.16个百分点。

（二）产业结构

1. 业态结构：正餐是主导，快餐竞争力更突出，新业态培育中

在百强餐饮企业中（见图2-50、图2-51），以餐馆酒楼为主的正餐企业在“十二五”期间一直占据着百强超过1/3强的席位，如果加上除快餐送餐外的其他提供正餐服务的企业，正餐企业在百强企业中占据了接近70%的席位。快餐虽然上榜企业数量不多，但因为门店网点多，标准化程度和现代化程度较高，在企业绩效上更加突出，综合2011—2014年平均水平来看（见图2-52），快餐营业收入占百强营业总额的平均比重接近40%（38.38%）。总体来看，尽管餐馆酒楼在数量上处于绝对主导位置，但企业总体实力有限，营收占比低于快餐和火锅。

在连锁餐饮企业中（见图2-53），快餐服务业的平均营业额占比更是接近60%，正餐服务业占比维持在1/3强的水平，略高于百强企业中正餐企业的平均占比水平。值得注意的是饮料及冷饮服务业的营业额占比增长较快，2011—2014年营业额占比平均增速达到了34.6%。

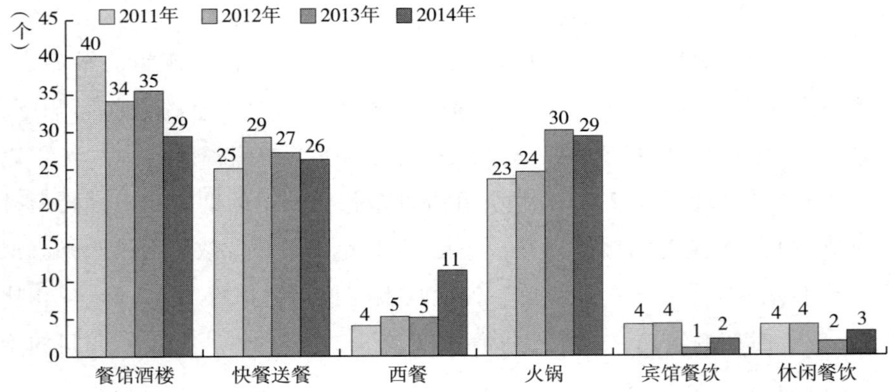

图 2 - 50　2011—2014 年百强餐饮企业数量按行业类别的分布情况

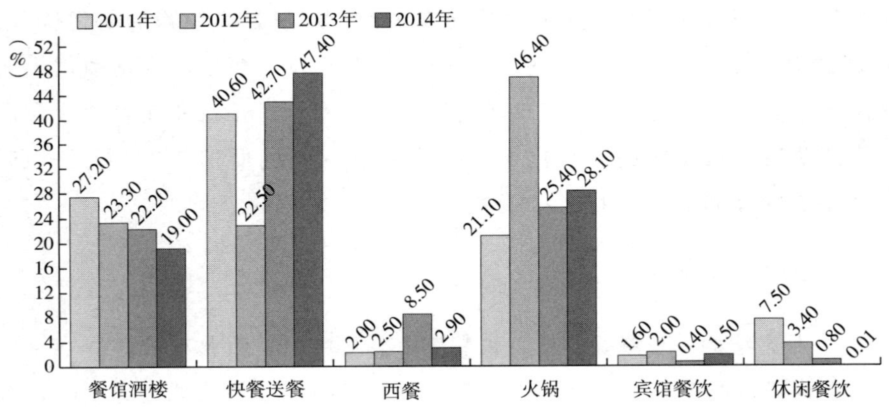

图 2 - 51　2011—2014 年百强餐饮企业按行业类别的平均营业额占比情况

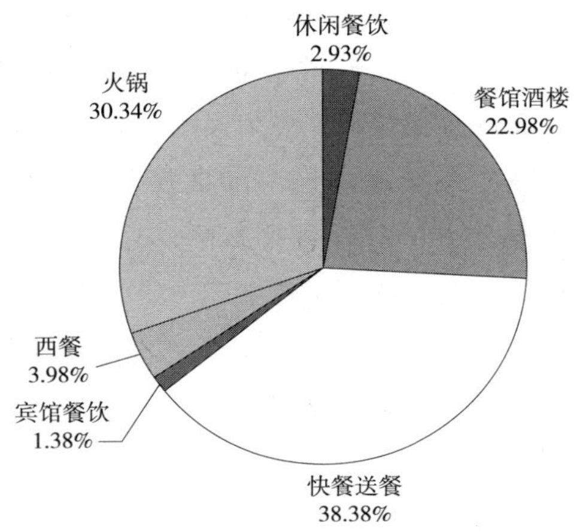

图 2 - 52　“十二五”期间百强餐饮企业按行业类别的平均营业额占比情况

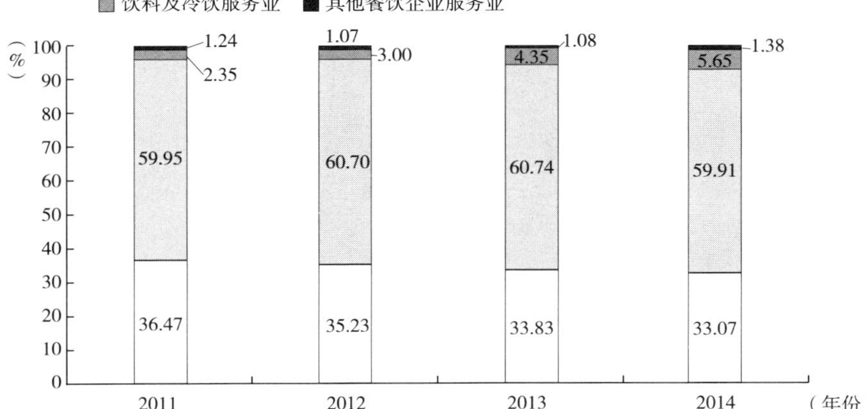

图2-53 2011—2014年连锁餐饮企业按行业类别的平均营业额占比情况

综上分析，正餐和快餐依然是餐饮产业的主要业态，快餐的综合竞争力不断增强。随着产业的转型和消费需求的多元化，业态分化明显，不管是正餐还是快餐，都在进行以品牌、产品或服务的市场细分，这些细分市场如果发展态势良好，有望形成餐饮产业的新业态。

2. 地区结构：发达地区体量大增长乏力，欠发达地区体量小增长迅猛

从第三次经济普查数据来看（见图2-54），餐饮从业人员基本集中于经济较发达的北京、长三角（上海、江苏、浙江）以及广东、山东等地区。广东省餐饮从业人员最多，接近90万人，北京位列第二，但与广东的差距较明显，不到60万人。值得注意的是人口密集省份也是餐饮从业人员集中的区域，如四川、河南以及湖南的餐饮从业人员数都突破了30万人，这说明河南、四川等作为劳务输出大省，其餐饮产业的发展为解决本地人口就业创业发挥了重要作用。

我们将从业人数和各省餐饮收入结合来看，重点考察4个直辖市及餐饮从业人员在30万人以上的省份，共选择11个省市的餐饮业绩做进一步分析，如图2-55所示。“十二五”期间，11个省市的餐饮收入占到全国31个省区市餐饮收入总和的60%左右，占各自省市社会消费品零售总额的比重平均比全国还高了近1个百分点，充分表明这11个省市餐饮产业在消费市场的活跃程度以及在全国餐饮产业中绝对主力的地位。在增速上，11

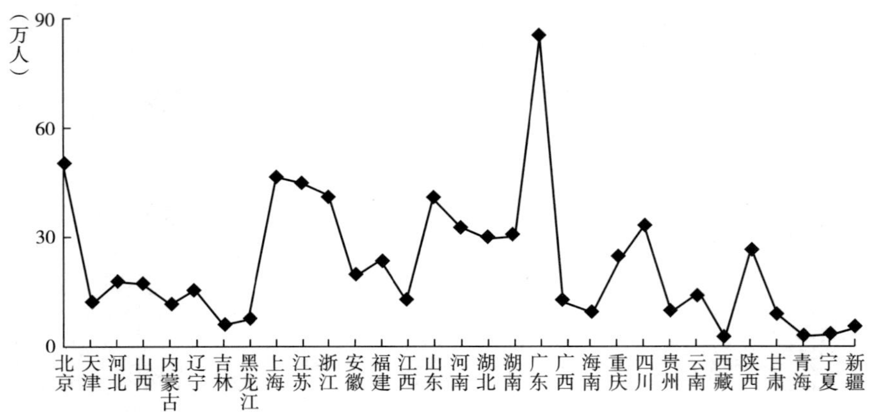

图 2－54　第三次经济普查数据中住宿和餐饮业分地区从业人员数分布

个省市与全国增速的差距不大，甚至在 2012、2014、2015 年出现低于全国增速的情况。具体到省市，在整个“十二五”期间，北京、上海、广东三省市的餐饮增速一直低于全国水平，而且随着时间的推移，经济相对发达的江苏、浙江也在 2015 年出现了增速低于全国的情况。这种状况在某种程度上也说明随着中国经济转型升级的推进，外部经济刺激对餐饮产业发展的助推作用在减弱，在地区层面，经济发达省市将率先进入餐饮产业慢增长的通道。

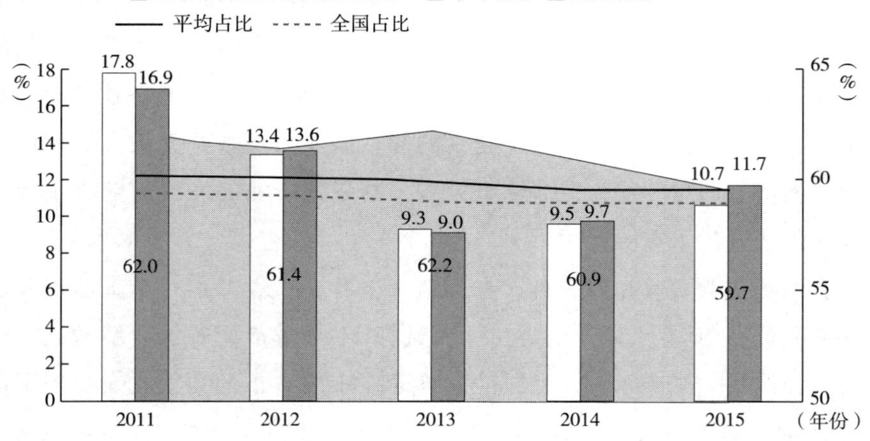

图 2－55　2011—2015 年重点 11 省市餐饮收入与全国的对比情况

总体来看，经济发达地区餐饮产业规模体量相对较大，但是由于基数大和劳动力的产业转移，开始出现慢增长态势；欠发达地区的餐饮产业具备吸纳产业转移劳动力的能力，尽管规模体量的影响力有限，但起点低，后发优势足，目前还处于相对粗放的快增长期，但是从长远来看，也会很快进入餐饮产业的调整期。

（三）产业潜力

1. 增长潜力：限额以上和连锁餐饮企业低位缓慢增长

综合比较餐饮收入、限额以上单位餐饮收入、连锁餐饮企业和限额以上餐饮企业营业额的增幅水平（见图 2－56、图 2－57）可以看出，受 2012 年的“八项规定”影响，不管是限额以上单位还是连锁餐饮企业的收入/营业额都在整体下滑的态势下一路走低，其中限额以上单位所受影响最大，连锁餐饮企业因为门店的广泛分布在一定程度上减缓了营业额下滑的趋势。尽管 2013 年后整个餐饮市场逐步回暖，增长态势日渐乐观，但是限额以上餐饮企业营业额依然处于继续下探的阶段。

整个“十二五”期间餐饮产业增长态势相比“十一五”期间有明显的减缓，作为产业增长潜力的主要助推力量，限额以上和连锁餐饮企业目前还处于低位缓慢增长的阶段。

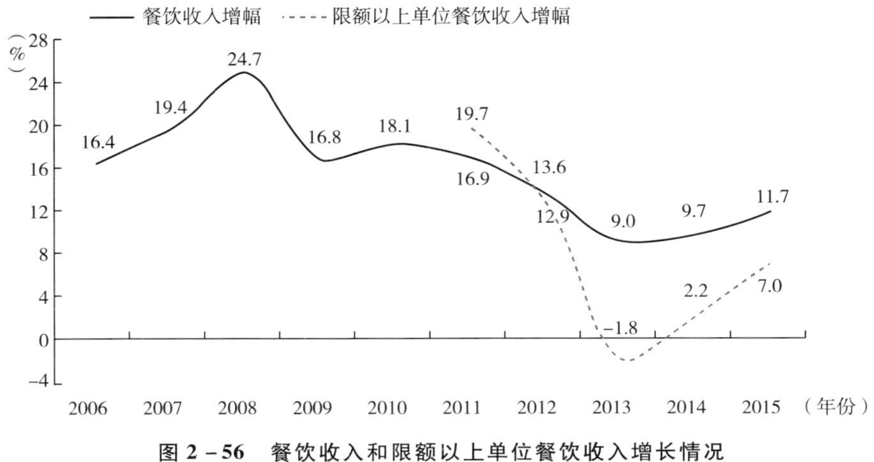

图 2－56　餐饮收入和限额以上单位餐饮收入增长情况

2. 产业活力：投资减速，用工需求不旺

餐饮业作为劳动密集型的传统行业，资金和资源是产业活力的要素。

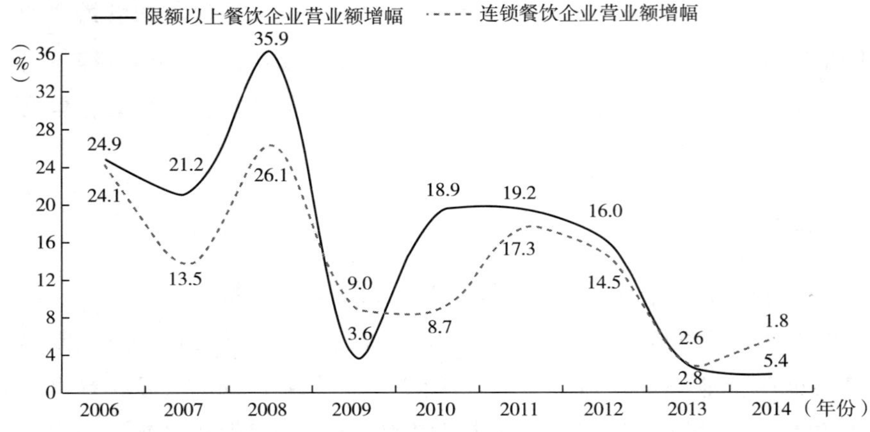

图 2－57　限额以上餐饮企业和连锁餐饮企业营业额增长情况

一方面，产业固定资产投资不仅体现了资金对餐饮产业的认可程度，也反映了产业的活跃程度；另一方面，用工需求是反映餐饮业景气与否的晴雨表，旺盛而可持续的人力资源供给和需求是产业发展的原动力。

“十二五”期间的产业投资吸引力呈下探趋势。如图 2－58 所示，尽管住宿和餐饮业城镇固定资产投资在“十二五”期间是逐年增加的，但是自 2013 年以来增速明显放缓，一改过去高于全国固定资产投资增速的快增长态势，从 2012 年的 30.2%，腰斩至 2013 年的 17.5%，并在 2014 年跌至谷底，全年住宿和餐饮业城镇固定资产投资额增速仅为 4.2%，而同期

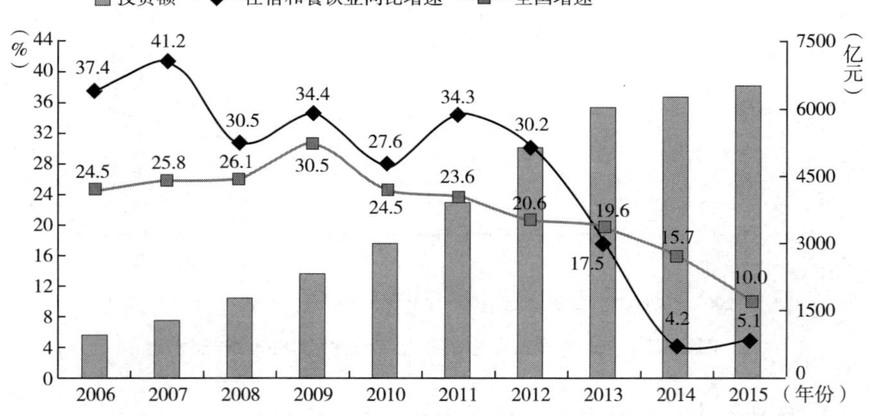

图 2－58　2006—2015 年住宿和餐饮业城镇固定资产投资额及增速变动情况

全国固定资产投资额的增速为 15.7%，2015 年才略有回升。从长期趋势来看，整个"十二五"期间住宿和餐饮业城镇固定资产投资额的增幅呈"滑梯"式的一路下探，其平均增速仅比全国平均水平高 0.36 个百分点，但比"十一五"期间下降了近 50%。

餐饮行业因疲软态势使得用工需求不旺。如图 2－59 所示，"十二五"期间住宿和餐饮业用工需求的总量占比维持在 10%—14%，峰值出现在 2011 年第 2 季度，占比为 13.7%，低谷出现在 2015 年第 4 季度，占比首次跌至 11% 以下，为 10.6%。从需求走势来看，自 2012 年第 4 季度以来，除 2013 年第 4 季度和 2014 年第 1 季度，用工需求实现同比正增长外，其他季度均处于同比负增长态势。在环比上，住宿和餐饮业用工需求的季节性非常明显，一般每年的第 1 季度是用工需求高峰，随后缓慢回落，至第 4 季度再略有回升，但是 2015 年自第 1 季度后，用工需求环比一路走低，第 4 季度达到最低值，与 2015 年餐饮收入增速回归两位数的利好并不匹配。

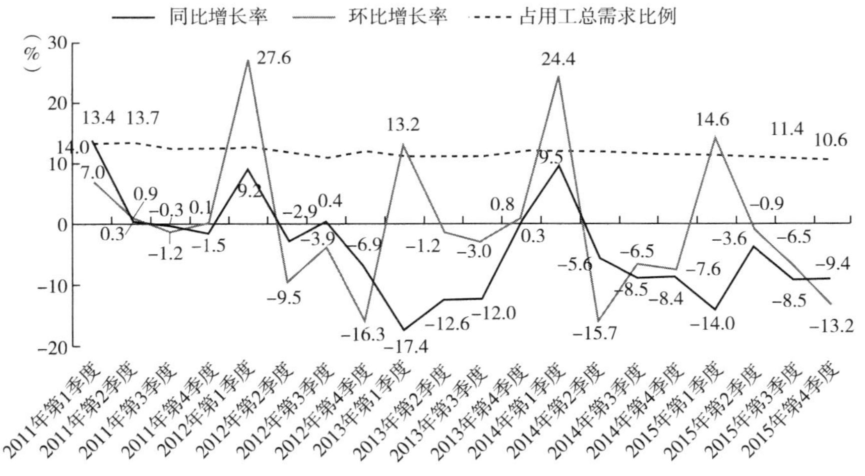

图 2－59　"十二五"期间住宿和餐饮业用工需求变动情况

3. 产业集中度：处于适度集中缓慢转变阶段

"十二五"期间餐饮业逐步走向适度集中，但大型或具备足够影响力的餐饮企业并没出现。如图 2－60 所示，除限额以上餐饮企业餐饮收入在全国餐饮收入中的占比有大幅提升外，行业前 4、前 10、前 100 名餐饮企业占行业收入的比重在近十多年的发展历程中并没有明显变化，这说明产业集中度水平年度变化并不明显。但是每年公布的中国餐饮百强企业营业收入的入门门槛却逐年提升，已经从 2002 年的 6920 万元提高到 2014 年的 4 亿元，说明前 100 家餐饮企业的营收规模底线不断提高，但行业前 4、前 10 的占比水平却几乎原地踏步，而且结合表 2－7 来看，10 亿元以下的餐饮企业占据了每年百强榜单的一半以上，真正超过 30 亿元的企业数量每年在 10 家左右徘徊。这说明前 100 家餐饮企业业绩分化严重，绝大部分的百强企业都处在靠后梯队。

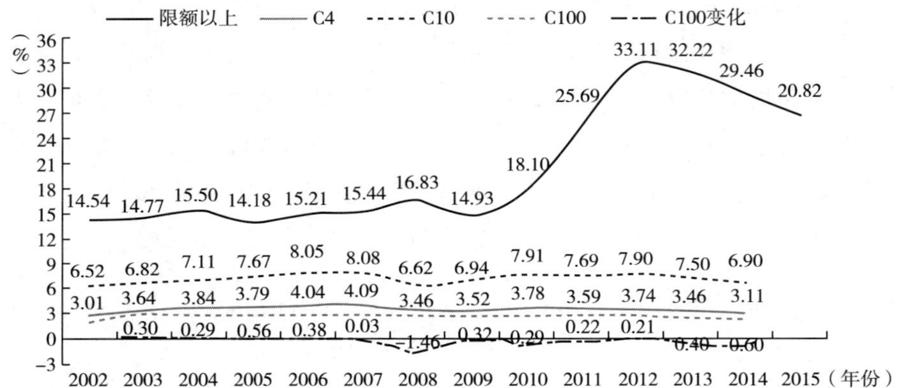

图 2－60　中国餐饮产业集中度曲线示意

表 2－7　2010—2014 年行业前 100 家企业营业收入分布情况

营业收入区间（亿元） \ 企业数（个） \ 年份	2014	2013	2012	2011	2010
>50	2	2	2	3	4
[30，50]	8	8	45	41	32
[20，30]	11	15			
[10，20]	31	20			
[5，100]	39	45			
=5	9	10	10	18	34

资料来源：程小敏《新常态视角下对中国餐饮业增长性的思考》，《美食研究》2015 年第 3 期。

（四）产业贡献

1. 总体贡献率：略有下降

“十二五”期间是我国调整三次产业结构、增加服务业比重、发展现代服务业的时期。结合图 2 - 61 、图 2 - 62 来看，2012 年第三产业的比重首次超过第二产业，之后其比重一路增长，直至 2015 年达到 50.5% ，但住宿和餐饮业自 2012 年以来占第三产业增加值的比重却一路走低，从 4.5%降至 2015 年的 3.6% ；而且从国民生产总值的构成来看，同为第三产业的批发零售业增加值占 GDP 的比重稳步上升，但是餐饮业的占比却一直徘徊于 1.7% 和 1.8% 。

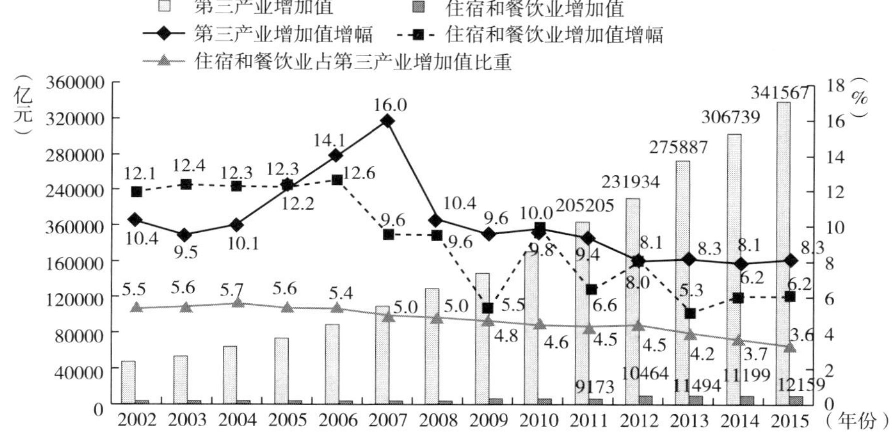

图 2 - 61　第三产业及住宿和餐饮业增加值状况（2002—2015）

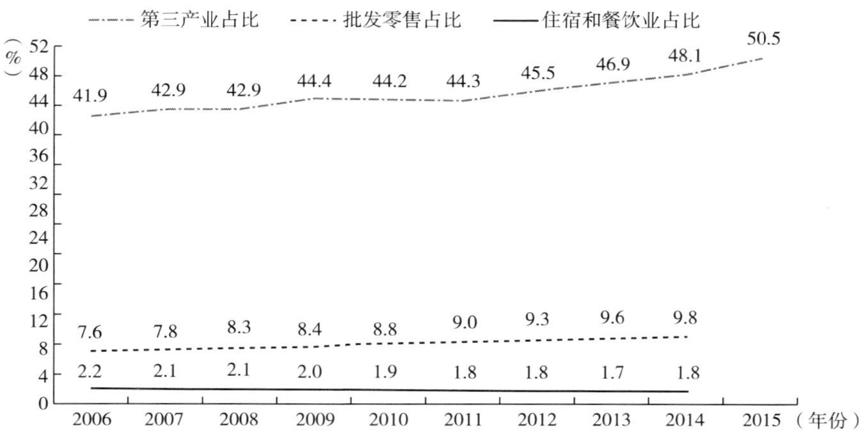

图 2 - 62　第三产业、批发零售业与住宿和餐饮业增加值占国内生产总值的比重（2006—2015）

从更长的趋势来看，住宿和餐饮业作为传统服务业，其在第三产业和国内生产总值中的比重自“十一五”以来一直是走低的。这充分表明住宿和餐饮业在当前和未来的经济结构调整和产业转型升级中需要积极向现代服务业靠拢，提升产业在国民经济中的总体贡献率。

2. 消费贡献率：趋于稳定

在“十一五”期间，住宿和餐饮业保持着对社会消费品零售总额15%以上的贡献率，但自2011年以来，餐饮业对社会消费品零售总额的贡献率一路走低，并非餐饮市场不活跃，只是相对批发零售以及信息、旅游休闲等新兴消费略为逊色。如表2-8所示，自2011年开始，餐饮消费对社会消费品零售总额增长的贡献率呈下降趋势，拉动社会消费品零售总额增长比例也从之前的2—3个百分点下降到2个百分点以下。经过2014—2015年的转型升级，2015年对社会消费品零售总额增长的贡献率，达到了11.55%，成为“十二五”期间的最高点，但是拉动社会消费品零售总额仅增长了1.24个百分点，还是低于2012年的水平。这充分说明餐饮业经过近两年的转型升级和市场历练，在产业质量和效率上有所提高，但对于消费市场的贡献率进入了慢速增长期。

表2-8 “十一五”和“十二五”期间餐饮业对市场消费的贡献情况

单位：%，百分点

年份	对社零总额增长贡献率	拉动社零总额增长比列	年份	对社零总额增长贡献率	拉动社零总额增长比列
2006	15.79	2.16	2011	11.10	1.90
2007	15.68	2.63	2012	10.66	1.52
2008	15.83	3.42	2013	8.08	1.06
2009	15.39	2.39	2014	8.81	1.06
2010	-1.11	-0.20	2015	11.55	1.24

注：2010年国家统计局将餐饮统计口径从住宿和餐饮业零售额调整为“餐饮收入”，因此2010年的数据是基于上年的住宿和餐饮业零售额来计算的。

3. 就业贡献：吸纳就业效应放大，个体经营仍是主体

商务部典型企业调查统计数据显示，2013年餐饮行业从业人数达到1258.5万人，占全国就业总人数的1.6%，即每百人中有1.6人从事与餐饮相关的工作，这种就业吸纳能力在各行业中位居前列。但从吸纳就业的人员分布来看，第三次经济普查数据显示（见表2-9），2013年全国住宿和餐饮企业从业人员为691.6万人，有证照个体经营户从业人员1069.4万人，住宿和餐饮业的个体经营户占到全国个体经营户的11.9%，在传统服务行业中个体经营从业人员最多，这也充分说明餐饮业的大部分从业人员从事的是个体经营。

表2-9 2013年按行业分组的法人单位与有证照个体经营户从业人员

单位：万人

	法人单位从业人员	有证照个体经营户从业人员
采矿业	1035.2	11.7
制造业	12515.1	937.6
电力、热力、燃气及水生产和供应业	485.0	2.5
建筑业	5320.6	90.8
批发和零售业	3315.0	4166.6
交通运输、仓储和邮政业	1299.5	1674.5
住宿和餐饮业	691.6	1069.4
信息传输、软件和信息技术服务业	551.7	26.2
金融业	531.0	—
房地产业	889.0	14.3
租赁和商务服务业	1328.9	86.6
科学研究和技术服务业	810.3	39.1
水利、环境和公共卫生设施管理业	298.1	1.1
居民服务、修理和其他服务业	291.7	715.2
教育	1913.8	31.7
卫生和社会工作	917.7	58.5
文化、体育和娱乐业	309.0	73.6
公共管理、社会保障和社会组织	2709.6	—

4. 税收贡献：逐年提高

餐饮行业目前所缴纳的税种有12种，应缴税金呈逐年增多态势。根据百强餐饮企业的调查数据和商务部典型企业调查统计数据，税收占餐饮企业营业收入的比重在10%左右。仅以2012年为例，全年餐饮行业缴纳税金从2011年的79.2亿元增长到94.5亿元，增长19.3%，增幅高出收入增幅 13 个百分点，比上年增速提高了 6.9 个百分点，高于国家税收收入增长率。尽管国家一直在推行正税清费的改革，“营改增”也逐步从分行业分地区试点向全国推进，但在整个“十二五”期间餐饮业的应缴税金随着产业规模的增加也在逐步增多。

三　微观层面：企业赢利能力趋于低位，市场格局变化多元，资源配置面临重组

（一）赢利能力：百强企业净利率持续下滑，上市企业赢利抗风险能力走弱

餐饮行业的赢利能力长期受原材料、房租、人工及能源成本高企的影响，表现在企业层面，则出现营业收入波动明显，净利润率长期处于相对较低且持续下滑的水平，总体来看“十二五”期间的赢利能力相比“十一五”下降明显。从餐饮百强统计数据来看（见图 2－63），“十一五”期间的百强平均净利润率为 11.7%，而“十二五”期间仅为 6.1%，降幅接近 50%。与国际性餐饮集团相比更是差距明显（见图 2－64），同样在中国门店众多、全球赢利中比较倚重中国市场的麦当劳和百胜，其在整个“十二五”期间的赢利水平不仅远高于百强餐饮企业，而且更加稳定，抗风险能力更强，尤其是麦当劳在 2013 年中国餐饮业出现急速下滑时，依然保持着较高的净利润率。

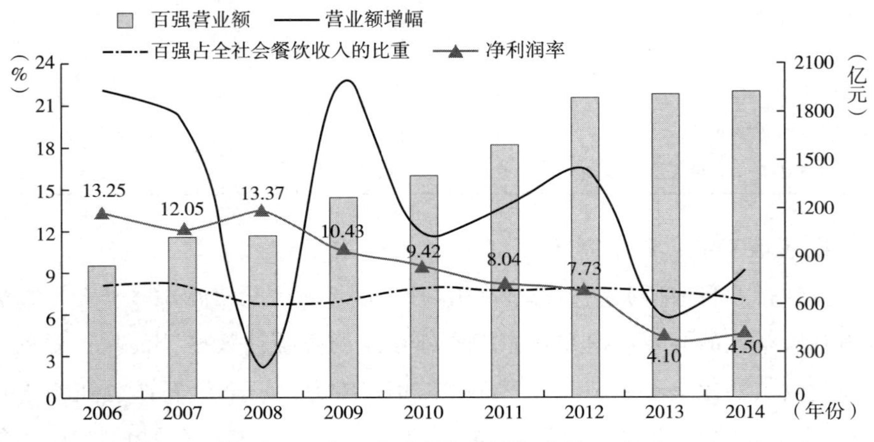

图 2－63　餐饮百强企业营业额及净利润率情况（2006—2014）

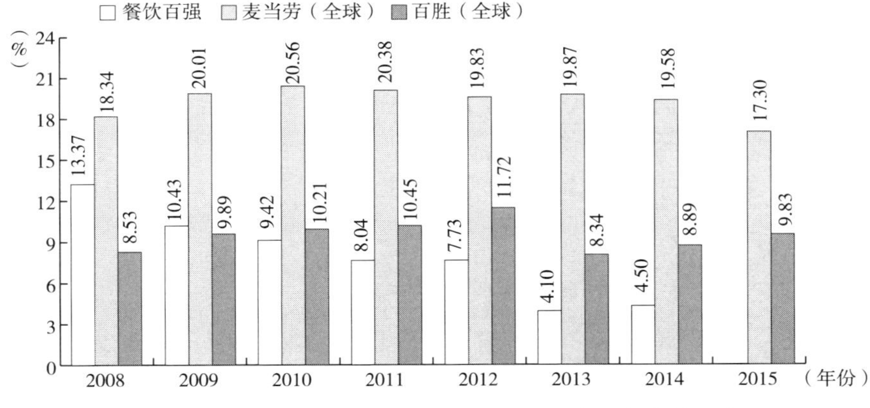

图 2－64 餐饮百强企业与麦当劳和百胜净利润率的比较

从上市公司的年报来看（见图 2－65），正餐企业净利润增幅情况从 5 年趋势来看基本相似，2011—2012 年的增幅水平有所下降，到 2013 年受整个行业影响，出现大幅度的负增长，尤其以小南国的负增长幅度为最。经过转型升级努力，全聚德的净利润开始为正，但唐宫和小南国仍处于负增长区间，小南国更因为企业战略收购，净利润下滑惊人。快餐企业味千因受食品安全问题困扰，在“十二五”的前期净利润出现大幅下滑，采取门店结构调整等经营措施后，在 2013 年实现了净利润的逆市大幅上涨，但随后 2014、2015 年的表现说明，利润增长缺乏后劲，加之快餐业竞争的加剧，2015 年净利润再次出现 17.7% 的负增长。呷哺呷哺作为 2015 年刚上市企业，目前发展势头良好，2015 年的净利润增长水平相比 2014 年有了飞跃式的提高。

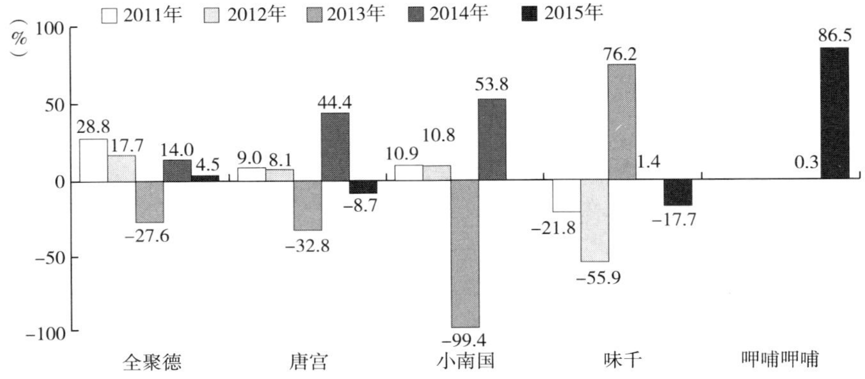

图 2－65 主要上市餐饮公司净利润率情况（2011—2015）

（二）现代化管理水平：信息技术助推下的飞跃和提升

“十二五”期间，餐饮业借助现代管理和科学技术手段能力，服务领域不断拓展，服务空间加快延伸，餐饮业从传统向现代转变的步伐提速，连锁经营、网络营销、集中采购、统一配送等现代经营方式在餐饮企业得到有效实施和运用。

1. 现代信息技术创新推动餐饮服务创新

大众点评网发布的城市生活消费报告显示，截至 2013 年底，全国餐厅在线预订总订单超过 120 万份，其中下半年的订单总和更是超过百万份，通过餐厅在线预订安排就餐的日均订单量年底是年初的 30 倍，支持在线预订的餐饮企业数一年中也增长高达 30 倍。据商务部典型企业调查统计，餐饮业电子商务交易业务大幅增长，2013 年大型企业电子商务交易额占据餐饮企业电子商务交易额的近一半，而且小微企业也开始注重发展电子商务交易业务，增长最为迅速，高达 25.8%。

2. 餐饮 O2O 市场爆发式增长

“十二五”期间，餐饮 O2O 从最初的定位搜索、预订餐位、支付、点评等扩大消费提升效率为主的移动互联尝试发展到餐饮外卖配送、半成品成品网售等全面延伸产业链的“线上线下”的互通有无。根据相关互联网网站的数据分析，整个“十二五”期间餐饮 O2O 市场规模以接近 80% 的增幅在快速扩张，2015 年的市场规模已经占到全国餐饮收入的 5%—6%。

3. 餐饮集约化程度增强

根据商务部典型企业调查统计数据，已有超过 40% 的连锁餐饮企业自建了中央厨房。中央厨房从最初解决自身连锁门店的半成品和调味汁料的需要，逐步进行改造升级。现代化的中央厨房，不仅承担门店物流配送功能，而且随着企业延伸产业链，增加外卖配送、网上半成品成品销售、早餐网店等业务，还肩负着整合企业研发、技术、物流等资源，实现企业产业化水平提升的责任。

（三）品牌影响力：品牌新秀和传统老品牌分庭抗礼

餐饮产业的连锁化和规模化以及市场消费的个性化和时尚化使得餐饮

品牌在“十二五”期间呈现百花齐放态势。特别是在餐饮业转型升级的背景下，品牌多元化成了受追捧的商业模式，一些餐饮品牌新秀在互联网推动下不断强化着消费者的味觉和认知度，形成了与传统餐饮老品牌分庭抗礼的局面。

一方面老品牌在深耕品牌和企业优势的基础上，丰富产品内容，创新服务形式，依托老品牌做背书，不断开创新品牌，如小南国已经从品牌开发者逐步向品牌运营商转变，旗下已经覆盖了中、西餐，快餐、休闲、甜品等多个餐饮类别，品牌数量达到 13 个，门店数量 200 多家。另一方面新品牌在引爆消费热点和引领餐饮时尚的基础上，夯实企业基础，苦练内功，特别是在 2012 年全行业的大众化转型和经营升级的背景下，实现了弯道超车。

根据国家工商总局认定的“中国驰名商标”名单，属于提供食物和饮料服务的“中国驰名商标”有 42 个，其中连锁经营的品牌比例为 100%。结合 2000 年行业组织启动的中国餐饮百强评选活动，42 个商标中，有 28 个曾经进入过百强，占到了 2/3。截至 2014 年底，连续 15 年上榜的品牌有 4 个，包括全聚德、东来顺、德庄和陶然居，超过 9 次的品牌有 9 个，充分展现了餐饮老品牌在 21 世纪以来风雨经营历程中的强大影响力。聚焦到“十二五”期间，2011—2014 年连续上榜的品牌中，除了“中国驰名商标”品牌如金百万、西贝、海底捞、两岸咖啡外，一些潜力无穷、紧跟时尚的新兴业态品牌不仅获得了消费者的口碑，也用企业的综合赢利能力证明了品牌的影响力，如目前已拥有 11 个品牌的外婆家自 2010 年开始跻身百强榜单，从 2010 年的第 76 名，一路稳步上升，到 2014 年跃升至 32 名。

（四）资本运作：跌宕起伏，中餐饮企业资本运作能力得到全面锻炼

“十二五”期间餐饮市场的资本运作经历了从低潮到高潮的跌宕起伏，从外投到内筹的深刻转换。在上市、风投、互联网、众筹、兼并收购、联合体等事件的冲击下，在各路资本的裹挟下，餐饮企业的资本意识得到了进一步的强化，资本运作能力得到了全面的锻炼。

1. 上市之路过程波折但意义深远

“十二五”期间，餐饮企业上市尽管经历 IPO 受阻、曲线上市估值低以及停牌退市等事件，但依然有众多优秀餐饮企业脱颖而出，为中国餐饮企业上市树立标杆。

“十二五”开局之年的年初迎来了俏江南、净雅大酒店、顺峰、狗不理等品牌餐饮企业国内 A 股上市受阻的消息。随后尽管仍有餐饮企业在不断进行 IPO 申请尝试，2012 年中国证监会针对餐饮业上市指引的出台就基本断了很多餐饮企业国内上市的梦想。然而唐宫（主板）、吉野家（借壳上市）、名轩控股（创业板）在香港的成功上市，使得转投港股成为企业首选，但是经过俏江南的几番折腾和小南国因为估值低先暂缓又重启的过程，也让不熟悉港股上市规则的国内餐饮企业有所顾虑。随后餐饮业进入了 2012—2013 年的“寒冬”期和 2014—2015 年的全面转型期，上市话题也因为企业自顾寒冬“取暖保暖”而渐行渐远，在此期间仅有小南国和呷哺呷哺分别于 2012 年和 2015 年在香港成功上市，同时在 2015 年也迎来了湘鄂情的无限期停牌和登陆纳斯达克的乡村基启动私有化退市的消息。

至此整个餐饮行业 A 股仅存全聚德和西安饮食，港股集聚了味千、唐宫、名轩、小南国和呷哺呷哺等企业。随着中国金融体制改革和证券市场监管体制改革不断深化，餐饮企业在“十二五”期间所经历的资本市场的冲击和教育，将使未来的上市之路走得更坚实，不管是战略和战术层面都将更加理性和成熟，因此“十二五”期间餐饮企业的上市历程对于未来意义深远。

2. 资本运作手段日益多元化

“十二五”期间餐饮企业资本运作手段日益多元化，股权众筹、新三板和资本抱团成了餐饮企业新的融资和筹资渠道。

一方面随着餐饮 O2O 企业的爆发式增长和互联网金融的逐步活跃，越来越多的如餐饮外卖、团购和生活服务类企业开始在一些股权众筹平台进行融资；另一方面针对中小微企业的全国非上市股份有限公司股权交易平台（行业称“新三板”）于 2013 年底面向全国接受企业挂牌申请，一批中小型餐饮企业纷纷借助该平台以股权转让的方式进行融资（见表 2－10），以期寻求企业成长发展的新动力。

企业在向外借助平台进行融资时，行业内部的资本整合日益频繁。重庆陶然居联合重庆 19 家企业于 2013 年共同组建重庆餐饮文化产业投资（集团）股份有限公司，从而开启了全国餐饮联合体的转型模式，即“以餐饮企业为主体，整合餐饮上下游相关的产业，以股份合作方式进行的全新餐饮联合体模式”。随后山西、宁夏、海南纷纷在当地领军餐饮企业或行业组织的倡议下组建了联合体，小南国和向阳渔港等 42 家中国餐饮领军品牌联合发起成立的众美联平台［众美联（香港）投资有限公司］，成为目前最有影响的联合体，吸引了餐饮产业链上下游近千家领军品牌的加入。

表 2－10　新三板挂牌的餐饮企业（截至 2016 年 4 月 11 日）

企业名称	上市时间	股票代码	行业分类/服务类型	股本（万股）
新疆百富餐饮股份有限公司	2015－02－16	832050	快餐/西式快餐类连锁服务	4557.52
新疆紫罗兰餐饮管理股份有限公司	2015－02－17	832052	快餐/中西式快餐服务	830.00
上海粤珍小厨餐饮管理股份有限公司	2015－08－14	833317	快餐/团膳，餐饮配送服务	2000.00
青岛优格花园餐饮管理股份有限公司	2015－08－14	833307	饮料及冷饮服务/酸奶，冰激凌	750.00
望湘园（上海）餐饮管理股份有限公司	2015－10－16	833737	正餐/中式正餐连锁服务	6000.00
天津狗不理食品股份有限公司	2015－11－06	834100	食品制造业、包装食品与肉类	3000.00
湖北华鼎团膳管理股份有限公司	2015－12－19	835222	快餐/团膳，餐饮配送服务	1500.00
武汉红鼎豆捞餐饮股份有限公司	2016－01－04	835104	正餐/火锅	2200.00
上海伊秀餐饮管理股份有限公司	2016－02－29	835914	正餐/日式料理及简餐服务	2000.00
香草（北京）科技股份有限公司	2016－03－14	836558	正餐/火锅	3000.00
丰收日集团（股份）有限公司	2016－04－11	836673	正餐/中式正餐连锁服务	12500.00

资料来源：根据全国中小企业股权代办转让系统发布资料整理制作。

3.“互联网+”的新型餐饮服务企业成为风投新宠，老牌餐饮品牌频被收购

经过 2010—2013 年的低迷期后，餐饮企业重新成为风投追捧的对象，最典型的是互联网类餐饮服务企业。尽管餐饮互联网平台遭遇了“十一五”期间的“百团（团购）大战”的混乱，但是随着移动互联网的迅猛发展，2014—2015 年外卖和餐饮生活服务平台成为新的热点，不仅传统的风险投资机构纷纷注资如大众点评、美团、到家美食会等餐饮服务平台，连阿里巴巴、百度和腾讯也开始布局餐饮 O2O 市场，腾讯注资大众点评，阿里巴巴布局淘点点，百度 1.6 亿美元入股糯米取得 59% 股权，一时间使得餐饮 O2O 市场风投注资成为家常便饭，市场竞争日益白热化。

餐饮行业的寒冬，也使得一些优秀传统品牌企业出现了价值被低估的问题，“高抛低吸”的投资思路使得众多知名私募基金逆市而为，趁低收购。最典型的如欧洲最大私募股权基金公司 CVC 在 2013 年的年末先后收购了快餐连锁品牌大娘水饺和正餐连锁品牌俏江南，成为两家企业的控股股东，此外还有联想旗下的弘毅投资在 2014 年成功收购火锅老品牌——重庆小天鹅，获得单独控制权。但是餐饮行业内部企业间的收购由于资金、经营战略问题反而并不多见，目前披露的成功案例仅有 2011 年 11 月百胜成功收购小肥羊一例。

四 “十三五”展望：主动迎新，理性创新，常态常新

展望餐饮“十三五”的发展，我们需要基于中国当前最现实的国情——“新常态”，以“新常态”的视角去审视餐饮业，以“新常态”的思路去谋划餐饮业，既根植于餐饮业该有的“常态”，又不被餐饮业不该有的“常态”所掣肘；既主动适应餐饮业现有的“新”，又不盲目让餐饮业随波逐“新”。

面对未来经济增长增速减缓、人口老龄化持续加速、人力成本快速上涨、城镇化发展问题日益凸显等，餐饮业需要发挥其活跃市场、拉动消费、服务民生的“常态”功能，不忘餐饮业回归市场、回归大众的初心，同时对餐饮业粗放增长、低水平赢利、集约化程度不高等不该有的“常态”有突破的决心。

面对流通体制改革优化餐饮政策环境、互联网技术推动消费升级和资源融合、“大众创业、万众创新”激发新动力、“一带一路”倡议开拓国际新空间以及“工匠精神”激活饮食文化传承保护等，餐饮业需要主动适应和迎接由此带来的产业升级进程提速、行业规范力度增强、商业创新能力强化、管理现代化水平提升、运营模式变革深化、业态结构裂变多元、产品服务供给侧结构性改革紧迫等“新”趋势和“新”机遇，同时在“互联网+”餐饮、资本市场运作、中央厨房投资建设、海外开店扩张等方面保持客观审慎态度，不违背企业自身实际和市场规律盲目逐“新”。

基于以上审视和思考，我们结合“创新、协调、绿色、开放、共享”五大发展理念，认为“十三五”中国餐饮业将呈现以下趋势：一是全面小康目标下餐饮地位作用将显著提升；二是创新协调联动下餐饮创业环境将逐步优化；三是信息技术驱动下餐饮运营模式将深度变革；四是消费升级推动下餐饮业态结构将高度分化；五是共享发展带动下餐饮资源配置将日益完善；六是绿色生态理念下餐桌食品安全将得到切实保障；七是开放共赢格局下饮食文化软实力将不断提高。

第三章

中国餐饮产业创新与改革实践研究

第一节　中国餐饮业供给侧结构性改革的实效与对策[①]

中国餐饮业进入了提质转型升级的新阶段。一是发展处于黄金期。从国家层面看，1980—2016 年，中国服务业增加值年均增速超过 17%，增加值占 GDP 的比重从 22.3% 上升到 51.6%，36 年共提升了 29.3 个百分点，成为经济增长的主要动力[②]。二是产业处于升级期。2016 年全国实现餐饮收入 35799 亿元，占社会消费品零售总额 10.77%，同比增长 10.8%，增速比商品销售快了 0.4 个百分点。餐饮业发展方式加速向质量效益型转变，发展动能逐步从依靠传统核心资源支撑、规模增长向产业深度融合、产品技术创新驱动转变。三是市场的规范期。餐饮业是居民生活服务性行业，餐饮市场秩序和服务水平是人民重要的利益诉求，在一定程度上代表着国家和地区的形象。

新型工业化、城镇化、信息化、农业现代化和绿色化为餐饮业提供新发展空间的同时，餐饮业在供给层面仍有诸多困难和问题：一是餐饮有效供给不足；二是餐饮产品同质化程度高、资源开发不足、整体服务品质低；三是餐饮基础设施建设不均衡、不配套，餐饮聚集区周边环境、设施、服务不统一、不协调；四是餐饮市场秩序不规范，食品安全隐患犹存；五是缺乏复合型管理人才和“工匠”精神的专业人才，赢得市场能力

---

① 于干千、程小敏：《我国餐饮业供给侧结构性改革的实效与对策研究》，《商业经济研究》2017 年第 24 期。

② 梁达：《服务业发展新动能在加快释放》，《上海证券报》2017 年 5 月 18 日。

和接待服务能力较弱；六是消费者还不能充分享受科技信息带来的便利。

在新的发展起点上谋划和推进餐饮业发展，要尽快加强“两个能力”建设。一是要加强餐饮企业满足市场需求的供给能力；二是要加强政府公共服务的保障能力。加快餐饮业供给侧结构性改革，充分发挥餐饮业对稳增长、促消费、调结构、惠民生的作用，不断提升餐饮业的满意度和美誉度。

一　供给侧结构性改革背景下餐饮业的发展定位

按照商务部发布的《居民生活服务业发展“十三五”规划》，餐饮业是保障和改善民生的重要行业和居民生活服务业，对稳增长、调结构、促就业等具有重要意义。但是这个定位尚无法详细剖析在日益多元化、融合化发展趋势下餐饮业的新功能和新作用，从政府到地方各层面对餐饮业的认识还不够全面，还不深入，往往是从比较单一的层面看待餐饮业，这也造成餐饮业在产业发展中边缘化地位没有得到根本改观。因此有必要厘清餐饮业的发展定位。

（一）带动经济发展

餐饮业具有产品不可贮存性、服务活动直接性、生产活动不确定性、服务品质差异性、产销合一等主要行业特性，其直接和间接影响的细分行业多达几十个，通过产业融合，创造新增价值，整个“十二五”期间餐饮业拉动社会消费品零售总额增长的贡献率平均超过10%。“十三五”开局之年实现餐饮收入35799亿元，占社会消费品零售总额的比重与“十二五”期间的占比持平，比2015年略有提升，占比从10.74%上升为10.77%（见图3-1）。

我国餐饮业在新常态下，已呈现新的发展特征。一是餐饮业态多样化，从传统以就餐范围、时间、人均消费为主要区分依据的正餐、快餐、小吃等基本业态扩展到跨越空间、时间、情境的O2O餐饮、VR餐厅等网络和科技型餐厅，更不用说结合消费者需求日益个性化特点在基本餐饮业态上细分出的休闲餐、主题餐、DIY餐等生活场景式消费业态。二是产业链延伸，形成一个从“农田到餐桌”的产业链。三是产业发展聚集化，形成以美食名城、

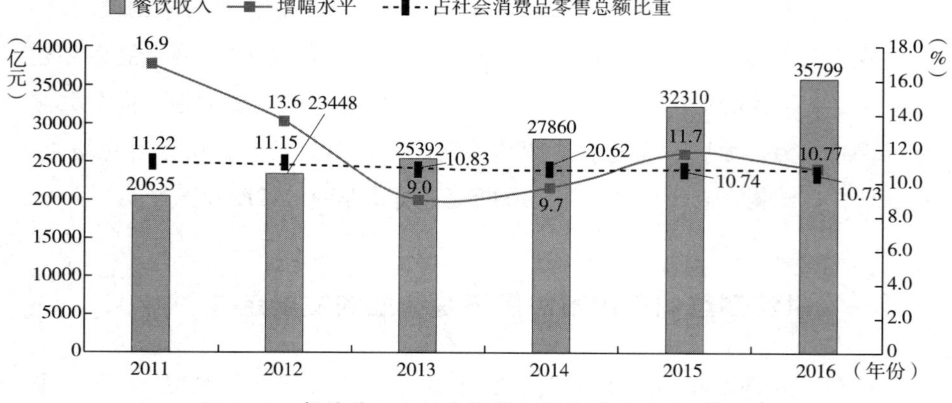

图 3－1　餐饮收入占社会消费品零售总额的比重情况

美食乡镇、餐饮街区（胡同）等为载体的不同餐饮品牌聚集发展的格局。四是产业发展出现集群化，设备制造、品牌运营、管理咨询、旅游营销、文化创意、地产投资、服务外包、智能信息等社会其他各类行业在餐饮业发展过程中都有自己的一席之地，并在一定区域范围或空间网络集聚发展。

（二）促进社会和谐

餐饮业不仅具有经济属性，而且因其产业综合性特征在三个方面体现社会属性。一是创造就业机会。一方面不仅提供的直接就业机会多，而且岗位的包容性丰富了就业层次。除高素质管理与技术人才，还需要大量的对技术、年龄要求不高的操作人员，这为能力尚不具备技术专长的青年、农村富余劳动力以及下岗职工提供就业机会。另一方面给相关行业提供就业机会，根据商务部 2013 年调查数据，全国每百人中有 1.6 人从事与餐饮相关的工作，随着近几年餐饮 O2O 的兴起，该数据预估已增加到每百人中有 1.7 人从事与餐饮相关的工作。二是帮助弱势群体。许多弱势人群通过餐饮业得到生存和发展的机会就是餐饮业对社会和谐做出的突出贡献，据教育部发布的《农村义务教育学生营养改善计划专项督导报告》，营养改善计划覆盖 29 个省份的 13.4 万所学校，受益学生超过 3200 万人。[①] 餐饮

① 王艺锭：《农村营养改善计划　助力 3200 万农村学生健康》，人民网教育频道，http://edu.people.com.cn/n1/2016/0304/c367001－28172833.html。

企业和社会联合帮助弱势群体也不乏成功的范例，如高校食堂的平价窗口、爱心免费餐，社区养老优惠或免费餐。三是缩小贫富差距。餐饮业是增加就业的“稳定器”，实施精准扶贫具有独特优势：第一是餐饮原材料与农业的关联度最高，对贫困地区特色农业发展的拉动作用大；第二是通过订单农业，引导农民生产适销对路农产品，提高贫困地区种植养殖业的经济效益；第三是餐饮业与旅游业对接融合，拉动乡村旅游业发展，实现贫困农民不出乡就地脱贫。①

（三）增强文化自信

餐饮业对繁荣文化的作用如下。首先是对本土传统美食文化的保护和传承，我国非物质文化遗产（以下简称非遗）保护工作开展得如火如荼，饮食类非遗的申报和保护也越来越受到社会各界的关注和重视。在国务院公布的 4 批国家级非遗项目中纳入饮食“传统手工技艺类”非遗项目的有 67 项，还不包括其他衣食住行等民俗和文学类项目中的饮食内容。地方层面的饮食类非遗项目更为丰富，如北京“东来顺饮食文化”和广东“豆腐节”属民俗类，而湖北的“天门糖塑”属传统美术类。② 其次是强化了本地文化自信，餐饮业的发展不仅可以提升本土餐饮企业的经济地位和文化地位，在市场上赢得尊重，还可以增强本土居民的文化自信心。而自信心的增强也会提高人们参与挖掘和保护美食传统文化的积极性，增强对传统美食文化的认同。最后是对外来饮食文化的吸收和创新。与其他文化交流方式相比，美食是人类文化最理想的交流方式之一，能发挥正式的外交活动所不能发挥的作用。

（四）推进生态文明

在利益驱动、需求拉动、技术推动、政府促进等机制的综合作用下，餐饮业的协调发展有利于形成资源节约、环境友好的产业结构、增长方

① 严琦：《应发挥餐饮业在精准扶贫中的主力军作用》，央广网，http：//news. cnr. cn/native/city/20160305/t20160305_521540614. shtml。

② 于干千、程小敏：《中国饮食文化申报世界非物质文化遗产的标准研究》，《思想战线》2015 年第 2 期。

式、消费模式，有利于推进生态文明建设。随着餐饮业规模化、连锁化、集约化、社会化等发展趋势日趋强化，我国餐饮企业逐步放弃传统“单向线性”模式运营，[①] 把生态文明倡导的企业内部清洁生产、资源循环利用等理念运用于餐饮业，构建循环经济模式，有效解决餐饮企业所面临的高污染、高能耗、运营成本递增等问题。

人们对提高生活质量和改善生态环境的追求逐渐从向外诉求转变为对内的自觉行动，这样一方面对餐饮产品要求更优质、更安全，对环境污染更少，对企业形成倒逼机制；餐饮企业内部清洁生产模式实施范围不断扩大、力度逐渐增强，资源在各生产环节循环使用，餐饮业与其他产业横向耦合，形成生态农业、绿色餐饮等产业网络。另一方面，在政府、社会组织倡导节约、反对浪费的影响下，“光盘行动”、理性消费提示、剩菜打包等成为消费行动自觉，节约资源、减少浪费已经成为社会主流价值取向，社会绿色需求培育越来越成熟。此外政府管制介入进一步降低了生态文明建设的交易费用。自 2015 年以来，《食品安全法》修订案、《消费者权益保护法》修订案的出台，对长期粗放经营的餐饮企业不仅是一个紧箍咒，还是转变发展方式、提升经营水平和推进生态文明建设的加速器。[②]

二　中国餐饮业供给侧结构性改革的实效

（一）供给结构不断优化

居民收入水平的提高、消费方式的变化和休闲时间的增多，对大众化餐饮产生极大的刚性需求，推动餐饮回归大众化是供给侧结构性改革的着力点。2014—2016 年，餐饮市场份额由 2014 年的 75% 增加到 2016 年的 85%，提前实现了商务部 2014 年《加快发展大众化餐饮的指导意见》所提出的大众化餐饮五年发展目标。根据社会机构公布的历年餐饮百强数据，餐饮消费供给逐步从“快”到“慢”，从“中高端”向“中端大众

① 于干千：《中国餐饮业循环经济实现模式的探讨》，《经济问题探索》2006 年第 1 期。

② 程小敏、于干千：《中国餐饮业发展“十二五”回顾与“十三五”展望》，《经济与管理研究》2016 年第 11 期。

化”转型，2014—2016 年，上榜的传统正餐企业数量有减少趋势，而休闲餐饮企业的数量增长明显。以大众化为特色的百强餐饮企业增加到 28 家，营业收入为全国餐饮百强总营业收入的一半。

（二）供给能力不断增强

“互联网 +”为传统餐饮业带来了转型发展的新机遇，我国餐饮业与互联网的线上线下融合发展，在提升餐饮业信息化水平的同时，不断扩大餐饮供给能力。餐饮企业通过互联网自助餐厅技术，将传统餐厅一对一服务转型为互联网自助点单、支付的服务模式，有效减少前厅服务员的数量。2016 年我国一线城市出现不少类似的自助点餐餐厅。餐饮 O2O 模式已逐渐渗透到日常生活中，外卖市场迅速扩大，据全球领先的移动互联网第三方数据挖掘和分析机构艾媒咨询（iiMedia Research）《2016 年中国在线餐饮外卖市场专题研究报告》数据，2016 年我国在线订餐市场用户规模达到 2.53 亿元。

（三）供给质量与水平不断提升

绿色餐饮供给水平提升。绿色餐饮是餐饮业生态文明建设的主要载体，也是餐饮业转型升级的主要方向和供给侧结构性改革的主要领域。2016 年，餐饮业随着中央“八项规定”“六项禁令”的深入推行，厉行节俭已蔚然成风。餐饮业在审批准入制度、推广环保新技术和清洁能源燃料、减少废气排放、倡导和推广“剩余打包”绿色消费理念、减少和杜绝使用一次性餐饮器具等方面取得了较大进展。餐饮安全监管力度持续加强，在食品添加剂、餐厨废弃物管理、农产品源头质量追溯、餐饮全过程规范以及网络订餐第三方平台监管等方面确保了餐饮消费的安全质量。

（四）供给效率不断提高

减税清费效果明显。特别是 2016 年“营改增”的全面推进不仅从产业链上全面降低餐饮业的经营成本，而且实现了良币驱逐劣币的正效应。属于小规模纳税人的餐饮企业，税率由 5% 降到 3%；属于一般纳税人的餐饮企业，需要有大量的进项税额抵扣才能达到降低税负的目的，大量的进项税额抵扣又依赖于上游企业（食品开发、生产或者物流配送等）的发展。因此，“营改增”倒逼餐饮企业开展诸如中央厨房建设等技术改造，促使餐饮企业选择正规的食材进购渠道，有助于产品质量、服务品质等供给效率的提升。

简政放权激发活力。在国家政策层面，2016 年《国务院关于整合调整餐饮服务场所的公共场所卫生许可证和食品经营许可证的决定》出台，减少了对餐饮企业重复发证、重复监管的问题。在地方层面，一方面从监管环节、流通通道等方面进一步进行优化和疏解，提高审批效率。另一方面疏解餐饮供给的渠道，积极引导房地产商在新建楼盘和住宅小区建设中合理配置餐饮网点，或者采取政府出资、招标企业经营的方式来建设社区餐饮网点。

（五）国际交流合作不断拓展

“一带一路”为餐饮供给侧提供了新的拓展领域和空间。一方面中华饮食文化交流由来已久，为更多以餐饮企业、餐饮特色产品为主体的向外扩张和贸易奠定了良好的饮食文化共识，在“一带一路”的经贸交流中，这种以餐厅、食物为载体的流动将更为频繁；另一方面国家政策也积极鼓励大型品牌餐饮企业走出国门，在国外开拓和传播中华传统饮食文化，并以餐饮为媒介形成更广泛领域的品牌、技术、人才、市场的共享共赢。

三　深化中国餐饮业供给侧结构性改革的主要对策

围绕中央供给侧结构性改革部署和“十三五”居民服务业发展规划的总体发展目标，以“创新、协调、绿色、开放、共享”发展理念为统领，准确把握供给侧结构性改革背景下餐饮业的发展定位，以优化餐饮产品供给结构为重点，以完善餐饮设施为支撑，以改善餐饮消费环境供给为载体，以强化制度政策供给为动力，全面深化餐饮业供给侧结构性改革，提升我国餐饮业竞争力。

（一）优化餐饮产品供给结构

1. 提升大众化餐饮供给的质量与水平

消费升级带来消费结构变化，大众化餐饮成为消费升级的主体市场，已占据餐饮业营业收入的八成。满足广大消费者对餐饮产品“安全放心、便利实惠、卫生营养”需求是大众化餐饮的基本要求。大众化餐饮不因其廉价而放弃对食品安全、产品质量、服务便利等要求，是具有“准公共产品”特点的多业态的、现代餐饮服务形式。大众化餐饮供给的数量和质量是全面建成小康社会的内在要求，是政府服务民生的重要载体。

提升大众化餐饮供给的质量与水平，首先要将大众化餐饮优先纳入城市、乡镇、农村商业网点布局规划，构建与人口密度、交通条件、服务密度、城市化水平等相匹配的设置指标，优化大众餐饮的布局，支持有品牌影响力的诚信餐饮企业在社区、学校、医院、办公集聚区、交通枢纽等地设立经营网点。其次，改变大众化餐饮就是“早餐工程”的观念，引导餐饮企业多业态发展大众化餐饮。再次，制定奖补政策，提供优惠，鼓励和引导国内外大中型餐饮企业发展大众化餐饮。最后，加快制定《大众化餐饮经营规范指引》和大众化餐饮产品、服务、管理标准体系，把大众化餐饮店全覆盖纳入食品质量安全监控体系。

2. 加快质量安全的农产品基地建设

餐饮市场供给日渐丰富，消费者已从满足数量向质量安全转变。农产品基地是餐饮业可持续发展的产业基础，质量安全的农产品基地建设是提升餐饮业供给能力的基础工程。建设绿色食品标准化基地，是满足餐饮消费升级需要、提升餐饮产品供给质量的重要举措。在生态条件适宜的区域，鼓励社会资本和龙头企业按照绿色食品认证标准建设农产品基地，严格按照《绿色食品生产技术规程》提供符合质量标准的餐饮原料，通过多种形式加强餐饮龙头企业与基地的对接，逐步提高绿色食品在市场的占有率。①

3. 丰富餐饮文化产品的供给

将文化内涵贯穿到“农田到餐桌”的各个环节，把餐饮业发展与城市改造开发、传统村落保护、古镇古巷历史文化风貌保护和传承历史文脉结合起来，不断培育历史与现代交相辉映的新型餐饮文化产品。促进文艺演

① 李旭：《推进绿色食品标准化基地建设》，《奋斗》2014 年第 12 期。

出、民俗表演和餐饮市场的结合，鼓励开发带有地域、民族特色的专门针对游客的歌舞曲艺伴餐。深入挖掘饮食文化资源，大力发展美食博物馆，将美食博物馆纳入旅游线路和旅游部门市场推广平台。

餐饮老字号和饮食类非遗是最具文化内涵的餐饮产品，也是文化自信的重要策源地，被誉为中华民族文化传承的“活化石”，在一定程度上体现了国家、民族和城市的形象。“工匠精神”正是老字号餐饮企业的核心竞争力，遗产的生产性保护方式是餐饮老字号活态传承的关键，以老字号和非遗为代表的餐饮文化产品供给，要处理好生产市场需要的餐饮产品与保持独特性手工技艺之间的关系。

4. 加大社区餐饮和康养餐饮产品的供给

随着住房制度改革的深入推进，“单位办社会”的模式被“社区治理”模式所取代，市场化小区内部的餐饮供给不足、老年人就餐等问题也就凸显出来。社区餐饮和康养餐饮是大众化餐饮发展的新业态，蕴藏着巨大的商机和刚性需求。而且随着互联网的快速发展及“互联网 +”理念的迅速普及，知名餐饮企业都在摸索用“互联网 + 连锁店”的方式增加社区餐饮的供给。截至 2015 年底，我国 65 周岁以上人口达 1.43 亿，[①] 若以一天 20 元餐饮消费来计算，一年产生的餐饮消费额超过千亿元。鉴于这种市场潜力和服务民生的诉求，北京、上海以政府补贴方式，吸引大型、连锁餐饮企业进驻社区，引导企业建立“中央厨房 + 社区配送 + 就餐、送餐、助餐”老年营养餐服务体系，包区、包片解决老年人就餐问题。

同时北京、上海、广州等地的一些社区餐饮连锁企业还瞄准“四小”：小生日、小聚会、小白领、小家庭进行重新定位餐厅的菜品、装修风格和定价，将时尚、社交等元素巧妙融入，来体现差异化和创新性，从而构筑起核心竞争力。此外还有部分企业充当“链接社区和家庭关系”的枢纽平台，以万科等为代表的地产或物业集团进军社区餐饮，利用社区配套规划的主动权，与品牌连锁餐饮店合作，实现资源共享。[②]

---

① 侯惠荣：《以“互联网 +”促进居家养老服务业供给侧改革》，《中央社会主义学院学报》2016 年第 6 期。

② 蒋楠：《社区餐饮距离风口只有五步之遥》，《餐饮公会》2016 年 9 月 12 日。

（二）完善餐饮设施供给

1. 建设特色美食小镇、美食街区

当下国家打造以产业为依托的“特色小镇”政策，为特色美食小镇的深入发展提供了新的契机，在原有美食的基础上，可增加更多的文化消费和文化创意的内容。围绕乡村旅游、文化创意、健康养老、温泉养生、中医康疗等领域，加强对美食特色小镇的主题化包装和产业导入。按照不低于3A级旅游景区的标准，开发建设产业特色鲜明、体验丰富、功能完善、体制机制灵活、生态环境优美的特色美食小镇。加强美食街区、胡同巷子、传统村落的提升改造。对初具规模的商业街、文化街、酒吧街、步行街、大学城等特色街区进行餐饮功能改造和品质提升。在传统村落保护和利用基金中，强化对具备开发条件的传统村落进行餐饮服务设施提升改造的投入。

2. 完善餐饮配套基础设施的建设

依托现有的交通枢纽、商业中心等设施，优化餐饮服务设施布局，改造人口密集区域的餐饮服务设施，提升便利和舒适程度。推动主要交通干线与重点传统村落、餐饮街区、特色美食小镇等公路连接，解决交通中的“最后一公里”问题。加快中心城区立体停车场建设，解决重点餐饮接待区域周边停车难问题，加强餐饮聚集区停车场配套建设。以全国“旅游厕所革命”为契机，积极推进美食小镇、街区、胡同巷子等厕所的改造和新建。

加快中央厨房建设。出台鼓励中央厨房新业态产业体系发展的相关政策，将其纳入我国新城镇建设基础设施配套的范围，鼓励人口集聚、集中供餐压力大的医院、学校、政务中心等建设中央厨房，引导社会资本和餐饮企业参与中央厨房建设。

（三）改善餐饮消费环境供给

1. 加强餐饮市场监管

《中华人民共和国食品安全法》实施以来，我国餐饮市场监管呈现出以下三个特点。一是监管范围扩大。从宾馆、酒店、饭店、酒楼扩大到商业综合体、美食城、农家乐、酒吧、小吃店、饮品店、外卖店等向消费者提供餐饮及相关综合性服务的场所，四川还将“档口式小餐饮”也纳入监

管范围。二是监管内容具体。监管的内容涉及餐饮经营、侵害消费者权益、虚假宣传、违法捕销受保护动植物、价格违法、扰乱市场秩序等行为。三是动员社会力量参与监管。充分发挥媒体的舆论监督和导向作用，对典型案件予以曝光，动员社会力量积极参与餐饮市场的监管。

在监管常态化和建立健全诚信体系上持续发力。一方面，深化食品生产企业风险分级监管。对极高和高风险食品实施重点监管，采取巡查、抽查、暗访等形式，提高监督检查和抽检频次，对扰乱餐饮市场秩序的违法违规行为及时依法查处，对涉及触犯刑律的违法行为及时移交司法部门。另一方面，建立健全餐饮业诚信体系。建立和完善餐饮经营者、从业人员的违法信息共享机制，及时公开餐饮经营者资质、服务质量等级、奖励和惩戒等信息，及时公布餐饮违法行为。

2. 推动餐饮公共服务平台建设

政府应加强餐饮信息化基础设施环境建设与覆盖，将餐饮服务信息整合到覆盖范围更广的、统一的旅游公共信息系统和无线平台，推动餐饮名城、美食小镇、餐饮街区等聚集区实现 Wi－Fi 全覆盖。在餐饮客流热点地区装备信息自动感知采集设施设备，对人流、车辆等进行数量和特征识别，实现动态监测，推进餐饮聚集场所的视频监控设施建设。鼓励在线餐饮平台企业整合上下游资源、要素和技术，实现线下线上餐饮产品双向融合，促进在线餐饮平台企业发展壮大。

3. 鼓励发展共享经济

共享经济是将闲置的资源与他人共享，提高资源利用率，获得回报，其本质是互利互惠。餐饮共享经济主要有私厨上门，共享家庭厨房、共享厨房产能，集厨艺培训、体验、社交为一体的混合模式，集私厨共享、线上厨房、外卖为一体的混合模式四个类型。充分利用移动互联网整合和协调各种资源，增强线上线下互动的效果，加快制定和推行餐饮共享经济有关标准，实现个性化服务与标准化服务的有机统一。

（四）强化餐饮制度和政策供给

1. 构建餐饮业综合治理体系

加快形成政府主导、社会协同、公众参与、法治保障的治理体制；建立餐饮社会需求反映和功能需求完善双向工作机制。开展创业服务社会需求信息的采集、梳理和论证，鼓励人大代表、政协委员围绕餐饮需求提出有针对性的提案和建议。通过广泛收集消费者投诉、媒体报道等方式，了解社会各界反映强烈的问题。建立健全餐饮功能需求信息的反馈和评价机制，并促进相关部门按照职责分工，改进和完善政策、制度、管理和服务。

2. 加强餐饮业发展的统筹协调

推动形成有效的工作规则。强化商务部门统筹协调职能，增强引导餐饮产业发展、推动产业融合、公共信息发布、投诉受理等方面的职责。加大标准化研发与制定力度，积极实施餐饮业相关国家标准和行业标准，全面开展标准化知识培训，提升从业人员的专业素质。理顺政府和社会的关系，推进社会组织建设，进一步发挥各类协会在促进餐饮经营和服务质量方面自律管理的作用，编制推出区域美食攻略、美食地图。

3. 扩大国际餐饮交流与合作

充分发挥社会组织的作用，通过举办和参与峰会、厨艺竞赛、国际论坛、会展、美食节，提升我国餐饮业的国际话语权和影响力。通过海外中餐繁荣计划，大力弘扬中华饮食文化，建立中餐人才培养机制，提升海外中餐整体水平。建立“一带一路”沿线著名城市饮食文化交流合作机制，联合申报“一带一路”美食非物质文化遗产。

4. 完善土地和金融支持政策

参照《关于支持旅游业发展用地政策的意见》，将餐饮业网点规划和土地利用总体规划有机衔接。在编制土地利用规划时预留资源保护和餐饮建设用地，依托农村集体耕地、林地发展乡村旅游餐饮的，按照设施农业政策放开一定比例的建设用地指标。有条件的地区可成立餐饮产业基金，重点支持大众化餐饮、餐饮基础设施、公共服务平台建设和餐饮文化产品开发。全面加强“银餐”合作机制，建立健全联合优选餐饮项目机制。支持饮食资源丰富、管理体制清晰、符合发行上市条件的餐饮企业上市融资。

第二节　中国餐饮业供给侧改革策略[①]

2015 年 11 月以来，“供给侧结构性改革”成为中国经济发展领域的一个热门词语，各地区、各行业积极响应中央号召，深入思考本地区本行业的供给侧改革问题。2015 年中国餐饮市场规模突破 3 万亿元，占社会消费品零售总额的 10.7%，成为中国服务业的重要支柱。2016 年是“十三五”的开局之年，恰逢中央政府推动供给侧结构性改革的重要时期，在当前的经济和消费形势下，中国餐饮业如何深化供给侧结构性改革是值得思考的问题。

一　供给侧结构性改革背景下的餐饮业

关于供给侧结构性改革，最权威的解读是“从提高供给质量出发，用改革的办法推进结构调整，矫正要素配置扭曲，扩大有效供给，提高供给结构对需求变化的适应性和灵活性，提高全要素生产率，更好地满足广大人民群众的需要，促进经济社会持续健康发展”。供给侧结构性改革确定的五大重点任务包括“去产能、去库存、去杠杆、降成本、补短板”。笔者将结合这五大重点任务的推进重点分析供给侧结构性改革对餐饮业发展的影响。

（一）去产能：餐饮业会成为承接产能转移的行业选择

“去产能”是五大任务之首，这个问题不解决，去杠杆、去库存等其他问题也难以取得实际效果。以钢铁、水泥、化工为代表的制造业产能过剩行业成为去产能的重点领域。制造业淘汰的产能必然要向服务业转移，这成为当前去产能的趋势，而服务业中关联度高、带动性强的餐饮业极有可能会成为很多地方政府的首选。

因此，去产能对于餐饮业而言，一方面需要承担其他行业的产能转移中的资源配置转移；另一方面，餐饮业本身也存在去产能的压力。2012 年“八项规定”的影响在某种程度上是餐饮业产能问题上的第一个信号，高

① 于干千、王晋：《中国餐饮业供给侧改革策略研究》，《美食研究》2016 年第 4 期。

端餐饮供给明显过剩于社会有效餐饮需求，而且高端餐饮发展中的实体投资资源、资金因为供给过剩带来的浪费和低效而使餐饮业在“十二五”后期产业增速和产业质量急速下滑，因此面对着供给侧结构性改革契机。餐饮业需要做好“去产能”中产能转移带来的“加法”和自身转型升级带来的产品供给结构的“减法”。

（二）去库存：购物中心餐饮会成为房地产功能转移的选择

去库存主要针对的是房地产业的供给结构问题，对于餐饮业而言，“去库存”的房地产项目极有可能会加速向生活、旅游、休闲、美食功能转化。最近几年尽管餐饮业遭遇寒冬，但是 RET 睿意德和中国商业地产研究中心共同发布的《购物中心餐饮发展研究报告》显示，餐饮已成为购物中心营业额增长的重要动力。购物中心内餐饮营业额平均增幅达到 24.9%，餐饮业态的比重也大幅上升，超过 1/3 的购物中心餐饮比重大于 40%。

因此在“去库存”的过程中，尤其是由于城市间房地产市场的分化，二、三、四线城市购物中心新建速度并没有减速，而且以养老、休闲、主题文化为目标的建设项目也成为投资新热点，这些新动向，都有可能使得未来购物中心餐饮成为很多房地产项目功能转移的选择。

（三）去杠杆：资本过剩会带来餐饮业的投资虚热

去杠杆主要针对的是金融风险，随着经济下行压力加大，部分银行贷款不良率抬头，“去杠杆”压力进一步增强。近两年餐饮 O2O 成为风投的热门项目。在推动餐饮产业升级中也带来了餐饮业发展新的增长泡沫。目前餐饮业的现代化水平、互联网运作能力远远跟不上互联网背景下的餐饮消费需求升级和投资回报率要求。在去杠杆的过程中，餐饮投资领域有可能会出现投资过热、金融监管的加强而导致的破坏性增长的问题。典型的如购物中心内餐饮业态比例日趋走高，在商业地产日益饱和的趋势中，更会拖累资产重而抗资金风险能力弱的餐饮业，但是投机资本的介入，不仅无法降温，而且将进一步增加资金、企业的风险，使餐饮业“虚热”加剧，出现非理性的破坏性增长。

（四）降成本：餐饮业"四高"的成本结构将发生根本性变革

降成本是着眼于解决实体经济企业成本问题，尤其是针对像餐饮业这样以小微企业为主的行业。就餐饮领域而言，国家各项"降成本"的组合拳已在发挥作用，尤其是"营改增"税制改革的全面推进，更将从餐饮业的各环节全面推动餐饮业成本结构的变化，从税制上推动餐饮业通过强化连锁化和规范化经营来降低成本。

（五）补短板：为餐饮业扩大有效供给提供新机遇

补短板着眼于解决全面建成小康社会目标中与居民生活密切相关的各个滞后领域，包括扶贫攻坚，城乡基础设施建设，公共服务能力提升，为老百姓对教育、养老、医疗、旅游、文化等领域的需求不断升级提供配套完善服务等。这些短板领域的完善将为餐饮业提供更加有效的消费供给环境和需求环境，为餐饮业产品和服务的创新和升级提供多种可能，为餐饮业切实扩大有效供给提供新机遇和新空间。

二　餐饮业实施供给侧改革的着力点

投资、消费、出口是拉动经济增长的"三驾马车"，这是"需求侧"的三大需求。而相对应的是"供给侧"，即生产要素的供给和有效利用。"供给侧改革"是指从供给、生产端入手，通过解放生产力，提升竞争力促进经济发展。其核心在于提高全要素生产率，具体政策措施包括简政放权、金融改革、国企改革、提高创新能力等。

对于餐饮业而言，供给侧改革的着力点关键是要以生产促进消费，提升供给效率、调整供给结构、降低要素成本、提升安全水平、扩大国际市场。

（一）提升供给效率

我国餐饮业规模大，但产业内分工程度低，这使得中小餐饮企业必须自己完成餐饮生产流程中的专业化分工，通过鼓励发展生产型服务业，促进产业内分工，积极推进农餐对接工程，可以大大提高餐饮业的发展水平和供给效率。

1. 优化物流供应链

加强物流配送中心基础设施建设，重点支持品牌餐饮企业连锁配送中心的建设，鼓励餐饮企业引进国内外先进生产、包装、灭菌工艺和技术，大力推进加工基地、物流配送中心的标准化、科学化、现代化建设，扶持有条件的农贸市场、餐饮行业协会、农民合作组织等共同组建社会化的菜品配送中心。降低餐饮物流成本，需要与物流商更加紧密地联系在一起，通过彼此之间真正充分的信息共享、供应链协作，加快响应速度、优化运输线路、提高配送效率等，从而实现双赢局面。

2. 积极推进农餐对接工程

引导餐饮产业按照新型流通业态需求改造提升，鼓励餐饮企业有效整合餐饮生产、采购、储存、加工、配送产业链的优势资源，加强农业产业基地、物流配送中心、中心厨房等基础设施建设，推动餐饮业产业化运作。在积极推进农业产业化基地建设的同时，引导餐饮企业到农村建设原辅材料基地，实施农餐对接工程，实现餐饮原辅料及调料供应本地化和食品加工产业化，加快农餐对接物流配送体系的建设，促进农业结构调整，带动餐饮和食品加工业发展。

3. 提高中央厨房资源利用率

近年来各地政府通过政策扶持和资金投放鼓励餐饮企业学习国内外知名企业中央厨房建设经验，建立企业内部中央厨房，推进餐饮企业标准化、规范化、集约化建设。目前各地已经建成一定规模和一定数量的中央厨房，但餐饮过剩产能问题在中央厨房领域依然存在，目前中国规模以上连锁餐饮企业自建中央厨房的已经高达74%，但是其中大部分利用率仅在50%—60%，因此，餐饮业应该利用这次中央供给侧结构性改革的时机，提升中央厨房的利用率。

（二）调整供给结构

2012年至今，我国餐饮业经历过一次深刻的行业调整。多年来在高速发展中积累下来的结构问题，在中央重拳治理公款高消费之初受到影响。同时，受到经济下行压力较大的影响，我国各地餐饮市场也都遭到不同程度冲击。面对新形势，餐饮业由此展开了艰难的转型之路，理性回归、满足大众需求成为发展趋势。

新常态下餐饮业发展的最大特点是大众化需求越来越大、大众化消费比重越来越高，这就是餐饮业“供给侧”结构性改革的主要方向。要打通需求和供给两侧，通过供给侧结构性改革，加快转型升级，提升核心竞争力，提高供给体系的质量和效率，提高供给侧的档次、质量、水平，满足人们日益增长的消费需求。

（三）降低要素成本

餐饮业面临房租和人工成本不断升高的问题，其中人工成本上升尤其快，作为传统的劳动密集型行业，已经延续多年的用工荒愈演愈烈，餐饮业需要借助智能机器人技术、互联网大潮的机会，借助供给侧结构性改革的推动，重构餐饮企业的成本结构。目前餐饮业有近 50% 的小吃快餐品类率先推行互联网自助餐厅模式。通过“互联网 + 餐饮”的发展模式，消费者可以在线进行订餐、点餐获取相关服务，这样可以大大减少人力成本，实现后厨与消费者直接沟通，减少中间环节。通过 O2O 的方式打通线上线下渠道，餐饮企业可以以很小的餐厅面积服务更多顾客，节省高昂的房租成本。例如黄太吉的第一家店只有 20 平方米、13 个座位，但是能实现每天中午接待近 500 人的高效运作，这要归功于企业标准化的产品、信息的快速处理以及线上线下融合的经营管理方式，从而大幅度提高资源的配置效率。

（四）提升安全水平

我国食品安全问题早已是全社会广泛关注的问题，《中华人民共和国食品安全法》已经于 2015 年 10 月 1 日正式实施，该法明确了严格的过程监管制度，加强了对食用农产品的管理，努力为餐饮业打造放心的上游采购环境和下游物流环境。鉴于餐饮业的产业特点，必须通过产业监管和产业发展并举的方式做好餐饮业食品安全工作。通过完善监管体系，加大监管力度，可以提高违法违规行为的成本，遏制行业违法违规行为；通过制定科学的产业发展政策，可以帮助合法合规经营的餐饮企业获得更好的发展机会，对违法违规行为形成挤出效应，促进产业健康发展。

（五）扩大国际市场

在全球经济一体化的今天，积极实施“走出去”战略，充分利用国际、国内两种资源，两个市场成为产业发展的关键。中国烹饪协会会长姜俊贤表示，中餐国际化事业已进入最好的历史发展时期，呈现出政府部门鼓励支持、众多国家和地区热情欢迎、餐饮企业积极尝试、海内外各界多方投入的大好局面。中餐国际化已经具备了充分有利的外部条件，中餐“走出去”已成为民间外交的重要组成部分，也是中国开发海外市场的重要内容。大批中国人和中国企业向海外发展，不断壮大了中餐消费群体，形成了巨大的市场需求。随着海外中餐的受众随中国国际影响力的提升不断扩大、中餐文化讲述的中国故事日益受到欢迎以及大型中餐企业经济实力的日益雄厚，中餐已具备足够的国际市场竞争能力。近年来，中国烹饪协会已组织中华美食走进巴基斯坦、阿联酋、印度等系列活动，并与英国、法国、德国以及亚太等国家和地区开展了饮食文化交流与展示。眉州东坡与美国零售物业集团 Westfield 公司开展战略合作，依托 Westfield 在美国广布的购物中心，结合自身品牌定位，在洛杉矶开店大受欢迎。这种依托与海外机构合作，克服法律、财务、人才上的水土不服和风险的方式，也在海底捞、黄记煌等餐饮企业的海外扩张中被广泛运用。中国餐饮企业海外扩张走得更理性、更自信。当前中国餐饮在国际市场的地位和形象尚有很大提升空间，民间外交功能尚有很大的展现空间，有必要在政府的扶持主导下，培育一批在海外有影响力的规模型品牌餐饮企业。

三　餐饮业供给侧改革的主要策略

（一）提高餐饮业有效供给

1. 推进加速回归大众化餐饮

在经济发展新常态下，餐饮业同样进入理性回归、满足大众需求、适应市场变化、着力提升质量与效率的发展新常态。2014 年 6 月，商务部出台《加快发展大众化餐饮的指导意见》，首次提出 5 年内力争使大众化餐饮占全国餐饮市场比重达到 85% 以上。大众化餐饮由于刚性需求而增长比较稳定，成为推动整个行业趋稳回暖的最大动力。2015 年大众餐饮呈现强势增长，大众化餐饮市场份额已超过 80% 。据中国烹饪协会统计，过去全国餐饮百强中基本都是高端餐饮，但目前快餐类企业已有 19 家，营业收入占全国餐饮百强总营业收入的近 4 成。近年来原本的大众餐饮品牌纷纷在扩张，就连全聚德、俏江南、大董、小南国这样的中高端餐饮品牌也开始进军大众化餐饮市场，谋求企业转型。未来在以大众化餐饮为主体的行业趋势下，有机餐饮、快餐团餐、休闲餐饮、特色餐饮、农家乐餐饮等细分业态还将具有较大的发展空间和潜力。

2. 完善发展社区餐饮的政策

社区餐饮是在中国城镇化推进过程中，为了满足在生活节奏日益快速、家庭结构日益小型、家庭服务日益社会化背景下城镇居民餐饮需求而在大众化餐饮中细分出的具有一定服务范围的餐饮模式。商务部发起的早餐工程是社区餐饮最早的雏形。社区餐饮因为消费需求具有量大、稳定、多样化的特点，在大众化餐饮成为餐饮业发展趋势的背景下，日益受到关注并成为很多餐饮企业结构调整的新途径。目前社区餐饮的模式主要有社区食堂供应模式，如万科第五食堂以及鼓励机关党委开放食堂；超市便利店模式；居委会预订模式；居民预订外送模式；自动售饭机模式，如三全食品推出的“Funbox”（三全鲜食贩售机）以及嘉和一品、格力、乐栈合作的乐栈配送机。目前社区餐饮发展还存在供给不足、规模化和规范化水平较低、缺乏有力的政策支持等问题。政府应协同社区管理部门、房地产开发商、行业协会等有关单位做好社区发展整体规划，为社区餐饮发展提供合理的场所，加强社区餐饮标准体系建设，尽快制定社区餐饮的国家标准和行业标准，相关行业协会必须加强引导、协调，为社区餐饮和企业发展服务。

3. 扶持健康餐饮及特殊人群餐饮的发展

随着国家医疗体制改革的不断推进，大健康产业成为“十三五”时期很多地区产业布局的新亮点，医疗健康领域将成为供给侧改革红利的覆盖之地。餐饮业目前在各地推进的老年餐桌服务以及月子中心营养膳食餐有望随着中国人口老龄化的加速以及国家二孩政策的放开，从个别的服务形式逐步发展成为具有影响力的新兴业态，形成从现有的团餐业态进一步细分出针对不同特殊人群的餐饮产品和服务。

（二）实施“互联网 +”

1. 线上线下融合发展

互联网特别是移动互联网的迅猛发展彻底改变了人们的日常工作和生活，消费者的用餐习惯也在改变，传统的餐饮经营模式受到重大影响，餐饮 O2O 已逐渐渗透到我们的日常生活中，“互联网 +”为传统餐饮业带来了转型发展的新机遇。但是，互联网餐饮业也暴露出一些问题，2016 年央视“3·15”晚会揭露了某第三方网络订餐平台存在食品安全诸多问题，针对网络订餐平台缺乏相关标准及相应管理办法、监管严重缺失的问题，2016 年 7 月国家食品药品监督管理总局公布《网络食品安全违法行为查处办法》，并于 2016 年 10 月起开始执行。

2. 提升信息化、智能化水平

除了此前普遍使用的 iPad、微信点餐，以及已经出现的机器人餐厅等，餐饮智能化技术将进一步发展。例如自助餐厅模式，通过互联网自助餐厅技术，将传统的餐厅一对一百货式服务转型为互联网自助点单、支付的超市服务模式，目前已经有不少餐厅在实践，这一模式有效地减少前厅服务员的数量，被越来越多的餐厅所效仿。2015 年北京地区出现不少类似的餐厅，其中“人人湘”湖南米粉因为受到风险投资的青睐而广为人知。以金融和互联网创新变革餐饮“供给侧”，在优化餐饮供应链，降低餐厅采购成本，加速供应商资金流转，提升行业效率，加强食品安全的源头控制等诸多方面都大有文章可做。

（三）发展绿色安全餐饮

1. 低碳化发展

在餐饮产品生产、流通、消费的各个环节，以节能、节水、节材、节地和资源综合利用等为重点，发展绿色节约型餐饮。建立餐饮经营场所“绿色餐饮”文明规范；实施“绿色照明”工程，推广使用节能型设备；提倡用清洁能源代替污染能源，推行清洁生产，减少使用一次性餐具和用具，减少餐厨等废弃物的产生；禁止以保护动物、保护植物为原料，尽可能使用绿色原料；制定地方标准，全面实施绿色餐饮企业认证。

2. 节约化发展

建立餐厨垃圾排放登记制度，配合有关部门制定和完善餐厨废弃物管理办法，督促餐饮企业做到餐厨垃圾分类收集放置，日产日清。鼓励和支持企业探索适宜的处理技术及管理模式，推进餐厨废弃物资源化利用和无害化处理，逐步建立有效的餐饮废弃物回收机制。

3. 加大食品安全监管力度

引导企业慎重、科学、规范地使用添加剂，并进行食品添加剂备案和公示；建立农产品源头质量追溯保障体系和农餐对接长效机制，提高餐饮消费安全水平；建立和完善餐饮原辅材料采购、储藏、搬运、生产、加工、销售全过程的规范程序及卫生消毒、环境保洁，强化食品、食品原料及食用农产品的采购索证管理；建立健全企业、消费者、政府部门和新闻媒体“四位一体”的监督管理体系，促进餐饮业健康有序发展；针对网络订餐等第三方平台，实施商户实名登记制，加强互联网餐饮食品安全监管。在严格执行《食品安全法》的基础上，对取得餐饮服务许可证的各类餐饮服务单位开展食品安全监督量化分级管理，建立科学规范的分级评定标准和程序，及时向社会公示餐饮服务单位食品安全监督量化分级情况。同时加大危害公众食品安全行为的惩处力度，将原来以罚没为主的惩罚措施转变为以刑罚为主的惩治措施。

（四）提升公共服务能力与水平

1. 正税清费，切实减负

降费与减税，是降低餐饮企业经营成本的重要手段。针对诟病已久的银行卡刷卡费率问题，国家发改委已于 2013 年将餐饮业的银行卡刷卡费率从 2% 降到 1.25%。2015 年 8 月国家通过取消行业分类方式彻底解决了将餐饮行业划归珠宝等高消费领域的收费档次，从而降低餐饮业刷卡手续费；“营改增”的全面推进将从产业链上全面降低餐饮业的经营成本。未来还需要从清理和减少行政事业性收费以及优化餐饮税收结构层面推进减税降费等政策，不断减轻餐饮企业负担，激发餐饮产业活力。

2. 简政放权，松绑企业

近年来中央政府多次强调简政放权。在国家政策层面，2016 年 2 月 29 日《国务院关于整合调整餐饮服务场所的公共场所卫生许可证和食品经营许可证的决定》出台，提高餐饮服务食品安全监管的效率，减少了对餐饮企业重复发证、重复监管的问题，切实减轻了餐饮企业负担。在地方层面，需要从监管环节、流通通道等方面进一步进行优化和疏解。首先是提高审批时效，简化审批流程。其次是强化政策落实力度，创新政策执行方式。广州市积极落实扶持小微企业的税收优惠政策，餐饮业地方税收负担下降到 6.9%，比各行业平均水平低 1.2 个百分点，值得在其他地方推广。最后是疏解餐饮供给的渠道，在地方建设规划和商业网点布局中，积极引导房地产商在新建楼盘和住宅小区建设中，合理配置餐饮网点，服务社区餐饮，地方政府应出资购买一部分商业用房，用于支持社区餐饮网点建设。

（五）推进中餐国际化

1. 加快中餐申遗进程

中华美食历史悠久，与法国美食、土耳其美食并称为世界烹饪的三大风味体系，当前，法国大餐、墨西哥传统饮食、地中海饮食等相继入选联合国世界非物质文化遗产名录，这在国内餐饮界引起强烈反响，将中华美食申请列入世界“非物质文化遗产”名录工作成为国人更加迫切的心愿。推动中餐申遗，不仅能带动国内餐饮行业转型发展，创造更多的就业岗位，更好地服务经济发展，还能推动中华美食走向世界。自 2006 年我国餐饮界和饮食文化专家学者开始关注中餐申遗工作以来，经过 10 年的努力，中餐申遗工作进展良好，不仅获得商务部、文化部等部委大力推动，而且已经满足申报世界非物质文化遗产的所有原则性要求。著名湘菜大师许菊云认为：加快中餐申遗进程应当从设立专业机构和专项基金；成立海外中餐服务中心，提升中餐海外形象；抓区域战略机遇，促餐饮经济协同发展等方面着手。

2. 主动服务国家“一带一路”倡议

“一带一路”发展建设部署逐步深入落实，对区域间经济、文化等各方面都产生了重要作用和深远影响。饮食文化成为外交活动中频繁亮相的主角，中国饮食文化“走出去”更是进入了系统化、立体化、战略化发展的阶段。餐饮业应主动服务国家“一带一路”建设，促进区域餐饮经济协同发展，加强中华饮食文化交流，更好地继承、发扬传统烹饪技艺。根据区域战略发展的大局，促进各地尽快出台有利于推进餐饮经济区域协调、规模化、连锁化发展的支持政策，加强饮食文化交流。鼓励餐饮企业、特别是大型品牌餐饮企业进行更加紧密的合作，促进资源优势互补和合作共赢，实现品牌互动、技术支持、人才共享、信息对接、市场共建。“一带一路”不仅为丝绸之路美食搭建了文化交流桥梁，也为中华美食开启了通往世界的大门。商务部牵头实施“一带一路”国际美食长廊建设、举办国际美食节等一系列举措，实现区域经济协调发展，不仅有利于促进区域间餐饮服务贸易，还将带动餐饮业上中下游产业链商品贸易的发展。

第三节　新时代中国餐饮业的特征与趋势[①]

一　中国餐饮业开启高质量发展的新征程

在改革开放以来的餐饮产业发展历程中，餐饮产业围绕政府消费以及温饱消费，把握住了餐饮市场化和餐饮需求社会化的发展机遇，实现了粗放式的高速发展，餐饮收入快速突破万亿元（2006）、2 万亿元（2011）和 3 万亿元（2015），但是从产业自身来看，产业能力依然处于较低水平。一是产业化程度低，产业生产水平总体以家庭作坊式生产为主，产业分工水平低下；二是品牌竞争力弱，全国性品牌餐饮企业相对较少；三是创新能力弱，产品同质化程度高；四是食品安全风险控制水平落后。这种低水平粗放式发展在外部政策、经济、社会和技术环境冲击下面临着较大的产业发展压力。正是这种外部压力，成为近年来餐饮业加快供给侧改革推动整个产业转型升级，提高发展质量，保障长期可持续发展的巨大推动力。

随着中国居民收入的增长，新型城镇化水平和乡村发展水平的提高，

---

① 于干千、赵京桥：《新时代中国餐饮业的特征与趋势》，《商业经济研究》2019 年第 3 期。

大众化餐饮需求的增长和升级为餐饮业提供了强劲的内生增长动力。

一是产业化水平不断提高。随着餐饮收入规模的扩大，产业规范化、连锁化、标准化和工业化发展水平的提高，产业分工水平稳步提升，专业化厨房服务、食品安全服务、供应链服务、信息化服务、品牌服务、管理服务、餐饮科技服务等企业不断涌现，现代化的餐饮产业分工体系日益完善，极大提升了产业发展效率。

二是品牌发展水平进一步提高。餐饮企业的高质量发展是餐饮业高质量发展的主要体现。近年来，伴随湘鄂情、俏江南、净雅、金钱豹等一批传统品牌被时代淘汰，市场竞争造就了一批高质量餐饮品牌的发展。新兴品牌崛起、老字号品牌转型发展，以及大量地方餐饮品牌，互联网餐饮品牌的发展，都进一步提高了中国餐饮业品牌发展水平。

三是餐饮业科技发展提升创新能力。餐饮业对科技的重视程度和投入强度加大，从原材料、生产到服务各个环节的科技应用水平提高，从而提高了产业效率，推动了产业创新。当前依托互联网、云计算、大数据、人工智能等科技支撑，互联网订餐、外卖平台、智能餐厅、数字餐厅、裸眼3D菜品等业态创新、模式创新、产品和服务创新不断涌现。

四是餐饮业食品安全风险控制水平提高。通过加强政府监管力度，加大企业食品安全管理投入，提高企业供应链管理水平，健全食品可追溯系统，餐饮业食品安全风险控制水平有了较大提高。

二　新时代中国餐饮业高质量发展的新特征

（一）科技成为新时代中国餐饮业发展的核心要素

一是科技推动餐饮步入数字化管理时代。在餐饮业发展的很长时间内，餐饮业整体信息化水平落后于国家整体信息化水平。高昂的信息化成本和学习使用成本是众多中小微企业实现数字化管理的障碍。随着云计算的发展，SaaS 软件的广泛应用极大降低了餐饮企业的信息化成本和学习成本，提升了餐饮业数字化管理能力。

二是互联网推动餐饮产业平台经济蓬勃发展。餐饮产业互联网平台通过互联网培育发展餐饮产业多边市场，使受时间和地域限制而割裂的餐饮市场打破时空限制，聚集形成规模化的市场，进而极大提高了产业发展水平。除了上文中所述餐饮外卖平台，还有面向消费者的互联网餐饮等位平台、互联网餐饮点餐平台、互联网餐饮支付平台、互联网餐饮评价平台以及集合上述服务的综合性平台；面向生产者主要有互联网餐饮供应链平台、互联网餐饮信息化平台等。这些平台的出现和发展可以提高餐饮产业市场的聚集水平，从而提高产业发展效率。

三是物联网和智能技术推动餐饮产业智能化发展。面对餐饮业日益增长的人工成本和租金成本压力，利用科技来降低成本是重要的解决路径。随着物联网和智能技术应用的日益普及，厨师机器人、服务机器人、智能识别等科技应用推动了智能餐厅、无人餐厅的快速发展，当前已经从概念阶段进入到实际应用阶段。

四是 3D、虚拟现实（VR）、增强现实（AR）技术推动产品和服务创新发展。3D、VR 和 AR 技术的发展推动了餐饮就餐环境、菜品的创新，使消费者在获得味觉享受的同时，体验身临其境的视觉享受。

此外，还有农业、工业领域的新科技在餐饮业引入和应用，进一步提高了餐饮业的科技含量。

（二）融合成为新时代中国餐饮业发展的主流趋势

餐饮业的跨界融合发展成为新时代中国餐饮业发展的主流趋势，也是必然趋势。从零售业和餐饮业的发展来看，这种跨界已经具有一定的产业发展历史，比如便利店中提供的快餐服务，海鲜市场中提供的产品加工就餐服务，餐饮门店中提供的非即时烹饪食品销售服务等。但过去的跨界依然处于跨界组合阶段，当前的跨界两者互补和联系更加紧密，真正实现了融合。

对于零售业来说，由于受到电子商务的冲击，线下交易份额在逐步萎缩，只有充分发挥实体体验的优势才能获得更多线下客流，而餐饮业作为体验经济的重要产业，正是线下引流的最好业态选择之一，而且在生鲜零售门店引入餐饮业态，可以缩短供应链，为消费者提供更好的服务和体验。

对于餐饮业来说，受限于门店服务半径和消费者就餐时间，餐饮门店的生产利用率，餐位利用率和人工利用率都具有较强的周期性，而发展零售业态可以在很大程度上抚平这种服务半径、餐位限制和消费周期带来的影响，提高门店盈利水平。

此外，餐饮业的跨界融合还体现在农业与餐饮的融合、旅游与餐饮的融合、文化与餐饮的融合等等。总之，融合发展成为新时代中国餐饮业发展的主流趋势，餐饮业的体验功能和基础性消费特点使其成为各个消费领域吸引客流的重要产业，同时餐饮业也通过与其他产业的融合，促进自身的创新发展。

（三）竞合成为新时代中国餐饮业发展的主题词

竞争与合作正在成为新时代中国餐饮业发展的主题词。一方面，随着信息传播加速，商业空间的调整，新时代餐饮业面临更加激烈的竞争环境。餐饮业是市场机制发挥较为充分的产业，行业竞争激烈，每年新进市场和退出市场的主体都非常多。尤其是在人流向商业中心聚集，信息流向互联网平台聚集的新时代，消费者与以往相比拥有更多的选择权，更低的选择成本，每个餐饮企业既拥有更多更好的发展机会，也面临更多更激烈的竞争。

另一方面，随着市场竞争环境的加剧，餐饮竞争已经不仅是单个餐饮企业的竞争，还是餐饮集群的竞争、商业区域的竞争、供应链的竞争，因此餐饮企业正在加强餐饮集群之间的合作，实现有序竞争，发挥餐饮集聚效应，加强与商业地产、各业态的合作，实现商圈的共赢，加强与上下游供应商的合作，实现餐饮企业核心竞争力的提升。当前餐饮业出现的共享厨房、共享厨师等新兴共享经济形态正是新时代中国餐饮业竞合发展的重要体现。

（四）健康成为新时代中国餐饮业发展的内涵特征

健康的首要保障是食品安全。食品安全是餐饮业发展的生命线，是重大民生问题。特别是在通信便捷、社交媒体广泛应用的网络时代，食品安全事件会严重损害企业发展，损害消费者对产业的消费信心，更为严重的会引起社会恐慌，影响社会稳定。在各级政府、协会、消费者、企业的重视和共同努力下，《中华人民共和国食品安全法》的颁布，监管机构改革，食品安全信用档案的建立，各地“阳光厨房”工程的实施，原辅材料可追溯机制的建立，企业食品安全人员的设置和管理机制的建立等完善了中国餐饮业食品安全的法律法规，监管体制机制和企业管理制度。产业食品安全控制水平相比过去有了巨大的提升。

在安全的基础上，健康是新时代居民美好生活的重要诉求。改革开放以来，随着人民生活水平的提高，高热量、高脂肪、高蛋白等富营养饮食过量摄入带来了诸多健康问题，如高血压、高血糖、高血脂等“富贵病”。近年来，餐饮企业高度重视健康问题，从就餐环境、原辅材料、菜品规格、营养搭配等各个方面营造健康餐饮品牌，以满足消费者的健康饮食需求。以沙拉主题餐饮为代表的轻餐饮的快速发展，营养配餐的兴起，正是迎合了消费者的饮食消费理念的转变。餐饮消费已经由过去的重口味、重数量的肉食为主的消费结构向低盐、低糖、低油的素食为主的消费结构转变。

（五）人民满意度成为新时代中国餐饮业发展的价值取向

对于政府来说，伴随城镇化水平的进一步提升，乡村振兴战略的深入实施，要做好餐饮产业规划，营造良好发展环境，引导产业健康、有序发展，为地方经济、人民民生做贡献。一是发展多层次大众化餐饮市场。坚决守住食品安全红线，把满足人民日益增长的美好生活的餐饮消费需求作为餐饮产业发展的首要目标，发展多层次大众化餐饮服务市场，既要保障居民基本餐饮需求的供给，又要满足不同收入阶层、年龄结构多元化的餐饮消费需求。二是科学规划社会餐饮网点。充分考虑消费者在工作、生活、旅游休闲的全生命周期的社会化餐饮需求，科学规划社会餐饮网点，特别是要完善社区餐饮服务网点，降低消费搜寻成本。

对于餐饮企业来说，首先要变革传统以生产为中心的思维模式和企业流程，改变过去以厨师为出发点的 B2C 模式为以消费者为出发点的 C2B 模式，即要精准定位消费者，时刻了解消费需求的变化，并从消费者消费需求出发，统领企业产品研发、组织管理、生产实施和品牌营销。

其次要重视消费者各个渠道的消费反馈，并根据反馈信息不断改进产品和服务，提高满意度。随着互联网的发展，以大众点评网、口碑网为代表的在线名誉评价体系以及各类社交媒体已经成为消费者表达消费感受的主要渠道之一，成为餐饮企业和消费者互动，提高满意度的主要渠道之一。

但是即便是在互联网时代，餐饮企业的满意度最终建立在产品和服务品质上。仅赢得了消费者的眼球而没有满足消费者的胃和心，是无法在如此激烈的市场竞争中树立竞争优势的。以网红餐饮为例，网红餐饮是利用互联网传播效应和粉丝经济迅速发展的新兴餐饮品牌。互联网新兴餐饮品牌的崛起为中国餐饮产业发展带来了新生力量，其对消费者的餐饮需求的敏锐嗅觉，对餐饮服务的全新理解和诠释，对互联网传播渠道的熟练应用以及对互联网消费者的尽心维护，为餐饮业发展带来了新理念和新元素，并带动了一批非餐饮人士跨界创业进入餐饮产业，活跃了整个餐饮市场。但同时也存在大量网红餐饮，仅依靠互联网营销炒作，并不注重产品的安全和品质，企业和供应链的管理，最终昙花一现，在竞争中迅速湮灭在市场中。

三　新时代中国餐饮业发展面临的新趋势

（一）消费升级

中国经济增长已经由过去的投资、出口拉动型向消费驱动型转型。一是中国社会消费品零售总额达到了 36.6 万亿元，增长 10.2%，进入 21 世纪一直保持着两位数以上的增速。二是国内生产总值中的最终消费已经超过了 40 万亿元，居民消费超过了 30 万亿元，从 2012 年开始，最终消费率持续维持在 50% 以上，并且保持上升趋势，最终消费支出对 GDP 增长的贡献率在 2015—2017 年分别达到了 59.7%，66.5% 和 58.8%（见图 3 - 2）。消费无论在总量，还是增长贡献上都已经成为中国经济的中流砥柱，成为内生增长动力的重要源泉。从当前消费升级来看，主要体现在以下四个方面。

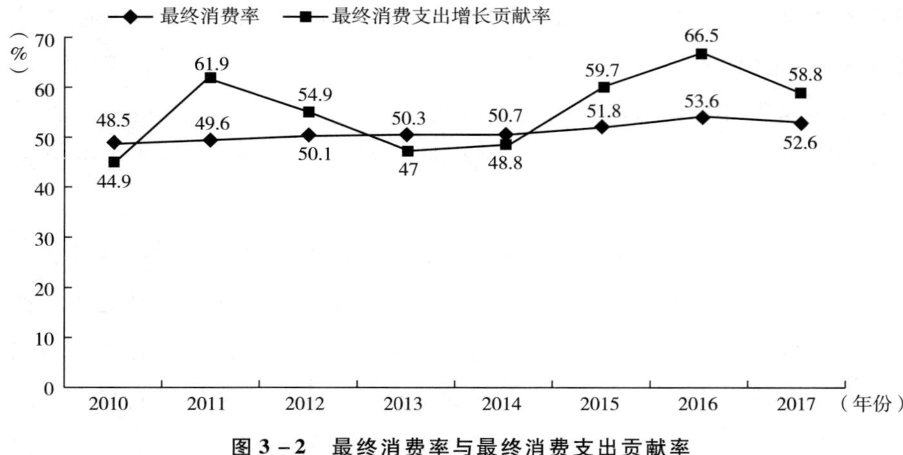

图 3－2　最终消费率与最终消费支出贡献率

消费群体变化。中国拥有全球最大规模的消费人口，因而人口结构变迁和消费群体更替将会带来消费的巨大变化。一方面，中国正在步入老龄化社会，65 岁以上人口已经超过 1.5 亿，占所有人口比例已经超过 10%，并且呈现增长势头；另一方面，中国中等收入群体规模持续扩大，已经成为消费主体，目前中国中等收入群体已超过 3 亿人，拥有世界上最大的中等收入群体，而且拥有不同消费理念的“80 后”“90 后”正在迅速成为中等收入群体的重要组成部分。消费群体的年龄结构变化、收入分层、消费理念更新使餐饮需求更加多元化和个性化。

消费水平提高。随着收入的提高，居民人均消费支出也在不断增长，居民消费水平指数持续攀升至 2016 年的 1820.5（1978 年为 100）（如图 3－3 所示），到 2017 年，居民人均消费支出超过 18000 元。此外，随着收入的提高，居民在工作和休闲的时间分配决策上也发生了重大转变，休闲时间分配比例逐步提高。由此，生活水平的提高对社会化餐饮、休闲餐饮需求进一步提升，对餐饮的安全、健康、品质提出了更高要求。

消费结构升级。消费结构升级是消费升级的主要特征。随着收入的提高，消费者的消费结构将会不断优化，食品消费等物质消费比例逐步下降，而教育、医疗、文化、娱乐等服务类消费比重上升。到 2017 年，中国恩格尔系数进入 30% 以下区间（见图 3－4），按照联合国标准，意味着我国居民生活进入了 20%—30% 富足区间。尽管恩格尔系数存在偏差，但是

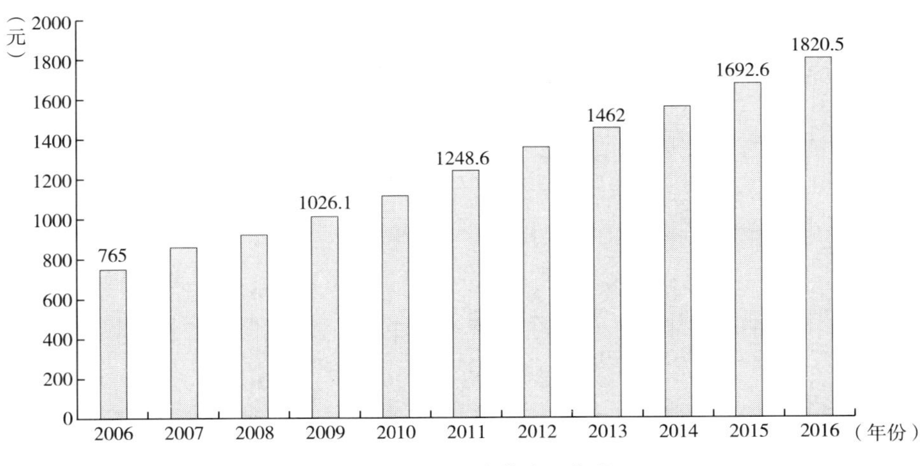

图 3-3　居民消费水平指数

资料来源：笔者根据国家统计局 www. stats. gov. cn/数据统计，下同。

改革开放以来的恩格尔系数变化趋势，充分反映了中国人民生活不断改善，消费结构不断升级。这意味着我国餐饮业也必须从满足温饱的物质需求阶段向满足精神文化和服务消费需求阶段转变。

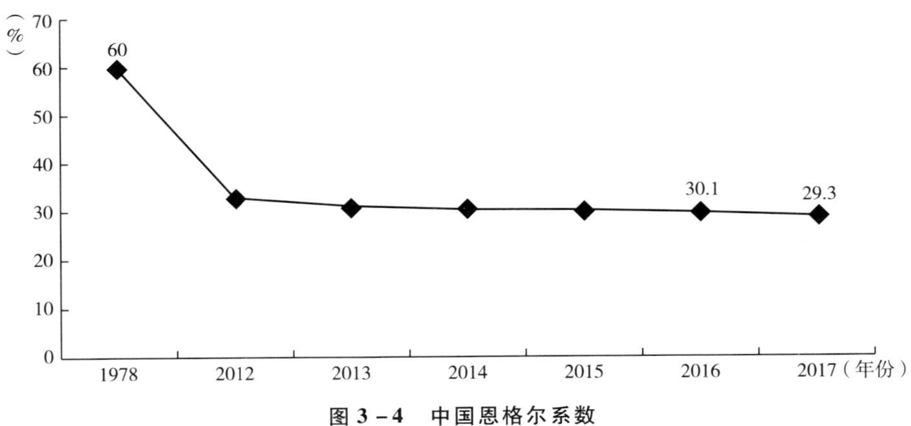

图 3-4　中国恩格尔系数

消费模式变革。随着互联网的普及以及消费金融的发展，中国消费者的消费模式也正在发生变革。一方面，网络消费成为重要消费模式，这也是在线餐饮外卖服务市场、网红餐饮品牌快速崛起的重要原因。另一方面，在监管机构鼓励发展消费金融的政策指引下，以金融机构为主导、互联网金融平台为补充的消费金融市场发展迅速，短期消费贷款余额快速提升到 2017 年的 6. 81 万亿元水平（见图 3 －5），尤其是在互联网、大数据技术支持下，消费金融交易成本迅速降低，提前消费、负债消费正在成为年轻消费群体的主要消费模式。

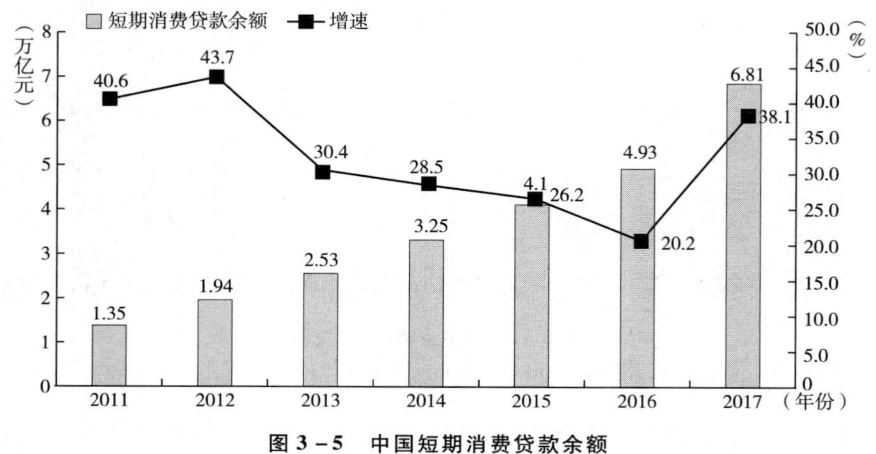

图 3 －5　中国短期消费贷款余额

紧紧把握在消费领域中的消费群体、消费水平、消费结构和消费模式等方面的重大变化和发展趋势是餐饮业满足人民日益增长的美好生活需求，实现餐饮业高质量发展的核心工作。从当前中国大众化餐饮业发展来看，消费升级正在引领大众化餐饮的发展，更高品质、更加多元化的大众化餐饮正在不断满足市场需求。

（二）数字经济

数字经济是新时代的重要特征和发展趋势。信息技术的广泛和深入应用，特别是以智能手机为代表的智能终端技术，以传感器为代表的物联网技术，以云计算、大数据为代表的互联网信息技术，以及以电子商务、网络社交为代表的网络应用，加快了全球社会、经济的数字化进程。数字经济正在变革和主导经济发展。从数据来看，数字经济正在成为中国综合国力和创新能力的重要体现。

中国拥有世界最大的数字人口。中国已经成为全球网民和手机用户规模最大的国家。截至 2017 年底，中国网民规模达到 7. 72 亿人，互联网普及率达到 55. 8%，其中手机网民规模达到了 7. 53 亿人，占全体网民的 97. 5%，我国移动电话用户总数达到 14. 2 亿户，其中 4G 用户超过了 9. 97 亿户。

中国数字经济活动活跃。中国在电子商务、移动支付、网络出行等多个数字经济发展领域处于世界领先水平。到 2017 年，全国电子商务交易额超过 29 万亿元，约为全社会批发零售进销额的 25%，网络零售额达 7.2 万亿元，其中网上商品零售额 5.48 万亿元，占社会消费品零售总额的 15%；银行金融机构处理移动支付 375.52 亿笔，交易 202.93 万亿元；第三方移动支付交易规模迅速突破 100 万亿元，比 2014 年增长了 6 倍多，是 2010 年交易规模的 2000 多倍；中国移动出行用户规模达到 4.35 亿人，共享单车用户达到 2.21 亿人。

中国数字经济总量庞大。《中国互联网发展报告 2017》和《世界互联网发展报告 2017》显示，2016 年中国数字经济规模总量达 22.58 万亿元，跃居全球第二，占 GDP 比重达 30.3%。也有研究报告从更广义的范围定义数字经济，认为中国数字经济规模总量已经超过了 GDP 的 50%。这些数字明确传递出数字经济在中国当前和未来社会经济发展中将发挥非常重要的作用，数字驱动型经济将成为中国经济高质量发展的重要推动力。

餐饮业相对于零售业、金融业、交通运输业等服务业来说，数字化发展水平相对落后，但是发展空间巨大。加快餐饮业数字化进程是发展数字经济的国家战略需要，也是建设现代化餐饮业，提高餐饮业运行效率和创新能力的需要，更是深入、动态了解消费需求，更好地满足美好生活需求的需要。此外，餐饮业数字化形成的海量数据资源也是国家社会、经济领域的宝贵数据资源。

从当前的餐饮业发展来看，从生产端到消费端，从原材料到最终产品的各个环节正在开始数字化进程，数字餐厅、数字供应链、餐饮服务平台的出现和高速发展，体现了传统服务业对数字化进程的巨大需求。

发展数字驱动型餐饮产业是数字经济环境下，餐饮产业发展的必然趋势。一要发展壮大餐饮业平台经济。餐饮业互联网平台的发展是聚合餐饮市场，提高供应商与餐厅之间、餐厅和消费者之间的匹配效率和服务效率，扩大产业内分工，提高餐饮业协调分工水平的重要抓手。鼓励利用互联网平台建立和聚合餐饮市场，构建餐饮产业的多边市场。当前，互联网外卖平台经过资本大量投入和培育发展，已经形成了 2000 亿元以上规模的餐饮外卖市场，产业带动效应凸显，一方面推动了诸多专注外卖市场的新兴餐饮品牌的发展以及拉动城市最后一公里配送的物流服务发展，另一方面也催生了共享厨房等服务于外卖企业的新兴餐饮分享经济商业模式。二要鼓励企业提高数字化水平和数字决策能力。重视提高餐饮门店的数字化能力，提高门店经营效率，降低经营成本，提高客户满意度。三要搭建餐饮科技公共服务平台。搭建餐饮科技公共服务平台，为中小微餐饮企业提供餐饮科技咨询、交易和普及应用服务，提高中小微餐饮企业的科技应用水平。四要建立餐饮科技研发引导基金。以餐饮科技研发引导基金模式，鼓励餐饮企业投入研发资金，加快餐饮科技发展。

（三）开放包容

中国餐饮业作为中国文化的形象代表之一和重要载体，无论在对外的中西餐文化交流传播，还是在地方餐饮文化的兼收并蓄和融合发展上都要坚持开放包容的发展原则，致力于推动社会主义文化繁荣兴盛和人类命运共同体的发展。

以开放包容原则推进中餐“走出去”。中餐“走出去”是具有经济和文化双重意义的重要战略，尤其在文化方面。文化“走出去”已经成为中国“走出去”战略的重要内容。世界历史发展经验表明，文化不仅是一个民族、一个国家凝聚力和创造力的基因和源泉，也是评判一国综合国力、国际竞争力的重要因素和指标。中华文化源远流长、博大精深，是中华民族生生不息、发展壮大的丰厚滋养，也是当代中国发展的突出优势，对延续和发展中华文明、促进人类文明进步发挥着重要作用。近年来，以习近平同志为核心的党中央高度重视文化建设和传播。这不仅是国家经济实力增强的必然结果，更是中国“软实力”提升的重要表现。[①] 习近平总书记明确指出：“提高国家文化软实力，关系‘两个一百年’奋斗目标和中华民族伟大复兴中国梦的实现。”文化“走出去”有助于世界了解中国文化，提升国家形象；有助于增强国家互信，深化国际经济政治的交流与合作；有助于建设文化强国和构建人类命运共同体。中餐是中华民族五千年悠久

---

① 谢孟军：《文化“走出去”的投资效应研究》，《全球 1326 所孔子学院的数据　国际贸易问题》2017 年第 1 期。

历史文化的凝结，集合中国劳动人民的生活传统和智慧，相对于过去以官方为主导的文化交流模式，中餐“走出去”以民间交流形式更具有开放性和包容性。

以开放包容原则推进中国地方菜发展。幅员辽阔、民族众多、地形和物产多样的中国在漫长历史发展中，在地方资源禀赋和生活风俗习惯影响下，形成了各具特色的地方菜系，并留下了大量非物质文化遗产。这些造就了丰富多彩的中国餐饮，也给消费者带来了别具一格的美食体验。在中国餐饮历史的发展中，从南食北食，到四大菜系，再到八大菜系，体现了不同历史时期地方菜的发展水平。从当前地方菜发展来看，一方面，随着食材的流通便利和厨师的流动交流，地方菜的融合创新成为重要发展趋势；另一方面，很多地方政府都在积极挖掘、打造有自身特色的地方餐饮品牌，呈现百花齐放的发展态势。地方特色餐饮是体验地方文化的重要渠道，是满足消费者多元化餐饮体验需求的重要餐饮服务，应该以更加开放包容的原则鼓励地方特色餐饮走向全国市场，走向全球市场。

在全面推进中餐的国际传播工作中，一要出台国家层面的推进中餐“走出去”规划，指导各级部门和地方政府充分整合资源，有序有效地推进中国传统文化的国际化传播。二要积极利用行业协会平台，特别是世界中餐业联合的国际性行业组织，通过会议会展、厨艺交流、学术论坛等多种方式，加强中外餐饮文化交流。三要注重提高中餐企业的国际竞争力。企业是中餐“走出去”，传播中餐文化的主体，因此必须提高中餐企业的国际竞争力，建立“中餐走出去”长效市场化机制。一方面，必须加强中餐企业对自身中餐文化的理解和传承，本土的文化、民族的文化是中餐走向世界的根和灵魂所在；另一方面，要加强中餐业国际交流能力，学会用国际化的餐饮语言或者说东道国本土化餐饮语言传播中国餐饮文化，才能获得东道国市场的真正理解和接受，并成为中餐传播者。

（四）绿色生态

生产方式的绿色生态。一是发展节能环保型厨具和设施设备，降低生产能耗和环境污染；二是鼓励发展餐饮业节能环保服务企业，为餐饮企业提供节能环保解决方案，比如清洁生产方案、企业内部循环经济方案等；

三是严格和科学回收泔水，既要充分利用泔水的生物质能源，又要防止泔水通过非法途径回流餐桌，造成食品安全问题。

消费方式的绿色生态。一是培育和鼓励消费者理性消费，培养节约和打包的消费习惯，培养生态友好型消费习惯；二是增强消费者绿色生态常识教育，培养绿色生态消费意识，从而对企业行为形成良好的监督和倒逼机制。

发展绿色生态餐饮产业，必须加强绿色生态发展的激励和约束机制。一是加强政府监管。一方面，建立全国一体化的餐饮业信用监管体系，对环保失信餐饮企业采取市场禁入措施；另一方面，鼓励第三方、消费者共同形成社会化监管机制，共同维护美好的生态环境。二是设立餐饮业绿色生态发展政府基金，通过政府引导，鼓励研发投入发展绿色生态友好型餐饮生产设施、设备，鼓励发展绿色生态专业服务企业，提高市场对餐饮绿色生态发展的服务能力。

消费升级、数字经济、开放包容和绿色生态四大发展趋势既是新时代赋予餐饮业的重大发展机遇，也是餐饮业发展面临的巨大挑战。新时代中国餐饮业必须树立以人为本的发展理念，紧紧围绕消费升级，拥抱数字经济，扎根中华民族文化，服务全球消费者，勇于承担社会责任，在新时代的新征程中实现可持续发展。

第四节　改革开放40年中国餐饮业发展历程与产业发展贡献[①]

一　改革开放40年中国餐饮业发展历程

（一）1978—1991年：改革红利不断释放，餐饮产业逐步恢复

1978年后，我国进入了以经济建设为中心的改革开放新时期。中国特色社会主义理论逐渐从萌芽到形成基本轮廓，市场经济被引入计划经济体制，人们逐步解放思想，社会潜在动力得以迅速释放，推动了社会生产力的发展。《关于企业职工要求“停薪留职”问题的通知》（1983）和《关

① 于干千执行主编《中国餐饮产业发展报告（2019）》，社会科学文献出版社，2019。

于科学技术体制改革的决定》（1985）激发了人们的创业和致富热情，掀起了职工和科研人员“下海”创业的第一波热潮。家庭联产承包责任制（1978）促进了农业总产值和粮食产量增长；农村集贸市场的恢复（1979）推动了农村经济发展，粮食增长和居民消费水平大幅提高；《关于深化企业改革增强企业活力的若干规定》（1986）正式拉开了全国大型国有企业股份制改革的序幕，刺激了市场活力；市场化改革起步并取得初步进展，二、三产业占比上升，促进了我国产业结构的优化升级，餐饮产业规模快速增长，即便物价政策改革（1988）重挫了宏观经济和全国民众的改革热情，作为刚需的餐饮消费占比不降反增，整个时期餐饮收入平均增速领跑消费市场。“三结合”就业方针（1981）等多项政策文件推动我国就业市场化开始形成，餐饮就业人员稳定增长且超过全国平均水平。《食品卫生法（试行）》（1982）引领我国食品卫生管理全面步入法制化、规范化轨道。在《关于切实搞好青壮年职工文化技术补课工作的联合通知》（1982）等政策保障下，我国餐饮职业教育开始起步探索，以保证与快速发展的餐饮市场同频共振，全国个体和私营餐饮企业如雨后春笋般涌现，引来肯德基等外资餐饮企业布局中国市场。社会财富心态从“怕富”到“愿富”，居民的餐饮消费需求从吃得饱提升到吃得安全吃得好，餐饮产业进入恢复期。

（二）1992—2001 年：市场化改革加速推进，餐饮产业快速发展

1992 年后，我国进入维护稳定的依法治国时期。在建立社会主义市场经济体制目标的引领下，经济快速增长，顺应时代变革的来自各行各业的精英脱颖而出，成为社会榜样带动全民竞争意识和素质的普遍提高。以信息技术和互联网为核心的科技与产业革命改写了全球经济格局，我国提出科教兴国和人才强国战略（1995），推动了第二波互联网创业热潮，为互联网餐饮服务奠定了坚实基础。在市场化改革（1992）和住房市场化改革（1994）的影响下，餐饮市场规模增加 7.3 倍，产业贡献领跑消费市场。《工商税制改革实施方案》（1993）、对外贸易体制改革（1994）和政府机构改革（1998）促使我国经济对外开放程度加大的同时强化了政府的宏观调控、社会管理和公共服务职能；中国餐饮企业的主动性和发展实力全面

爆发，培育和见证了诸多中国领先餐饮品牌的诞生和发展，私营餐饮企业迅速崛起。《中华人民共和国劳动法》（1994）推进全员劳动合同，加快推进政策法制化的速度，餐饮业就业人员稳定增长且略高于全国水平。《中华人民共和国食品卫生法》（1995）对我国食品卫生监管影响长达 14 年；与此同时，新出现的集体和私营餐饮与食品企业成为行业重点监管范围，餐饮产业监管进入以卫生行政部门为主体，国家税务、工商行政部门为辅助的多维度监管模式。在《中华人民共和国职业教育法》（1996）等诸多创新性政策的引导下，餐饮业职业教育创新校企合作机制，发展全面提速。社会财富心态从“愿富”到“羡富”，居民的餐饮消费需求升级到感受餐饮文化以及社交的重要方式，餐饮产业进入增长期。

（三）2002—2011 年：城镇化、全球化助推发展，餐饮产业趋于成熟

2002 年后，中国特色社会主义发展稳步前进，以科学发展观为指导构建和谐社会。中国积极加入经济全球化行列和进行产业结构调整，在国有企业改革（1999）、国有商业银行股改和股权分置改革（2003—2005）的影响下，企业成为独立的市场主体，企业经济效益普遍提高，带动了整个国民经济的快速发展，在一系列激励科学技术发展的政策推动下，我国科技创新进入加速发展的快车道。SARS 事件（2002—2003）倒逼政府加强食品安全和安全生产监管体制建设；在城市化成为经济增长、扩大内需的主要动力的背景下，我国第三产业超越第二产业成为国民经济增长的主要动力，餐饮业成为城市化进程中的最大受益产业，产业规模十年复合增长率达到 16.5%，并于 2011 年突破 2 万亿元，平均增速领跑消费市场。在《中华人民共和国中小企业促进法》（2003）等多部支持个体私营经济和鼓励民间投资的政策文件推动下，私营餐饮企业的产业主导地位得到不断巩固，餐饮产业进入成熟期。《关于进一步做好下岗失业人员再就业工作的通知》（2002）等政策文件保证了青年特殊群体的就业工作，做到了就业政策全覆盖，餐饮业就业人员增长率高于全国其他行业平均水平，城镇私营和个体企业就业贡献最大。为更好地规范餐饮企业经营和消费环节，《中华人民共和国食品安全法》（2009）等法规文件密集出台。在《国务院

关于大力推进职业教育改革与发展的决定》（2002）等一系列促进“产教融合”的创新性政策营造的浓厚氛围下，酒店和餐饮企业与院校深化合作，优化人才培养质量，职业教育为行业输送专业人才的任务加重并取得了显著成效，受教育程度在高中以下的从业人员占比逐渐缩小。“炫耀性消费”初见端倪，居民在享受舌尖愉悦的同时更多开始关注服务体验和文化交流。

（四）2012—2018 年：经济步入新常态，餐饮产业转型升级

2012 年后，中国特色社会主义进入新时代，改革进入深水期和攻坚期。全面深化改革有力地促进了社会更加公平正义，人民日益增长的美好生活需要和不平衡不充分的发展之间的矛盾不断缓解。党的十八大之后，随着全面从严治党向纵深推进，中国社会的财富心态逐步趋向理性，科技创新整体能力和水平开始发生质的变化，开启了建设世界科技强国的新征程。餐饮行业在“厉行节约”的社会风气影响下，在“资本寒冬”中进行艰难转型。霾污染事件全面爆发（2013）后，全国各领域以“五个文明建设”为指导积极应对，我国第三产业增加值占 GDP 的比重在 2013 年历史上首次超过第二产业，2015 年上升到 50.5%，意味着我国产业结构更加优化，经济发展更加注重质量和效益，服务业发展进入黄金期。在精准扶贫（2013）的时代召唤下，餐饮业将一、二、三产业进行有机联动融合升级，对促进贫困人口就业脱贫做出积极贡献的同时，助力“美丽乡村”行动。“大众创业、万众创新”（2014）成为时代主题，餐饮产业成为创新风口，2015—2018 年产业升级成效初显、产业融合增强，2018 年交出了 4 万亿元的成绩单；我国整体社会消费已经接近富裕水平，在消费升级的带动下，产业总体贡献率略有下降，但消费贡献趋于稳定。2012 年以来在国有企业混合所有制改革和支持中小企业发展政策的推动下，餐饮企业粗放式发展时代结束，整体盈利效率大幅提升。《关于金融支持小微企业发展的实施意见》（2013）等政策文件把鼓励灵活多样的就业形式，倡导“大众创业、万众创新”作为就业创业工作的重点，就业优先上升为国家战略，在餐饮 O2O 和乡村旅游的带动下，餐饮产业就业贡献呈现吸纳就业效应继续放大，其中城镇私营和个体餐饮企业就业贡献排首位。《中华人民共和国消

费者权益保护法》（2014）和《中华人民共和国食品安全法》修订版（2015）等各项法律法规显示了国家重拳出击规范餐饮经营、保证餐饮环节食品安全和促进餐饮行业健康可持续发展的决心。《关于全面深化改革若干重大问题的决定》（2013）等政策文件体现了国家将深化产教融合放在供给侧结构性改革和促进就业大背景中布局谋篇的思路，餐饮职业教育从“量”到“质”上都有了较大飞跃，对产业的可持续发展起到积极作用，我国住宿和餐饮业就业人员受教育程度均衡化明显提高。“炫富”的社会财富心态得到有效遏制，快时尚化、特色化、极致化、健康化和潮流化成为消费趋势。

二　改革开放 40 年中国餐饮业发展的经济贡献

（一）改革开放 40 年中国餐饮业发展规模和增速：产业体量高速增长，规模连续跨越万亿元大关

家庭联产承包责任制（1978）和市场化改革的深入，农村集市贸易的恢复（1979），国有企业进行股份制改革（1984）有效促进了我国农业总产值和粮食产量增长，居民生活水平不断提高，市场活力逐渐激活。1978—1991 年，我国餐饮收入进入快速稳定增长模式，领跑整个市场，从 54.8 亿元到 492 亿元，增长了近 8 倍。1988 年底，物价政策改革对宏观经济产生了较大的负面影响，对全国民众的改革热情是一次重挫，GDP，一、二、三产业，社会消费品零售总额和餐饮产业增长变慢跌入低谷。

1992 年党的十四大和十四届三中全会后，市场化改革开始全面推进，餐饮市场被更大程度地激活；住房公积金制度的全面建立（1994）正式推动了我国住宅商品化改革和城市化的进程，对餐饮产业拉动成效显著。1992—2001 年，餐饮收入从 598.7 亿元到 4369 亿元，增加了 6.3 倍，在消费市场中继续保持领跑态势。

中国加入 WTO（2001）、SARS 事件（2002—2003）、国有商业银行股改和股权分置改革（2003—2005）加速了我国食品安全和安全生产监管体制建设，激发了市场活力。在城市化成为经济增长、扩大内需的主要动力

的背景下，餐饮业成为城市化进程中的最大受益产业，2002—2012 年餐饮产业进入成熟期。餐饮收入从 5092 亿元增长到 20635 亿元，十年复合增长率达到 16.5%，产业发展动力强劲，即便在 SARS 和全球金融危机（2007—2009）期间依然保持旺盛的增长态势。由于行业内部进行结构调整以缓解金融危机的冲击，2010 年餐饮业收入增幅放缓，完成优胜劣汰后，产业发展登上新台阶，2016 年末交出了突破性成绩单（见图 3－6）。

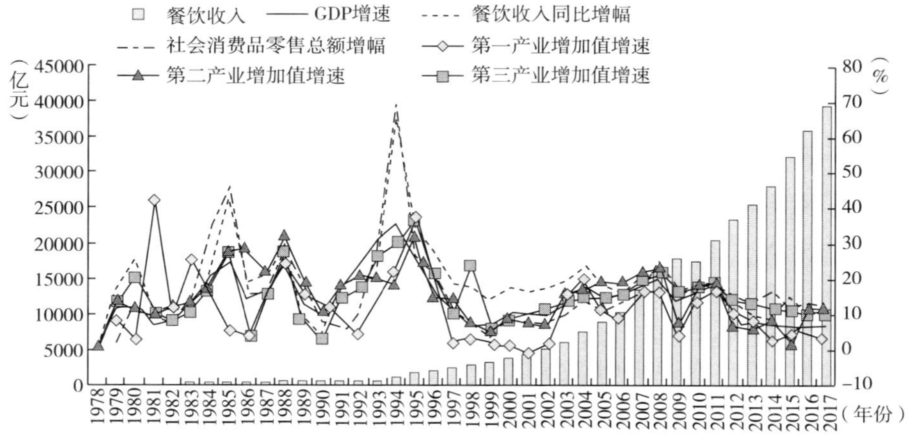

图 3－6　改革开放 40 年中国餐饮业收入及增速状况

在中国经济进入新常态下，全国各领域各行业以“五个文明建设”为指导进行积极应对，实现经济发展方式转变。2013 年我国第三产业增加值占 GDP 的比重历史上首次超过第二产业，并于 2015 年上升到 50.5%，意味着我国产业结构更加优化，经济发展更加注重质量和效益。立足于服务业黄金发展期，餐饮业在政策环境、产业布局、市场结构、增长模式、发展思路等方面都经历着深刻转变与调整。在“中国梦”“精准扶贫”“美丽乡村”“厉行节约”“大众创业、万众创新”的时代召唤下，餐饮产业成为创新风口，餐饮企业在资本寒冬中致力于在产品、技术、业态和管理上寻求突破，并于 2015 年迎来转型升级，成效初显、产业融合增强，2018 年餐饮收入达到 4 万亿元。在餐饮业转型升级期，产业规模呈现阶梯式增长，餐饮收入增长接近翻一番；产业增速呈 V 字形波动，从 2011 年开始一路走低，在中央八项规定和中国经济结构性调整的全面影响下在 2013 年触底，之后在外部现代化技术的助推和内部转型升级以及“餐饮 +”深度和广度不断加强的带动下，增速开始缓慢回升，并在 2015 年回归两位数的增幅水平。纵观产业发展历程，餐饮收入突破 1 万亿元、2 万亿元、3 万亿元和 4 万亿元分别历时 29 年、5 年、3 年和 3 年，不断刷新的纪录显示了餐饮业产业规模的增速和质量不断提高。

与之相比，日本餐饮业由于受经济持续低迷的影响一直呈负增长态势，2011—2015 年平均增长率为 -0.31%，2015 年为 13873.93 亿元。2016 年美国餐饮业营收总额为 51987 亿元，是中国餐饮业营收的 1.5 倍；近几年中国餐饮产业规模增速在 11% 左右，美国为 5% 左右，中国餐饮业发展势头强劲，有望在 2023 年赶超美国。

（二）改革开放 40 年中国餐饮业对消费市场的贡献：总体贡献率缓慢上升，消费贡献率大幅波动后趋于稳定

如图 3-7、图 3-8 所示，在改革开放之初，我国绝大多数居民生活处于贫困和基本温饱之间，餐饮消费基本保持在一日三餐的刚需阶段。1978—1991 年餐饮产业对 GDP、第三产业和社会消费品零售总额增长的平均贡献率保持低位稳定。餐饮业对 GDP 增长的贡献率保持在 0.88%—3.37%；在“优先发展农业、基础产业和第三产业”的国家产业结构政策下，交通运输、仓储和邮政业，批发和零售业得到较快发展，而住宿和餐饮业并未得到太多关注，所以相较于第三产业其他行业，餐饮业对第三产业增长的贡献率一路走低；物价政策改革极大打击了民众的消费热情，导致社会消费品零售（简称社零）总额下降后，作为刚需的餐饮消费占比迅速提升，加之国营企业放权让利后有效刺激了餐饮市场的活跃度，餐饮收入对社零的贡献率呈逐渐上升态势，在 1987 年达到第一个高峰。

随着社会主义市场经济体制改革目标的确立，对生产资料计划管理的品种、数量大幅度减少，商业领域利用外资逐步开放，消费市场供给的所有制形式、经营形式、业态结构等不断丰富。我国城镇和农村居民生活水平达到富裕和小康层次，消费在国民经济活动中的比重逐步加大，消费观念和习惯逐渐转变，居民的餐饮消费逐渐从一日三餐的刚需升级到感受餐饮文化以及参与社交的重要方式。不同于上一时期的低位稳定，对消费市

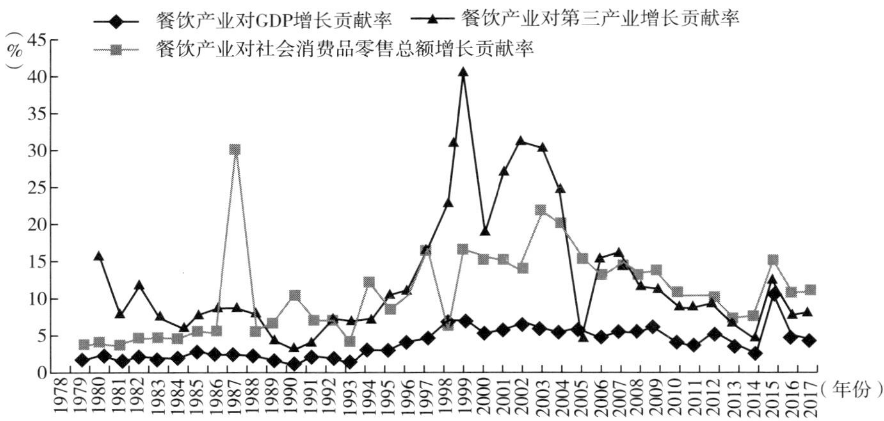

图 3－7　改革开放 40 年中国餐饮业对 GDP、第三产业和社会消费品零售总额增长的贡献

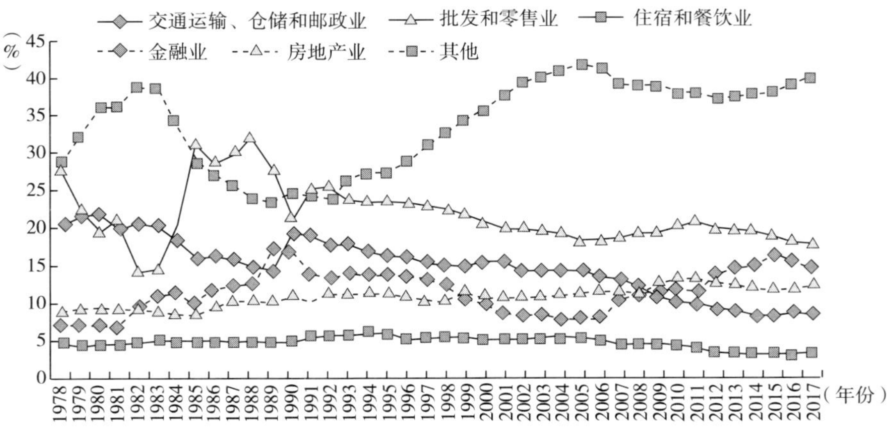

图 3－8　改革开放 40 年中国第三产业增加值构成

场的贡献率在 1992—2001 年明显波动持续攀升，尤其是在 1997—2001 年提升显著。餐饮产业对 GDP、第三产业和社零增长的平均贡献率较上一阶段有所增长，其中对第三产业的贡献率增长幅度最大，对社零的贡献率呈现波动上升趋势。

加入 WTO 给我国带来了更稳定有利的国际经贸环境，掣肘市场经济发展的体制机制障碍被逐渐破除，开放型经济进入发展最快的时期，我国社会消费进入相对富裕水平。餐饮经营业态不断丰富，产品线不断扩展，餐饮业满足饮食服务消费需求的能力得到了大幅提升，也不断触发消费者新的餐饮需求，居民在享受舌尖上愉悦的同时更多注重服务体验和文化交流。2002—2011 年，在 SARS 和全球金融危机的双重影响下，餐饮业对消费市场的贡献率呈波动下降趋势，对 GDP 增长的贡献率提升到 4%—7% 的区间，对第三产业贡献率变化较大，对社零总额的贡献率变化情况与第三产业类似但波动范围较小，在扩大内需的宏观经济政策背景下，城市化对消费市场的积极影响不容忽视。

2013 年以来，中国经济发展步入新常态，消费在经济发展中的作用日益凸显，消费市场领域供给侧结构性改革、创新发展和国际化发展逐步深化，消费市场规模、水平、效益有较大幅度提高，我国整体社会消费已经接近富裕水平。国民对餐厅环境、就餐体验、菜品特色和性价比都提出了更高要求，从而催生了以快时尚化、特色化、极致化、健康化和潮流化为代表的餐饮消费趋势。由于“十二五”是我国调整三次产业结构、增加服务业比重、发展现代服务业的时期，餐饮业对 GDP 和第三产业增长的平均贡献率较前一阶段略有下降，住宿和餐饮业自 2012 年以来占第三产业增加值的比重始终保持在 1.7%—1.8% 的低位，同为第三产业的其他产业增加值（批发零售业、金融业和房地产业）占第三产业的比重不断增加。这充分表明作为传统服务业的住宿和餐饮业在当前和未来的经济结构调整和产业转型升级中需要积极向现代服务业靠拢，提升产业在国民经济中的总体贡献率。由于 2012—2015 年“厉行节约”和“八项规定”给行业带来的影响，住宿和餐饮业对社零的平均贡献率较前一阶段降低了 4.43 个百分点，2015 年重回高点，餐饮业经过了资本寒冬倒逼下的转型升级和市场历练，在产业质量和效率上有所提高，发展模式从过去的粗犷式转变为精耕细作。

（三）改革开放 40 年中国餐饮业发展对税收的贡献：产业总体贡献增长较为稳定，企业税收压力有所缓解

税制改革（1993）、对外贸易体制改革（1994）和政府机构改革（1998）的完成，消除了国家与企业的行政隶属关系，加大了中国经济对外开放程度，为企业发展提供了更加开阔自由和公平的空间。1998—2001 年，以私营和个体经营企业为主的餐饮产业迅速发展，限额以上餐饮企业主营业务税收随着产业规模的扩大呈逐年增多态势，占企业营业额比重和

税收平均增幅高于全国其他行业水平；占全国税收的比重为 0.29%—0.33%，呈低位稳定特征。中国餐饮企业的主动性和发展实力开始被全面激发，原有国有、集体餐饮企业开始进行现代企业制度改革，以全聚德、广州酒家等为代表的一批“老字号”国有餐饮企业通过建立现代企业制度，重新焕发活力，并经过市场化经营检验，引领产业发展，但餐饮企业发展速度和规模扩张较慢，税收是重要制约因素。

自 2003 年起国家相继出台支持中小企业、鼓励民间投资的政策法规，有效推动了餐饮业民营企业的发展。2002—2011 年，在 SARS 和全球金融危机双重影响下，限额以上餐饮企业税收贡献呈现波浪式上升状态，主营业务税收及其在企业营业额中的占比和全国税收中的占比较前一阶段有所增加。限额以上餐饮企业主营业务税收增长了 4.73 倍，达到 196.8 亿元，且高于全国税收增幅和企业营业额增幅；餐饮企业主营业务税收占企业营业额的比重在 4.98% 左右，占全国税收的比重在 0.4%—0.54%。该时期以私营和个体企业为主的餐饮产业迎来了黄金时期，发展整体提速的同时，税收过重对企业带来的制约显得尤为突出。

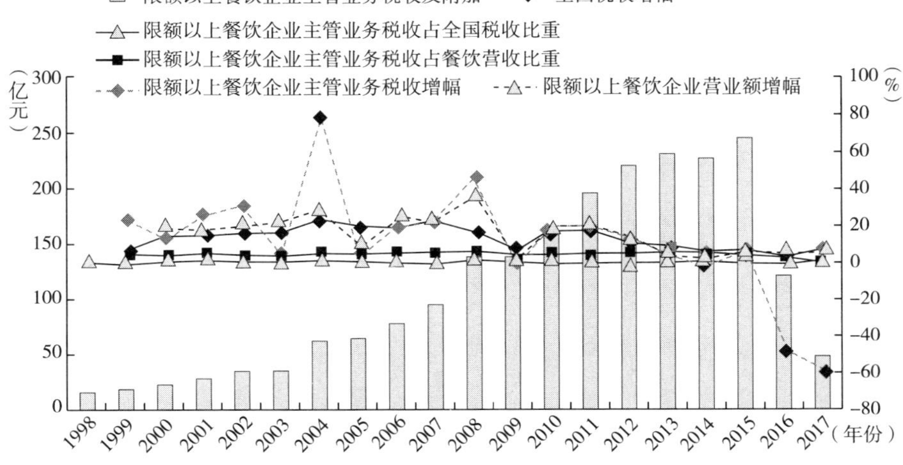

图 3-9　1998—2017 年中国限额以上餐饮企业税收情况

得益于国有企业混合所有制改革和中小企业政策精准对接（2012），“营改增”和“放管服”改革（2015）的持续加力，减税效应逐步显现，我国中小微企业营商环境明显改善，餐饮企业的税费压力明显下降。

2012—2015 年，限额以上餐饮企业的税收贡献率逐年提高，主营业务税收平均增幅、全国税收增幅和企业营业额增幅相对同步且首次低于全国税收和企业营业额增幅。2016—2017 年限额以上餐饮企业税收平均降幅高达 55.49%，2012—2017 年，限额以上餐饮企业税收增幅平均值较产业增长期和产业成熟期明显下降；税收占企业营业额比重在 3.91% 左右；占全国税收比重为 0.39%，较前两阶段都有明显下降；餐饮企业来自税费的经营压力有所缓解（见图 3－9）。

三　改革开放 40 年中国餐饮产业发展的就业贡献：产业吸纳就业能力位居前列，城镇私营和个体企业贡献最大

1978—1991 年，为了适应经济体制转型和产业结构变革，国家突破统包统配就业制度，为青年就业创业打通多元化渠道，着力发展青年职业技术教育，我国就业的市场化开始形成；在国家“鼓励一部分人、一部分地区先富起来的政策”下，国民“怕富”的心态逐渐消散，思想逐步解放。《关于企业职工要求“停薪留职”问题的通知》（1983）和《关于科学技术体制改革的决定》（1985）激发了人们的创业和致富热情，掀起了职工和科研人员“下海”创业第一波热潮，人才供给市场供求呈现繁荣景象。2003 年以前住宿和餐饮业的用工需求和就业人员变动情况归到“批发和零售贸易、餐饮业”类别统一计算，占全国用工需求的比重从 1978 年的 2.84% 增长到 1991 年的 4.85%，平均增长率略高于全国年末就业人员增长率，说明批发和零售贸易、餐饮业对解决就业起到积极的作用。由于物价政策改革后，宏观经济紧缩中又出现了流通不畅、企业开工不足、就业压力增大等难以避免的问题，1989—1991 年就业市场出现剧烈的波动，之后逐渐恢复稳定（见图 3－10）。

1992—2001 年，国家逐步推进全员劳动合同制，加快政策法制化的速度。全国年末就业人员变化相对稳定，平均增长率较前一阶段略有下降，说明我国在推广落实劳动合同制度，使劳动关系真正在法制化轨道上运行的各项举措取得实质性成果，用人单位和劳动者的合法权益得到有效保护，规范的劳动力市场基本确立。“愿富”和“羡富”的社会心态下，顺

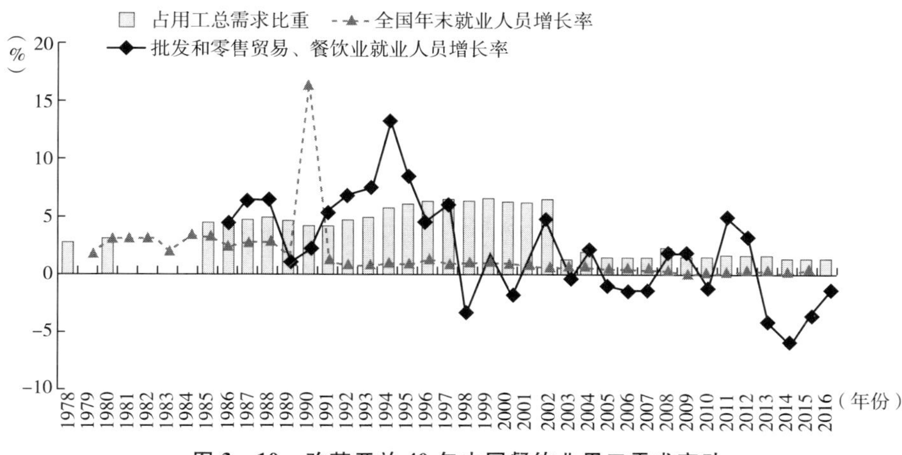

图 3-10 改革开放 40 年中国餐饮业用工需求变动

应时代变革的各行各业精英脱颖而出，成为社会榜样从而带动了国民竞争意识和素质的普遍提高。以信息技术和互联网为核心的科技与产业革命改变了全球经济格局，我国提出科教兴国和人才强国战略（1995），推动了第二波互联网创业热潮，为互联网餐饮服务奠定了坚实基础。住房改革后，城镇化水平的不断提高，餐饮业有效拉动就业市场和稳定社会的优势逐渐显现，产业用工需求占全国总需求的比重保持稳定增长，从 1992 年的 4.85% 到 2001 年的 6.51%，就业人员增长率略高于全国其他行业水平。

2002—2011 年，国家对就业工作的重点落在青年特殊群体，进行就业政策的全覆盖。中国积极加入经济全球化行列和进行产业结构调整，在国有企业改革（1999）、国有商业银行股改和股权分置改革（2003—2005）的影响下，企业成为独立的市场主体，企业经济效益普遍提高，与此同时，企业的转型改制、“减员增效”以及 SARS 和全球金融危机对就业市场带来的强大冲击，在一段时间内导致下岗失业人数增加，在“千人计划”和“万人计划”等一系列激励科学技术发展的政策推动下，我国科技创新进入了加速发展的快车道，以及一系列针对民营企业的投融资、税收和土地使用优惠政策的释放，带动大批民营企业的快速发展，企业资产运营效率不断提高，有效缓解了下岗失业等社会压力，全国年末就业人员变化相对稳定。餐饮业用工需求占全国总需求比重的平均值为 1.60%，平均增长率略高于全国水平。其间私营和个体企业是餐饮就业市场主力军，就业人员平均占比为 6.37%，2011 年解决了 1072.4 万人就业；餐饮业城镇各类型单位就业人员占比波动不大，平均占比从高到低依次是私营企业和个体、其他单位、集体单位和国有单位（见图 3－11）。

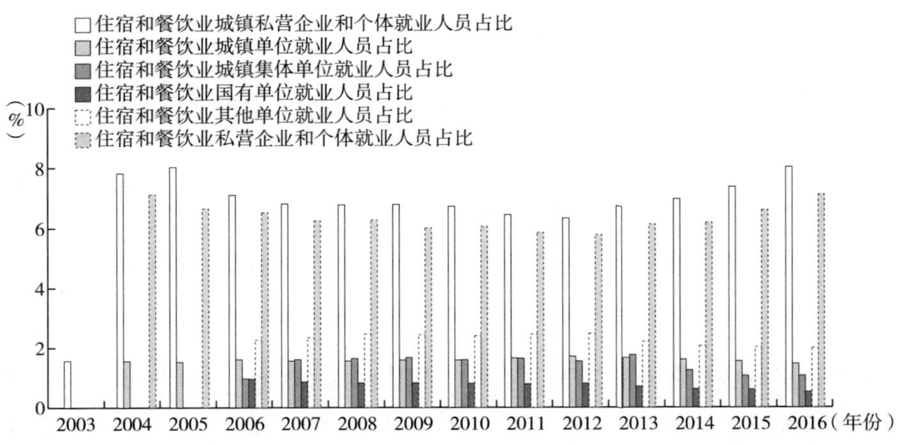

图 3－11　2003—2016 年住宿与餐饮业就业人员占比情况

2012—2018 年，就业优先，争取实现更高质量更充分就业上升为国家战略。党的十八大之后，随着全面从严治党向纵深推进，中国社会的财富心态逐步趋向理性，科技创新整体能力和水平开始发生质的变化，开启了建设世界科技强国的新征程。国家“正税清费”各项配套政策的出台，使餐饮业的政策环境得到极大的优化，企业充分享受政策利好，“互联网＋”“双创”“一带一路”等成为经济社会发展新的增长点，国务院、工信部及相关部门及时对中小企业政策予以调整和完善，以推进中小企业在新常态下建立健全内部运行系统，提高资产运营效率和抗风险能力，在此期间，私营企业、有限责任公司表现依然不俗，港澳台商投资企业表现更加抢眼，出类拔萃的经营业绩表现继续扩大餐饮产业就业吸纳能力。在此期间，全国年末就业人员变化相对稳定且较前一阶段有所下降；餐饮业用工需求占全国总需求的比重平均值为 1.61%，就业吸纳能力在各行业位居前列；主要由于 2012—2015 年“厉行节约”和“八项规定”对餐饮业（尤其是吸纳用工数量较多的高端正餐企业）带来的资本寒冬，以及“新常态”下消费升级，产业进行结构性调整带来的影响，住宿餐饮业就业人员平均增长率为－2.06%，2016 年后开始逐渐回升，2017 年餐饮业贡献了约

4257.61 万个就业岗位（其中包括传统餐饮业 3000 万个，互联网餐饮服务企业 357.61 万个和休闲农业乡村旅游企业 900 万个），私营和个体企业就业人员平均占比为 6.40%，餐饮业城镇各类型单位就业人员占比格局与前一阶段相同。

四　改革开放 40 年中国餐饮业发展的文化贡献：代表中国传统文化的符号，承担传承发展和传播交流的艰巨使命

（一）中国餐饮文化的传承与发展：树立文化自信的关键元素，强化民族认同的重要手段

1. 中国餐饮文化的非遗传承

中华五千年的农耕文明，在地大物博、幅员辽阔的疆土上，孕育出一个资源丰富、内涵深厚的农业文化。中国饮食遗产种类和内容包罗万象，涵盖了非物质文化遗产定义的五大主要领域，即口头传统和表现形式，表演艺术，社会实践、仪式和节庆活动，有关自然界和宇宙的知识与实践和传统手工技艺，中国饮食文化在中国非物质文化遗产保护中的核心地位已被普遍认可。

中国饮食文化在历史长河中经历了朝代更迭的洗礼和淬炼，逐渐形成根植于中华大地对东方国家具有强大影响力和渗透力的典型饮食风格的生活样式。随着时间的推移和人们需求的变迁，部分传统饮食礼仪与习俗逐渐消失或处于濒危状态，但是“中国田园、厨房和餐桌”在消费升级的推动下生命力却愈加旺盛。中国传统饮食文化中渗透着以人为本的发展观、儒家伦理的道德观、天人合一的自然观、阴阳五行的哲学观、和而不同的价值观以及和谐相处的社会观，这些普适理念不仅符合现代健康的消费观念，更浸润于我国餐饮产业的“从种子到杯子，从田间到餐桌”的各个环节，具有极强的生命力与可持续发展能力。国家非物质文化遗产名录中关于餐饮文化的项目不断丰富，从第一批（2006）的 7 项，第二批（2008）的 31 项，第三批（2011）的 5 项，到第四批（2014）的 10 项，类别虽然从属于“传统技艺”，但在内涵上有了拓展和深化。到目前为止，以“中

国饮食”为主题的世界非物质文化遗产项目还未实现零的突破。世界烹饪的三大风味体系中，法国美食（2010）、土耳其小麦粥（2011）先后入选世界非遗名录，“中国烹饪技艺”于 2011 年由中国烹饪协会和文化主管部门进行合力申报但未通过审核，究其原因在于题材过于庞大，且缺乏美食背后的人文气息。随着日本和食与韩国腌制越冬泡菜文化于 2013 年申报世界非遗成功，中国饮食文化申报世界非遗的需求和热情再次被点燃，我国文化产业研究、餐饮产业研究团队与政府、行业和企业联手，积极研究探讨中国饮食文化申报世界非遗的标准和路径，在总结其他国家成功经验的基础上，2014 年中国饮食第二次申报世界非遗再次提上日程。研究和实践开始跳出“制作技艺”领域的限制，开始尝试去触碰和探究美食所承载的民族意识形态和思维模式，综合考量饮食文化特质所体现的民族性，全民传承所体现的共享性，基于健康与生态的可持续性。在世界中餐业联合会和中国烹饪协会的引领下，各学术团队先后对“中国饮食文化申报世界非物质文化遗产的标准研究”“饮食类非物质文化遗产的‘嵌入式’传承与精品化发展——以云南过桥米线为例”“长江三角洲地区传统饮食文化资源的赋存与关联研究”“川菜非物质文化遗产保护与传承状况研究”等进行了探索；以四川省和重庆市为代表的各级政府已建立不同级别的川菜非物质文化遗产名录体系和川菜非遗项目代表性传承人体系，其他菜系也在积极响应；从国家到各级政府通过打造节庆活动充分展示饮食类非遗项目，如“中国美食节”“中国·成都美食节”“广州国际美食节”“云南普洱百草根美食文化节”等；政府主导，企业参与，以“保护为主、抢救第一、合理利用、传承发展”为方针，对饮食类非遗项目进行生产性保护和传承，如“观音场月母鸡汤”“功德林素食制作技艺”“五芳斋粽子制作技艺”“云南过桥米线”等。中国传统饮食文化所蕴含的有形和无形内容，肩负民族认同和传承文化的重任，在经济全球化、全球城市化、全球信息化、信息智慧化的时代浪潮中，既要顺势而为，更要独善其身。当美食被贴上“非遗”这个光鲜亮丽的标签后，就不可避免地负载政治、历史、文化、经济和外交等多种价值公共资源，成为资本市场关注的焦点。目前我国已进行实践且取得较可观收益的模式是，以“保护性开发，在开发中传承”为原则，以“文化搭台，经济唱戏”的方式，打造原真性 IP（Intellectual Property）及配套产业链，树立品牌及其价值的同时拉动当地经济发展。

2. **中国饮食文化的影视作品传播**

“民以食为天”，饮食类节目一直是被热捧的生活类节目之一，2012 年《舌尖上的中国》创下国产纪录片收视神话的同时也引爆了美食节目热潮。在此之后，我国的美食类电视作品数量直线飙升，就我国美食综艺类节目数量来看，从 2012 年的 13 部快速上升到 2017 年的 98 部，2018 年回落到 47 部。形式以真人秀综艺节目和纪录片为主；播放渠道有中央及地方卫视的电视节目，也有主流媒体和自媒体的网络平台；内容类型有纪录片（以《舌尖上的重庆》《北京味道》《味道云南》等为代表），也有摄影棚内明星美食真人秀节目（以《星厨驾到》《拜托了冰箱》和《今天吃什么》等为代表），也有外拍式经营体验节目（以《中餐厅》和《十二道锋味》等为代表）。总体来看，我国美食类电视作品完成了质的飞跃，从过去的以“厨艺展示”为主的简单直白表达模式，提升到视角广、格局大和情怀深的层次，通过串联自然、生态和食物，揭示其中的自然规律，展示所承载的精神气质和文化内涵，确立具有东方格调的审美情趣，以东方生活价值观为中心树立民族认同美食节目的“现象级”热潮反映了全世界华人对祖国传统文化情感认同的诉求。

以《舌尖上的中国》为代表的美食类电视作品展现了传统文化中人与自然、人与人之间和谐相处的概念和扎根每一个中国人心底的家国情怀。作为一个包含着过去、现在和未来的当下中国美食记录，在常见的生活细节中折射出对过去的反思、对当下的感恩和对未来的期待。“治大国如烹小鲜”，看似普通朴素的中国传统饮食文化却蕴含着“天人合一”的价值认同，更是展示国家形象的重要载体，作为海外民众认知和认可度最高的中国元素之一，中国美食带给国人从内到外油然而生的骄傲和自豪。法国知名食物研究专家布里亚·萨瓦兰“You are what you eat”的表述充分说明了美食超越生态、政治、文化和经济的价值，通过生活场景和价值观念的展现，将全世界华人聚集在一起。中国传统饮食形态及其发展变迁，为世界描绘出一幅现代化、民主化、开明化的大国形象。

饮食文化是讲好中国故事的重要渠道，是强化民族认同的重要手段，也是传播国家形象、寻求文化认同的有效抓手。一方面，对传统饮食文化的渴望包含着我国中产阶级的乡愁。城市化的发展带来物质生活的富足，让人们更多着眼于精神文化的追求，中华传统饮食还原了城市生活难以接触的民俗风情，集中而精彩地展现了“吃”的精神化与象征化，以此表达对城市化、工业化以及一系列后果的抵触，弥补由此带来的与传统异化以及失去家乡之后的失落感，大大满足了国民消费主义倾向的价值追求。另一方面，饮食文化电视作品通过对祖国各地美食满怀感情的赞美，营造出一种海内外同胞一家亲的归属感，由此产生了强烈的民族自豪感与认同感，传统饮食文化成为华夏子民相互认同的最坚固纽带。

3. 中国饮食文化的“食育”普及

消费升级带动了餐饮产业的大众化转型，体验化、智慧化、健康化和时尚化的消费需求成为主流，餐饮产业的“跨界融合”深度和广度不断加强。餐饮消费者作为饮食文化的缔造者和产业发展的影响者，承担着传承和发展中国饮食文化、促进产业可持续发展的历史使命，无论是从传统文化的传承还是居民饮食健康状况，准确全面地理解中国传统饮食文化的内涵显得尤为关键，“食育”已逐渐被纳入基础教育和全民教育的范畴。

我国“食育”文化其实在古代就已产生，如北魏贾思勰的《齐民要术》、唐代孙思邈的《备急千金要方》，这些闪光的生活智慧散落在街头巷尾，却没有被梳理成系统的概念和理论，我国对于“食育”的研究和探索目前仍处于起步阶段。首先，多方携手引领国民自觉树立“饮食素养”观念。通过素质教育和终身教育的形式带动全民饮食素养理念的普及，通过循序渐进模式将中国传统饮食文化的传承内化于国民的理念和行为中；提高国民审美情趣和生活品位，有助于自主辨识和抵制传统文化和外来文化的糟粕。其次，发挥教育的基础性保障作用。2006 年中国农业大学李特教授首次将“食育”概念引入，2010 年起，国内多地开始试点，通过“进课堂、进食堂”的方式，将“食育”渗透到基础教育当中，旨在从脑到心到手全方位培养中小学生健康的饮食观念和树立文化自觉自信。政府、社区与行业协会联合推动“食育”进社区，在政府有关部门的监督管理下，由以各级烹饪行业协会为主的研究机构有规划、有步骤地进行“食育”内容的开发，确保科学专业丰富有效，多管齐下、有效使用不同渠道和新媒体数据平台，高效达到公众，以保证“食育”全民性、全程性、专业性、规划性和监督性。但是，由于缺乏战略布局和系统引导，我国“食育”工作进展缓慢，以义务教育阶段学生为主的“营养午餐”计划和以社区居家养老群体为主的“老年食堂”作为“食育”的重点项目推进效率有待提高。

（二）中国餐饮产业人才培养：职业教育数量、质量并重，就业人员素质普遍提高

1978—1991 年，我国餐饮业从业人员受教育程度总体偏低，导致行业发展动力不足，无法适应计划经济向市场经济转变过程中，企业发展对技能型人才的需要。从 1982 年第五届全国人大常委会第五次会议开始，国家通过种种政策手段促进职业教育迅速恢复，我国职业教育进入尝试探索时期。各地积极响应国家号召，根据实际开始兴办职业院校，进行中高层次职业人才培养探索。我国高职教育规模高速增长，毕业生人数、招生数和在校生人数分别增长了 60 倍、2. 35 倍和 2 倍，这一时期餐饮业从业人员受教育程度以小学到初中为主，为破解行业发展动力不足的难题，餐饮业职业教育开始起步探索，河北师范大学旅游系餐旅专业（1984）、四川高等烹饪专科学校（1985）、黄山学院旅游管理专业（1985）、吉林工商学院旅游学院（1987）、扬州大学旅游烹饪学院（1988）、河南科技学院食品加工系（1988）、哈尔滨商业大学旅游烹饪学院（1989）、安徽科技学院食品药品学院（1989）、济南大学烹饪学院（1990）等陆续完成以食品加工、烹饪营养和酒店管理为主的专科层次的专业创办和招生。其中，四川旅游学院是中国第一所独立设置旅游类普通本科的高等学校，济南大学烹饪学院（1990 年开始招收烹饪与营养专业专科学生，1996 年前为食品鲁菜系）是全国开办烹饪与营养教育专业最早的院校之一，扬州大学旅游烹饪学院的“烹饪与营养教育专业”是全国烹饪高等教育首创、办学历史最长的本科专业，成为我国餐饮职业教育发展的里程碑。

1992—2001 年，餐饮业发展进入改革开放历程中增长速度最快，诸多国字号领先餐饮品牌诞生和发展的黄金时期，行业对于专业人才的规格要求已经提升到高素质技能型，职业教育结构与类型更加多样化。在《中华

人民共和国职业教育法》（1996）、《面向 21 世纪教育振兴行动计划》（1998）等诸多创新性及法规、政策的引导下，一些具有远见卓识的知名酒店和餐饮连锁企业纷纷开始与职业院校合作探索职业教育与产业对话模式，逐步建立健全政府主导、行业指导、企业参与的办学机制。在国家一系列发展职业教育的法规、政策的保障下，我国高等职业教育毕业生人数、招生数和在校生人数增幅较前一阶段明显下降，普通高等学校专任教师较前一阶段增加了 23.36%，体现了职业教育的质与量并重发展的新特征。餐饮职业教育发展全面提速，开始探索政府主导、依靠企业、充分发挥行业作用、社会力量积极参与的多元办学格局；不同规格的高等职业院校提高教育层次、增设相关专业（如会展经济与管理、旅游管理），扩大招生范围和提升人才培养质量，河南科技学校、湖北财经学校开始招收本科层次餐饮教育学生；中等职业院校和机构规模迅速扩张，为社会经济发展提供再教育和终身教育服务。

2002—2011 年，餐饮产业加速品牌和连锁化进程，不少企业开始了艰难曲折的上市之路，也将企业内部管理不足的软肋暴露无遗，如小肥羊以“中国火锅第一股”的姿态上市之后被百胜以现金收购全部股份，类似事件频频发生，企业对于高素质技能型且具有全球视野的行业人才的需求极为迫切。在国家一系列促进“产教融合”的创新性政策营造的浓厚氛围下，酒店和餐饮企业与院校深化合作层次，优化人才培养质量，通过“顶岗实习”“订单班”等模式凸显和确定了企业在产教融合中的主体地位，职业教育为行业输送专业人才的任务加重。我国高等职业教育规模和教师队伍进入改革开放以来发展最快的阶段；在国家不断出台适应度高、创新性强的职业教育法规、政策保障下，我国餐饮业职业教育收获了丰硕红利，对产业的可持续发展起到积极作用，济南大学等 9 所院校开始进行本科层次餐饮教育招生。2003—2011 年，我国住宿和餐饮业就业人员受教育程度构成中占前三位的是“初中”、“高中”和“小学”，受教育程度在高等教育以下的从业人员占比高达 93.86%，说明我国住宿和餐饮业就业门槛较低，从业人员更多以受教育程度偏低的非脑力劳动者为主，产业发展持续力和后劲不足。在国家职业教育蓬勃发展促进下，受教育程度在高中以下的从业人员占比逐渐缩小，高中及以上的从业人员逐渐扩大到 32.4%（见图 3－12）。

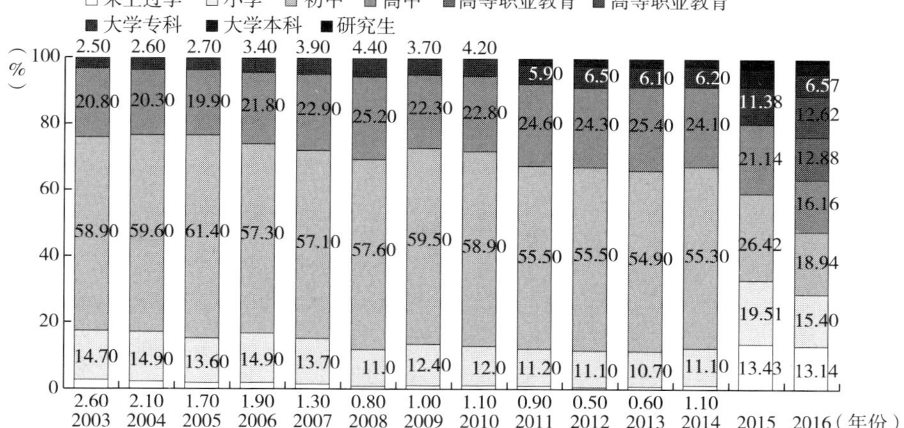

图 3－12　2003—2016 年中国住宿和餐饮业就业人员受教育程度构成

2012—2018 年，面对消费升级、产业转型和融合的行业背景，对于餐饮产业发展的智力需求从本行业人才拓展到各个领域（如互联网、人工智能等）。餐饮职业教育发展进入供给侧结构性改革和促进就业大背景中布局谋篇，实施产教融合发展工程，吸引社会力量投入，紧跟产业变革创新人才培养模式。酒店和餐饮企业与以中高职为主的职业院校合作更为密切，通过共同培养“双师型”教师队伍、推进职业教育人才培养集团化和职业教育信息化，提高专业人才的匹配度和适应性。我国高等职业教育规模和教师队伍发展增速放缓，更注重学生素质和技能的培养；全国烹饪工艺与营养专业院校从 2013 年的 85 所到 2018 年的 176 所，猛增 107. 1%；餐饮职业教育从“量”到“质”上都有了较大飞跃，对产业的可持续发展起到积极作用。2012—2016 年，我国住宿和餐饮业就业人员受教育程度构成中占比最大的“初中”较前一阶段下降了 39. 48 个百分点达到 2016 年的 18. 94%。数据表明，（1）我国住宿和餐饮业就业人员平均受教育程度不断提升，各个教育程度的从业人员占比更加均衡；（2）我国职业教育成果显著，中等和高等职业教育人员占比达到 25. 5%；（3）由于国家“双创”和精准扶贫政策，更多人员通过互联网餐饮或者乡村旅游的形式加入餐饮行业，创造了更多的就业创业机会；（4）由于餐饮服务门槛相对较低，更多的只接受过小学教育及以下的人员也加入餐饮行业，提升了行业朝气的同时也带来发展后劲不足的隐患。

（三）中国餐饮文化的对外传播与交流：中国传统文化的代表元素，国家形象传播的重要载体

伴随中国经济的日益强大，尤其是在“一带一路”倡议指引下，中国文化在全球的影响力与日俱增。中国美食被海外民众认为是中国传统文化最具代表性的名片之一，也是最具吸引力的中国元素之一，海外民众对中国美食的认知渴望程度较高。中餐作为中国传统文化中的重要名片，也成为“走出去”战略的关键抓手，已经形成了从政府、协会到企业全面“走出去”之势。中餐“走出去”开始迈入新阶段。

在政府层面，中餐“走出去”日益受到从中央到地方各级政府的重视。2017 年中共中央办公厅、国务院办公厅印发的《关于实施中华优秀传统文化传承发展工程的意见》明确提出，支持包括中华烹饪在内的中华传统文化“走出去”。商务部等 16 部门联合发布《关于促进老字号改革创新发展的指导意见》，大力推动中华传统餐饮等领域老字号企业“走出去”。文化部、国务院侨办等中央部门也积极通过中外文化交流活动、“海外中餐繁荣计划”等扩大中餐在海外的影响力。地方政府在国家“走出去”战略指引下，也纷纷制定各自的具体措施。一方面，云南、江苏、福建、浙江、四川等地方政府在 2018 年纷纷推出地方菜系“走出去”计划；另一方面，地方政府积极建设国际美食之都，扩大地方美食影响力。在澳门被联合国教科文组织评定为“创意城市美食之都”后，中国已经有包括成都、顺德在内的 3 个地方被纳入了联合国创意城市网络；西安、长沙也在 2017 年被世界中餐业联合会评定为“国际美食之都”，加上广州和扬州，中国已经有 4 座城市被评为“国际美食之都”。

在协会层面，世界中餐业联合会作为中餐的国际组织在中餐走向全球方面发挥着越来越重要的作用，组织实施的“行走的年夜饭”活动、“世界厨师艺术节”活动国际影响力越来越大；中国烹饪协会作为国内行业协会也在积极准备中餐申遗工作，并组织和参加多项国际性烹饪大赛。

在企业层面，随着中餐企业自身市场竞争力的增强，相比于过去的中餐企业“走出去”的失败案例，当前中餐企业国际化经营的能力有了大幅提升。在国家“发展更高层次的开放型经济”战略，特别是“一带一路”

倡议支持下和行业组织引导下，包括全聚德、便宜坊、海底捞、大董烤鸭、小南国、眉州东坡、小尾羊、狗不理、广州酒家、北京局气等在内的一批优秀中餐企业和餐饮食品企业已在拓展海外市场。

五　结语

回首改革开放以来的40年，从改革红利不断释放下的产业恢复期，市场化改革加速推进下的产业增长期，城镇化、全球化助力发展下的产业成熟期，到经济新常态下的产业转型升级期，中国餐饮业经历了波澜壮阔的发展历程，实现了跨越发展，取得了令人瞩目的辉煌成就：产业规模持续扩大，经济贡献屡刷纪录；产业综合实力显著增强，吸纳就业能力位居前列；中国美食作为中国传统文化中最具吸引力的元素之一，肩负树立文化自信、强化民族认同和国家形象输出的艰巨使命。在新常态下中国餐饮业将迎来更多的“狂欢”和“盛宴”，餐饮产业要保持冷静的头脑和理性的思维，不断总结，坚定不移地走内涵集约式转型之路，进入高质量发展阶段，尽快在国际餐饮的大舞台上站稳脚跟。

第五节　基于2010年面板数据的中国餐饮业竞争力比较①

餐饮业是我国第三产业中的一个传统支柱产业，是提高人民生活质量的重要环节，也是开拓就业渠道、振兴经济的重要途径，在改善人民的生活和实现家务劳动社会化中发挥着越来越重要的作用。被经济学界誉为“朝阳产业”的餐饮业必将是21世纪我国经济增长的新热点。作为新时期新的要求下的餐饮业如何参与全面建设小康社会的全过程，已成为餐饮业研究的一个热点课题。

改革开放以来，餐饮产业取得了突飞猛进的发展，从1978年的全国餐饮零售总额54.8亿元，占社会消费品零售总额的3.52%，经过30多年的

---

① 胡锐、于千千：《基于2010年面板数据的中国餐饮业竞争力比较》，《金融经济》2013年第8期。

发展，截止到2011年，全国餐饮零售总额达到20543亿元，同比增长16.9%，占同期社会消费品零售总额的11.33%，其餐饮零售总额是1978年的370多倍。但从各省（自治区、直辖市）的餐饮发展状况来看，如何客观评价各省（自治区、直辖市）餐饮竞争力水平，找到差距，分析原因，从而具有针对性地提出提升各省（自治区、直辖市）餐饮业竞争力对策，无疑具有非常重要的现实意义和研究意义。

一 餐饮业竞争力评价指标体系构建

（一）建立指标

当前餐饮业在食材、人工成本不断上升，竞争压力不断加大的复杂环境中，要想长期在市场中立于不败之地，就必须强化自身的竞争力。从现有的研究成果来看，由于产业特性的不同、采用分析框架的差异，许多学者对产业竞争力指标体系的构建各不相同，但基本上是按照竞争结果和竞争力来源的思路来设计指标体系。

基于餐饮产业的特性、统计制度以及餐饮数据的可得性，笔者通过因子分析方法分析各省份状况，建立餐饮业竞争力评价体系，其指标主要是由三大一级指标和八个二级指标组成，具体如下。

1. 规模扩张能力

指的是餐饮产业扩张市场的能力，这种能力不仅包括抢占市场的能力，还包括创新市场的能力。现今餐饮产业的竞争不仅是产品之间竞争，更是一种成本竞争，而规模经济正是在这一点上的关键。具有规模经济的产业不仅能迅速占领市场，更能强化自身竞争力，创立新的市场。笔者选用以下指标来衡量。

资产总额（X1）：资产是衡量产业规模大小的重要指标，资产越多，规模越大。

产业规模（X2）：营业额直接反映产业规模的大小。

从业人数（X3）：从业人数是反映产业规模的重要指标之一。

2. 获利能力

餐饮产业的微观基础是餐饮企业，餐饮企业竞争力既是餐饮产业竞争力的决定因素，也是餐饮产业竞争力的直接体现，是现实的硬竞争力。获利能力是指餐饮企业赚取利润的能力，包括主营业务利润率、总资产利润率和成本利润率等。笔者主要选取的是主营业务利润率（X4）。

3. **可持续发展能力**

任何一个产业的发展都处在特定的产业环境中，经济发展水平、市场需求、相关及辅助产业、社会文化环境、地理环境都影响目前和未来的餐饮产业竞争力，这种影响是长远而持久的，属于软竞争力，可以用以下指标来反映。

中国餐饮百强所占额（X5）：在产品供给充裕、竞争激烈的市场中，品牌成为一产品与他产品区别的重要手段，也是进行规模扩张的重要基础。强有力的品牌影响、较高的品牌价值是获取竞争力的关键。百强所占额越多，说明本地区品牌影响力越强。

食品安全事故数（X6）：农业、食品工业等相关辅助产业的发展水平对餐饮产业竞争力的高低具有重要的影响。该指标可以用绿色食品的市场规模来衡量。笔者采用2010年我国发生的主要食品安全事故来评价各省、自治区、直辖市，事故发生得越多，食品安全问题越严重。

政策支持力度（X7）：该指标反映的是餐饮产业面临的政策环境，政策环境越好，可持续发展能力越强。

各地区居民消费水平（X8）：该指标反映产业发展的经济环境，各地区居民消费水平影响餐饮产业的市场需求和要素投入。

（二）评价方法

由于所选的指标个数较多，不可避免地会存在指标间信息的重叠，因此笔者采取因子分析方法来计算各省份餐饮业竞争力水平。因子分析法可以根据变量间的相关程度高低对原始变量进行重新组合，将其合并成少数几个主成量，即公共因子，使它们尽可能多地保留原始变量的信息，同时还能客观赋权，提取主要影响因素，进而将众多指标综合为输出变量，确定各个上级指标历年的综合发展水平，使分析的结果更具有客观性和科学性。具体方法是，按照主机递归的原则，对一级指标的各个二级指标均值化后做因子分析，得出一级指标的综合评价值，并进行排序；然后对一级指标综合评价值做因子分析，得到餐饮业竞争力水平的综合评价值，并进行最终排序。

二　各省份竞争力分析评价

根据 2011 年《中国统计年鉴》的统计结果，按照上文所述的方法，对我国各省份 2010 年餐饮产业竞争力进行分析。各省份实际因子分析结果如表 3－1。

表 3－1　2010 年各省市餐饮产业竞争力排名

地区	规模扩张能力		可持续发展能力		获利能力		综合竞争力	
	得分	排名	得分	排名	得分	排名	得分	排名
北京	2.2366	3	0.8935	6	0.4819	5	1.6933	2
天津	0.1099	10	－0.8826	30	0.1313	10	－0.0735	13
河北	－0.4698	18	－0.4630	18	－0.5871	25	－0.4879	22
山西	－0.2666	15	－0.1313	12	－0.4543	22	－0.2722	18
内蒙古	－0.1702	13	－0.6680	26	－0.2501	17	－0.2772	19
辽宁	－0.0002	11	－0.6972	29	－0.3370	18	－0.1873	15
吉林	－0.5148	19	－0.5390	21	－0.7964	29	－0.5660	26
黑龙江	－0.7672	24	0.5652	7	－0.6802	26	－0.5018	24
上海	2.3346	2	－1.3196	31	0.0771	12	1.2793	3
江苏	1.0477	6	－0.0367	9	0.1030	11	0.6871	6
浙江	1.5252	4	－0.6006	23	－0.1646	15	0.8452	5
安徽	－0.3485	17	－0.1172	11	－0.1992	16	－0.2802	20
福建	0.1638	9	－0.6971	28	－0.4508	21	－0.1001	14
江西	－0.8951	30	－0.4374	16	4.2868	1	0.0483	11
山东	1.0884	5	1.9775	2	0.0650	13	1.0866	4
河南	－0.0528	12	－0.2479	13	－0.7355	28	－0.2025	17
湖北	－0.2065	14	1.5705	3	0.2309	9	0.2006	8
湖南	－0.3390	16	1.2671	5	－1.2962	31	－0.1948	16
广东	2.3750	1	0.4972	8	0.8221	4	1.7644	1
广西	－0.7409	22	－0.0841	10	0.4127	6	－0.4263	21
海南	－0.7491	23	－0.5019	19	－0.4174	20	－0.6477	27

续表

地区	规模扩张能力		可持续发展能力		获利能力		综合竞争力	
	得分	排名	得分	排名	得分	排名	得分	排名
重庆	0.5680	7	-0.6092	24	-1.0744	30	0.0746	10
四川	0.5047	8	-0.2834	14	0.3644	7	0.3331	7
贵州	-0.7908	28	-0.5666	22	-0.5760	24	-0.7130	30
云南	-0.8316	29	1.2715	4	1.5493	2	-0.0416	12
西藏	-1.0483	31	-0.6839	27	0.9239	3	-0.6534	28
陕西	-0.7244	21	3.3927	1	-0.5565	23	0.0773	9
甘肃	-0.7755	25	-0.2858	15	-0.0310	14	-0.5601	25
青海	-0.7808	26	-0.6375	25	-0.7215	27	-0.7440	31
宁夏	-0.7070	20	-0.4419	17	0.2933	8	-0.4916	23
新疆	-0.7847	27	-0.5033	20	-0.4038	19	-0.6687	29

（一）餐饮产业总体分析

由表3-1输出结果可知，各省份餐饮业竞争力得分有正有负，正数部分表示该省份的得分水平处于全国均值以上，反之亦然。从表中结果可以看出，全国共有11个省份的得分是正值，其余20个省份是处在均值以下。为进一步能清晰看出各省份排名的得分，笔者把各数据按降序排列，并用柱状图表示（见图3-13）。

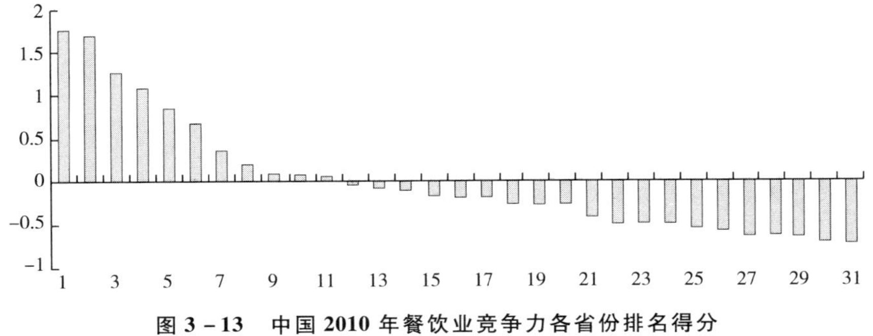

图3-13　中国2010年餐饮业竞争力各省份排名得分

结合表3-1与图3-13，得到以下结论。

（1）广东、北京、上海的竞争力得分远高于其他省份，分别为1.7644、1.6933、1.2793，在我国餐饮业发展中属于第一梯队。

广东省是我国改革开放的前沿阵地，其经济实力一直领先于全国，居民消费水平也已达到中等发达国家水平。2010 年广东省限额以上企业餐饮零售总额为 445.6 亿元，从业人员约 31 万人，在中国餐饮百强中占据 1/10，前 50 强中有深圳市麦广帆饮食策划管理有限公司、真功夫餐饮管理有限公司、顺峰饮食酒店管理股份有限公司、广州酒家集团股份有限公司、广州市绿茵阁餐饮连锁有限公司、中快餐饮集团 6 家企业，可见其影响力之大。

北京市是我国的政治、经济、文化中心，经济发达，人才济济，餐饮需求旺盛，各层次餐饮业态发展较快，产业基础较好、现代化水平高，且较易引入先进的管理经验与经营理念。2010 年北京市限额以上企业餐饮业零售总额为 394.7 亿元，同比增长 16.67%。

上海竞争力排名仅次于广东与北京，规模扩张能力仅次于广东省，名列第二位，其主要原因在于上海市本土面积较小，使其餐饮企业布局有限，从而影响总体情况。2010 年，世博会的举办不仅拉动了上海市经济的发展，而且带动了上海市餐饮业的发展，全年上海市限额以上企业餐饮业零售总额为 337.1 亿元，同比增长约 16%。

（2）山东、浙江、江苏、四川、湖北、陕西、重庆、江西得分均为正值，高于全国平均水平，属于第二梯队。

山东省是我国重要的餐饮消费省份，其竞争力也一直处于全国前列。依托着强劲的经济实力和鲁菜的品牌效应，其餐饮销售额也是连年攀升，2010 年限额以上企业餐饮销售额达到 315.8 亿元。但山东餐饮企业放眼全国来讲，知名企业少，品牌影响力较弱。

浙江的餐饮市场需求旺盛、业态多样，经营方式和管理水平也逐年提升。并且浙江省发展餐饮业从一开始就非常注重品牌的发展，注重连锁化经营，这使得该省餐饮业发展不是角逐一处，而是全面、具有长远眼光的发展。在 2010 年餐饮业百强中占据 13 个份额，位居第二位，可见浙江品牌连锁经营之成功。

依托良好的经济环境和产业基础，江苏、四川、湖北、陕西、重庆、江西餐饮产业发展势头强劲，其中以江苏、四川、重庆为巨，在品牌影响力上，浙江、四川、重庆更是喜人，分别在 2010 年全国餐饮百强中占据

13、10、14 个名额，可谓风华正茂。但这些省份盈利能力都不是很高，还有待加强。

（3）第三梯队主要包括的是得分低于全国均值水平的省份。

余下的 20 个省份主要有东部的天津、福建、辽宁，中部的湖南、河南、山西、安徽、河北、黑龙江、吉林，西部的云南、内蒙古、广西、宁夏、甘肃、海南、西藏、新疆、贵州、青海。排名最后几位均是我国经济欠发达的地区，产业基础不牢，经济发展较慢，人均收入和人口聚集度低。

该梯队中尤为值得一提的是西部的云南省，云南省虽然规模扩张能力比较低，但该省的盈利能力与可持续发展能力均位居全国前列，这主要是由于近些年来云南省政府加大对餐饮业支持力度，餐饮产业经济、政策环境得到优化，同时依托得天独厚的旅游资源，餐饮业发展也是欣欣向荣，2010 年全省限额以上企业餐饮业零售总额达到 23.1 亿元，同比增长 36.7%，远远高于全国的平均增长率水平。

（二）竞争力指标分析

1. 规模扩张能力分析

由表 3－1 可知，规模扩张能力中有 10 个省份的数值为正，其余 21 个为负值。正值的主要省份有广东、上海、北京、浙江、山东、江苏、重庆、四川、福建、天津，这些省份均属于我国经济比较发达的地区，产业基础优良，人均消费水平较高，经营理念、管理理念较为先进，从业人员素养较好。例如重庆，2010 年限额以上企业餐饮资产增长率达到 23.32%，零售总额增长 15.1%，达到 83.1 亿元，虽然在横向中并不是很好，但是从纵向看，连续几年保持两项指标两位数增长实属不易。

2. 可持续发展能力分析

由于因子模型的自动拟合，参照模型输出结果与原始数据，可持续发展能力主要蕴含的是食品安全事故数，同时受政策支持力度影响。由表 3－1 可知，该项指标正值只有 8 个，分别是陕西、山东、湖北、云南、湖南、北京、黑龙江、广东，其他 23 个省份均为负值。像上海在这项指标排列靠后，主要是与 2010 年上海发生的几起食品安全事故有重大关系，而像云南之所以能排列靠前，不仅是因为该年云南地区没发生重大安全事故，同时也是由于该年云南省政府颁布了众多支持餐饮业发展的政策，且力度较大、效果显著。

3. **获利能力分析**

获利能力选取的指标主要是主营业务利润率，从整个获利能力因子来看其正值有 13 个，其中东部有 6 个，为广东、北京、天津、江苏、上海、山东，除天津外，另 5 个均是总体竞争力排名前五的，这在一定程度上是由于规模经济的效用。7 个中西部省份，江西、云南、西藏、广西、四川、宁夏、湖北，部分原因是这些地区旅游资源丰富，拥有其他省份少见的民族风情，餐饮独具特色。同时云南、西藏、广西、宁夏餐饮规模虽然不大，但竞争不是过于激烈，加上劳动成本优势，所以也有较高的获利水平。

总的来说，在整个餐饮产业竞争力中，前十名中除四川与重庆是西部地区外，其余均属于中东部的省份，可见中东部地区优势之明显。由此可知，产业的发展与经济发展呈现很大的相互关系，好的产业基础宜于经济的稳定增长，经济的良好发展又能带动产业的优化升级。中西部地区由于原来产业基础较薄弱，经济发展缓慢，带动能力较差，竞争力也就较弱，这也是由我国经济地域发展不平衡所致。

三　建议措施

根据笔者所做的中国餐饮竞争力排名，如何让排名靠前的继续保持优势，进一步提升自身的竞争力，让排名靠后的缩短差距，奋勇前行，应从以下几个方面加强。

（一）强化餐饮食品安全卫生监管

提高餐饮业的卫生安全质量标准。在餐饮业的原料采购、包装、运输、验收、保管、加工制作，厨房、餐具清洗和消毒，以及餐厅餐桌清洁等环节，建立完整的卫生安全质量标准体系和操作规程；强化食品安全管理制度，推行餐厨垃圾资源化处理。探索建立餐饮废油的回收利用工作机制，出台管理办法，大力发展环保型绿色餐饮，积极推行分餐制；强化餐厨垃圾管理，推行餐厨垃圾资源化处理，发展环保型餐饮；逐步推行“中央厨房”和配餐配送中心；抓好餐饮企业特别是中小餐馆、农家乐和露天餐饮、路边餐饮、流动餐饮等的卫生、安全监管工作，严禁使用不卫生和不可降解一次性餐具，防止食物中毒事故发生。

只有扎实做好食品安全监管工作，永远把人民的利益放在第一位，强化监管，严格执法，避免安全事故发生，才能打牢基石，提升自身餐饮竞争力水平。

（二）深挖特色饮食，打造特色品牌

特色是餐饮发展之魂。独特的菜点品种、独特的食用方法、独特的盛食器皿、独特的烹饪技巧、独特的用餐环境不仅能给用餐者带来与众不同的食物享受，带来一定的经济效益，更能保护一些独特的餐饮文化，使其得到传承，同时可依托这些独特的餐饮文化，打造特色餐饮品牌，使其名传天下。

（三）培育和发展集团化连锁，大力推行品牌化经营，做大做强餐饮企业

通过政府的鼓励、引导，积极吸引外来资本和民间资本进入餐饮产业，通过市场调节整合资源，加强创新，发展和壮大餐饮业的市场主体。通过评选认定名店、名菜、名厨等措施，树立一批标杆企业和产品品牌，对其他企业起到示范和带动作用，从而以点带面，促使全行业整体水平和实力得以提升，尽快形成统一性的连锁餐饮集团。因此各地餐饮企业应该发挥各自竞争优势，积极开展连锁经营，扩大产业规模，做大做强餐饮企业。

（四）优化政策环境

餐饮业的生存和发展与政府的产业政策有密切的关系，产业竞争力状况很大程度上受经济行为和产业政策的影响。因此，各地政府应为餐饮业发展创造宽松的产业环境，如在税收、水电收费、银行贷款等方面提供优惠，支持其做大做强。

第六节　中国餐饮企业技术创新模式的选择与创新能力的培育①

一　问题的提出

改革开放以来，中国餐饮业作为承载五千年文明的传统服务行业，通过社会化投入和市场化竞争，已由对国民经济贡献率低的小行业发展成为规模日益壮大、增长势头持续强劲、对社会经济和人民生活具有较强影响力的重要服务行业，在国民经济中的地位和作用日益突出。自“八五”以来，中国餐饮业增长速度位列国民经济各行业的前列，远远超过 GDP 增长速度和社会消费品零售总额的增长速度，连续 17 年实现两位数高速增长。自 2003 年以来，餐饮业全年营业额接连 4 年分别突破 5000 亿元、6000 亿元、7000 亿元和 1 万亿元大关，2007 年全年营业额实现 1.2 万亿元，与改革开放初期的 1978 年相比增长了 226 倍。中国餐饮业继续成为拉动消费需求快速增长、提高人民生活水平、构建和谐社会、增加税收、促进就业、加强国际交流与合作的重要力量，为中国经济社会发展带来了巨大的经济效益、社会效益和产业效益。从总体来看，1991—2007 年，中国餐饮业的发展具有许多相似的特征，从战略的层面将其概括为数量增长的发展模式。中国餐饮业的发展更多强调的是对国际餐饮产品和国际餐饮管理模式的引进借鉴，而较少花大力气深入研究本土国情，“南橘北枳”问题严重，创新动力不足，创新成果乏善可陈。中国餐饮企业规模增长、引进借鉴属于“短平快”策略，容易在短期显现其实施效应；相对而言，技术创新的实施则需要比较长的时间，其效果不大容易显现出来，这就在一定程度上诠释了中国餐饮业数量增长型模式形成的原因。这种传统服务业的发展模式呈现明显的重规模和快速扩张，轻技术创新的行业共性特征。餐饮企业创新行为普遍呈现出低端化、模仿化、同质化、个体化、偶然化等共性特征，主要表现在以下几方面。其一，中国餐饮企业在规模化发展以规避市场竞争风险的思想指导下，产品创新更多的是“口号越位、行动缺位”。

---

① 本节被人大复印报刊资料《商贸经济》全文转载。于干千：《中国餐饮企业技术创新模式的选择与创新能力的培育》，《财贸经济》2008 年第 5 期。

菜品同质化、缺乏制作标准，产品极易模仿、生命周期短，餐饮服务过于教条化、机械化等是中国餐饮企业普遍存在的问题。其二，多数餐饮企业资本的社会化程度低且总量小，难以应对技术创新成本高、回收期长等风险。融资难的客观现实，也使很多餐饮企业因资金缺乏而无力搞技术创新，整体技术设备水平无法适应现代餐饮业大规模快速生产的需要。其三，餐饮行业从业人员整体素质偏低，企业管理和技术人员不足且流失严重，直接影响了餐饮企业的创新。多数餐饮企业不具备吸引优秀技术人才的条件，在企业文化、技术条件、工作环境、个人发展前景等方面的劣势，使得这些企业在吸引具有创新能力的人才时有一定的障碍。其四，中国餐饮业分散经营、集中度低，使得餐饮企业各自为政，在资本、技术、市场、信息以及生产等资源上使用效率低。绝大多数餐饮企业缺乏基本技术条件，技术创新既不能有效利用高校和科研院所等公共资源，也很难开展企业间的技术交流与合作，相互之间存在更多的是竞争和相互封锁甚至扼杀。其五，多数餐饮企业由于资金、人才的限制，收集外部市场与技术信息的能力有限。餐饮企业获取信息途径窄、不及时等因素，致使餐饮企业创新动力不足。其六，技术创新的法律保障不完善、信用环境亟待改善、中介机构和服务体系不到位，创新服务能力弱等一直是困扰中国餐饮企业技术创新的外部环境因素。

随着中国改革开放的深入，企业竞争日益加剧，中国餐饮企业所面对的国际、国内社会经济环境也发生了巨大变化。从国际环境看，随着中国餐饮企业纳入国际生产体系，竞争边界大大扩展，竞争对手也不断增加。在这种环境下，单纯依靠低劳动力成本的竞争手段已经不能跟上时代潮流，客观上要求国内餐饮企业通过提高自身的技术能力来参与竞争。从国内环境看，餐饮消费结构的升级，对餐饮产品的要求越来越高，企业必须不断推出差异化的新产品，才能在竞争中立于不败之地。这就要求餐饮企业要不断提升技术创新能力和水平，来满足市场对新产品的要求。面对日新月异的科技变革，面对日益强化的资源环境约束，面对以技术创新为主要特征的激烈国际竞争，技术创新能力弱已成为中国餐饮企业可持续发展的“软肋”。因此，激活中国餐饮企业创新的动力，对于提高餐饮企业的竞争力，促进我国餐饮业发展方式的转变具有非常重要的意义。

二　中国餐饮企业技术创新动力缺失的原因分析

一般认为，大多数餐饮企业属中小企业，其具有规模小、组织结构简单、相对宽松的管理环境、灵活的用人机制以及餐饮企业与市场、消费者之间联系紧密等优势，有利于餐饮企业根据市场变化和需求做出快速的创新决策。事实上，餐饮企业并未充分发挥在技术创新活动中的优势，大多数餐饮企业的创新能力与水平远不能适应中国餐饮业健康快速发展的需要。多数餐饮企业存在研发机构不健全、设备和工艺落后、技术人才紧缺、缺乏风险资本和技术创新之间的联系、信息化程度不高等通病，导致中国餐饮业形成了“三低、三弱、竞争残酷”的发展惯性。“三低”即准入门槛低、生产效率低、科技含量低。“三弱”特指研发能力弱、创新资金筹资能力弱、风险承担能力弱。由于中国餐饮企业战略管理整体水平偏低，缺乏创新观念、创新意识，因而对创新风险认知不足，畏险或冒险现象较为普遍。加之政府和企业自身对知识产权保护不够，技术创新的利益很难得到保障，中国餐饮企业陷入“集体创新动力缺失”的困境。导致中国餐饮企业技术创新动力缺失的原因被界定为内部因素和外部因素两个方面。

内部因素是影响企业技术创新的决定性因素。多数餐饮企业在资金、人才、技术、管理四个方面的不足或缺失是导致创新动力不足的关键因素。第一，中国餐饮企业数量多而分散，资产规模、研发能力、经济实力、社会影响力等较小，使得餐饮企业在技术创新上“底气”不足。餐饮企业的市场辐射范围较小，收集信息的技术和能力较弱，获取新知识、新思想的速度较慢。这都使餐饮企业管理者在思想上与日新月异的科学技术发展或多或少存在时滞。另外，餐饮企业管理者对技术创新的认知偏差，使技术创新的动力在内心深处受到了抑制，因而缺乏应有的技术创新主动性。餐饮企业误认为技术创新就是重大的发明创造，也只有重大的发明创造对发展企业和开拓市场才有实质性的意义。因而餐饮企业往往认为技术创新是可望而不可即的事情，主观上“排斥”技术创新。这些思想观念上的禁锢才是阻碍餐饮企业进行有效技术创新的深层原因。第二，餐饮企业由于自身规模小，资金积累少，信用度低，加之技术创新本身就具有风险性的特点，因此，很难从银行获得贷款；目前我国专门用于餐饮企业支持技术创新的风险投资又很少，很难从社会上融资；同时餐饮企业之间往往缺乏合作，又不能实现有限资金的充分利用。第三，餐饮企业创新资源短缺，优秀技术人才缺乏，难以找到技术创新的有效方式。餐饮企业高级技术人才极少，缺少技术创新的原动力；研发能力不足，跟踪世界先进技术存在环境上的障碍和条件上的差距。因此，即使有些企业有技术创新的意愿，但苦于找不到整合技术创新资源以及有效创新的方式，不敢或不愿意承担创新的风险。餐饮企业和高校及科研机构往往缺乏沟通，结果一边是科研成果层出不穷与大量闲置，另一边却是企业想进行技术创新却苦于没有合适的技术资源。第四，绝大多数餐饮企业缺乏一整套有效的创新管理机制与激励机制来对创新全过程实施有效的管理。

餐饮企业技术创新是在一定的环境中进行的，受到各种外部因素的影响。在外部因素中，经济环境、经济发展水平、政府的政策与制度以及市场因素是影响餐饮企业技术创新的主要因素。具体归纳为以下四个方面。一是经济全球化和市场经济的不断深化发展，使国内餐饮市场竞争更加残酷。中国餐饮企业面临的是开放最早、完全市场化的餐饮市场，面对的是有强大经济实力、品牌号召力和技术研发能力的国际餐饮巨头。如果餐饮产品缺乏技术含量，更新换代速度慢，推进国际化标准困难，开发档次低，也就不能形成强劲的市场竞争力。二是东、西部地区经济发展不平衡。西部地区的餐饮企业技术创新能力总体偏低，同时餐饮企业资金联系松散，很难通过经济技术等纽带相互传递、扩散较先进的技术。三是缺乏风险投资主体和良好的融资机制。在我国市场经济还未成熟，风险投资商虽然对中国餐饮企业开始积极关注，但对餐饮企业的技术创新和产品标准化技术还没有信心，因此大多数餐饮企业寻求资金困难重重。四是缺乏有效的专利保护机制，技术创新服务体系尚未形成。由于国家还没有强有力的专利保护机制，不规范的竞争环境严重挫伤了餐饮企业技术创新的积极性。目前我国大多数的技术信息中心、技术推广中心、创业中心之类的中介服务机构，还不能为餐饮企业提供技术支持辅导、技术信息等服务，使餐饮企业在技术创新过程中遇到的各种难题难以解决，制约了餐饮企业技术创新的进程及效益。

三 中国餐饮企业技术创新模式的选择

技术创新学将创新模式分为三种：自主创新、模仿创新和合作创新。不同的技术创新模式有各自的优缺点，餐饮企业应根据自身的经营特点和经营环境，选择适当的途径开展技术创新活动。

（一）根据餐饮企业的经济实力、技术能力来选择技术创新的模式

由于不同的创新模式对餐饮企业经济实力和技术能力所构成要素的要求及应用程度是各不相同的，因此不同的餐饮企业根据自身既定的经济实力及技术能力，面对具有不同经济实力和技术能力特征的竞争对手，在技术创新模式的选择方面，不但决定了技术创新的效率和效果，还决定着餐饮企业的可持续发展。选择自主创新模式的餐饮企业的技术突破来自企业内部，是企业长期技术积累和研究开发的产物。技术突破的内生性有助于企业形成较强的技术壁垒。由于跟进者对新技术的解密、消化、模仿需要一定的时间，使选择自主创新的餐饮企业能在一定时期内掌握和控制某项产品或工艺的核心技术，在一定程度上左右行业或产品技术发展的进程和方向。而且，新技术成果是具有独占性的，在技术的专利保护方面，法律只保护第一个申请者，其他晚于率先者的同类成果不能受到专利保护。以自主创新为主导的餐饮企业必然要求市场的率先开拓，技术开发的成果只有尽快商品化，尽早推向市场，才能防止跟随者抢占市场，才能为企业带来实际的效益。自主创新模式的餐饮企业一般都是新市场的开拓者，很容易在产品的投放初期就建立营销网络和品牌，奠定自己的垄断或先导地位并获得高额利润。就大型餐饮企业而言，其技术创新的目标是加强核心技术，并围绕核心技术，不断朝技术、产品和市场的纵深开发方向发展，因此，自主创新模式是大型餐饮企业技术创新的基础。同时，大型餐饮企业也必须与具有其他优势的合作伙伴进行产品、生产工艺、设备设施及市场等的共同开发，吸引更多的研发机构进入企业自身的技术创新系统，实现

优势互补，为餐饮企业技术创新提供人才和信息上的支持。但是，现阶段中国餐饮企业技术创新在受到资金、设备、人员因素约束的情况下，低成本、低风险的模仿创新与风险分摊的合作创新是较具有优势的模式，大多数中国餐饮企业应在模仿创新与合作创新的过程中积累更多的资金，吸引更多的高技术人才，将更多的资金投入企业的研发活动中，最终实现由模仿创新到自主创新的飞跃。

模仿创新的技术研发更偏重于对率先创新产品的功能进行改进和完善，特别是对生产工艺进一步开发创新，努力弥补设计和生产之间的不足，为产品的生产适应性和市场适应性打下良好的基础，进而使模仿创新产品的性能更趋于完善，更能满足消费者的需求。因此，模仿创新适合于经济实力、技术能力较弱的大多数中国餐饮企业。对率先者的技术进行工程化移植，餐饮企业只需花费工程化移植、生产化和市场化的推销费用。模仿创新在技术和市场两个方面的低风险，技术上易实现且花销小，其研发活动的资金具有很强的针对性和方向性，能够集中力量在创新链中下游环节投入人力和物力（即在产品设计、工艺流程、设施装备等方面），所以模仿创新实用性和成本优势更应引起多数中国餐饮企业的重视。模仿的结果使得模仿者的技术水平和创新能力都得到提高，有些模仿者会反过来抢占率先者的市场。同时，如果有合适时机，模仿效果较好的企业就可能进入率先创新行列，推出起点更高的自创成果。重庆快餐企业通过模仿洋快餐的标准化管理和运营管理模式推出具有本土特色的中式快餐迅速占领市场就是模仿创新的典型案例。

合作创新模式的优势在于：共享互补性创新资源；缩短技术创新时间；降低技术交易成本；分担研发成本、分散风险；快速获得新技术或市场。中小餐饮企业可以通过构建技术合作联盟实现企业资源共享，规避风险，提高柔性，建立技术标准，获得标准优势，提高学习能力和技术创新能力，从而实现餐饮企业的可持续发展。在一定的地域范围内形成稳定的、具有持续竞争优势的集合体，对餐饮企业的技术创新具有促进作用。餐饮企业集群能够提高企业的融资能力，有利于技术与知识的积累，有利于企业获得创新所需的人才、信息、技术等要素资源，有利于提高企业抵御创新风险的能力。餐饮企业集群内的技术创新具体途径有三：其一，通过利益纽带联系，建立技术合作联盟；其二，通过产学研联合，构建技术创新模式；其三，积极探索、创建促进创新的技术中介服务体系。为进一步促进餐饮企业集群的技术创新，集群内企业以餐饮行业协会为平台，通过积极的协商，使各个参与企业之间形成相互信任、合作创新的氛围，并通过制定相关的制度，以便各个参与企业在创新资金筹备、创新风险共担以及技术、信息共享、与外部的联系等方面有章可循，以利于达成共识、实现通力合作。这样可最大限度地使中小餐饮企业克服其资金实力薄弱、缺乏人才和技术、研发能力不足以及承担创新风险的能力较弱等劣势，还能够充分发挥中小餐饮企业机制灵活的优势，从而更有利于提高中小餐饮企业的技术创新能力。

（二）根据餐饮企业的经营战略来选择技术创新的模式

餐饮企业在成本领先的基本战略下，又要做技术领先者，常常是矛盾的。此时，技术创新点在产品设计、工艺流程、销售等环节。如果企业选择模仿创新模式，做一个技术跟进者，能廉价获得技术，并进入领先者所开辟的市场，那么只要谋划得当就可能取得可观的收益，这种技术创新方式是利用他人的研究成果，再进行消化、吸收和改进。餐饮企业在差异化的基本战略下，更易选择自主创新模式，做一个技术领先者。此时的技术创新点在于技术的产品差异化。这样的企业常是技术标准的制定者，关键技术及其专利的所有者，会获得技术基础上的竞争垄断地位，也意味着获得高额利润的回报和较长时期的竞争优势。如果企业选择做一个技术跟进者，更多的是考虑价值因素，即在核心技术外创新，以突出非核心技术方面的独特性，形成企业自己的竞争优势。

餐饮企业对自主创新、模仿创新及合作创新三种创新模式的重视程度和资源投入的合理分配是企业生存和发展的关键。技术创新模式的选择要与餐饮企业自身的技术实力、市场机会及技术市场发育程度相匹配。技术研发部门与营销部门的密切合作是技术创新成功的有效途径。创新不仅仅是技术人员或技术研发部门的任务，也是营销和其他部门的职责，全员参与创新将是技术创新的发展趋势。企业在成长的不同阶段，对技术创新战略的选择存在差异。一般来说，在创业和成长初期，企业宜选择模仿创新战略；在成长的中后期或兴盛期，则应选择技术创新战略，尽快掌握关键技术，形成核心技术，争取成为技术标准的制定者，才能使企业在竞争中处于优势地位。

四　提升中国餐饮企业技术创新能力的对策建议

随着经济全球化、信息化和知识化进程的加快，以自然资源、产品为基础进行分工的传统格局已被打破，面对国外餐饮列强的冲击，如何才能走出“集体创新动力缺失”的困境，实现以技术创新推动中国餐饮业发展模式的转化呢？政府、餐饮企业和行业协会可以考虑从培育餐饮企业自身的创新能力，促进餐饮企业技术创新的制度建设、构建技术创新的良好环境，加强科技信息和技术创新网络的建设等三个方面培育中国餐饮企业的技术创新能力。

（一）培育餐饮企业自身的创新能力

（1）培育具有技术创新素质的餐饮企业家。企业家对技术创新的重视是餐饮企业技术创新战略成功实施的主要决定因素，这与餐饮企业的所有制性质及其决策机制有关。餐饮企业多数是民营企业，企业家是最大股东，企业的决策特别是技术创新决策往往是他们说了算，因此企业家能力是企业成功的决定因素。餐饮企业家积极主动地利用好外部信息和政策，有目的地培养员工，特别是抓好对技术骨干的培养。餐饮企业家要在可能的情况下尽量多地从事创新实践，总结经验，积累创新能力。

（2）餐饮企业通过整合外部人力资源，解决人才匮乏的问题，餐饮企业实施技术创新实力有限，吸引力不足，难以吸引一些高层次的技术人员加盟，企业可以外聘一些高校、科研院所的科研人员和其他企业的工程技术人员对企业的创新活动进行指导，开展合作研究。这种方式可以实现优势互补，弥补企业在技术人才匮乏和基础能力方面的不足。

（3）餐饮企业要选择那些与本企业能够实现优势互补的合作伙伴作为合作对象，通过技术合作提高自身的技术创新能力。餐饮企业还可以采取收购、兼并的方式将先进技术和人才一并吸收到本企业，从而实现自身创新能力的提升。

（4）发展多层次资本市场，拓宽餐饮企业融资渠道。一是尽快做大做强中小企业板，建立起方便、快捷、灵活的融资机制，充分发挥中小企业板在推动成长型餐饮企业群体成长壮大中的作用。二是建立适合成长型餐饮企业特点的股票发行审核制度，加快成长型餐饮企业上市进程。对具有较强的自主创新能力，较好的盈利能力和成长性，并符合发行上市条件的成长型企业，尽可能简化审核程序，提供更快捷的融资便利。三是将民间资本引入企业进行技术创新可以解决企业资金匮乏的问题。首先，要破除歧视民间资本投资的传统思想，加强服务，采取法律、经济和必要的行政手段，使民间资本可以公开、公平地参与市场竞争。其次，完善投资环境，提高民间资本参与餐饮企业技术创新的预期效益，调动民间资本参与技术创新。政府应该在产业政策、技术政策、融资便利、税费负担、保障权益以及扶持科技创新等有关政策中对民间资本一视同仁。再次，建立健全法规制度，保障参与权益和投资者的信心。最后，可以考虑政府或金融机构为餐饮企业进行担保。

（二）促进餐饮企业技术创新的制度建设，营造技术创新的良好环境

针对中国餐饮企业集体创新动力缺失的问题，构建适合中国餐饮企业技术创新的环境是提升餐饮企业技术创新能力的重要途径之一。笔者将影响技术创新的环境因素分为内部环境因素和外部环境因素。内部环境因素主要是指创新管理机制的构建和技术创新组织文化的塑造。创新管理机制涉及管理激励机制和创新过程管理机制。管理激励机制主要是指对员工创新活动的激励，这其中包括物质激励、精神激励、情感激励、产权激励制度、组织制度激励等。企业对在创新方面做出突出贡献的技术人员给予重奖；采用股权分红等多种方式，激励和留住做出突出贡献及高层次的技术人员，稳定技术和管理队伍，使企业的创新活动得以持续有效地开展。创新过程管理机制包括对创新目标的筛选、创新过程的管理和创新成果的转化等一系列问题。餐饮企业技术创新组织文化的塑造具体说来，可从三个方面入手：一是通过培育创新意识，倡导创新精神，营造鼓励技术创新的

文化氛围；二是通过建立共同愿景、培养团队精神、加强员工培训、鼓励员工个人学习和企业内的知识共享，构建学习型组织，创造适合技术创新的土壤；三是定期开展技术创新的相关培训，向员工灌输创新思想，提升技术创新能力。

影响技术创新的外部环境因素主要是指政府通过政策、制度的作用，能否建立健全提高餐饮企业技术创新能力的支持服务体系，并引导餐饮企业自觉运用模仿创新、自主创新、合作创新模式，以提高自身的创新能力。政策与制度设计的重心是营造良好的经营环境，维护公平的市场竞争，使企业通过市场交易获得理想的创新收益，从而激发餐饮企业技术创新的内在动力。政府应对餐饮企业的技术创新给予高度重视，通过切实有效的举措来支持餐饮企业的技术创新。具体建议如下：其一，加强对餐饮业节能环保等共性技术研发的有效组织，提高餐饮企业的创新平台；其二，政府可以为餐饮企业开展免费的技术培训，全面增强餐饮企业的技术创新能力；其三，制定和完善保障餐饮企业技术创新的相关法律法规，对餐饮企业科技创新的战略地位、经费投入、风险投资、技术发明、技术创新、技术转移、技术推广、优惠措施等做出明确规定，为餐饮企业科技创新的可持续发展提供法律保障；其四，建立和完善社会化服务体系，使企业及时获得技术咨询服务、信息交流服务、法律咨询服务；其五，依托餐饮行业协会在全国范围内建立的技术服务网络，为餐饮企业提供及时、通畅、全面、发达的信息网络支持；其六，政府各有关部门要加强对餐饮企业的指导，使餐饮企业不断规范内部管理和经营活动，实行鼓励餐饮企业技术创新的财政税收、金融支持政策。

（三）加强科技信息和技术创新网络的建设

科技信息机构在促进餐饮企业技术创新中起到支撑的作用，主要表现在：能够辅助企业建立新型的技术创新体系；能够积极推动中国餐饮业合作联盟的形成，打破企业创新的分割与封闭状态，合理配置国家创新资源；能够向餐饮企业灌输国外先进的技术创新管理理念，强化企业知识产权保护意识。科技信息和技术创新网络的建设可以通过以下途径实现：一是建立技术信息中心，实现餐饮企业与国家科研成果的对接。将高校以及相关科研机构的科研成果与企业的实际需求进行匹配，为企业技术创新提供技术源泉，同时加速科研成果的转化，形成一条产学研相结合的产业链。二是建立专家信息库，架起餐饮企业与专家联系的桥梁，为企业提供专家咨询服务。三是建立餐饮产业政策数据库，收集国内外餐饮产业政策以及中国餐饮企业国际化进程所遭遇的技术壁垒的信息。四是建立专利分析数据库，定期收集国内外相关专利信息，避免重复研究，并对收集到的专利进行分析预测，形成研究报告，辅助企业技术新决策。五是搭建竞争情报内容服务平台，通过低价向企业出租竞争情报软件，降低企业信息化的成本，加速企业信息化竞争，为企业技术创新奠定坚实的基础。

从上述的对策建议可知，在技术创新的过程中餐饮企业、行业协会与政府各自扮演着重要的角色。作为创新主体的餐饮企业应该具备“四力”：一是要有内在的推动力；二是要有筹措资本的能力；三是要有打造技术团队的能力；四是要有市场化的能力。在社会深刻变革的过程中，要解决涉及行业、企业的矛盾和问题，仅仅靠政府的力量是不够的，必须充分发挥行业协会的服务协调职能，弥补政府与市场的不足。只有理顺餐饮企业、行业协会与政府在技术创新中的关系，才能充分发挥三者之间的协同作用，实现餐饮企业技术创新能力和水平的提升；也才能提高中国餐饮产业作为资源转换器的效能和效益，实现产业结构合理化与高级化的统一。

第四章

云南省餐饮产业发展研究

第一节 “十一五”时期云南省餐饮产业发展报告[①]

一 云南省餐饮产业发展的现状及存在的问题

（一）发展现状

1. “十一五”以来，云南省餐饮业年均增幅达24%，促进消费、拉动经济增长的产业效应日益凸显

（1）持续高速增长。“十一五”以来，云南餐饮业零售总额从2006年的137.8亿元增加到2010年的350亿元，是2006年的2.54倍，而同期的GDP是2006年的1.8倍。餐饮业零售总额远远超过GDP增长速度和社会消费品零售总额的增长速度，呈现旺盛的发展势头。2006—2010年，云南餐饮业保持年均24%的增速，是云南省国民经济中增长最快的行业之一。2006年餐饮业零售总额实现137.8亿元，占社会消费品零售总额和第三产业增加值的比重分别为11.6%和8.92%。2008年餐饮业零售总额突破200亿元大关，同比增长30%。2010年云南省餐饮业在省政府促进餐饮业发展的政策推动下，零售额达到350亿元大关，同比增长23.54%，增幅居全国前列；占社会消费品零售总额和第三产业增加值的比重分别为14%和12.11%（见表4－1）。

---

① 杨柳、荆林波主编《中国餐饮产业发展报告（2011）》，社会科学文献出版社，2011。

表 4 －1　2006—2010 年云南省餐饮业发展基本情况

单位：亿元，%

对比指标	2006	2007	2008	2009	2010
GDP	4007	4741	5700	6168	7220
第三产业增加值	1544	1853	2228	2524	2890
社会消费品零售总额	1189	1395	1719	2051	2500
社会消费品零售总额同比增长	14. 9	17. 3	23. 3	19. 4	21. 9
餐饮业零售总额	137. 8	169. 8	220. 7	283. 3	350. 0
餐饮业零售总额同比增长	14. 9	23. 2	30. 0	28. 4	23. 5
占社会消费品零售总额比重	11. 6	12. 2	12. 8	13. 8	14. 0
占 GDP 比重	3. 4	3. 6	3. 9	5. 0	4. 9
占第三产业增加值比重	8. 9	9. 2	9. 9	11. 2	12. 1

资料来源：《云南统计年鉴》（2007—2009 年）以及《2010 年云南省国民经济和社会发展统计公报》。

（2）促进消费作用明显。2007—2010 年，云南省餐饮业零售总额增长率分别为 23. 2%、30. 0%、28. 4%、23. 5%，比同期社会消费品零售总额高 5. 9 个、6. 7 个、9. 01 个、1. 64 个百分点。2010 年全省餐饮业零售总额达 350 亿元，比上年增长 23. 54%，占全省社会消费品零售总额的 14%（见表 4 －1、图 4 －1）。餐饮业消费品零售总额的增长速度在批发、零售、住宿、餐饮四个行业中排名首位，总量排在第二位，拉动全省社会消费品零售总额增长了 3. 6 个百分点。

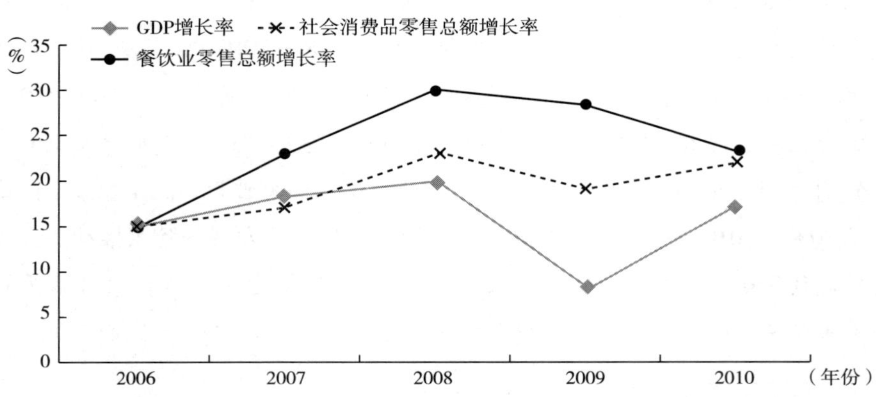

图 4 －1　2006—2010 年云南省 GDP、社会消费品零售总额及餐饮业零售总额增长率对比

（3）拉动经济增长的效应凸显。云南省餐饮业对 GDP 的直接贡献逐年增大，2006—2010 年，餐饮业零售总额占 GDP 的比重从 3.4% 上升到 4.9%，增长 1.5 个百分点（见表 4-2）；2006—2010 年，餐饮业的产业贡献率从 4.30% 上升到 6.34%，增长 2.04 个百分点（见表 4-3）；对经济增长的贡献基本达到支柱产业的衡量标准。

表 4-2　2006—2010 年云南省餐饮业对 GDP 的直接贡献率

单位：亿元，%

指　标	2006	2007	2008	2009	2010
GDP	4006.72	4741.31	5700.1	6168	7220
餐饮业零售总额	1378.0	169.8	220.7	283.3	350.0
占比	3.4	3.6	3.9	5.0	4.9

资料来源：《云南统计年鉴》（2007—2009）以及《2010 年云南省国民经济和社会发展统计公报》。

表 4-3　2006—2010 年云南省餐饮业对经济增长的产业贡献率

单位：亿元，%

指　标	2006	2007	2008	2009	2010
GDP 增长值	533.83	734.59	958.79	467.90	1052.00
餐饮业增加值	23.2	32.0	50.9	62.6	66.7
餐饮业的产业贡献率	4.30	4.34	5.31	13.38	6.34

资料来源：《云南统计年鉴》（2007—2009）以及《2010 年云南省国民经济和社会发展统计公报》。

2. 餐饮业发展前景良好，餐饮企业景气指数平稳

“民以食为天，百业以餐饮为王”，餐饮业是一个充满活力的行业，市场潜力巨大。2008 年云南省餐饮企业景气指数一至四季度分别为 137.5、100.0、112.5、112.5，均高于全省住宿业指数；餐饮业企业家信心指数一至四季度分别为 150.0、118.8、125.0、106.3，与零售业企业家信心指数基本相当。企业景气指数和企业家信心指数反映出云南省餐饮业具良好的发展前景（见表 4-4）。

表 4－4　2008 年云南省企业景气指数和企业家信心指数

指标		一季度	二季度	三季度	四季度
企业景气指数	总体指数	129.1	127.2	123.9	102.2
	餐饮业	137.5	100.0	112.5	112.5
	住宿业	113.9	96.7	97.9	104.3
	批发业	154.8	151.8	154.7	140.1
	零售业	140.8	122.0	134.0	121.0
企业家信心指数	总体指数	136.1	125.1	122.2	99.4
	餐饮业	150.0	118.8	125.0	106.3
	住宿业	113.9	103.0	110.4	108.5
	批发业	155.1	150.6	149.3	135.2
	零售业	139.4	121.7	124.0	114.5

资料来源：《云南统计年鉴（2009）》。

3. 内资企业占有市场主要份额

据对 2008 年云南省限额以上餐饮企业的统计，内资企业在法人企业数、从业人数、营业额、餐饮营业面积、餐位数等经济指标上都明显高于其他所有制企业（见图 4－2、表 4－5）。内资企业中民营企业占有市场份额最大，其中法人企业数、从业人数、营业额等指标约占限额以上餐饮企业总量的 60%。

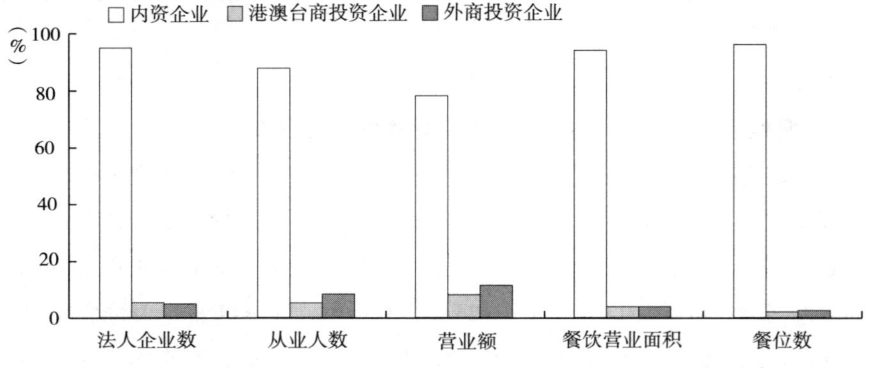

图 4－2　2008 年云南省限额以上餐饮企业结构比较

4. 中式正餐是云南餐饮业的主要经营业态

据对 2008 年云南省限额以上餐饮企业统计，正餐业在法人企业数、从业人数、营业额、餐饮营业面积、餐位数等经济指标上都明显高于快餐业、饮料及冷饮业、其他餐饮业（见表4－6）。

表4－5　2008年云南省限额以上餐饮企业结构

指标名称		内资企业	港澳台投资企业	外商投资企业	总计
法人企业数	绝对数（个）	119	5	3	127
	比重（%）	93.7	3.94	2.36	
从业人数	绝对数（人）	12483	615	1102	14200
	比重（%）	87.91	4.33	7.76	
营业额	绝对数（万元）	135529	15946	21507	172982
	比重（%）	78.35	9.22	12.43	
餐饮营业面积	绝对数（平方米）	264961	7716	9080	281757
	比重（%）	94.04	2.74	3.22	
餐位数	绝对数（位）	152147	3079	3381	158607
	比重（%）	95.93	1.94	2.13	

资料来源：《云南统计年鉴（2009）》。

表4－6　2008年云南省按行业分组的限额以上餐饮企业经营业态

指标名称		正餐业	快餐业	饮料及冷饮业	其他餐饮业	总计
法人企业数	绝对数（个）	120	5	0	2	127
	比重（%）	94.49	3.94	0	1.57	
从业人数	绝对数（人）	11824	1689	28	659	14200
	比重（%）	83.27	11.89	0.20	4.64	
营业额	绝对数（万元）	129771	36224	246	6741	172982
	比重（%）	75.02	20.94	0.14	3.9	
餐饮营业面积	绝对数（平方米）	243073	27493	1675	9516	281757
	比重（%）	86.27	9.76	0.59	3.38	
餐位数	绝对数（位）	147251	9556	140	1660	158607
	比重（%）	92.84	6.02	0.09	1.05	

资料来源：《云南统计年鉴（2009）》。

5. 餐饮业成为吸纳就业的主渠道

餐饮业就业人数在第三产业总就业人数中的比重不断提高。餐饮业是劳动密集型产业，是农业和工业转移富余劳动力的主要途径，在吸纳劳动力方面发挥着重要作用。2006—2008 年，云南省餐饮业就业人数占第三产业就业人数的比重分别为 3.56%、4.20%、4.21%，呈现逐年增长的趋势（见表 4-7、图 4-3）。

表 4-7　2006—2008 年云南省餐饮业就业人员情况

单位：万人，%

		2006 年	2007 年	2008 年
第三产业就业人数		558.2	609.3	661.4
餐饮业就业人数		19.89	25.57	27.86
餐饮业就业人数占第三产业就业人数比重		3.56	4.20	4.21
占餐饮业就业人数比重	城镇国有、集体单位就业人数占比	21.01	22.76	20.85
	城镇私营企业就业人数占比	10.21	11.46	14.14
	城镇个体就业人数占比	68.78	65.78	65.00

资料来源：《云南统计年鉴》（2008—2009）。

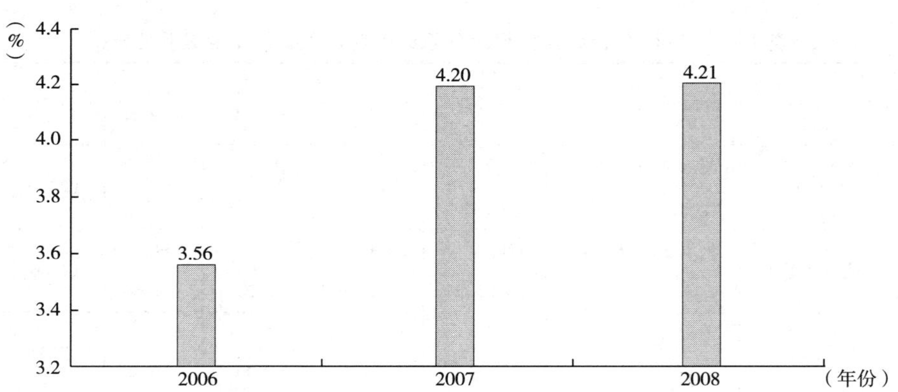

图 4-3　2006—2008 年云南省餐饮业就业人数占第三产业就业人数的比重

城镇个体餐饮企业、城镇私营餐饮企业带动就业显著。2006—2008 年云南省在按经济结构分类的餐饮业就业人数中，城镇私营餐饮企业和城镇个体餐饮企业的就业人数之和在餐饮业中远高于城镇国有、集体单位。城镇个体餐饮企业就业更为明显，2006—2008 年分别占餐饮业就业人数的 68.78%、65.78%、65.00%（见图 4-4）。

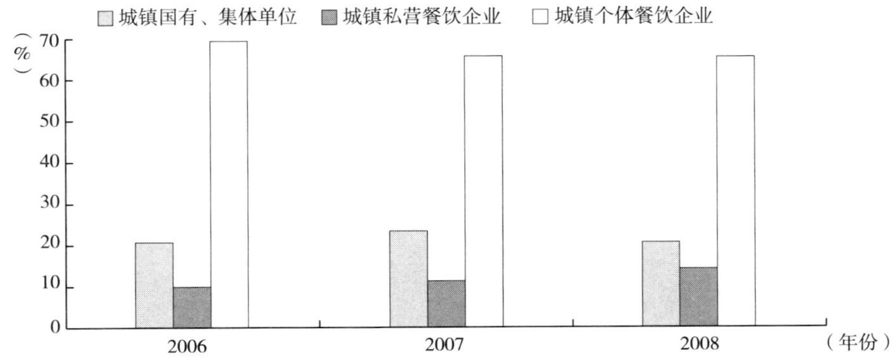

图 4-4　2006—2008 年云南省按经济结构分类的餐饮业就业人数比重

6. 税收贡献逐年增加，占第三产业地方税收总额的 3%

2007—2009 年云南省餐饮业地方税收贡献年均增幅达 9.08%，超过电信业、文化体育娱乐业。2009 年餐饮业地方税收约 7.7 亿元，约占第三产业地方税收总额的 3%，超过电信业、零售业、证券业、保险业、文化体育娱乐业等的税收贡献，在服务业统计中仅次于交通运输业（见表 4-8）。

表 4-8　2007—2009 年云南主要服务业税收贡献

单位：万元，%

行业类别	税收			年均增长率
	2007 年	2008 年	2009 年	
第三产业	1656485	2107641	2569022	11.84
交通运输业	158498	182645	226355	9.99
电信业	56730	67012	74527	7.96
零售业	46306	60087	63777	9.13
餐饮业	55908	67317	76837	9.08
证券业	16216	11412	8890	-27.47
保险业	27849	41921	70407	20.15
文化体育娱乐业	30776	32720	37562	6.021

资料来源：云南地方税务局 2007—2009 年行业分类税收统计。

7. 民族餐饮特色突出，影响力不断增强

云南省共有 129 个县和 727 个乡，其中民族自治县 29 个，占 22.48%；边境县 25 个，占 19.38%；民族乡 196 个，占 26.96%。云南省是一个多

民族的省份，全省有 25 个世居少数民族，其中人口在 100 万以上的有彝族、哈尼族、壮族、傣族，是我国少数民族人口多、分布广的省份之一，具有浓郁的民族风情和饮食特色。近年来，省政府有关部门和行业协会通过组织比赛、交流和考察等多种活动，深入挖掘当地的民族餐饮和地方特色餐饮，提升了地方民族餐饮业的知名度和综合竞争力，如七彩云南、昆明大滇园、茶马古道、桥香园等一批知名企业的影响力逐渐突破地域，开始在全国餐饮市场中崭露头角。

（二）存在的问题

1. 餐饮业整体发展水平与发达地区和相邻地区比较还存在一定的差距

2008 年，云南省餐饮业零售总额为 298.21 亿元，与北京、广东、上海等发达地区总量悬殊，分别少收入 211.19 亿元、1584.29 亿元、371.29 亿元；与四川、重庆和湖南等相邻地区相比，仅大体与重庆持平。以餐饮业占地区第三产业增加值比重为标准，云南为 13.38%，比四川、重庆、湖南分别低 7.88 个、0.75 个、0.71 个百分点。云南餐饮业零售总额占地区 GDP 的比重比四川低 2.2 个百分点（见表 4－9）。

表 4－9　2008 年云南省与部分省/市餐饮业的发展比较

单位：亿元，%

省/市	餐饮业零售总额	占地区社会消费品零售总额比重	占地区 GDP 比重	占地区第三产业增加值比重
云南	298.21	17.35	5.2	13.38
四川	925.1	19.27	7.4	21.26
重庆	295.1	14.3	5.79	14.13
湖南	594	14.42	5.32	14.09
北京	509.4	11	4.86	6.63
广东	1882.5	14.74	5.27	12.28
上海	669.5	14.76	4.89	9.11

注：餐饮业零售总额包含住宿业。

资料来源：《云南统计年鉴（2009）》，《中国统计年鉴（2009）》。

据商务部商业改革发展司、中国烹饪协会、中华全国商业信息中心的统计调查，2002—2009 年全国百强餐饮企业排名中，云南餐饮企业上榜的只有2家（昆明大滇园美食有限公司、昆明饮食服务有限公司），云南餐饮业的整体发展水平与重庆、四川、湖南等地存在较大的差距（见表4－10）。由此可以看出，云南餐饮业的构成仍是以小规模企业为主，产业集中度较低，还远未形成产业集群，缺少有品牌的龙头企业引领行业发展。

表4－10　2002—2009年云南与其他西部省/市入围“中国餐饮百强”数量的对比

单位：家

省/市	2002	2003	2004	2005	2006	2007	2008	2009
云南	1	2	0	1	0	0	1	0
四川	7	6	5	4	4	5	4	10
重庆	8	14	14	17	16	16	15	15
湖南	1	2	2	2	3	2	3	2

资料来源：商务部商业改革发展司、中国烹饪协会、中华全国商业信息中心《2002—2009年中国餐饮百强企业研究报告》。

2. 限额以上餐饮业发展水平较低

统计数据表明，2008年云南省限额以上餐饮业在法人企业数、从业人数和营业额等经济指标上均远远低于发达省/市和相邻省/市。从法人企业数指标看，广东、北京、上海、重庆、四川分别是云南的17.31倍、17.09倍、12.42倍、6.09倍、2.67倍；从从业人数指标看，广东、北京、上海、重庆、四川的从业人数分别是云南的21.82倍、14.17倍、13.53倍、3.82倍、4.75倍；从营业额指标看，广东、北京、重庆分别是云南的23.05倍、19.23倍、3.69倍（见表4－11）。

表4－11　2008年云南省与部分省/市限额以上餐饮业发展水平比较

省/市	法人企业数（个）	从业人数（人）	营业额（亿元）
云南	127	14200	16.6
重庆	773	54288	61.2
四川	339	67508	76.5
湖南	657	56389	67.4
北京	2171	201171	319.3

续表

省/市	法人企业数（个）	从业人数（人）	营业额（亿元）
广东	2199	309908	382.7
上海	1577	192137	285.9

资料来源：《云南统计年鉴（2009）》，《中国统计年鉴（2009）》。

3. 连锁餐饮业发展滞后

统计数据表明，2008 年云南省连锁餐饮业在门店总数、营业面积、从业人数、餐位数、营业额等经济指标上均远远低于发达省/市和相邻省/市。其中特别是从业人数，重庆、广东、北京、上海分别为云南的 20.32 倍、18.00 倍、17.12 倍、10.66 倍（见表 4－12）。

表 4－12　2008 年云南省与部分省/市连锁餐饮企业基本情况

省/市	门店总数（个）	营业面积（万平方米）	从业人数（万人）	餐位数（万个）	营业额（亿元）
云南	167	7.68	0.50	3.53	6.57
四川	226	6.89	1.08	3.09	14.23
重庆	1862	122.43	10.16	78.49	79.17
湖南	137	9.64	0.89	2.32	10.57
北京	1740	98.03	8.56	27.35	121.07
广东	1820	69.42	9.00	34.64	109.19
上海	1167	31.59	5.33	12.29	68.42

资料来源：《云南统计年鉴（2009）》，《中国统计年鉴（2009）》。

4. 餐饮业固定资产投资力度有待加大

统计数据表明，2008 年云南省餐饮业全社会固定资产投资 33.6 亿元，占云南省总投资的 0.98%；投资总额仅高于重庆，仅是四川的 48.84%、湖南的 45.10%、广东的 23.27%（见表 4－13）。

表 4－13　2008 年部分省/市餐饮业全社会固定资产投资情况

单位：亿元，%

省/市	全社会固定资产投资	餐饮业全社会固定资产投资	餐饮业占比
云南	3435.9	33.6	0.98

续表

省/市	全社会固定资产投资	餐饮业全社会固定资产投资	餐饮业占比
四川	7127.8	68.8	0.97
重庆	3979.6	19.7	0.50
湖南	5534.0	74.5	1.35
北京	3814.7	55.1	1.44
广东	10868.7	144.4	1.33
上海	4823.1	37.3	0.77
全国	172828.4	1959.2	1.13

注：餐饮业中包含住宿业。

资料来源：《云南统计年鉴（2009）》，《中国统计年鉴（2009）》。

5. 餐饮业地区发展不均衡

统计数据显示，2008 年云南省餐饮业零售总额占社会消费品零售总额比重为 17.35%。其中高于全省水平的有丽江、临沧、文山、玉溪、红河、普洱、昆明，而处于后三位的分别为楚雄、怒江、昭通（见表 4 - 14），显示出云南省餐饮业发展水平在空间上分布不均衡。

表 4 - 14　2008 年云南省各地区餐饮业占社会消费品零售总额比重及在省内的排序

单位：万元，%

排序	地区	社会消费品零售总额	住宿餐饮业零售总额	占社会消费品零售总额比重
	全省	17185368	2982192	17.35
1	丽江	290922	76994	26.47
2	临沧	469923	95167	20.25
3	文山	958572	189452	19.76
4	玉溪	949073	183011	19.28
5	红河	1048787	198680	18.94
6	普洱	519804	96810	18.62
7	昆明	7007415	1220051	17.41
8	曲靖	1552507	249653	16.08
9	保山	583513	92635	15.88
10	大理	1035272	163551	15.80
11	德宏	381960	58752	15.38
12	西双版纳	348933	52831	15.14

续表

排序	地区	社会消费品零售总额	住宿餐饮业零售总额	占社会消费品零售总额比重
13	迪庆	141998	19840	13.97
14	楚雄	904152	112915	12.49
15	怒江	107800	11578	10.74
16	昭通	718664	76655	10.67

注：分地区数据之和不等于全省合计数。

资料来源：《云南统计年鉴（2009）》。

6. 餐饮行业的标准体系亟待进一步完善

云南餐饮业的持续高速发展和政府管理机制的不断改革，对云南省餐饮行业的产品质量和管理服务能力提出了新的要求。餐饮行业在省外同行业雄厚的资金和先进的管理技术面前，略显不足和老化。面对这样的竞争局面，处在高速发展中的云南餐饮行业亟须提升整体的管理技术水平，并亟须通过积极的政策推动技术改造以形成竞争力。湖南省率先对湘菜的标准化体系展开了研究，并取得了显著的成果，为湘菜“走出去”、树立品牌奠定了良好的基础。当前，积极快速建立云南省餐饮业行业标准体系，有计划地引进国外同行业管理技术标准，建立健全行业标准，积极建立、稳步推广实施相关措施和政策法律，并及时追踪跟进，是切实实现云南省餐饮业可持续发展的必由之路。

7. 从业人员素质参差不齐，产业竞争力不强

随着云南餐饮业的快速发展，人力资源与市场出现严重脱节的情况，人力资源的紧缺成为餐饮企业急需解决的问题。而农村富余劳动力转移困难、学生就业矛盾突出又是社会经济发展亟待解决的问题。本地劳动力市场无法满足云南餐饮企业对一线服务人员和管理者的需求。许多餐饮企业只好互相“挖墙脚”以解燃眉之急，这导致餐饮业人员流动性加剧，又使得餐饮企业难以建立人才的培育机制，企业与员工都缺乏安全感。面对云南餐饮业人力资源恶性循环的局面，建立合理的人员流动机制与积极培育餐饮人才的供给市场，特别是面向农村富余劳动力和大中专学生开设餐饮业职业技能培训，构建起人力资源供给与企业需求之间的桥梁，是云南省餐饮业面临的重要任务。同时专业技术人才缺乏，职业经理人和店长的后

备队伍不足，也是制约云南餐饮业持续发展的瓶颈。

8. 食品安全仍是云南餐饮业发展亟待解决的重要问题

由于餐饮行业的进入门槛较低，所以大量企业涌入，导致某些企业运作欠规范，服务质量较低。经营者受到经济利益的驱动，缺少对设施设备的投入。餐饮基础设施欠缺、消毒设施不完备、工艺流程不合理，食品加工、储存和运输环节的监管不到位等原因，使得食品安全仍存在较大隐患。

9. 餐饮企业普遍存在融资渠道狭窄、银行信贷难的问题

在直接融资方面，股票、公司债券等直接融资方式门槛过高，以中小企业为主体的餐饮企业难以利用资本市场筹集资金。在间接融资方面，银行信贷仍是餐饮企业融资的主要渠道。由于贷款监控成本高等原因，银行又不愿对中小餐饮企业放贷。同时，多数餐饮企业因资信等级低、缺乏抵押资产、融资成本高等原因，难以得到银行的资金支持。因此，亲友借款、职工内部集资以及民间借款等非正规金融在餐饮企业融资中发挥了重要作用。随着餐饮经营管理经验的不断积累和品牌企业的迅速发展，餐饮企业对品牌发展、资本运作和管理创新的需求不断增加，融资难成为云南省餐饮企业面临的症结，制约云南省餐饮企业快速发展和做大做强。

10. 餐饮企业清洁生产程度低，节能减排任务艰巨

云南省餐饮企业在经营发展过程中大多存在不利于环境保护的因素。餐饮企业排放的污染物主要是供水、供热，以及锅炉、煤灶在燃烧煤、煤气和液化气时，产生的二氧化硫、二氧化氮、一氧化碳和烟尘，这些对大气污染较大。此外餐饮企业每天都产生大量的食品垃圾，这些垃圾中固体废弃物的有机含量都比较高，如果处理不当，会滋生细菌和病毒，污染环境。配合有关部门实施节能降耗、保护环境的任务较为艰巨。鼓励和倡导餐饮企业采取节能、节水和其他有利于环境保护的技术和设备的经济机制还未建立。

11. 餐饮资源开发的广度、深度不够

云南省地处西南，少数民族多，民族文化内涵深厚，各类餐饮资源丰富。餐饮资源决定了消费者的行为趋向、消费层次和未来消费意愿。因此，餐饮资源的开发潜力和利用程度是餐饮企业发展的基本前提。但目前云南省餐饮业在发展过程中对资源的利用率不高，开发力度不够。结合云南省的资源条件，针对资源的不同特征，协调资源开发、保护资源与人们餐饮需求的关系，使之最大限度地发挥其应有的效应并尽可能地延长其使用寿命，形成永久吸引力，是促进云南餐饮产业可持续发展的根本因素。

二　云南省餐饮产业化发展面临的重大机遇

（一）中央对区域经济发展的战略部署，为云南餐饮业发展提供了前所未有的机遇

2009 年胡锦涛在云南考察时指出："要充分发挥云南作为我国通往东南亚、南亚重要陆上通道的优势，不断提升沿边开放质量和水平，使云南成为我国向西南开放的重要桥头堡。"云南省餐饮业在构建我国面向西南开放的重要桥头堡的工作中，理应发挥区域优势和特色优势，把握历史先机，在政府的推动和支持下，通过行业、企业的共同努力积极开拓市场，在赢得更大经济效益的同时，通过饮食文化平台弘扬中华传统文化，传播中国现代价值观。

（二）落实中央经济工作会议的精神，发展云南省餐饮业是实现经济结构调整的重要举措

2009 年中央经济工作会议指出："要增强非公有制经济和中小企业参与市场竞争、增加就业、发展经济的活力和竞争力；引导和促进劳动密集型企业、中小企业、民营经济、各种服务业加快发展。"云南省餐饮业既是非公经济的重要组成部分，又是服务业中的支柱型行业，也是劳动密集型行业的代表，餐饮业在全省经济发展中的综合功能与整体效应十分显著。

（三）省政府将餐饮业发展列入 2010 年的重点工作，为云南省餐饮业的发展提供了组织保障

2010 年云南省《政府工作报告》将餐饮业列入重点工作。在省政府的

政策引导和措施支持下，云南省餐饮业必将迎来一个更大的跨越式发展。餐饮业在使用绿色、有机、生态食品，运用科技生物产品，推行低碳经营模式和传播绿色发展理念等方面均有自身的行业特点和市场需求。

（四）建设民族文化强省的举措，为云南省餐饮业提供了更广阔的发展平台

饮食文化是中华文明宝库中的瑰宝，亦是中华文明的重要组成部分。丰富多彩、自然独特的云南少数民族饮食文化是中华饮食文化中的一朵奇葩。省委、省政府一直高度重视文化产业建设，采取了一系列政策措施来努力繁荣民族文化、发展文化产业、推进民族文化强省战略。餐饮业是弘扬少数民族饮食文化、传播健康生活方式和建设民族文化强省的生力军，必会发挥越来越重要的桥梁与纽带作用，是展示云南民族文化的平台。

（五）发展餐饮业有助于补齐云南旅游业的短板，为餐饮业与旅游业的协同发展提供合作空间

国务院《关于加快旅游业发展的意见》明确提出要突出旅游餐饮特色。餐饮业是旅游业“吃、住、行、游、购、娱”六大要素之首。长期以来，旅游餐饮是云南旅游业发展的“短板”，充分发挥云南省餐饮业在旅游业中的积极作用，必将为旅游强省的建设战略提供有力保障。

（六）居民消费能力提升和消费结构升级是云南省餐饮业高速发展的重要前提

随着2010年云南省国民经济运行回升向好，餐饮业行业景气度有所提升，居民消费能力和消费意愿明显增强，尤其是大众餐饮消费的刚性需求异常活跃，为云南餐饮业继续实现高增长奠定了基础。城镇居民收入的稳定增长，为云南省餐饮业的快速发展提供了强有力的支撑。昆明市统计局初步核算的数据显示，2010年1—2月昆明市城镇人均可支配收入3701.45元，同比增长23.3%，人均消费支出2667.15元，同比增长25.3%。居民消费观念不断更新，催生了新的消费亮点，有效增强了餐饮业的服务功能和发展潜力。居民消费能力提升、消费结构升级助推餐饮业发展的同时，

对餐饮产业合理化、高度化发展也提出了更高的要求。

三 加快发展云南省餐饮产业的对策建议

（一）统一行业发展的指导思想

以邓小平理论和“三个代表”重要思想为指导，以科学发展观统领全局，紧密围绕云南省 2010 年经济发展、和谐社会建设与餐饮业发展战略的需要，坚持按照省委、省政府关于餐饮业转型升级的战略部署，更加自觉、更加主动地坚持扩大内需，特别是消费需求的方针，以打造云南生态美食为目标，以提高人民生活质量、培育绿色餐饮、健康餐饮为根本出发点，以滇菜品牌建设为重点，以提升品质和行业水平为主线，做好分类指导，加快餐饮标准化、产业化、现代化的步伐，集中专项资金规划产业大项目，以点带面，吸引更多的社会资本投入云南省餐饮业，逐步实现云南省餐饮产业的整体性突破和跨越式发展。

（二）统一认识，认真落实《云南省关于促进餐饮业发展的意见》

《云南省关于促进餐饮业发展的意见》（以下简称《意见》）的出台不仅在全省餐饮行业引起了强烈反响，对市场产生了撬动作用，而且在全国也引起了震动，成为 2009 年中国餐饮协会引导各省发展的范本，而且带动其他各省纷纷出台相关政策。部分基层领导对发展餐饮业还存在模糊认识与云南省委、省政府高度重视餐饮业发展形成了强烈反差，如有的人认为餐饮业是传统服务业，似乎与现代服务业不搭界；有的人认为餐饮业最早市场化，任由市场调节，政府可以“无为而治”；等等。这些模糊的认识阻碍着云南省餐饮业的健康发展，其反映在对餐饮业的宏观管理上更多的是“口号越位、行动缺位”。笔者认为一是应该加大对相关部门落实《意见》的情况，加大督办力度，给予专项评估，以使《意见》发挥更大的效用；二是应该把正在由传统手工服务业向现代生活服务业转型升级的餐饮业纳入产业规划，给予其更系统、更完善、更有力的支持，加快餐饮业业态转型和产业升级的步伐；三是应该在更高层次上规划餐饮产业的发展，明确目标责任，将餐饮业纳入年度考核。湖南、四川、重庆等地餐饮业发展的实践证明，哪里的领导重视了，哪里的餐饮业就红火就发展，哪里的领导放松了，哪里的餐饮业就蔫了！

（三）以农业基地、龙头企业、配送中心、餐饮网点、美食街区为着力点，夯实餐饮业发展基础，完善餐饮产业体系

（1）农业基地——结合农业产业化工作，重点支持一批企业发展原辅材料生产加工基地建设，促进餐饮业产供销一体化发展。2010 年在云南全省重点扶持 10 个原辅材料生产加工基地，推进云南地方特色原辅材料标准化、规模化生产，开发绿色原辅材料，加快无公害原辅材料的引进、示范和推广，带动发展农副产品精加工、深加工和半成品加工。

（2）龙头企业——把 2009 年 70 家云南省餐饮业名企、名店作为重点扶持对象，引导民营餐饮企业从家族企业制度向现代企业制度转型，帮助企业进一步树立品牌意识，提升云南省餐饮业的品牌效应。建议“十二五”期间餐饮业专项资金重点扶持进入“中国餐饮百强”，获得省内或国家驰名商标，在省外开设连锁店的餐饮企业；鼓励省内餐饮企业强强联合，构建各种形式的合作联盟；通过招商引资、连锁加盟、收购、兼并等方式，引进国内外知名餐饮品牌，推进规模经营和产业升级；引导云南省餐饮企业更新观念，加强与房地产开发、风险投资的合作，尽快实现实体经营向资本运营的转型，加速推进餐饮企业现代化、集团化、连锁化的进程。

（3）配送中心——重点支持品牌餐饮企业连锁配送中心的建设，鼓励餐饮企业引进国内外先进生产、包装、灭菌工艺和技术，大力推进加工基地、物流配送中心的标准化、科学化、现代化建设。计划今后几年在全省区域中心城市着力培育 5 个物流配送中心。扶持有条件的农贸市场、餐饮行业协会、农民合作组织等共同组建社会化的菜品配送中心。

（4）餐饮网点——按照“合理布局、突出特色”的要求，细化未来 5 年云南省餐饮业发展目标，提出行之有效的扶持政策和保障措施。在餐饮业的经营方式、经营业态、网点建设等方面进行规划和布局，优化餐饮业

空间结构，促进云南省餐饮业的集聚和可持续发展，逐步形成格局合理、重点突出、功能完善、特色鲜明、层次丰富的餐饮市场体系。

（5）美食街区——在综合考虑城市功能布局、市政配套设施、环保排污、餐厨垃圾处理等因素的基础上，在省内中心城市的主城区规划建设 20 处特色突出、文化浓郁、风格各异的美食街区；支持区县结合旅游景区景点开发，规划建设美食街区。

（四）注册“云南生态美食”集体商标，推进“绿色餐饮”工程建设

为了把云南餐饮企业的力量集中起来，产生拳头产品，形成数量和质量统一管理方式，提高商品和服务的竞争能力，注册并使用“云南生态美食”集体商标是非常必要的。“云南生态美食”集体商标的使用及保护，一方面，不仅可以壮大云南餐饮业的不可复制的内生优势，还可以弥补云南餐饮企业规模较小之不足，以提高在国内外市场的竞争力。所以，集体商标就成为一种节约成本的策略，能帮助各餐饮企业克服因规模小和“各自为政”而在市场上遇到的一些挑战。另一方面，通过注册“云南生态美食”的集体商标，可以联手进行中小企业集体的产品销售，从而提高产品知名度。集体商标可以与生产者用于具体商品的单独商标共同使用，这让各餐饮企业能使自己的产品区别于竞争对手的产品，并同时可以受益于集体商标所带来的消费者对产品或服务的信心。从这些意义上讲，注册“云南生态美食”集体商标是促进云南餐饮业发展的一个有力手段，而且将历史、文化、生态等不可复制的云南元素用集体商标来代表，并作为销售滇菜的基础，可以使所有生产者受益，扩大滇菜的知名度和美誉度。

积极推进“绿色餐饮”工程建设，促进餐饮业的循环经济和低碳经济，并保障其上游及下游产业链企业清洁生产，在 2011 年前力争限额以上的餐饮企业 80% 达到“绿色餐饮”标准。积极引导社会公众科学消费，倡导勤俭节约的消费方式，减少各类餐饮物品的不合理消耗，充分挖掘餐饮业节能减排的潜力。支持鼓励企业按照国家节能管理规定和节能设计标准开展节能改造，实施“绿色照明”工程，加强餐饮场所室内温度控制，逐步减少一次性筷子的使用。由省级商务部门牵头，其他相关部门积极配

合，对餐厨垃圾统一进行无害化处理，杜绝餐饮废油重返餐桌，维护云南餐饮“生态美食”的信誉。

（五）加快餐饮创新研发基地的建设

云南餐饮业的发展更多强调的是对国际餐饮产品和国际餐饮管理模式的引进借鉴，而较少花大力气深入研究省情，相对而言，“南橘北枳”问题严重，创新动力不足，创新成果乏善可陈，呈现出明显的重规模和快速扩张、轻技术创新的共性特征。为解决云南餐饮企业技术创新低端化、模仿化、同质化、个体化、偶然化等问题，急需加快餐饮创新研发基地的建设。笔者建议：一是通过租赁、承包或股份合作等形式，购置设备设施，形成研发基地的空间载体；二是在今后几年加大滇菜创新研发专项补贴力度，成立滇菜研发基地，鼓励企业发掘、研制、推广具有一定文化内涵和地方特色的菜品，争取形成具有民族和地方特色、符合大众消费标准的菜品 1000 个，政务及商务宴请菜谱 10 套；三是依托行业协会、知名企业或科研院所构建技术合作联盟，有组织地对滇菜加工各环节技术标准和操作规范开展研究，制定滇菜地方标准，引入现代科学技术、方法、设备，提高滇菜加工的科技含量，加快标准化进程，引导经典滇菜和典型调料实行配方化、工厂化加工和批量化生产。

（六）创办服务管理学院，为产业化发展提供人才储备

云南餐饮业的人力资源紧缺已到了十分危急的程度。第一，由于学校教学与经营管理需求之间的差距日益拉大，理论学习与动手能力之间出现了十分明显的落差，造成了真正意义上的技工人才缺失；第二，农村富余劳动力占餐饮从业人员的 95% 以上，缺乏专业培训、文化程度较低，导致云南餐饮业（甚至酒店业和旅游业）整体服务水准居于全国中下水平，严重影响了云南省旅游业、服务业乃至全省的经济发展；第三，由于人才严重匮乏，企业只好“矮子里拔将军”地使用管理人员，或者从业外聘请非专业人士，导致了云南餐饮业整体经营和管理水准居全国偏低水平。云南餐饮业无论服务态度、业务技能，还是管理水平、经营能力均处于亟待提高的关键时期。鉴于云南省目前尚无一个真正意义上的餐饮管理系或者学院，以及教学力量分

散，师资十分匮乏，无法满足企业对人才数量和质量需求的现状，笔者建议，依托云南高等院校的教育资源，用政府引导、资金扶持、土地优惠的政策吸引民营资本兴办体制灵活的、由职业技能培训到本科教育的“云南服务管理学院”，解决上述矛盾和问题，夯实产业发展基础。

（七）组建餐饮投资公司，增强核心竞争力

云南餐饮业散、小、乱、弱的格局较为明显，入行门槛低，品牌化、规模化发展意识薄弱，企业鲜有经营规划和战略规划，缺乏产业化发展投融资能力，龙头企业、集团化发展凤毛麟角。然而，面对国内外餐饮集团化发展的态势，远有全聚德集团上市，近有湘鄂情、重庆陶然居集团上市，云南餐饮业应积极迈出集团化发展的步伐，以大型龙头企业带动中等规模企业的整合与联动，以资产为纽带、以特色为灵魂、以品牌为旗帜、以创新为源泉、以管理为基础，按照政府引导、强化服务、选准方向、改造创新、市场运作、企业为主的发展原则，推进云南餐饮产业集团化的发展。笔者建议，迅速组建政府给予金融政策扶持或贴息贷款的，行业协会牵头组织的，餐饮企业、房地产开发商及餐饮上下游供应商积极参与的餐饮投资公司，为中小餐饮企业融资、品牌管理、连锁经营提供资金和咨询服务，也为各地市打造农业基地、配送中心、餐饮网点、美食街区提供金融支持和智力支撑。

（八）加强宣传策划，挖掘滇菜饮食文化，齐心协力打造云南餐饮的生态美食特色

在滇菜的策划和宣传中，要借鉴湖南的有益经验，将滇菜文化与山地文化、民族文化、东南亚饮食文化相融合，以绿色、健康为主题，引导餐饮企业加强整体形象策划，赋予滇菜民族特色和生态特色，充分发挥滇菜不可复制的优势，增强滇菜的感染力和吸引力。省、市重大政务、商务接待活动都要力推“滇菜生态宴”，由名店、名厨主理，有精细化服务流程的设计，不断扩大滇菜的影响力。借重大活动和节假日人员聚集的有利时机，与相关部门和媒体协作，筹办“中国云南生态美食文化节”等大型美食文化节庆活动。昆明市申办第二十一届中国厨师节，提高了云南省餐饮

业的知名度。借鉴四川、重庆等在推动餐饮业发展方面的经验与做法，加强菜系间和企业间的交流，引导和帮助云南省餐饮企业开阔视野，博采众长，为我所用。在积极推进滇菜进京、进沪，扩大滇菜辐射面和影响力的同时，积极与云南卫视合作策划有品质的美食节目，围绕生态美食主题，与主流纸媒和网络媒体共同策划系列栏目，借助会展、节庆、假日，拉动餐饮消费，是湖南、四川、重庆等地餐饮促销成功的利器。

（九）实施“名厨、名师”工程，增强行业从业人员的职业自豪感

打造“名厨、名师”工程是餐饮业发展关键且基础的工作，也是促进餐饮业发展的基石。2009 年，受省人民政府的委托，在省商务厅的具体指导下，云南省餐饮与美食行业协会着力开展了“名厨、名师”的培育和评选工作，于该年末评出了年度滇菜大师，给予了省政府专项资金奖励，使餐饮从业人员充分感受到政府的政策关怀，深刻地意识到了“头顶着荣誉”，也“肩负着责任”。同时也充分增强了从业人员的职业光荣感，使他们全身心地投入餐饮业的工作中，传承滇菜传统文明，为滇菜的长远发展做出贡献。

第二节　产业政策推动云南省餐饮产业升级的实证分析①

一　问题的提出与模型的构建

改革开放以来，云南省餐饮业呈现出了快速发展的势头，目前正处于传统手工服务业向现代生活服务产业转型的关键阶段，初步形成了以大众化餐饮为主、业态多样化、各种菜系融合发展的格局；发挥了拉动内需、促进消费、增加就业、提高人民生活品质、推动农业、旅游业等相关行业发展的综合效应。虽然云南省餐饮产业有着和谐的社会环境、优越的自然条件、丰富多样的食材原料和深厚的民族文化底蕴等诸多优势，但云南的

① 于干千、杜晓春：《产业政策推动餐饮产业升级的实证分析——以云南省为例》，《扬州大学烹饪学报》2011 年第 3 期。

餐饮业整体发展水平低、产业规模小、集中度低，以及标准化与连锁化程度低已是不争的事实。因此推进云南餐饮产业的转型升级，是云南省拉动内需和增加就业的重要举措，也是云南省调整产业结构，大力发展服务业的现实需要。加强云南餐饮产业升级研究，对加快推进中国西部地区餐饮产业化的发展进程有重要的理论意义和实践价值。

2009 年，云南省作为经济欠发达的西部省份，出台了《云南省人民政府关于促进餐饮业发展的意见》（云政发〔2009〕91 号文件，以下简称《意见》），以促进面向民生服务业的跨越式发展。《意见》的出台极大地坚定了餐饮行业保生存、求发展的信心。2009 年云南省餐饮业实现零售总额 283.3 亿元，比 2008 年增长了 28.4%（增幅居全国第一位），占全省社会消费品零售总额 13.8%，实现餐饮业增加值 130 亿元，较 2008 年增长了 21%（占全省 GDP 的 2.5% 左右）；增长速度在批发、零售、住宿、餐饮 4 个行业中排名首位，总量居第 2 位，拉动社会消费品零售总额增长 3.6 个百分点。笔者基于云南省产业政策效应的研究，仅对通过制定产业政策推动云南餐饮产业升级进行探讨。限于篇幅，另外两大推动产业升级的传统工具即企业创新、外商直接投资推动产业升级不在本研究范畴。

偏离份额分析法就是把区域经济的变化看作一个动态过程，以其所在区域或整个国家的经济发展为参照系，将区域自身经济总量在某一时期的变动分解为三个分量，即份额分量、结构偏离分量和竞争力分量，以此说明区域经济发展和衰退的原因，评价区域结构的优劣和自身竞争力的强弱，找出区域具有相对竞争优势的产业部门，进而可以确定区域未来经济发展的合理方向和产业结构调整的原则。

假设云南省餐饮产业在基期的经济总量为 b_0，经过时间 t 后的经济总量为 b_t，同时假设全国餐饮产业基期的经济总量为 B_0，经过时间 t 后的经济总量为 B_t。把 b（1，0）、b（2，0）、b（3，0）、b（4，0），分别表示云南省基期餐饮业中的正餐、快餐、饮料及冷饮和其他餐饮服务的经济量；把 B（1，0）、B（2，0）、B（3，0）、B（4，0），分别表示全国基期餐饮产业中的正餐、快餐、饮料及冷饮和其他餐饮服务的经济量；把 b（1，t）、b（2，t）、b（3，t）、b（4，t），分别表示云南省餐饮业经过时间 t 后中的正餐、快餐、饮料及冷饮和其他餐饮服务的经济量；把 B（1，

t)、B (2, t)、B (3, t)、B (4, t)，分别表示全国餐饮产业经过时间 t 后中的正餐、快餐、饮料及冷饮和其他餐饮服务的经济量。这样，就可以用以下几个指标来说明一些问题。

云南变化率 $r=\frac{b(j,t)-b(j,0)}{b(j,0)}$ ($j=1$, 2, 3, 4)，$r=b(j,t)-b(j,0)/b(j,0)$ ($j=1$, 2, 3, 4)；全国变化率 $R=\frac{B(j,t)-B(j,0)}{B(j,0)}$ ($j=1$, 2, 3, 4)。

以全国餐饮产业内部各部门所占的份额按下式将云南省内部各部门所占份额规模标准化得到：$b_j'=\frac{b(j,0)\times B(j,0)}{B_0}$ ($j=1$, 2, 3, 4)。这样，在 [0, t] 时段内云南省餐饮产业第 j 行业部门的增长量 G_j 可以分解为 N_j, P_j, D_j 三个分量，表达为：$G_j=N_j+P_j+D_j$；$N_j=b_j'\times R_j$；$P_j=(b_{j,0}-b_j')\times R_j$；$D_j=b_{j,0}\times(r_j-R_j)$；$G_j=b_{j,t}-b_{j,0}$。其中，$N_j$ 为份额分量是在计划期间，云南如果与全国的餐饮产业同比例增长，到计划期末应增加的量；P_j 为产业结构转移份额（或产业结构效应），它是排除了云南增长速度与全国的平均速度差异，假定两者相同，而单独分析部门结构对增长的影响和贡献，此值越大，则说明云南省该产业结构对餐饮业经济总量增长的作用越大，也表示以全国为标准产业结构的优劣程度；D_j 为区域竞争力份额（或区域份额效果），本例是云南省餐饮产业第 j 部门增长速度与全国增长速度的差别引起的偏差，即云南计划期末实际达到的经济量，与该区域经济在全国或所在大区相应经济的相同比例增长的情况下所能达到的总量之差，反映区域 j 部门相对竞争能力，此值越大，则说明该区域该产业竞争力对经济总量增长的作用越大。这样在 [0, t] 时段云南省餐饮产业的增长量 G_j 就可以分解为份额分量 N_j、产业结构偏离分量 P_j 和竞争力偏离分量 D_j 几个分量。

云南餐饮业总的经济增长量 G 可以写为以下形式：$G=N+P+D$；$N\ N=\sum_{j=1}^{n}N_j$；$P=\sum_{j=1}^{n}P_j$；$D=\sum_{j=1}^{n}D_j$。其中 P 为云南餐饮产业结构偏离分量，若产业结构偏离分量 $P>0$，说明云南的产业结构优于上一级区域水平。若产业结构偏离分量 $P<0$，则说明该区域的产业结构落后上一级区域水平。D 为

云南区域竞争力分量，竞争力偏离分量 $D>0$，说明该区域产业的竞争力高于上一级区域水平，反之，竞争力偏离分量 $D<0$，则不如上一级区域水平，竞争力分量是一个十分复杂的因素，它的大小受生产率水平、经营管理水平、投资规模等各方面因素的影响，因此一个地区的竞争力分量小于零，既可能是由于该地区生产、经营、管理水平低，因而竞争力低，也可能是由于实际积累率低，因而增长速度缓慢，实际上竞争力分量包括了除产业结构以外的其他一切因素的影响；$P+D$ 表示产业的总偏离分量，是区域在计划期内产业总产量的实际增加量减去份额分量的余额。

二　基于偏离份额分析法的云南省餐饮产业实证分析

查阅相关年份的《中国统计年鉴》《中国第三产业统计年鉴》《云南统计年鉴》，汇总数据见表 4－15。

表 4－15　2006—2008 年云南省规模以上餐饮业经营情况对比（按行业分组）

单位：万元

时间	区域	正餐业	快餐业	饮料及冷饮业	其他餐饮业	总计
2006 年	全国	11536784	2728035	129545	363482	14757846
	云南	74280	17549	未统计	9447	101276
2007 年	全国	15002509	3552865	136439	380338	19072151
	云南	96956	25713	未统计	9571	132240
2008 年	全国	20618899	4412582	170742	725956	25928179
	云南	129771	36224	246	6741	172982

资料来源：《中国第三产业统计年鉴》（2007—2009）；《云南统计年鉴》（2007—2009）。

云南省未对 2006 年和 2007 年的饮料及冷饮业部分做出统计，因此，我们把该部分与其他餐饮业合并，情况如表 4－16。

表 4－16　2006—2008 年云南省规模以上餐饮业经营情况对比（按行业分组）

单位：万元

时间	区域	正餐业	快餐业	饮料及其他餐饮业	总计
2006 年	全国	11536784	2728035	493027	14757846
	云南	74280	17549	9447	101276

续表

时间	区域	正餐业	快餐业	饮料及其他餐饮业	总计
2007 年	全国	15002509	3552865	516777	19072151
	云南	96956	25713	9571	132240
2008 年	全国	20618899	4412582	896698	25928179
	云南	129771	36224	6987	172982

资料来源：《中国第三产业统计年鉴》（2007—2009）；《云南统计年鉴》（2007—2009）。

主要分析一下以 2006 年为基期，经过一年以后，到 2007 年的 P 值，以下是计算列表 4 – 17。

表 4 – 17　2006—2007 年变化率、产业结构偏离份额 P 值计算汇总

r_1	r_2	r_3	R	R_1	R_2	R_3	R	$b_1{}'$	$b_2{}'$	$b_3{}'$	P_1	P_2	P_3	P
0. 31	0. 47	0. 01	0. 31	0. 30	0. 30	0. 05	0. 29	57938. 4	3158. 82	283. 41	4902	4317	458	9677

同时，对比 2007—2008 年的环比数据，如表 4 – 18。

表 4 – 18　2007—2008 年变化率、产业结构偏离份额 P 值计算汇总

r_1	r_2	r_3	R	R_1	R_2	R_3	R	$b_1{}'$	$b_2{}'$	$b_3{}'$	P_1	P_2	P_3	P
0. 34	0. 41	–0. 3	0. 31	0. 37	0. 24	0. 74	0. 36	103816. 8	6158. 08	209. 61	9603	7216	2440	19259

从 P 值的结果不难看出，云南省近几年的餐饮产业结构是优于全国平均水平的，也就是说，在云南省餐饮产业结构中，虽然正餐业仍然占据主导地位，但是快餐业的增长速度超过了正餐业的增长速度，对餐饮业的贡献逐步增大。那么是不是说云南省餐饮产业结构就不用优化提高升级了呢？答案当然是否定的。这个不难理解，分析 2008 年云南省限额以上餐饮企业经营业态情况（见表 4 – 19）就会明白。

表 4 – 19　2008 年云南省限额以上餐饮企业经营业态（按行业分组）

指标名称		正餐业	快餐业	饮料及冷饮业	其他餐饮业	总计
法人企业数	绝对数（个）	120	5	0	2	127
	比重（%）	94. 49	3. 94	0	1. 57	
从业人数	绝对数（人）	11644	1689	28	659	14200
	比重（%）	82	11. 89	0. 2	4. 64	

续表

指标名称		正餐业	快餐业	饮料及冷饮业	其他餐饮业	总计
营业额	绝对数（万元）	129771	36224	246	6741	172982
	比重（%）	75.02	20.94	0.14	3.9	
餐饮营业面积	绝对数（平方米）	243073	27493	1675	9516	281757
	比重（%）	86.27	9.76	0.59	3.38	
餐位数	绝对数（位）	147251	9556	140	1660	158607
	比重（%）	92.84	6.02	0.09	1.05	

资料来源：《云南统计年鉴》（2009）。

为了直观，利用饼状图再作诠释（见图 4 – 5）。

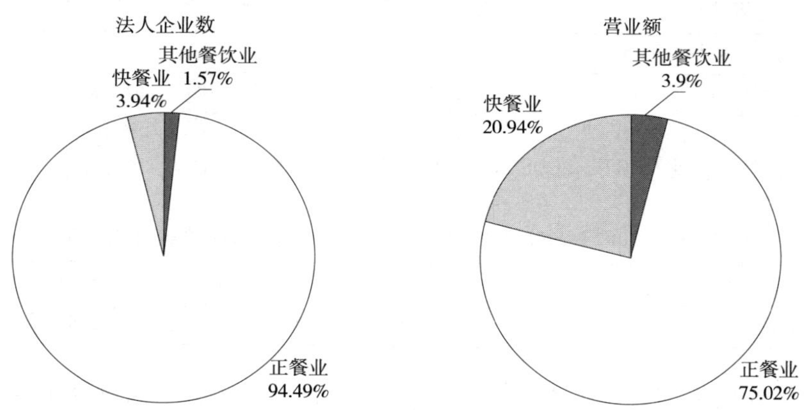

图 4 – 5　云南省限额以上餐饮企业经营业态饼状图

显而易见，云南省餐饮业态结构并不合理，行业内高档餐饮势头强劲，中低档大众餐饮设施和服务明显不足。餐饮企业经营业态较为单一，正餐业占据主导地位，由表 4 – 19 可见，云南省 2008 年省限额以上餐饮企业中正餐业的法人企业数、从业人数、营业额、餐饮营业面积、餐位数比重分别为 94.49%、82%、75.02%、86.27%、92.84%，餐饮业经济指标明显高于其他经营业态。而快餐业、饮料及冷饮业、其他餐饮业则连“陪衬”都算不上，只是一个“点缀”。这样的现状形成的结果就是：一方面，快餐业增长速度迅猛，贡献率不断提高；另一方面，在整个餐饮企业中所占份额却极低。虽然云南省餐饮产业结构优于全国平均水平，但就自身而言，问题仍然严重，产业结构的优化升级是必然趋势。

三　产业政策推动云南省餐饮产业升级的建议

产业政策通过产业政策配套工具作用于产业结构。产业政策配套工具在调节产业间的资源配置关系上带有保护性和歧视性的色彩，在调节产业内的资源配置关系上则体现市场经济公平竞争的本质。

产业政策配套工具主要分为三类：一是通过直接的政策调控，如财政政策、金融政策、税收政策和外贸政策等，调节企业的经营行为；二是以法律的形式确定下来，如禁止垄断法、消费者保护法等，规范企业的经营行为；三是通过政府部门的行政劝导，其作用有时甚至超过前两类工具。通常，作为产业政策的工具，政府的行政指导会起到很重要的作用。

对于地方政府而言，最为重要的产业政策工具一个是有针对性的直接调控政策，另一个是对行业和企业进行行政劝导和引导。具体到云南的餐饮产业，云南省政府也在做着这两个方面的积极努力，2009 年云南省政府在全国率先颁布了地方政府促进餐饮产业发展的产业政策（《云南省人民政府关于促进餐饮业发展的意见》），这既是专门针对云南省餐饮产业的具体政策，又是省政府高度重视餐饮产业发展的重要体现，对餐饮行业乃至餐饮企业无疑是一个极为重要的利好信号，特别是其中提到 2009 年至 2012 年 4 年中每年将从省内贸易发展专项资金中安排 2000 万元支持餐饮业发展可视为政府引导餐饮行业、餐饮企业快速发展的重要体现。为了促进云南省餐饮产业升级，充分发挥现有政策的效应，提出以下三个方面的建议。

（一）构建多层次全方位的大众化餐饮体系，促进餐饮业内部业态升级

1. 加强大众化餐饮网点规划和建设

以餐饮部门联动为前提，以统筹规划餐饮网点为基础，以餐饮龙头企业为依托，以政策支持为保障，以店铺式连锁经营为主体，送餐和流动销售为补充，加快推进大众化餐饮的规模化发展，不断提高大众化餐饮的规模、质量和服务水平。促进各类早餐、快餐、特色正餐、地方小吃、社区餐饮、团体供膳、外卖送餐、食街排档、“农家乐”等经营业态发展，满

足多样化的消费需求。此外，景区（点）、车站、机场等场所的餐饮业是对外开放的一个窗口和节点，其餐饮服务水平和质量的高低对一个地区餐饮业的发展具有重大的引导和宣传作用。要将餐饮网点布局纳入城市商业网点规划、旅游发展规划和综合交通体系发展规划之中，构建起一个多渠道、全方位、立体型的餐饮服务网点体系。加快推进滇菜进京、入沪及向我国大城市及周边省区市辐射，全面拓展云南省餐饮业在中越、中老泰、中缅口岸中的市场影响力，为进一步开拓东南亚、南亚餐饮市场奠定基础。

2. 培育壮大餐饮美食文化节，全面发展城市和社区餐饮业

美食节是以节庆的形式，汇集某一地域或者某些区域的美食进行展销，是地方文化生活中的一部分。云南美食节已成为引导餐饮企业提升市场竞争力的有效手段，美食节对于转变企业观念、推动企业技术创新、管理创新和品牌经营都发挥了积极的促进作用。通过举办餐饮美食文化节活动，促进休闲餐饮、旅游餐饮、喜庆餐饮、节假日餐饮等餐饮消费的发展，从而带动地方餐饮业的发展。积极培育壮大餐饮美食节，把它作为塑造餐饮品牌形象的突破口和“推进器”。重点是做好 2011 年 10 月在昆明举办的第二十一届中国厨师节工作，以提高昆明在全国餐饮业中的知名度、影响力和竞争力，使中国厨师节成为宣传昆明、推介昆明、了解昆明的一次大型盛会。

3. 着力打造美食名城、名县、名镇、名街

依托风景名胜和民族文化，因地制宜，突出地方特色，着力打造美食文化名城、名县、名镇和若干各具特色的美食街区，发展多种多样的小吃城、美食城等，引导餐饮业集聚发展，促进餐饮业与旅游购物、文化娱乐等相关产业良性互动，推动云南美食对外扩张发展，参与餐饮国际竞争，提升云南美食竞争力，为我国餐饮业发展提供先进经验。到 2015 年，全省发展具有地方特色、少数民族文化氛围浓郁、影响力大的美食文化名城、名县、名镇 60 个，美食街区 200 个。其中昆明市应充分利用获评全国首座“中华美食名城”称号的契机，抓好主城区美食街（城）、美食圈建设，着力培育美食街，形成风格互补的组团式餐饮发展模式，提升美食名城的内在质量与档次；对县（市）区美食街区进行分类建设，突出特色，并且原则上每个区县要建设一条美食街；抓好重点镇的美食街建设，尽快制定《昆明市建设中华美食名城规划》，对美食行业发展做出详细规划。

4. 把社区餐饮发展与城市社区发展规划结合起来，完善社区服务功能，提升社区餐饮消费水平

针对云南省社区餐饮市场供给不足、规模化和规范化水平较低、缺乏规划和有力的政策支持等问题，社区餐饮发展要以社区资源为依托，充分发挥政府、行业组织、企业、社区的作用，采取政府扶持、市场运作、社会参与、专业化服务相结合的方式，共同把社区餐饮业做好。

5. 做大做强民族餐饮业，积极发展旅游和农村餐饮业

滇味菜是民族菜相加之和，民族菜是滇味菜的源和流。云南省民族餐饮文化博大精深，源远流长，丰富多彩。全省有25个少数民族，其中有15个是全国独有民族。目前云南已形成滇菜名肴360余种，连同小吃在内，总计847种，其中民族菜肴已经接近500余种，彝、白、回、傣、壮、傈僳、藏、哈尼、基诺、苗、瑶、纳西、普米、景颇、拉祜、布朗、独龙、阿昌等21个民族形成了自己的菜肴体系，民族特色浓郁鲜明。将云南民族饮食文化系统发掘整理，使旅游、民族、文化和餐饮结为一体，做大做强民族餐饮业，突出云南餐饮民族特色和地方优势，集云南民族风味之大成。

旅游业是云南的支柱产业之一，民族旅游餐饮更具典型的云南特色。旅游餐饮是旅游者六大消费要素中的首要和基本要素，餐饮消费在旅游六大要素中所占的比例越来越高，在国际旅游消费中仅次于购物消费，占据第二位。云南旅游餐饮的发展必须以紧密结合旅游为生命线，作为旅游业重要组成部分的民族旅游餐饮的开发和发展必须着眼于将传统文化、民族文化、历史文化与现代文明融合荟萃，通过有文化内涵、有民族特征的旅游餐饮业，让旅游者在享受云南各民族异彩纷呈的饮食习俗和美味佳肴的同时，既欣赏到千姿百态的优美民族歌舞，更感受到有深厚文化积淀的古朴民族风情。

规范发展“农家乐”，积极鼓励创办具有农家特色的“庭院餐饮”，不断开发乡土菜肴，创建一批“农村餐饮示范店”，统筹城乡餐饮业，拉动农产品销售，解决农村劳动力就业问题。同时加强对农村餐饮业的卫生监督管理。

（二）加强品牌建设，培育滇菜餐饮名牌，加快推进餐饮业连锁化标准化战略的实施

云南省民族餐饮企业相对比较分散，在全国餐饮市场竞争力较差，因此云南省餐饮企业应注重企业形象、产品品牌以及信誉等无形价值，积极引进先进的管理经验、技术手段、经营模式，提高自身产品的内在价值，努力实现企业规模化以及产业系统化发展，培养滇菜餐饮龙头企业。龙头企业的标志之一便是品牌，我们一方面保护并弘扬老字号餐饮品牌，积极引导老字号开拓创新，融入现代消费理念，提升老字号整体形象，鼓励支持老字号餐饮企业开拓特许经营业务，进一步提高企业的知名度；另一方面创新滇菜，培育一批新的拥有自主知识产权和知名品牌、具有国际竞争力的大型餐饮企业集团。实施滇菜“名企、名店”“名厨、名师、名菜”工程，以及组织滇菜研究和技术标准制定，扩大滇菜知名度，加快滇菜“走出去”步伐，提高滇菜的国际知名度。而餐饮业的标准化和规范化水平，是培育和塑造知名餐饮企业品牌，促进餐饮业健康发展的关键。从现在的餐饮业竞争态势看，以特许经营模式来扩张现有规模是很多餐饮企业的首选方式。正因此，标准化就显得尤为重要，它同时还是实现规模经营的前提条件。中国餐饮有着数千年的悠久历史，却没有出现如肯德基、麦当劳这样的世界级连锁企业，业内人士认为，最根本原因就是中餐没有走标准化之路。餐饮业标准化实施战略的重点是建设餐饮卫生标准化、餐饮服务标准化、餐饮厨政管理标准化、餐饮后勤管理标准化、餐饮人力资源管理标准化等内容。

此外，云南省政府单单依靠发布的一系列优惠政策，即利用财政和经济手段对餐饮业进行引导是远远不够的，还应该引导社会各部门加大对民族餐饮的开发支持，从多方位多角度把企业做大做强。争取到 2015 年，形成餐饮名牌企业 50 家、餐饮名店 150 家，成功发展 1—2 个餐饮上市企业。

（三）充分发挥既定政策的效应

作为政府而言，当然不能“头痛医头，脚痛医脚”。除了前面两条具

体政策外，还应做全面的考虑，制定全方位的政策。2009 年 5 月初，云南省政府召开了“加快推进云南餐饮业发展”的专题会议，省委副书记、省长秦光荣在会上作了题为“打造特色创新发展努力把滇菜餐饮美食文化推向世界”的报告，此后又发布了《云南省人民政府关于促进餐饮业发展的意见》。在这项意见中提出了 3 年内云南省加快餐饮产业发展的总体思路和发展目标：到 2012 年，全省餐饮业零售总额占社会消费品零售总额的比重达到 15%，餐饮业成为全省重要的商贸服务产业；重点扶持 50 家以滇菜为主的餐饮龙头企业，其中年营业额 5000 万元以上的达 10 家，年营业额 1 亿元以上的达 5 家；发展具有地方特色、少数民族文化氛围浓郁、影响力大的美食文化名城、名县、名镇 30 个，美食街区 100 个；餐饮人才职业技术培训体系初步形成，力争 80% 以上的餐饮从业人员取得职业技能资格资质证书；滇菜品牌工程初见成效，形成具有民族和地方特色的滇菜品种 4000 个、核心滇菜品种 30 个；餐饮企业“绿色餐饮”和“星级美食名店”评定活动深入开展，滇菜进京、进沪、进周边省区市和东南亚、南亚国家取得重大进展，滇菜影响力不断扩大。该意见还提出了十项具体支持餐饮业发展政策。在 2009 年首届中国市长餐饮论坛上，昆明市副市长阮凤斌又重申了昆明发展餐饮的意见，强调继续制定昆明餐饮业发展规划，要求各县市镇汇报餐饮业工作和重点，提升美食名城质量和档次。

特别值得提到的是，云南一直通过各种政策奖励实力雄厚发展良好的餐饮企业，2009—2012 年 4 年中每年将从省内贸易发展专项资金中安排 2000 万元支持餐饮产业发展。2009 年 12 月 9 日云南召开餐饮业发展概况暨“名牌企业”“餐饮名店”评定情况通报会。通过的“名牌企业”“餐饮名店”将分别获得 30 万元以及 15 万元的拨款奖励。通过此次奖励不仅可以使优秀餐饮企业获得资金支持，还可以使餐饮企业寻找自身存在的不足，带动各类餐饮企业的发展。除此之外云南省还将开展“名厨”“名菜”工作，开展“首届云南省行政总厨研修班”“首届云南省餐饮业黄金管家研修班”“首届云南省金牌餐饮服务员研修班”，通过这一系列的活动提升餐饮企业档次以及服务人员的综合素质。一些地方政府为发展自身民族特色餐饮，也提供了资金扶持，比如云南楚雄州将建立 200 万元的彝菜专项扶持资金，大力扶持彝菜，支持彝族特色餐饮企业发展。这种支持性的引导性的政策希望能坚持贯彻到底。

（四）大力推进餐饮产业化基地建设，重点强化餐饮食品安全卫生监管工作，夯实云南餐饮业产业链中上游产业物质基础

充分利用云南得天独厚的自然资源优势，引导餐饮企业到农村建设原料基地，大力培育餐饮产业化基地，着力建设一批餐饮原料生产加工基地，实现餐饮原料供应本地化和食品加工产业化。

兴建养殖和种植产业基地。坚持“增加总量、提高质量、突出特色、择优发展”的方针，调整畜牧业结构，重点发展食草型、节粮型畜禽，培育猪禽业、肉牛业、肉羊业、奶业等四大主导产业，抓好良种繁育、动物防疫、基地建设、产品深加工等重要环节，发展规模养殖，实现品质良种化、生产标准化、经营规模化，大幅度提高畜产品质量和市场占有率，创出一批国内外知名品牌，使畜牧业产值在农业总产值中的比重、畜产品人均占有量达到全国领先水平，成为全国重要的畜产品生产、加工基地。围绕大中城市供应、扩大外销、旅游业发展和深加工，优化布局，加快发展精细蔬菜、反季节蔬菜、夏秋补淡蔬菜、野生蔬菜，使云南省成为我国重要的无公害蔬菜生产和出口基地。充分利用云南野生菌资源优势，贯彻“在开发中保护，在保护中开发”的原则，重点扶持一批野生食用菌产区县，引进开发先进的保鲜和加工技术，在企业中推行标准化生产，提高野生食用菌的产量、品质和产值；大力发展珍稀、反季节食用菌，加强标准化基地建设和规范化栽培技术推广，攻克贸易壁垒，稳步提高国际市场份额，实现野生和人工食用菌出口的大幅度增长。

提高餐饮业的卫生安全质量标准。在餐饮业的原料采购、包装、运输、验收、保管、加工制作，厨房餐具清洗和消毒，以及餐厅餐桌清洁等环节，要建立完整的卫生安全质量标准体系和操作规程。强化食品安全管理制度，推行餐厨垃圾资源化处理。探索建立餐饮废油的回收利用工作机制，出台管理办法，大力发展环保型绿色餐饮。为加强昆明市餐厨垃圾管理，保障食品卫生安全和人民身体健康，维护城市市容环境卫生，防治环境污染，促进餐厨垃圾资源化利用，要加快推进《昆明市餐厨垃圾管理办法》（听证稿）正式出台，认真落实《昆明市餐厨垃圾管理办法》中的各

项规定，总结经验，进一步完善法规，并在全省范围内推广和实施餐厨垃圾管理办法，整体上提高云南餐饮食品安全卫生监管工作。

产业结构的升级不是朝夕之事，长期以来的传统习惯与文化积淀需要长时间的调整和转变。笔者只是对政府的产业政策提出了一些初步建议，限于篇幅未对企业的创新、外商直接投资对产业升级的作用及措施进行阐述。产业政策支持、企业创新、外商直接投资这三大传统工具对推动产业升级有着坚实的理论基础，也被无数的实践证明其有效性。但具体到云南餐饮产业，除了这三大传统工具以外，另外一些途径也是可以尝试的，比如发展节约型餐饮、倡导绿色低碳餐饮、构建新型餐饮产业链等。

第三节　云南省餐饮品牌建设的创新实践①

为进一步弘扬云南优秀民族餐饮文化，提升滇菜档次，打造滇菜品牌，以滇菜创新促进餐饮业繁荣发展，云南省人民政府于 2009 年 5 月 8 日出台了《云南省人民政府关于促进餐饮业发展的意见》（以下简称《意见》），开创了云南省有史以来省长第一次亲自抓餐饮业，出台优惠政策扶持餐饮业发展的崭新时代。

《意见》明确提出滇菜“名企、名店”工程的具体举措。一是通过政府引导、培育和企业兼并、重组等市场手段做大做强滇菜企业，逐步形成若干各具特色的滇菜骨干企业。二是积极引导餐饮企业自觉树立品牌意识，注重文化和品牌塑造，努力构建以文化为支撑的企业管理和运作模式，争取成为“老字号”“百年店”。三是以滇菜名企为依托，打造滇菜示范店、形象店、旗舰店，以名店显名企，以名企扬滇菜。为贯彻落实《意见》的相关要求，弘扬云南餐饮文化，实施“名企、名店”工程，积极引导云南省餐饮企业实施品牌战略、做大做强，重点扶持非公经济和中小企业中的优秀餐饮企业，由云南省商务厅牵头，云南省餐饮与美食行业协会和云南财经大学共同起草制定了《云南省餐饮业名牌企业评定办法》和

① 杨柳、荆林波主编《中国餐饮产业发展报告（2010）》，社会科学文献出版社，2010。

《云南省餐饮名店评定办法》。制定云南餐饮业“名牌企业”“餐饮名店”评定标准是贯彻《意见》精神，实施滇菜“名企、名店”工程的关键性基础工作，其主要目的是“以评促改、以评促进”，引导云南省餐饮企业积极开展食品安全、质量体系、卫生标准等相关认证工作；挖掘云南民族饮食文化和地域特色餐饮，打造新派滇菜；提高企业的经营水平、管理水平；提升社会责任感，引导云南省餐饮企业在人员培训和各项法律法规的执行方面更加完善。通过发挥云南省餐饮业“名牌企业”“餐饮名店”在品牌建设方面的示范带头作用，从整体上推进云南省餐饮业的发展，满足广大消费者的需求。

一　云南省餐饮业“名牌企业”“餐饮名店”评定标准的内涵

云南省餐饮业“名牌企业”“餐饮名店”评定标准在设备设施、食品安全和卫生管理、菜肴特色、企业获奖情况、服务质量、企业管理、企业规模、社会责任、经济效益等方面对餐饮企业提出具体要求和评分标准。该标准为云南餐饮企业指出了明确的发展方向，依据该标准评选出的云南餐饮名店和云南餐饮名牌企业代表了目前云南省餐饮企业的发展水平，该标准有助于餐饮企业发现自己的不足，对于指导云南餐饮企业进一步提升经营和管理水平具有重要意义。

（一）云南省餐饮业“名牌企业”“餐饮名店”评定标准的基本原则

云南省餐饮业“名牌企业”“餐饮名店”评定标准是依据和参考国家有关法律法规、国家标准、行业标准及云南省星级餐馆的划分与评定等标准，结合餐饮业发展状况和云南省经济社会发展的实际情况而制定的。

1. 缺项不评原则

云南省餐饮业“名牌企业”“餐饮名店”评定标准要求申报企业必须首先符合必备条件，并提供相关证明文件，对不满足必备条件的企业不进行量化评审。在申报 2009 年云南省“餐饮名店”的 139 家企业中，有 3 家企业资料不全，不满足必备条件，因而未能进入量化评审。此原则体现了对于餐饮企业的基本要求，即必须证照齐全、诚信经营、无重大事故、无不良记录、达到一定营业时间、具备一定营业面积、达到一定的营业额。

2. **量化评审原则**

为实现云南餐饮业"名牌企业""餐饮名店"评审工作的科学化、规范化、客观性，云南餐饮业"名牌企业""餐饮名店"评定标准采用对餐饮企业的设备设施、食品安全和卫生管理、菜肴特色、企业获奖情况、服务质量、企业管理、企业规模、社会责任、经济效益 9 个方面进行量化评审的方法，满分为 200 分。量化评审原则有助于云南餐饮业"名牌企业""餐饮名店"的认定，量化评分有利于对参评企业进行排名，"名牌企业"取前 20 名，"餐饮名店"取前 50 名，并进行专项资金扶持。

3. **客观举证原则**

云南餐饮业"名牌企业""餐饮名店"评定标准强调了严格的佐证原则，要求参评企业在填写《"餐饮名牌企业和餐饮名店"的量化评定细则》及《申报资料提交情况检查表》的同时，必须提供直接或间接的佐证材料（含图片、影像等）。其中，涉及营业额、纳税额、营业面积、用工数量、为员工购买社保比例、食品安全卫生评级等指标的，申报企业应提供相关职能部门出具的证明文件或提供间接佐证材料的原件或复印件。这保证了"名牌企业""餐饮名店"评选的客观、真实，做到有据可依、有据可查。

4. **公众参与原则**

云南餐饮业"名牌企业""餐饮名店"评定标准要求参评企业必须提交消费者填写的《云南省餐饮业名企名店消费者意见表》，充分体现广大消费者的意愿。另外，在评审过程中，评委会成员来源广泛，包括职能部门专业代表、社会代表、餐饮业行业代表、学院代表、媒体代表、公证人员等，充分体现了社会广泛参与的原则。

（二）云南省餐饮业"名牌企业""餐饮名店"评定标准的主要内容

云南餐饮业"名牌企业"和"餐饮名店"评定标准分别对"云南省餐饮名店"和"云南省餐饮业名牌企业"进行了定义，并明确了其必备条件和量化评定指标。“云南省餐饮名店”和“云南省餐饮业名牌企业”的认定标准分别从必备条件、设备设施、食品安全和卫生管理、菜肴特色、企业获奖情况、服务质量、企业管理、企业规模、社会责任、经济效益 10 个方面进行考评，根据餐饮业名牌企业和餐饮名店的特点在侧重点上又有一些差异。

1. **必备条件有差异**

“云南省餐饮名店”的必备条件是：企业（店）有固定的商号、店名，且正常营业时间在 4 年以上（含 4 年）；企业（店）经营中遵纪守法、诚信经营、依法纳税；在 4 年内无消防、卫生重大事故，无不良信用记录和重大消费投诉；企业（店）年营业额应达到 300 万元以上，经营面积应在 300 平方米以上（均含直营连锁店）。而“云南省餐饮业名牌企业”的必备条件是：企业有固定的商号、店名，且正常营业时间在 8 年以上（含 8 年）；企业经营中遵纪守法、诚信经营、依法纳税；在 8 年内无消防、卫生重大事故，无不良信用记录和重大消费投诉；企业年营业额应达到 2000 万元以上，经营面积应在 1000 平方米以上（均含直营连锁店）。这表明“云南省餐饮业名牌企业”在营业时间、营业面积和营业额方面的要求都要高于“云南省餐饮名店”，相应的在给予的资金扶持力度方面“云南省餐饮业名牌企业”也要高于“云南省餐饮名店”，这也体现了鼓励餐饮企业做大做强、走可持续发展道路的政策导向。

2. **权重分配不同**

云南餐饮业“名牌企业”和“餐饮名店”评定标准的量化打分细则满分是 200 分。“云南省餐饮名店”标准的权重分配是：设备设施 10 分、食品安全和卫生管理 10 分、菜肴特色 25 分、企业获奖情况 20 分、服务质量 10 分、企业管理 32 分、企业规模 28 分、社会责任 25 分、经济效益 40 分。“云南省餐饮业名牌企业”标准的权重分配是：设备设施 10 分、食品安全和卫生管理 10 分、菜肴特色 25 分、企业获奖情况 20 分、服务质量 10 分、企业管理 30 分、企业规模 25 分、社会责任 30 分、经济效益 40 分。两者标准权重分配的明显不同是“云南省餐饮业名牌企业”评定标准中社会责任所占比例较大，这表明政策导向在鼓励餐饮企业做大做强的同时，要求企业承担更多的社会责任。

二　云南省餐饮业“名牌企业”“餐饮名店”评定过程

按照行业主管部门的工作部署，云南省餐饮业“名牌企业”“餐饮名店”评审委员会于2009年12月召开评审会。在云南省商务厅、中国烹饪协会的具体指导和云南省昆明市中衡公证处全程监督下，16名来自餐饮业各相关领域的评委举行评审预备会，讨论形成2009年度云南省餐饮业“名牌企业”“餐饮名店”评审委员会决议。在评审委员会主任的主持下，严格按照评定办法、评定程序和评定细则对25家申报云南省餐饮业“名牌企业”的企业和139家申报“餐饮名店”的企业进行了资料审核。25家申报“名牌企业”的企业全部符合评审条件，可以进入量化评审阶段。139家申报“餐饮名店”的企业中有136家符合评审条件，可以进入量化评审阶段。

该次评审活动采取专业模块量化评分，16个评委按照不同专业领域分成9个评审小组，严格按照评审办法、评审程序、量化评分细则，逐一对申报企业材料进行评审。根据量化评分结果，最后确定2009年度云南省餐饮业“名牌企业”“餐饮名店”评审结果。云南省昆明市中衡公证处全程对评审过程进行了监督、公证。

（一）前期准备工作深入扎实、卓有成效

评审活动筹备工作组自启动工作以来，投入了大量的人力。不仅设置了三道验收程序（验收资料有没有、核实材料是不是、登记材料的基本情况），而且对相关财务数据进行验算，设计打分程序和表格，组织协调评审会议，准备大量的会议资料。经过十多个加班加点的工作日，筹备工作组为评审委员会提供了周到且精心的后勤服务。

（二）申报程序严谨、严格

1. 申报企业首先自评

参评企业必须按照评定条件组织材料开展自评，然后向当地商务部门申报，当地商务部门审查、汇总资料并签署推荐意见后，交由云南省餐饮

业名企名店评定工作组对申报资料进行齐备情况的审核，审核合格后，上报云南省餐饮业名企名店评定委员会进行终评。

2. 签署《申请评定诚信承诺书》

所有参评企业都要签署《申请评定诚信承诺书》，郑重承诺所提供的一切证明材料和有关证件真实、准确、有效，由于自身原因报错类别、级别而不能正常参加评定者后果自负，自觉遵守云南省餐饮业名企名店评定的有关规定，保证诚信参评，自愿承担因所提供的有关信息和材料不实、不全或违反有关规定而造成的后果，并接受相应处罚。

3. 加大公众参与度和监督机制

评定通过《云南省餐饮业名企名店消费者意见表》，加大大众参与力度，充分体现广大消费者的意愿。同时，评定建立了监督机制，对获得“云南省餐饮业名牌企业”和“云南省餐饮名店”荣誉称号的企业实行年度抽查制度，并随时接受社会公众的监督和举报，若发现有严重违反评定条件的现象将给予书面警告、勒令改正或取消命名等处分。

（三）创新开展评审，努力践行公平、公开、公正原则

1. 集中学习评分办法和标准，确保评审活动有序开展

全体评委参加云南省餐饮业“名牌企业”“餐饮名店”评审预备会。全体评委仔细研读评定办法、评定程序及评分细则，并听取筹备组对评审情况的汇报和具体评分细则的解读。与会评委根据自己的专业领域和所负责的评分范围，充分讨论后形成评审决议。

2. 实行模块化专业评分，提高效率，减少人为因素的影响

为体现评审活动的公开、公平、公正，本次评审采取专业模块评分的方式，由评委会建议成立 9 个评分小组分别对应评分细则的 9 个指标体系，进行专业模块量化评分，保证评分的高效性和一致性，并尽量减少评委个人因素对评审结果的影响。

3. 模拟演练评分过程，及时发现问题并纠正偏差

评委们首先对 3 家申报企业进行了试评，以便及早发现评审过程中的常见问题、共性问题。在评委对评分细则形成统一认识后，正式开始评审工作。

4. 坚持实事求是和以企业为本的原则

来自人大和政协的代表、中国烹饪协会的代表、省级职能部门的专业技术人员、媒体记者、专家学者以及餐饮大师们各司其职，发挥各自专业优势展开评审。评委们既严格把关，又本着客观公正、以企业为本的态度，遇到某些企业因理解不透导致资料不全的情况，在公证处的监督下通过寻找申报资料中的佐证予以综合考虑，客观确定评分等级。

（四）评审工作首次引入了公证机制，评审流程科学合理，工作人员保障有力

1. 公证人员全程公证

云南省昆明中衡公证处的人员全程参与了评审工作，在预备会上提出了评委回避制度、评审纪律、验分、统分、抽检等程序性、制度性的规范要求；评审过程中又提出将手机暂时封存统一保管的要求，确保评审活动顺利、有序开展；在宣布评审结果时宣读了对本次活动的公证词。

2. 工作人员分工明确

工作人员分工明确，采取以企业定人员的办法，即每个企业的材料由某一固定工作人员负责交给各个评审小组，进行模块流程评审，确保了申报资料不混乱、不遗漏。

3. 统分组人员认真细致

统分组的工作人员按照统分系统软件的要求，分成 3 个小组，对原始评审量化表的分项得分认真、细致地进行了汇总，然后录入统分系统，并进行了严格的复查，确保统分过程快速有效，统分结果准确无误。

三　云南省餐饮业“名牌企业”“餐饮名店”评定结果分析

（一）地区分布情况分析

云南省餐饮业“名牌企业”前 20 名的企业中，昆明市 15 家，曲靖市 2 家，楚雄州 1 家，迪庆州 1 家，玉溪市 1 家。

云南省“餐饮名店”前 50 名的企业中，昆明市 28 家，曲靖市 4 家，

红河州 3 家，昭通市 3 家，西双版纳州 3 家，保山市 2 家，大理州 2 家，普洱市 2 家，临沧市 1 家，丽江市 1 家，玉溪市 1 家。

从地区分布来看，显然昆明市餐饮企业占到了云南省餐饮业“名牌企业”“餐饮名店”60%的比例。昆明市作为省会城市，餐饮企业发展强于其他地区是必然的，然而为了进一步促进云南省餐饮业整体发展，扭转目前云南省餐饮业“名牌企业”“餐饮名店”地区分布不平衡的态势，积极引导和鼓励其他州（市）餐饮企业做大做强、强化品牌建设，对于其他州（市）扩大消费、增加就业、促进农副产品销售以及服务旅游产业发展等方面，具有十分重要的意义。今后可以通过积极发挥行业协会的指导作用以及加强昆明餐饮企业与其他州（市）餐饮企业的交流学习等途径来进一步提高其他州（市）餐饮企业的经营和管理水平。

（二）量化评审情况分析

云南省餐饮业“名牌企业”“餐饮名店”评审主要针对设备设施、食品安全和卫生管理、菜肴特色、企业获奖情况、服务质量、企业管理、企业规模、社会责任、经济效益 9 个方面进行量化评审。从评选出的 20 家云南餐饮业“名牌企业”和 50 家云南餐饮业“餐饮名店”的各项得分情况，可以看出目前云南省餐饮企业的现状和存在的问题。

1. 设备设施

云南省餐饮业“名牌企业”“餐饮名店”在设备设施方面的得分都比较高，表明设备设施运转比较正常，可见云南餐饮企业对于硬件设施的购置和完善工作是比较重视的。

2. 食品安全和卫生管理

云南省餐饮业“名牌企业”“餐饮名店”在食品安全和卫生管理方面的得分是存在差异的。“名牌企业”的得分情况比较好，20 家“名牌企业”中有 15 家该项得分是满分；而“餐饮名店”的得分情况并不理想，50 家“餐饮名店”中有 5 家该项得分为 0 分。可见，目前云南省餐饮企业在食品安全和卫生管理方面的水平差异较大，总体来说规模较大的“名牌企业”的食品安全和卫生管理工作做得较好，规模较小的餐饮企业中有部分企业不重视食品安全和卫生管理工作，这很不利于云南省餐饮业的整体发展，相关监管部门必须严格规范，以保障云南省餐饮业的健康发展。

3. 菜肴特色

在菜肴特色方面，入选的云南省餐饮业“名牌企业”“餐饮名店”得分情况总体比较好，可见云南餐饮企业在挖掘云南餐饮文化和民族特色方面的工作是值得肯定的。

4. 企业获奖

从企业获奖得分情况来看，规模较大的“名牌企业”得分整体上明显高于“餐饮名店”，这主要是由于“名牌企业”社会影响力更大，获得各级政府和行业协会的肯定和认可也更多。

5. 服务质量

入选的云南省餐饮业“名牌企业”“餐饮名店”在服务质量方面得分总体比较高，餐饮业是传统的服务行业，服务质量直接与企业效益相关，因此餐饮企业对服务质量都比较重视。

6. 企业管理

入选的云南省餐饮业“名牌企业”“餐饮名店”在企业管理方面的得分总体不够理想，可见云南餐饮企业的管理水平和经营水平与优秀的餐饮企业还存在差距，需要通过人才引进、员工培训等方式提高企业整体水平，只有不断提高经营水平和管理水平才能使餐饮企业做大做强。

7. 企业规模

入选的云南省餐饮业“名牌企业”“餐饮名店”在企业规模方面的得分总体不够理想，主要原因是很多企业的门店数较少、与员工签订用工合同的数量不够多。这也暴露了目前很多云南餐饮企业不能做大做强的一些原因。

8. 社会责任

入选云南省餐饮业“名牌企业”“餐饮名店”的部分企业在社会责任方面的得分较低，这主要是由于社会责任中包含的一项重要指标是“企业为员工购买社会保险的比例”，目前云南餐饮企业中有很多企业为员工购买社会保险的比例很低，这也是今后规范餐饮企业必须解决的问题。

9. 经济效益

经济效益的衡量指标包括3项，即近3年年均营业额、近3年年均利润、近 3 年年均税收贡献，总体来看，入选的云南省餐饮业“名牌企业”“餐饮名店”排名靠前的企业经济效益较好，排名靠后的企业经济效益得分较低。

综合看来，目前云南省餐饮企业在设备设施的完善和维护、菜肴地方特色和服务质量方面的工作是值得肯定的，今后急需强化的工作是食品安全和卫生管理工作、积极承担社会责任、不断扩大企业规模、提升企业经营水平和管理水平等。对这些工作的强化有助于云南餐饮企业的快速发展，有助于云南餐饮业整体水平的提升，还有助于滇菜振兴和云南餐饮企业“走出去”战略的实施。

四　云南省餐饮业“名牌企业”“餐饮名店”评定标准前瞻性分析

作为 2009 年度云南省餐饮业“名牌企业”“餐饮名店”评审活动的特邀顾问，中国烹饪协会原副会长孙应武先生认为，这次云南省政府拿出资金来奖励餐饮企业，在全国是第一家；像这样严谨、广泛、权威的评审形式，在全国也是第一家。这次评选活动具有很好的示范作用，中国烹饪协会将在全国宣传和推广。孙应武先生的讲话表明云南省餐饮业“名牌企业”“餐饮名店”评定标准在全国餐饮行业是具有一定的前瞻性的。结合前文对云南省餐饮业“名牌企业”“餐饮名店”评定标准的分析，笔者认为，其前瞻性主要体现在以下几个方面。

（一）定量评审，科学规范

以往各地餐饮行业从事名企、名店的认定工作时，由于缺乏完全定量化的评定标准，因此减少人为因素的影响比较困难。云南省餐饮业“名牌企业”“餐饮名店”评定标准对“名牌企业”“餐饮名店”的认定采用量化打分的方式，将“名牌企业”“餐饮名店”的认定标准量化为评定细则表，申报企业自评和评委打分都可以使用量化评定细则表，简单、易操作且工作效率高。这种定量化的评定方法更科学、更规范，评定结果更客观。

（二）体系更完善，内容更全面

“中华餐饮名店”认定标准主要包括申报条件、环境卫生、使用原料、服务规范、菜点质量、企业文化 6 个方面。而云南省餐饮业“名牌企业”“餐饮名店”评定标准的具体要求则包括必备条件、设备设施、食品安全和卫生管理、菜肴特色、企业获奖情况、服务质量、企业管理、企业规模、社会责任、经济效益 10 个方面。所以，云南省餐饮业“名牌企业”“餐饮名店”评定标准在把菜肴特色、服务质量、食品卫生、企业文化作为衡量餐饮企业的标准之外，还将经济效益、社会效应等作为考评餐饮企业的重要标准。云南省餐饮业“名牌企业”“餐饮名店”评定标准全方位地考评餐饮企业，在内容全面和体系完善方面具有一定的前瞻性。

（三）高标准、严要求，后续出台地方标准

参与云南省餐饮业“名牌企业”“餐饮名店”评定标准制定的领导和相关人员在制定标准之初就达成了共识，首先按照云南省地方标准的具体规范和要求来进行云南省餐饮业“名牌企业”“餐饮名店”评定标准的制定，后续的工作是出台地方标准。因此，云南省餐饮业“名牌企业”“餐饮名店”评定标准体现了对于地方标准的前瞻性。目前，该地方标准项目已经立项，项目组将积极总结 2009 年度云南省餐饮业“名牌企业”“餐饮名店”评审活动的实践经验，并广泛收集各方反馈意见，很快将出台云南省餐饮业“名牌企业”“餐饮名店”的地方标准。

（四）多方参与，过程严谨，示范效应凸显

依照云南省餐饮业“名牌企业”“餐饮名店”评定标准在评定 2009 年度云南省餐饮业“名牌企业”“餐饮名店”过程中，吸收社会各界专家参与，包括职能部门专业代表、社会代表、餐饮业行业代表、学院代表、媒体代表、公证人员、社会公众等。整个评审的程序设置严谨、严格，通过各种方式避免人为因素的影响，全力做到公开、公正、公平。正如孙应武先生所说，此次云南省餐饮业“名牌企业”“餐饮名店”评审活动是一次严谨、广泛、权威的评审，在全国餐饮业是首创，具备很强的前瞻性和示

范效应，值得在其他地区推广。

第四节　云南省餐饮业产业化发展的问题与对策①

餐饮业直接关系到人民群众的生活和身体健康，是商贸服务业的重要组成部分。重视并发展餐饮业是关注民生的重要体现，是拉动内需和增加就业的重要举措，是促进社会和谐，全面建设小康社会的内在要求，也是目前云南省积极应对金融危机，拉动内需、扩大消费、繁荣市场、增加就业、维护社会稳定的现实需要。推进餐饮业的发展将对建设绿色经济强省、民族文化大省和发展旅游产业提供产业支撑。

一　云南餐饮业的发展现状与问题

改革开放以来，云南省餐饮业呈现出了快速发展的势头，初步形成了能够满足基本需求的大众化餐饮，餐饮业处于由传统手工服务业向现代生活服务产业转型的关键阶段。1999—2008 年 10 年间，云南省餐饮业零售总额由 61.8 亿元增加到 220.7 亿元，增加了 2.6 倍，占 GDP 的比重由 3.3% 上升至 3.8%，占社会消费品零售总额比重由 11.5% 上升到 12.8%，增幅居社会消费品零售总额各项之首。同时，云南省的餐饮业发展在改善云南省人民生活质量、扩大市场消费、拉动相关产业、增加社会就业、促进农副产品销售以及服务旅游产业发展等方面都做出了一定贡献。餐饮业是吸纳就业的重要渠道，云南省餐饮企业 99% 以上属于非公经济，223164 家餐饮企业与直接相关企业解决了 300 万人的就业。据不完全统计，仅 2008 年，云南省餐饮业农副产品采购额就超过了 80 亿元，对农民增收的带动作用十分明显。

目前，云南省餐饮业的发展已经取得了一定的成效。现有星级美食名店 55 家，中华餐饮名店 22 家，连锁餐饮单店 289 家，中国饮食文化大师和名师 12 位、烹饪大师和名师 82 位，出版各类饮食专著 50 余本，打造具

---

① 杨柳、荆林波主编《中国餐饮产业发展报告（2009）》，社会科学文献出版社，2009。

有省内影响力的年度性美食节庆活动 3 个；形成了以过桥米线、汽锅鸡和傣味为主打的滇菜名品，伴之民族歌舞风情的地方餐饮特色，在国内外产生了一定的影响。然而，云南的餐饮业整体发展水平同全国其他省市相比仍然存在一定的差距，突出表现在以下四个方面。

其一，发展速度快，但餐饮业零售总额及占社会消费品零售总额的比例偏低。2008 年，全国餐饮业零售总额 15404 亿元，占社会消费品零售总额的比重为 14.2%；重庆市的餐饮业营业额达 295.1 亿元，占社会消费品零售总额的 14.7%；四川省的餐饮业营业额达 925.1 亿元，占社会消费品零售总额的 20.89%；湖南省的餐饮业营业额达 594 亿元，占社会消费品零售总额的 15%；云南省的餐饮业营业额为 220.7 亿元，占社会消费品零售总额的 12.8%。

其二，产业集中度较低。2002—2008 年，云南餐饮企业仅有 2 家曾于 2003 年和 2005 年入围全国餐饮百强，而且排名均在 90 名之后。同一期间，重庆市餐饮企业入围全国餐饮百强的数量却由 2002 年的 8 家增加为 2008 年的 17 家。

其三，品牌影响力弱。四川、湖南、重庆等省市围绕火锅、川菜、湘菜等菜系，挖掘、创新菜品，打造品牌，在全国形成的知名度远超过滇菜。

其四，有待突破性的政策扶持。从政策扶持上看，四川、湖南、广西、重庆等省区市都将餐饮业作为发展服务业的重点工作内容，甚至作为支柱产业来抓，从 2004 年开始相继出台了促进、扶持餐饮业发展的政策措施。

和谐的社会环境、优越的自然环境是云南餐饮业发展的重要基础，丰富多样的食材原料和深厚的民族文化底蕴是云南省发展餐饮业的主要优势，但云南省餐饮业对资源的利用程度不高、开发力度不够，餐饮业规模化、规范化、标准化、连锁化、品牌化需要全面加强。总体而言，云南省餐饮业发展主要存在以下五个不容忽视的问题。

一是缺乏统一规划。受管理体制、思想观念等因素影响，云南省对餐饮业一直缺乏统一规划，产业集中度不够，餐饮企业既难“走出去”，也难“引进来”。餐饮业发展进程与社会消费需求和建设旅游大省的要求不相匹配，资源优势尚未转化为经济优势，仍然存在很大的发展潜力。

二是菜品研发与品牌建设滞后。云南省原材料丰富，具有发展绿色餐饮的天然优势，还拥有丰富的少数民族文化底蕴，但菜品却一直停留在粗放式制作的阶段，缺乏研发和创新，在全国有影响力的菜品屈指可数，没有形成独立流派，也未能在中国菜系中占有一席之地。川、粤菜系有 6000 多个品种，湘、鄂菜系有 4000 多个品种，并且分别拥有 50 多个核心菜点，而滇菜仅拥有 1000 多个品种，核心菜点不超过 10 个，亟待创新发展。

三是餐饮企业经营中缴费不合理现象较为突出。例如，云南省的餐饮企业至今未能享受水、电、气工商同价的优惠政策。营业额在 100 万元以上的餐饮企业还要缴纳旅游宣传促销费，也增加了企业负担。再如，云南省餐饮业信用卡消费手续费率平均为 2% 以上，明显高于百货业和发达地区餐饮企业 1% 的手续费率，这些都挫伤了企业的积极性。

四是以中小企业为主体的餐饮企业融资困难。融资渠道少，缺乏政策支持，已经成为云南省餐饮行业发展面临的主要问题，制约了企业做大做强，造成了餐饮企业散、小、弱的现状。餐饮企业基于品牌发展、资本运作、管理创新的融资需求不断增加，但多数因资信等级低，缺乏抵押资产，难以得到银行信贷支持。

五是人才培养和理论研究工作有待加强。云南省餐饮业中高等职业技术教育资源严重不足，既没有权威的理论刊物和专门的研究机构，也没有培养餐饮业专门人才的职业技术学院，致使人才短缺问题严重。

比较而言，云南省既有加快发展餐饮业的内在需求，又面临着明显的外部压力，只有迎头赶上，才能真正发挥餐饮业的作用。基于云南省餐饮业发展滞后的实际，要抓好此项民生工程，着力打造滇菜品牌，扩大内需、拉动消费，在云南这样一个经济欠发达地区，促进高度市场化的餐饮业发展更加需要政府的政策扶持和引导。

二　云南省餐饮业产业化发展的对策

（一）科学规划餐饮业发展，完善餐饮产业体系

按照“合理布局、突出特色”的要求，科学制定和实施《云南省餐饮

业发展规划纲要》，细化未来5年云南省餐饮业发展的总体要求和发展目标，提出行之有效的扶持政策和保障措施。从餐饮业的经营方式、经营业态、网点建设等方面进行规划和布局，优化餐饮业空间结构，促进云南省餐饮业的集聚和可持续发展，逐步形成格局合理、重点突出、功能完善、特色鲜明、层次丰富的餐饮市场体系。各州、市要结合本地经济社会发展情况和区域特色，制定本地区餐饮业发展规划，形成促进本地餐饮业发展的长效机制。

在综合考虑城市功能布局、市政配套设施、环保排污、餐厨垃圾处理等因素的基础上，在区域中心城市的主城区规划建设特色突出、文化浓郁、风格各异的美食街区；支持区县结合旅游景区、景点开发，规划建设美食街区和发展少数民族特色餐饮。

结合农业产业化工作，重点支持一批企业发展原辅调料生产加工基地建设，促进餐饮业产供销一体化发展。在全省重点扶持30个原辅调料生产加工基地，力争2012年达到100个。推进云南地方特色原辅调料标准化、规模化生产，开发绿色原辅材料，加快无公害原辅调料的引进、示范和推广，带动发展农副产品精加工、深加工和半成品加工。重点支持品牌餐饮企业连锁配送中心的建设，鼓励餐饮企业引进国内外先进生产、包装、灭菌工艺和技术，大力推进加工基地、物流配送中心的标准化、科学化、现代化建设。在全省区域中心城市着力培育10—15个物流配送中心。扶持有条件的农贸市场、餐饮行业协会、农民合作组织等共同组建社会化的菜品配送中心。力争在2012年前形成从生产、加工、连锁配送到定销的相互配套、相互支撑的完整产业体系。

（二）实施振兴滇菜工程，提升云南省餐饮业整体水平和滇菜知名度

设立振兴滇菜专项补贴，成立滇菜研发基地，鼓励企业发掘、研制、推广具有一定文化内涵和地方特色的菜品。争取形成具有民族和地方特色、符合大众消费的菜品4000个，政务及商务宴请菜谱20套。支持企业、有关院校和科研院所有组织地对滇菜加工各环节技术标准和操作规范开展研究，制定《经典滇菜制作技术标准》等地方标准。引入现代科学技术、

方法、设备和手段，提高滇菜加工的科技含量，加快标准化进程。引导经典滇菜和典型调料实行配方化、工厂化加工和批量化生产。支持企业和行业协会就经典滇菜传统制作工艺进行非物质文化遗产的申报，对进入国家级非物质文化遗产名录的申报单位和传承人给予奖励。

确定 50 家餐饮企业作为云南省重点扶持企业，引导企业进一步树立品牌意识，发展一批星级名店，提升云南省餐饮业的品牌效应。通过政策引导和扶持，培育餐饮龙头企业，推进餐饮企业集团化、国际化；通过招商引资、连锁加盟、收购、兼并等方式，引进国内外知名餐饮品牌，推进规模经营和产业升级。加大餐饮品牌培育和保护力度，逐步恢复和振兴云南餐饮“老字号”企业，扶持一批新兴优秀餐饮品牌。对于经典滇菜如汽锅鸡、过桥米线等进行集体商标注册，积极争取原产地保护。在上述工作的基础上，开展“三个一”工作，即出版一套云南菜品和企业丛书，创办一份云南餐饮业核心刊物，建立一个专业化培训基地。

依托高校、科研院所、行业协会，加强餐饮经济理论、菜品创新、健康食谱、食品科学、饮食文化、原辅材料加工等方面的研究，加强产、学、研结合，积极推动科技成果转化。每年开展一次新派滇菜评选活动，鼓励和组织餐饮企业选派人员及自主创新菜点参加国内外餐饮行业各类比赛和评比，提升云南省餐饮业的整体水平及知名度。

（三）加强交流与合作，大力开拓国内外市场

借昆交会、旅交会、农博会和重大节假日人员聚集的有利时机，筹办“七彩云南美食文化节”等大型美食文化节庆活动。积极参与或申办国内外知名餐饮会展活动及赛事，努力提高云南省餐饮业的知名度。借鉴其他省市在推动餐饮业发展方面好的经验与做法，加强菜系和企业间的交流。引导和帮助云南省餐饮企业开阔视野，博采众长。积极推进滇菜进京工作，今后 5 年内每年在北京举办 1—2 次推介会，扩大滇菜辐射面和影响力。支持具备条件的餐饮企业到北京等城市开店，支持餐饮企业参加各种展会和促销活动。

（四）加快餐饮专业人才培养，增强餐饮业吸纳就业的能力

在昆明市建立餐饮职业技术学院，各州、市要依托当地职业教育培训

机构设置餐饮管理专业，形成餐饮业人才培训教育体系，加快推进餐饮业人才培养工作。省财政应安排专项资金，加大餐饮业经营管理人员和专业技术人员在职教育培训的工作力度。实行税费优惠政策，鼓励企业加强在岗培训，提高餐饮业从业人员的整体素质。在云南省餐饮行业全面实施职业资格证书制度，力争至2012年有80%以上的从业人员取得职业资格资质证书。定期对有突出贡献的从业人员进行表彰，提高其社会地位和从业荣誉感。

引导企业探索灵活有效的用工制度，为返乡农民工、大中专毕业生以及其他社会青年提供餐饮专业技能培训。为缓解社会就业压力，积极应对金融危机，拟组建20个青年创业就业见习基地，每年可提供500—1000个见习岗位，为餐饮企业搭建选人用人平台，以适应企业高速增长的需要，增强餐饮业吸纳就业的能力。

（五）倡导“绿色餐饮”，推进“七彩云南保护行动”的贯彻实施

积极推进“七彩云南保护行动”的贯彻实施，促进餐饮业循环经济和低碳经济，并保障其上游及下游产业链企业清洁生产，在2012年前力争限额以上的餐饮企业80%达到“绿色餐饮”标准。积极引导社会公众科学消费，倡导勤俭节约的消费方式，减少各类餐饮物品的不合理消耗，充分挖掘餐饮业节能减排的潜力。支持鼓励企业按照国家节能管理规定和节能设计标准开展节能改造，实施“绿色照明”工程，加强餐饮场所室内温度控制，逐步减少一次性筷子的使用。由省级商务部门牵头，其他相关部门积极配合，对餐厨垃圾统一进行无害化处理，杜绝餐饮废油重返餐桌。

第五章

饮食文化研究

第一节　中国饮食文化申报世界非物质文化遗产的标准研究①

博大精深的中国饮食文化缺失于世界非物质文化遗产（简称“非遗”）名录，是餐饮界的一大憾事。世界烹饪的三大风味体系中，法餐和土耳其美食都有项目先后于2010年和2011年入选世界非遗名录，2011年中国烹饪协会和文化主管部门曾以“中国烹饪技艺”申请世界非遗，但未通过国内选拔。2013年日本和韩国饮食项目世界申遗的成功，激发了业界关于中国饮食文化再次申报世界非物质文化遗产（简称“申遗”）的动力和愿望。无论从情感诉求，还是从饮食文化传承创新的要求，中国饮食文化项目都迫切需要入选世界非遗名录。为此，2014年餐饮界又启动了中国饮食第二次世界申遗的准备。

学术界有关饮食文化申遗的研究探讨是伴随着《中国非物质文化遗产法》的出台和国内外申遗热情高涨而逐步兴起的。2011年之前有关饮食文化的非遗研究成果寥寥可数，而之后饮食文化非遗相关文献剧增，主要集中在中国饮食文化的非遗价值、非遗构成等基础研究；中国饮食文化有无申遗必要性的探讨和中国饮食文化非遗保护传承与开发利用等应用研究。随着周边国家饮食文化项目入选世界非遗名录，中国饮食文化申遗的必要性得到了充分认可，但是“以何申遗”的问题一直未能得到深入研究，大

① 该文被《高等学校文科学术文摘》2015年第3期全文转载。于干千、程小敏：《中国饮食文化申报世界非物质文化遗产的标准研究》，《思想战线》2015年第2期。

多数研究集中于中国饮食文化所具有的非遗特质，如味型、菜系风味或传统烹调技艺，重视中国饮食文化的丰富性、多元性的定性分析，用大量史料和规范研究来论证中国饮食文化具备入选世界非遗名录的资格，并强调申遗对中国饮食文化保护传承的意义，但对“以何申遗”这一实践问题却涉猎较少。现有文献中，以“饮食文化”和“申遗”为标题的文章屈指可数，仅有周鸿承的《论中国饮食文化遗产的保护和申遗问题》和金春梅的《日韩饮食文化申遗的成功经验与启示》。两篇文章开始触及中国饮食文化申遗的具体项目问题，前者认为应该优先开展专案研究和联合申报，亚洲国家和地区间联合申遗是未来饮食文化遗产保护的重要运作模式；后者在总结分析日韩申遗成功经验基础上，提出要以除夕饺子这种具有民族特色的饮食品种进行世界申遗。申遗是一项融合理念认知和技术操作的系统工程，需要去研究参照系后面的标准和规则。基于此，以下立足世界非遗视角，在分析世界非遗申报的名录、申报、评审等硬性标准和世界饮食类非遗特有的软性标准的基础上，结合中国饮食非物质文化遗产的现状，探讨中国饮食文化“以何申遗”的问题。

一　非遗名录体系——中国饮食文化“以何申遗”的切入点

“非物质文化遗产”的定义已有全球性的一致共识，但是对于“名录”的问题，笔者有必要进行说明。在 2003 年第 32 届联合国教科文组织大会上通过的《保护非物质文化遗产公约》（简称《公约》）设立了世界非物质文化遗产的三类名录：第一类“人类非物质文化遗产代表作名录”；第二类“急需保护的非物质文化遗产名录”；第三类“保护非物质文化遗产的计划、项目和活动”（后改称为“最佳实践项目名录”）①。通常说的“世界非遗名录”，大多为第一类名录，目前我国的世界非遗项目也主要集中在第一类和第二类名录中，截至 2013 年 12 月，有 30 个项目入选第一类，7 个项目入选第二类，第三类还是空白，国内公众对此类非遗项目十

① 邹启山主编《联合国教科文组织人类口头和非物质遗产代表作申报指南》，文化艺术出版社，2005，第 39、44 页。

分陌生。从世界非遗名录体系来看，《公约》是从非物质文化遗产保护的角度来划分名录的，“最佳实践项目名录”更是强调对非物质文化遗产保护传承的重视和关注。

《国务院办公厅关于加强我国非物质文化遗产保护工作的意见》（国办发〔2005〕18 号）提出要建立“非物质文化遗产代表作名录体系”，“要通过制定评审标准并经过科学认定，建立国家级和省、市、县级非物质文化遗产代表作名录体系”。[①] 2011 年《中华人民共和国非物质文化遗产法》（简称《非遗法》）的出台更是将这一名录体系以法律的形式予以确立，在官方文件上统一为“非物质文化遗产代表性项目名录”，根据层级不同，前面冠以“国家级”或“××省”等。在实际运用时一般简称“非物质文化遗产名录”或“代表性项目名录”。除“代表性项目名录”外，还有“扩展项目名录”[②]。“扩展项目名录”的出现是我国为解决非物质文化遗产项目地域性民族性丰富而采取的对策。总体来看，这个名录体系是行政层级式的，是以行政等级而不是以非物质文化遗产的保护程度来区分。

从中国和联合国名录标准的差异来看，中国饮食文化“以何申遗”首先应该确定的是要申报哪类“名录”。这涉及申遗成功的概率、申报的经验和不同名录的入选限制等问题。我国虽然是世界非遗项目最多的国家，但从世界名录体系来看，主要集中在第一类、第二类，第三类尚无项目申报或入选。而且我国的名录体系并没有按世界名录体系来划分，虽然我国有成功的非遗项目保护范例，如甘肃环县道情皮影戏、武夷山制茶技艺等，但尚缺乏系统整理总结，中国饮食的申遗无先例可循。

从中国饮食文化的自身特点来看，并不明显倾向于哪一类名录，如果申报第二类名录会因为餐饮的产业属性和我国现有名录体系而在项目选择上面临困难；若独辟蹊径以第三类申报，一旦成功将成为中国首例，也是饮食类世界非遗的首例，开展饮食文化最佳非物质文化遗产保护实践项目的案例研究将成为全新课题。但是对于第三类名录项目，目前全世界仅有

---

① 《国务院办公厅关于加强我国非物质文化遗产保护工作的意见》（国办发〔2005〕18 号），中国政府网，http：//www. gov. cn/zwgk/2005 -08/15/content_21681. htm，2005 年 8 月 15 日。

② 扩展项目名录：前一批或前几批已经公布的名录项目，而这次不同申报地区或单位又一次申报成功，那么这次申报的名录项目就叫前面相同名录项目的扩展项目。

3项，可见其审核严格、操作难度最大，可供借鉴的实践经验更是空白，似乎不是最佳的选择。从现实需要出发，第一类应该是首选，本文也是基于中国饮食文化申报第一类名录的前提来分析有关问题。

二 非遗申报标准——中国饮食文化“以何申遗”的参照系

在明确了中国饮食文化申报“人类非物质文化遗产代表作名录”后，我们将从该名录的申报标准入手分析中国饮食文化“以何申遗”。通过对硬性标准即“规定动作”的分析来剖析当前中国饮食类非物质文化遗产的现状及面临的问题。

（一）世界非物质文化遗产的申报标准

联合国教科文组织在《保护非物质文化遗产公约》（简称《公约》）的基础上于2010年全委会上对申报“人类非物质文化遗产代表作名录”的项目要求标准进行了修改完善，申报列入代表作名录的项目要求在申报文件中证明符合以下所有标准：（1）属于《公约》定义（见《公约》第二条）的非物质文化遗产；（2）列入名录，将有助于确保该非物质文化遗产的存续，提升对其重要性的认识，促进对话，从而反映世界文化多样性，见证人类的创造力；（3）已制定了一些保护措施，可保护并宣传该遗产；（4）该遗产的申报，是有关社区、群体或个人尽可能广泛参与下提名的，是他们在知情的情况下事先自主认可的；（5）该项目已列入申报缔约国领土现存的非物质文化遗产清单之中①，具体规定遵循《公约》第十一条和第十二条。②

① 根据联合国教科文组织网站内容翻译。http://www. unesco. org/culture/ich/index. php? lg = en&pg = 00173。转引自朱兵、黄龙祥等《“中医针灸”申报人类非物质文化遗产代表作名录文本解析》，《中国针灸》2011年第3期。

② 《保护非物质文化遗产公约》第十一条：缔约国的作用 各缔约国应该：（一）采取必要措施确保其领土上的非物质文化遗产受到保护；（二）在第二条第（三）项提及的保护措施内，由各社区、群体和有关非政府组织参与，确认和确定其领土上的各种非物质文化遗产。第十二条：清单（一）为了使其领土上的非物质文化遗产得到确认以便加以保护，各缔约国应根据自己的国情拟订一份或数份关于这类遗产的清单，并应定期加以更新。（二）各缔约国在按第二十九条的规定定期向委员会提交报告时，应提供有关这些清单的情况。

（二）中国非物质文化遗产的申报标准

1. 前置标准：是否列入国家级非物质文化遗产清单

对照申报标准，不难发现其中一至四条的要求，是在确定申报项目后，撰写申报书时的技术性工作。第五条虽列在最后，却是前置条件，这一条件直接影响到项目的选择，关系着诸如项目是否已经列入国家非物质文化遗产清单、怎样呈现有关饮食文化的非物质文化遗产清单等一系列必须在撰写申报书之前的准备工作中所要解决的问题。

是否列入国家级非物质文化遗产清单这一规定对是否能够申遗成功关系重大，从 2006 年我国公布第一批国家非遗名录开始，所入选世界非遗的 37 个项目，全部在国家公布的 4 批非遗名录中，而 2006 年之前入选世界非遗的昆曲、古琴和长调民歌也都以中国艺术研究院作为申报主体补录进第一批国家级非遗名录。

按照这一硬性标准，当前中国饮食文化的申遗，就必须从现已公布的 4 批国家非物质文化遗产名录（含扩展名录）中确定饮食项目的申报对象，而到底有哪些饮食文化的项目入选了国家级非物质文化遗产名录呢？这是需要探究的分类标准问题。

2. 分类标准：哪些项目是饮食类国家级非物质文化遗产

自《国务院办公厅关于加强我国非物质文化遗产保护工作的意见》发布以来，中国已公布了 4 批国家级非遗名录，共 1828 个项目（含扩展项目），但都没有明确规定饮食类非物质文化遗产项目。《非遗法》关于“非物质文化遗产”的界定采用了列举法，对非遗概念限定性的描述主要有“世代相传”“传统”“视为” 3 个词语。[①] 而且在列举的项目中对于饮食并没有像其他的美术、书法、音乐、舞蹈、体育、医药、历法等进行明示。[②] 而在具体的非物质文化遗产评定时，对非遗采用了国家级非遗名录的 10 大类分类标准，分别为民间文学、传统音乐、传统舞蹈、传统戏剧、曲艺、传统体育、游艺与杂技、传统美术、传统手工技艺、传统医

① 康保成主编《中国非物质文化遗产保护发展报告（2012）》，社会科学文献出版社，2012，第 9 页。

② 程小敏：《中餐申遗是否要“高大上”?》（上），《中国食品报》2014 年 10 月 7 日。

药和民俗[①]，同样没有专门的饮食类项目。

按照目前的分类标准，不仅饮食类项目面临上述问题，许多学者已经从理论上指出中国现行的非物质文化遗产分类方法设置不够科学。主要体现在分类标准的单一，未能将所有非遗项目囊括进去，导致类目设置不完全，而且类目间界限模糊，部分类别交叉、重复的现象也比较明显。[②] 饮食文化内涵的丰富和表现形式的多样，这个问题对饮食非遗项目申报的制约显得尤为明显，如果对现有国家级非遗名录的10大类进一步细分，除了“传统手工技艺”能较为契合地反映中国饮食文化中所包含的饮食制作水平和能力外，能在“民间文学”类项目中看到很多有关“衣食住行”的风俗传说，而作为中国烹饪技艺展示的“糖塑”、“面塑”、“食雕”与“民间美术”类项目的关系密切，至于“传统医药和民俗”类中关于食俗的内容就更丰富，日常生活、节日宴请和宗教礼祭中都有大量关于饮食文化的内容，这使得饮食项目的分类问题非常复杂。

业内对饮食类非遗项目的认定也存在争论。2011年底，笔者参加了“川菜非物质文化遗产传承与发展论坛”，来自政府、高校、行业协会的3位演讲嘉宾对饮食或烹饪类非物质文化遗产的认定各不相同：国家级非物质文化遗产名录评审专家组成员、高校从事饮食史研究的教授将国家3批名录中“传统手工技艺”类别中的茶、酒、盐、醋、酱油、腐乳、豆豉、豆瓣、榨菜、凉茶及菜点菜肴的制作技艺视为饮食类非物质文化遗产；来自文化部非遗司的官员则在这些项目基础上把中医养生中的部分项目也认定为饮食类非物质文化遗产；行业协会的专家则只将“传统手工技艺”中的菜点菜肴认定为饮食类非物质文化遗产。[③] 省级层次的非遗名录中，饮食类非遗项目的分布范围更加广泛，类目更加庞杂，分类标准更加无法把控。国家级饮食类非遗项目至少主要集中在“传统手工技艺”类，地方饮食类非遗项目类目则杂乱无章，如北京“东来顺饮食文化”和广东“豆腐

---

① 此10大类是按已公布的4批“国家级非物质文化遗产名录”中所划分的类别。参见“国家级非物质文化遗产名录”百度百科，http://baike.baidu.com/link?url=CUQsZ7GKY_iMalR8R7zTPjjEy0zljDk2vUh6kolU4FMcegvIc3SzHtmqtXrzwnDujEhrhwnxSPMaapPf3OO_。

② 周耀林、王咏梅、戴旸：《论我国非物质文化遗产分类方法的重构》，《江汉大学学报》（人文科学版）2012年第2期。

③ 程小敏：《中餐申遗是否要“高大上”?》（上），《中国食品报》2014年10月7日。

节”属民俗类，而湖北的“天门糖塑”属传统美术类，吉林的“查干湖全鱼宴”属传统技艺类。

饮食类非遗项目分类标准上的混乱，直接影响了中国饮食文化非遗申报时的准确归类和科学定位，使“以何申遗”的问题从选什么项目升级为选哪类项目。“传统手工技艺”是目前饮食项目非遗分类中得到一致认可的类别，但是第一次中国饮食世界申遗的失利，正是“中国烹饪技艺”过于偏重制作技艺的思路，偏离了世界非遗申报对文化的诉求；而且即使以饮食传统技艺项目申报，那么在国家 4 批名录中 60 多项包括菜点及原辅料与调料的制作技艺项目又将如何选择呢？

3. 评审标准：是否有一份能充分展示中国饮食文化的非物质文化遗产清单

在分类标准基础上还必须剖析非遗申报的评审环节标准，这就涉及是否能按照联合国申报的要求提供一份饮食类的非物质文化遗产清单。

《国家级非物质文化遗产代表作申报评定暂行办法》对我国非物质文化遗产的评审提出了 7 条标准[①]，这 7 条标准与联合国《公约》对非物质文化遗产的定义在核心思想上是一致的，比较有特点的是第 4 条“出色地运用传统工艺和技能，体现出高超的水平”，这对国家级非遗名录中的技艺类项目有了注解，也为我国的非遗传承人制度提供了认定依据。但是，整个评审标准主观性太强，定性内容较多，再加上以政府主导的四级名录层级申报方式，使得我国非遗项目在评审时对标准的理解尺度有紧有松，严谨性还有待提升。在这种背景下，本来就没有分类标准的饮食类非遗项目，经历了没有申报必要、申报成功率不高到一窝蜂盲目申报的混乱阶段。

国家级评审相对严格，但是在地方，由于政绩心态和申遗成功后的政策和经济优势刺激，非遗评审存在随意性和人为主观的痕迹。如有的县级

---

① 《国家级非物质文化遗产代表作申报评定暂行办法》的具体评审标准如下：1. 具有展现中华民族文化创造力的杰出价值；2. 扎根于相关社区的文化传统，世代相传，具有鲜明的地方特色；3. 具有促进中华民族文化认同、增强社会凝聚力、增进民族团结和社会稳定的作用，是文化交流的重要纽带；4. 出色地运用传统工艺和技能，体现出高超的水平；5. 具有见证中华民族活的文化传统的独特价值；6. 对维系中华民族的文化传承具有重要意义，同时因社会变革或缺乏保护措施而面临消失的危险；7. 申报项目须提出切实可行的 10 年保护计划，并承诺采取相应的具体措施，进行切实保护 。

市数个乡镇都选择同一个烧饼类型的制作技艺申报非遗，而这一烧饼品种非但在本地并不很有特色，更谈不上制作技艺的高水平，纯粹是当地文化部门硬性打造的非遗项目，缺乏普查摸底和项目论证。[①]

另外是评审把关中还会出现功利化倾向，最明显的就是强势经济文化对非遗名录资源的过分侵占，偏离了非物质文化遗产“保护濒危文化样式和渐渐退出人类生活的那些民族记忆”的原则。如每批国家级非遗名录公布时，总能听到来自民众对某市场知名度很高的饮食项目未能入选的抱怨和质疑，而在地方为了照顾这种情绪，一度使得非遗目录饮食类项目更像是“菜谱”。[②]

最为严重的是对饮食在地域和民族方面的文化多样性破坏。饮食文化具有地域性和民族性的特点，往往会出现同一饮食类非遗项目存在于不同的地域或以不同的方式传承，这正是中国饮食文化多样性的魅力所在，譬如关于豆腐的制作方式，关于某一菜点或某一食俗都会存在跨区域的问题。但是由于各省之间或各市县之间在非遗申报的进度、水平、认识上的差异，就会出现同一饮食项目有的是非遗，有的不是，有的是省级，有的是市级的情况，考虑到收录进国家级非遗名录后所提供的政策和经济保障，以及官方、企业和传承人对非遗表现形式的着力打造，将使得同一饮食项目的某一版本更具权威性，而另一版本的饮食项目则可能处于等级网络底部甚至被排斥在国家名录体系之外，丧失未来发展的主导权与话语权，逐渐式微以至消亡，从而破坏了饮食文化的多样性。

评审标准上的主观性和功利性，使得中国饮食文化的非遗名录有层级无体系，这种混乱带来的后果是无法提供一份真正能展示中国饮食文化的非物质文化遗产清单，没有清晰的分类标准，没有客观准确的评审标准，使得“以何申遗”的选择难度加大。

通过将世界非遗申报标准与中国饮食类非遗现状的对比，我们看到，中国饮食世界申遗还存在很多有待解决的技术标准上的问题。应对照世界申遗的“规定动作”，亟须对我国现有各层级非物质文化遗产名录中的饮

---

① 都大明：《中华饮食文化》，复旦大学出版社，2011，第 300 页。

② 程小敏：《中餐申遗是否要“高大上”?》（中），《中国食品报》2014 年 10 月 14 日。

食类项目进行系统摸底普查，在此基础上，按照非遗标准圈定体系完备、类目界限清晰、史料翔实可靠的饮食类非物质文化遗产核心项目，以期破解中国饮食文化“以何申遗”的困局。

三　饮食类非遗标准——中国饮食文化“以何申遗”的关键

饮食类世界非遗项目有非遗的一般特性，也有饮食文化所独有的特点。因此有必要对饮食类世界非遗项目的特有标准进一步分析。尽管饮食类世界非遗的评定没有专门的细则和标准，但从入选饮食类世界非遗的项目中，能够找出一些未明示的倾向性标准，笔者称之为“软性标准”，这些软性标准将对我们如何更好地解决“以何申遗”问题提供思路和参考。

截至 2013 年底，全球共有 6 项饮食类世界非遗项目，从名录类别来看，均属于第一类“人类非物质文化遗产代表作名录”，涵盖了世界三大风味体系中的法国和土耳其，在覆盖区域上美洲 1 项，欧洲 3 项，亚洲 2 项。

第一项：法国美食（Gastronomic meal of the French），申报国家法国，入选时间 2010 年，项目内容及入选理由：法国美食是民众生活中重要时刻的实践活动，包括出生、结婚、纪念、庆功、团聚等，是表达民众感情的一项重要社会风俗。法国美食注重味觉和感觉上的美好体验，人与自然的平衡，彰显了民众对法国饮食的尊重与坚守。申报遗产领域（编号顺序）：1. 口头传统和表现形式；3. 社会实践、仪式和节庆活动；4. 有关自然界和宇宙的知识和实践。

第二项：传统墨西哥烹饪（Traditional Mexican cuisine - ancestral, ongoing community culture, the Michoacán paradigm），申报国家墨西哥，入选时间 2010 年，项目内容及入选理由：传统墨西哥烹饪——米却肯州的社群活态祖传文化，融种植、传统技艺、习俗、仪式及实践活动于一体。传统墨西哥烹饪所表现出的有关农耕、烹调、食俗的内容，体现的是传统墨西哥民族族群间情感和身份的认同。进一步强化了社区成员之间的联系，促进了墨西哥社会经济的可持续发展。申报遗产领域（编号顺序）：3. 社会实践、仪式和节庆活动；4. 有关自然界和宇宙的知识和实践；5. 传统手工艺。

第三项：土耳其小麦粥（Ceremonial Keskek tradition），申报国家土耳其，入选时间 2011 年，项目内容及入选理由：土耳其小麦粥是婚礼、庆典或宗教节日上的传统美食。婚礼或节日前一天在祈祷和传统音乐中清洗和研磨小麦，婚礼或节日当天将小麦与肉骨、洋葱、香料、水和油同煮，1 天 1 夜的煮制后，将小麦粥分给村里所有人共同享用。土耳其小麦粥着眼于邻里社区间的互动与分享，而且通过代代相传，实现了饮食文化的传承与多样。申报遗产领域（编号顺序）：3. 社会实践、仪式和节庆活动；4. 有关自然界和宇宙的知识和实践。

第四项：地中海美食（Mediterranean diet），申报国家塞浦路斯、克罗地亚、西班牙、希腊、意大利、摩洛哥、葡萄牙，入选时间 2013 年，项目内容及入选理由：地中海饮食是地中海地区一系列知识、技能、实践和传统习俗的总称，在西班牙、希腊、意大利等国家和地区广泛流传。地中海饮食尊重不同社区的信仰，以橄榄油、麦片、干鲜果蔬及鱼、奶、肉和调味品为基本材料，并佐以酒或其他饮料。地中海饮食产生了丰富的知识、歌谣、格言、故事、传说，强调尊重不同地域文化和生物多样性，并保存和发展了各种传统的渔业和农业活动及其技艺。申报遗产领域（编号顺序）：1. 口头传统和表现形式；3. 社会实践、仪式和节庆活动；4. 有关自然界和宇宙的知识和实践；5. 传统手工艺。

第五项：日本和食（Washoku，traditional dietary cultures of the Japanese），申报国家日本，入选时间 2013 年，项目内容及入选理由：日本和食是日本传统饮食的总称，最典型的和食是日本家庭新年夜准备的和食菜品，准备用心费时，涵盖了日本特色海鲜和腌制蔬菜等内容。营养均衡，重视外观，善于使用当季新鲜素材与食材，并以合适的调理方式来烹调是和食的一大特征。日本和食体现了日本的四季分明、地理多样性以及日本人尊重自然的精神，对凝聚整个社会发挥着重要作用。申报遗产领域（编号顺序）：1. 口头传统和表现形式；3. 社会实践、仪式和节庆活动；4. 有关自然界和宇宙的知识和实践。5. 传统手工艺。

第六项：腌制越冬泡菜文化（Kimjang，making and sharing kimchi in the Republic of Korea），申报国家韩国，入选时间 2013 年，项目内容及入选理由：腌制越冬泡菜文化是包括泡菜腌制准备全过程的集体性劳动活动。准备时间持续整年，春天腌制海鲜，夏天用海盐制作卤水并磨辣椒粉，深秋开始邻里之间聚集在一起腌制越冬泡菜，并在家庭间分享泡菜。腌制越冬泡菜的过程是增进家庭协作的绝佳机会，有利于民众体会人与人、人与自然的和谐相处。腌制越冬泡菜文化体现了民众之间的温情与分享，是实现人与人之间沟通、交流、尊重、互爱的纽带。申报遗产领域（编号顺序）：3. 社会实践、仪式和节庆活动；4. 有关自然界和宇宙的知识和实践。①

通过重点梳理分析这些饮食类非遗代表作的申报文件及联合国教科文组织给出的入选理由，发现以下软性标准值得我们借鉴。

（一）对饮食类非遗的确认与定义是多维的

饮食类世界非遗代表作充分体现了饮食文化的多样性和丰富性，在界定饮食的非遗领域时往往不是单一领域，而是涉及多个领域，具有多维视角。② 在公开的申报书中，6 个代表作将非遗定义的 5 大主要领域都涵盖了。其中“社会实践、仪式和节庆活动”和“有关自然界和宇宙的知识和实践”是饮食类非遗的主要领域，地中海和日本项目中还涉及“口头传统和表现形式”，这种独特性领域的挖掘将有助于项目的入选。而与中国类似的“传统手工艺”领域主要体现在一些综合性项目中。

尤其值得注意的是，韩国越冬泡菜文化项目与我国第四批国家级非遗名录中以“传统手工技艺”入选的“朝鲜族泡菜”项目有很多相通之处，但立足点和视角完全不一样，韩国对于泡菜更强调其与仪式、节庆活动相关的内容。这一点应对我们有所启发。仔细研究国家级非遗名录可以发现，国家级非遗名录民俗类之下，有很多以饮食作为重要表现符号的项

---

① 根据联合国教科文组织网站内容翻译整理：http://www.unesco.org/culture/ich/index.php? lg = en&pg = 00011&RL = 00437；http://www.unesco.org/culture/ich/index.php? lg = en&pg = 00011&RL = 00400；http://www.unesco.org/culture/ich/index.php? lg = en&pg = 00011&RL = 00388；http://www.unesco.org/culture/ich/index.php? lg = en&pg = 00011&RL = 00884；http://www.unesco.org/culture/ich/en/RL/00869；http://www.unesco.org/culture/ich/en/RL/00881。

② 申报文件中要求申报主体指出遗产所体现的非物质文化遗产领域，文件共列出了 6 项：1. 口头传统和表现形式，包括作为非物质文化遗产媒介的语言；2. 表演艺术；3. 社会实践、仪式和节庆活动；4. 有关自然界和宇宙的知识和实践；5. 传统手工艺；6. 其他。参见 http://www.unesco.org/culture/ich/en/forms。

目：如出现在第一批民俗类国家非遗名录中的“春节”“清明节”“重阳节”，提到这些节日时，绝大多数人最深刻的回忆是节日期间的各种美食；如第二批名录中的大理“彝族跳菜”（传统舞蹈）和青海“回族宴席曲”（传统音乐）等少数民族传统音乐和舞蹈中也会有饮食内容的展示。从世界非遗代表作中，我们也发现，本地区或本民族丰富的饮食文化是展现项目非遗特质的重要内容，如韩国江陵端午祭（2005 年通过的亚太地区世界非遗项目），包含丰富的传统饮食风俗，如酿制浊酒（米酒）、煎车轮饼、打制牛蒡糕等。[①]

因此，打破申报项目非遗界定的单一性，拓宽在现有国家级非遗名录中寻找饮食项目的范围，值得我们申遗时借鉴，也能解决前文提到的选择问题，跳出从单一“制作技艺”领域选择的思路，看到饮食除技艺等可视有形的表现之外的无形可感的文化内容。

（二）对饮食类非遗的评定强调饮食文化的进步、认同与共享

根据《公约》对非物质文化遗产的定义，结合 6 个代表作入选的评价理由，可以将饮食类非遗评定的指标归纳为如下几个方面：（1）饮食类项目非物质文化遗产属性界定；（2）项目所传递的有关饮食的社会传承与认同的内容；（3）饮食类项目是否有广泛的社会参与性；（4）饮食对多样性和文化自尊自信的作用；（5）饮食类项目是否得到了有效而充分的传承保护；（6）饮食类项目对社会经济文化可持续性发展的作用。综合考量，以下要素至关重要。

1. 饮食文化特质所体现的民族性

所有入选的饮食类项目都不是简单的某种食物、某个菜点，也不是某种烹饪技法，更多的内容都在饮食背后，即饮食承载的文化与传统。也就是说，被列为非遗名单的是当地饮食文化，而不是某一具体食物。传统墨西哥烹饪的入选最关键的理由是：“墨西哥传统烹饪是米却肯州的社群活态祖传文化，墨西哥传统烹饪的相关习俗和知识，是不同群体身份认同的标志。”[②] 同样，土耳其小麦粥按中国非遗的视角完全上不了台面，但是在

---

① 周鸿承：《论中国饮食文化遗产的保护和申遗问题》，《扬州大学烹饪学报》2012 年第 3 期。

② 杰夕、薇冉：《盘点：六项世界非遗食文化项目》，《中国文化报》2013 年 12 月 12 日。

这个简单饮食中所承载的有关民族文化、民族心理的内容却使这个主要集中于乡村的饮食内容得到了整个国家的广泛认同与传承。

我国的多民族特性是世界任何一个国家无法比拟的，各民族的饮食文化资源更是丰富多彩。日本、韩国都是单一民族国家，所以日本申报时采取将传统日本饮食文化整体打包申遗，韩国在饮食文化内容上不及日本，因此只能选最有代表性的泡菜文化申遗。对于我国而言，因为内容的包罗万象反而无法聚焦，无法做到精深，但饮食类世界非遗所体现出的民族性为我们提供了挖掘和理解“以何申遗”问题的突破口。

2. 全民传承所体现的共享性

对于饮食而言，广大民众就是最大的传承主体，广大民众积极主动的潜意识行为是美食最好的传承方式。6 个饮食类世界非遗代表作的申报书在回答“谁是该遗产的传承人和实践者”时答案都是全体民众，而中国在第一次以“中国烹饪技艺”申遗时，给出的答案是职业厨师。[①] 日本和食与韩国泡菜最大的特点就是大众化和普适性，能最大限度地实现全民共享。联合国文化项目官员曾表示，对于申报项目最看重的是群体特色。[②] 对于中国饮食而言，美食所承载的这种情感寄托和共享更是浓烈，纪录片《舌尖上的中国》已经很好地诠释了这种观点。

3. 基于健康与生态的可持续性

世界非遗项目的保护与传承，必须与时俱进，对当代文明进步起到科学引导作用。因此，饮食文化的非遗项目也需要符合人类进步的需求。对饮食类非物质文化遗产的保护，能够逐步引导人们形成保护自然与环境的意识，找回人类在饮食上对健康与生态文明的坚持与传统。2013 年入选的地中海饮食就是以突出科学、卫生、健康的选材标准和烹饪方法胜出。[③]

工业文明和全球经济的发展，人类的饮食习惯和生存环境所决定的饮食来源都发生了很大变化，这使得如何传承传统饮食文化，并实现与现代生活和消费需求的平衡成为焦点，饮食类非遗项目需要更多地挖掘现代价

---

① 程小敏：《中餐申遗是否要“高大上”?》（上），《中国食品报》2014 年 10 月 7 日。

② 宋佳烜：《中国食文化应该如何申遗?》，《中国文化报》2013 年 12 月 12 日。

③ 程小敏：《中餐申遗是否要“高大上”?》（下），《中国食品报》2014 年 10 月 21 日。

值。而中国餐饮的“食品安全”问题和海外中餐廉价杂乱的形象，也给我们在解决“以何申遗”问题提出了新课题，即如何展现中国饮食文化积极健康营养可持续的形象？

我们从现有饮食类世界非遗代表作中总结的软性标准，将为解决“以何申遗”的问题提供更加清晰而具体的选择范围和选择原则，思路对了，准备工作才能更加有的放矢。同时，申遗工作既要符合规则和标准，也要考虑策略问题，尤其是面对世界申报，如何提高项目在联合国评审专家心目中的影响力和认知度至关重要，关于这一点尚无标准可参照，不过现有6个饮食类世界非遗代表作成功入选背后，强大的国家公共外交是不容忽视的。法国美食2008年就开始申遗，直到2010年成功，其中政府、社会组织及各界名流的宣传推荐起到了很大作用。以意大利为首的欧洲地中海国家更在法国美食申遗成功后，联合进行申遗，是发挥多国外交影响力的典范，同为亚洲国家的韩国在2009年开始推行的“韩食世界化”战略，对韩国美食成功申遗起到了至关重要的作用。

四　结语

在经济全球化的时代，中国要走向世界，保护多元的中华文化是基础，非遗保护已经被纳入国家文化发展战略。[①] 饮食这种极具地域和民族特色的文化内容，是国家文化软实力的重要部分，更是人文外交的重要载体。中国传统饮食文化世界申遗的刻不容缓已经是相关职能部门、社会组织及民众的共识，但我们缺乏立足世界、立足非遗的理解视角和表达视角。笔者在分析世界非遗硬性和软性标准的基础上，对中国饮食文化“以何申遗”的选择范围、选择对象、选择原则提出了初步的思路和建议。同时我们也应该看到，中国饮食文化申遗从甄选项目、项目论证、资料整理、申报书撰写到项目上报还有很长很长的路要走，这考验的不仅是智慧和技术，还有来自对饮食文化深层次基因的解读和饮食文化非遗特质的理解。中国传统饮食文化申遗的过程就是从非遗保护的角度，按照国际通行

---

① 王文章：《非物质文化遗产保护研究》，文化艺术出版社，2013。

规则标准对中国饮食文化进行梳理、总结和提炼的过程，从这个意义上讲，“以何申遗”只是起点，永恒的话题是从保护与传承的视角研究中国饮食文化“申遗为何”的问题。

第二节　饮食类非物质文化遗产的“嵌入式”传承与精品化发展——以云南过桥米线为例[①]

在中国国家级非物质文化遗产（以下简称“非遗”）名录中，与饮食相关的非遗项目大都归属于传统手工技艺类，少部分在民俗类，但从学者研究和官方宣传来看，饮食类非物质文化遗产（以下简称“饮食类非遗”）已成为约定俗成的表达。当前，有关饮食类非遗的研究主要聚焦于非遗的保护和发展思路，博物馆保护[②]、节庆传媒展示[③]、文化旅游开发[④]等模式得到了许多学者的认可，此外，随着生产性保护实践在传统技艺类非遗领域的深入，部分学者[⑤]也提出了饮食类非遗生产性保护的重点，强调技术与知识的传承。总体来看，当前饮食类非遗的研究成果较少，而且从饮食文化传承发展的视角来看，现有研究无法解决这样两个问题：一方面，饮食类非遗在生产性保护或旅游开发中所产生的因商业而模糊了文化，因生产而忽略了体验，因工业化而迷失了味觉记忆的问题；另一方面，当前偏重于传统技艺的划类法，对如何实现在传承中凸显中国饮食文化的多样性，如何展现农耕文明下饮食文化的在地化和民族性不够重视。有鉴于此，笔者以国家非遗过桥米线为观察对象，分析其“遗产化”过程中的问题和特点，在其“嵌入式”传承进程中，找寻米线作为地域饮食文化符号

---

① 程小敏、于干千：《饮食类非物质文化遗产的“嵌入式”传承与精品化发展——以云南过桥米线为例》，《思想战线》2017 年第 5 期。

② 曹岚、李旭、王新梅等：《传统饮食文化类非物质文化遗产的保护及转型研究》，《中国调味品》2015 年第 1 期。

③ 谭宏：《产生于农业文明背景下的传统饮食文化之现代化问题研究——基于非物质文化遗产保护和传承的视角》，《农业考古》2011 年第 1 期。

④ 丁文洁：《滇西北少数民族饮食非物质文化遗产调研与保护机制研究》，硕士学位论文，云南财经大学，2013。

⑤ 余明社、谢定源：《中国饮食类非物质文化遗产生产性保护探讨》，《四川旅游学院学报》2014 年第 6 期。

所承载的“地方性”和“真实性”，探究有着丰富内涵的饮食文化在当下如何实现传承发展的创新。

一 从稻米到稻作文化：过桥米线的非遗代表性

在已公布的4批国家级非遗名录中，饮食类非遗涵盖了“传统手工技艺”类别中的茶、酒、盐、醋、酱油、腐乳、豆豉/瓣、酱菜、凉茶、米面及菜点菜肴的制作技艺，共计67项。若按饮食的实际用途和生产加工对象来分类，数量最多的是以调味酱料和茶酒饮品为核心的制造食品类，其次是以菜点菜肴为核心的综合烹饪食物类，以地方特色主食/小吃为核心的米面豆类的数量最少，而且内部分布也不平衡，面食项目占据主导位置，“传统面食制作技艺”中涵盖了晋、陕、京、津的特色面食，并且有烧饼（鲁）、泡馍（陕）、烧卖（京）、月饼（晋、粤）等特色面食小吃，而作为稻作文化代表的大米制品类非遗项目，仅有过桥米线（滇）和五芳斋粽子（浙），这与中国传承悠久、分布广泛的稻作文化圈明显不匹配。实际上，在中国“南稻北面”的饮食地理划分中，稻作文化圈更具有全球影响力，在已公布的4批91项中国重要农业文化遗产名录中，稻鱼共生、稻作梯田、垛田等以稻米生产为核心的农业系统是主要项目，占比近22%，而且在入选全球重要农业文化遗产名录的11个中国项目中，稻作农业系统就有5个。因此，基于当前遗产语境下国内外实践和视角的差异，米制品的饮食内容值得关注。云南过桥米线作为典型的稻米制品，在农耕文化传承、非遗保护、饮食文化的族群认同和集体记忆以及未来发展空间方面，具有独特的代表性意义。

（一）中国农耕文化的传承

云南的水稻种植历史悠久，在纵向时间上展示出了饮食及其文化中所体现的中原与边地、汉族与少数民族的交流融通，而稻米的制作技艺与烹饪方式，则彰显了云南饮食文化在横向空间上所体现的农耕文化的多样性和丰富性。中国稻作系统的农业文化遗产主要集中在江浙、滇黔桂以及湘赣等地，其中以云南最多，有红河哈尼稻作梯田系统（哈尼族）、广南八宝稻作生态系统（壮族、苗族）以及剑川稻麦复种系统。水稻的种植在云南这样一个多民族融合、地理地形复杂、气候立体的地方，更能充分体现农业文化和生物的多样性、人与自然的和谐发展以及各民族的团结勤劳和智慧。而历经各民族驯化和培育的稻米，除主要以煮、蒸等方式烹制成米饭作为日常生活主食外，更在不同地区、不同民族被制成了以米线为代表的包括米干（在昆明、玉溪又称卷粉）、饵丝、饵块、糍粑、年糕等食物。这些食物在民众生活中不断演化、不断被赋予特殊意义，既是对农耕文明的延续，又是对饮食文化内涵的彰显。

（二）非物质文化遗产的保护

大部分饮食类非遗项目在被赋予遗产属性前，已具有了商业的属性和商品的形态，一些中华老字号、名特优产品纷纷入选名录，最典型的如酒类项目，这使人们对饮食类非遗存在一些偏狭理解，季鸿崑曾说："非物质文化遗产不等于'中华老字号'；饮食领域内的非物质文化遗产不等于名菜名点；非物质文化遗产不等于食品行业中的名特优产品；饮食礼俗是重要的非物质文化遗产。"[①] 而现实中，企业成了申遗的重要推手，因为饮食制作技艺后面不仅有传承人，也有国内餐饮、茶酒和工业食品行业的利益诉求。[②] 这种利益诉求往往在实际的保护实践中会给真正需要保护的制作技艺带来真实性的威胁。

基于这种倾向，在现有饮食类非遗中能真正体现非遗保护目标的项目并不多。聚焦到稻作文化的非遗项目，五芳斋粽子尽管蕴含端午节日文化价值，但背后的企业标签和作为食物消费的时令性，使得其保护传承的典型性不如过桥米线，过桥米线所体现的广泛性、地方性、民族性和真实性，使得其作为非遗的保护传承问题更具有挖掘和深入的价值。

（三）饮食文化的族群认同和集体记忆

追根溯源，云南的稻作物及种植技艺肇始于因躲避秦国追袭而扎根云

① 季鸿崑：《食在中国：中国人饮食生活大视野》，山东画报出版社，2008。

② 程小敏：《中餐申遗是否要"高大上"?》（中），《中国食品报》2014 年 10 月 14 日。

南滇池周边的楚人，到滇国时期稻米已是农业地区居民的主食。[①] 而过桥米线本是滇南地区特有的汉族小吃，却成了稻作区域各民族的共同选择，云南境内少数民族在饮食内容上千差万别，对米线却有着共同而一致的感情，形成了“云南十八怪，过桥米线人人爱”，形成了以过桥米线为代表的包括不同吃法、不同“帽子”[②] 的系列米线产品，伴随着云南人从没长牙到牙掉光的人生之旅。

以米线为代表的米制品饮食文化，一方面延续着中国人饮食的集体记忆，进行着境内的民族交融，另一方面依托云南独特的边境位置，进行着中华饮食文化的跨境互动和传播。纪录片《面条之路》在追寻面条的传播之路时，通过对制作技艺和历史溯源的考证，认为米线是“吃过面条”的人做出来的。[③] 有学者通过比较广西米粉与面条、云南过桥米线、东南亚各国米粉的异同，也认为广西米粉和云南过桥米线是同一食物，都是稻米做成的面条，制作工艺也大致相同，只在汤和调味方面有所差别。[④] 此外《面条之路》中西双版纳傣族妇女和泰国素攀武里农村相似的米线制作场景，也使得面条之路从云南走出了国境，进入了同宗同源的泰国泰族人中。日本石毛直道教授及其他学者认为，泰国米线正是受到中国南方米线文化影响产生的食物，泰国米线叫作坎诺亲（Khanom Chin），在泰语中有“中国零食”的意思。纪录片呈现的尽管是米线跨境传播的一段征程，但较好地说明了米线饮食文化所负载的族群认同和集体记忆，具有更为深层的国际意义。

（四）米制食品的发展空间

在覆盖区域上，东亚、东南亚有着悠久的稻米生产、加工、食用的历史，稻米是东亚、东南亚各国共同的主食原料。这种食物选择的相近性，

---

① 方铁：《云南饮食文化与云南历史发展》，《饮食文化研究》2007 年第 3 期。

② “帽子”就是加（盖）在米线、决定米线味道差异的主要配料。米线的“帽子”多按食材来归类，如果是牛肉，不管红烧还是清炖，都归为牛肉米线；如果是鸡肉，就叫鸡肉米线。

③ 〔韩〕李旭正：《面条之路：传承三千年的奇妙饮食》，〔韩〕韩亚仁、洪微微译，华中科技大学出版社，2013。

④ 王哲：《广西米粉制作工艺考察及文化流变研究》，硕士学位论文，广西民族大学，2013。

不仅带来了文化交流上的亲近感，而且为米制品未来发展创造了广阔的空间。在消费需求趋势上，以稻米为原料的米制品相较于面制品，其食性属凉，热量更低，较符合现代人所追求的健康理念。在知名度传播上，“稻米是（中国）7 亿人的主食，稻谷的消耗量和产量占世界总量的1/3”，[①] 稻米制品在南北区域里具有更为强大的适应性和接受度。在中国 11 种地方名小吃知名度调查中，兰州拉面、桂林米粉、云南米线位居前三名。[②] 兰州拉面作为面制品的代表，其广泛传播除食物本身的吸引力外，更与伊斯兰教的经商训导和清真饮食需求的纯粹性关系密切，而米粉和米线的传播更多的是食物的口味习性和对稻米需求的文化习惯。

二　从技艺到记忆：米线的“嵌入式”传承

饮食一方面可以作为确认社会秩序的一种手段，所有“嵌入”饮食中的因素相互作用，微妙地区分社会或彰或隐的差异，从而使不同的社会以不同的饮食方式来确认该社会的文化意义；另一方面可以说是文化的仪式展演（performance），思想、意识和情感层面的内容都浓缩在这一展演中。对于构成饮食的食物而言，不仅包含有益于吃（good to eat）的内容，还包含有益于人类思考（good to think）的内容，是一个受多种因素影响的文化现象和社会活动，食物负载着使用者的文化传统与象征性的符号讯息。

因此，尽管“蒙自过桥米线制作技艺”是米线入选国家级非遗名录的全称，但鉴于饮食的文化符号性以及当前对饮食相关内容划归传统技艺的争论，我们更倾向于用“米线”这一具象的“物”为起点，去剖析这一“物”背后的形成过程，以及历史、文化、制度、认知、经济等诸多方面因素的参与机制和作用痕迹，以跳脱出尤金·安德森（E. N. Anderson）在《中国食物》中提到的中国人具有“内部人”（insider）的特长和偏好——“将关注（不只是）放在食物的烹调技艺和味觉体验上”，[③] 放下执着于文

---

① 张岱年、方克立主编《中国文化概论》，北京师范大学出版社，2004。

② 索维：《地方餐饮美食产业的发展路径分析——以桂林米粉为例》，《广西职业技术学院学报》2015 年第 1 期。

③ 郭于华：《关于“吃”的文化人类学思考——评尤金·安德森的〈中国食物〉》，《民间文化论坛》2006 年第 5 期。

化传统的“国粹”心理，尝试以“外部人”（outsider）的视角，去解析食物与经济、社会、精神生活的复杂关系，食物在特定生境和变化中的不断适应和解构的方式。

米线作为一种承载着社会意义和文化现象的有形“物”，其与环境的“嵌入”，将表现在不同的时空和不同的层面。而云南，作为米线生发的场域，其生物多样性和文化多样性的特点，必然会以多元、多渠道、多维的方式在“米线”中留下印记。我们将从日常生活、经济生活、精神世界和民族融合中去探寻这些印记，以思考在米线的传承与发展中如何表达米线所承载的“在地”和“真实”的相关记忆。

（一）“嵌入”日常生活中的米线

米线是云南在地化的特殊饮食文化符号，也是云南多民族融合的一个缩影，“嵌入”日常生活中的米线，充分体现了云南饮食文化的地域多元性、生物多样性和文化包容性。

首先是米线所影响的饮食结构。一方面，米线作为饱腹食物存在于一日三餐中，快捷性使其可作为早餐，热量和营养的丰富性，使其可作为午、晚的正餐，吃法的多样性，亦可使其作为佐餐或过嘴瘾的小吃和夜宵；另一方面，米线作为特殊食物出现在日常生活的重要节日或宴席仪式中，如作为少数民族赶“摆”食品的阿昌族过手米线以及作为云南婚宴必备的凉米线，甚至更有能成一桌“过桥宴”的过桥米线。

其次是米线所包含的中原和边地的多样化烹饪方式和口味习惯。一方面，米线融合了各民族不同的烹饪方式，体现了最大的包容性，煮、蒸、炒、烫、烤、凉拌无所不能，并在西南地区传统的咸、辣口味基础上，融合了少数民族的酸和本地汉族的甜；另一方面，米线具有广泛的变化性和适应性，主料和配料的多种搭配中包含了民族间交流的互相调适，作为传统以老鸭、土鸡、猪棒骨和宣威火腿熬制汤头的过桥米线，在漫长的发展历程中又演化出了清真过桥米线（以牛羊肉熬制汤头）和素食过桥米线（以豆腐花、豆浆、花生浆为汤头）；配料和调料中更是与地域特色深度融合，云南特有的木姜子油、鲜小米辣、柠檬以及酸木瓜等独特食材的加入，使米线的味道层次更加丰富。

最后是米线所负载的地方性知识体系。蒙自过桥米线是汉族相对比较正式的吃法，也是历史最为悠久的一种云南米线，而其他地区或民族所创造的新吃法，既是对吃米线这一饮食内容的适应，也是将本地区或本民族传统烹饪方式融合和创新的过程，从而形成了有关米线的地方性知识体系。过桥米线突出对烹饪温度的巧妙利用，按食物从生到熟的难易程度和高汤温度的变化，有顺序地放不同荤素配料；而其他地方基于地域特色和口味习惯，在发展中也逐步形成了自己有关米线的地方知识，如普洱等地的醋米线是边吃米线边喝本地的酸醋，用醋来中和米线的烫和辣；昆明和玉溪等地最具特色的小锅米线，要用特制的铜质直把小锅煮，在沸水作用下会有非常少量的铜离子分解在汤中，可以让汤变得更鲜甜。

（二）“嵌入”经济生活中的米线

米线作为饮食不仅具有“嵌入”生活的自在性，而且因为消费和生产的天生经济冲动，必然有“嵌入”市场的自为性，而且在现代化的进程中，随着社会的发展和生产方式的改变，“嵌入”经济活动中的米线必然会随之变化，以新的方式和姿态进行“嵌入”。

首先，作为食品，米线的形制和主辅料的多种搭配，伴随着生计方式的改变、生产力的提高日益多元化和丰富化。伴随着技术水平的革新，主料从最初手工酸浆米线到机器加工的干米线，甚至出现方便即食米线，推动了大米加工业的发展，特别是交通便捷带来的食材跨区域，不仅打破了以前的封闭格局，实现了地方物产和他地物产的自由流通和自由选择，而且在这个过程中，食材外流，带来米线的流动，进而影响米线主辅料食材的处理和加工方式，丰富米线的品种，并逐步推进米线文化呈现载体——餐厅的流动。而为了实现食材、食物、餐厅的流动，必然又带动农业生产以及农副产品的发展。此外，各个地方还根据地域饮食习惯和物产特色，为米线“量身定制”各式配料，实现了米线与农副产品最大限度的结合。除基本的葱、姜、蒜、韭菜、香菜、豆芽等传统蔬菜和酱、醋、辣椒、花椒油等调味料外，米线配料中还大量使用地域特色食材和加工食品，如薄荷叶、草芽、苤菜根、折耳根、菊花等蔬菜以及特色冬菜、腐乳等调味品，个别地方木瓜水和海膜（一种藻类）醋也因为食用米线而得到推广。

其次，作为商品，米线的生产交换方式在市场经济的推动下，日益实现产业化、连锁化和规模化，从云南各族人民解决生计、增加收入的手段，逐步变成了推动地方经济发展的产业，使得原来以家庭或家族为纽带的小作坊式生产模式逐步向标准化、现代化的管理模式转变，管理契约取代了亲情文化。一方面表现为传统的米线小作坊和食铺的内驱式发展。如起家于蒙自的家族企业桥香园过桥米线，借由昆明的经济氛围，曾实现过全国的连锁经营；如偏安于通海村镇的家族小作坊马老表米线厂通过生产的现代化和管理提升，成为全国方便过桥米线的知名品牌。另一方面则是在政府主导或外来资本干预下，以打造地方产业品牌为目标的外驱式发展。如在政府的主导下，2007 年蒙自 19 家米线作坊出资成立了蒙自南湖缘过桥米线公司；以生物制药为主导产业的云南龙润集团投巨资涉足餐饮，打造“云米线”的品牌。

最后，作为消费品，米线在满足人们饱腹需求的同时，随着人们消费需求的不断变化升级，所蕴含的其他价值得到了最大挖掘，美食体验、文化消费等赋予了米线食品之外的更多附加值。一方面，在旅游和文化创意产业的推动下，过桥米线作为地方特色饮食成为云南吸引旅游者的重要旅游资源。其食用中“DIY”（自己动手）的过程和“无火烹饪”的技艺，都能给外来旅游者带来新鲜体验和乐趣。另一方面，消费米线文化成为比消费米线更为重要的诉求，如今在全国已具有较高知名度的米线品牌如“蒙自源”和“云味馆”，既不起家于云南，更不以云南人为目标消费对象，米线只是一个经营载体，品牌的附加值更多体现在满足消费者对云南“世外桃源”的文化消费和情怀消费的诉求上。

（三）“嵌入”精神世界中的米线

精神世界可以被理解为对现实世界不能实现理想的一种补充和要求，而这种精神世界的外显往往会通过一些带有共同感的社会文化活动来实现。米线作为云南人日常生活中不可或缺的饮食料理，不仅供应着人们生物性的身体，也塑造着人们文化性的身体。

首先，米线中蕴含着稻作文化圈传统的农业祭祀文化。如至今仍保留的“玉溪米线节”就是一个神圣祭祀和世俗娱乐交汇的节日，土主祭典和巡游是核心内容，以劳作的成果、享受的食物来感恩神灵的护佑，在娱神来祈求风调雨顺的同时，也透露着传统农业社会淳朴的享乐愿望。其次，米线中包含着中国传统文化中的祈愿心理和价值取向。有关过桥米线起源的典故有多个历史版本，但唯独将米线同科举考试相联系、同贤良淑德相比较的版本有着更为广泛的传颂度和接受度，饮食成为人们追求传统价值观并形成认同感的载体。最后，米线是最平民化的饮食，借由对米线的认同建立起了人际关系的网络和拥有食物记忆的群体。米线既丰富又简单，在不同的人群中都能找到自己的位置，低或5—6 元，高或上百元，能涵盖所有禽类以及山珍和海鲜，下得了街头也上得了国宴，没有人因为吃米线而感到自卑或高贵，只会有更多的人因为吃米线而找寻到共同的文化认同，通过食物所获得的生理与社会化的具体经验产生，并传达了特定的有关自我认同的诉求。

（四）“嵌入”民族融合中的米线

各民族饮食文化的交流，大致经历了原料的互相引入、饮食结构的互补、烹饪技艺的互渗到饮食风味的互相吸收四个阶段，各民族在保持自身饮食风貌的同时，都不同程度地糅合了其他民族的饮食特点。[①] 米线作为汉族的饮食内容，在云南各民族的发展和交流中逐步形成了一些具有民族特色的米线品种，在丰富米线文化的同时，也通过饮食的演变体现民族的交流。

典型的如制作技艺区别于一般米线且配料特别的傣族米线。日本学者渡部武 20 世纪 90 年代末在云南西双版纳调研时，发现了一种以粳米为原料制作的类似于烤米线的煎饼，而且是在婚礼仪式现场制作的，完全不同于一般米线要搭配配料和汤料的做法。[②] 但是很可惜，这种米线现在已难觅踪迹，傣族目前更为有名的是以独特饮食秘方——“撒撇”[③] 为蘸料的

---

① 何宏：《论中国烹饪文化的民族特征》，《安徽科技学院学报》2007 年第 5 期。

② 〔日〕渡部武：《中国西南诸民族的制粉技术和饮食文化》，陈川译，《南宁职业技术学院学报》2004 年第 2 期。

③ 撒是傣语，汉语意为凉拌。撒撇是傣族一种风味很独特的食品，具有清凉解毒的功效，主要原料是牛肚（即牛胃）。

凉拌米线。此外，还有吃法较为特别的阿昌族过手米线，取米线在手心，然后将拌好的作料放在米线上一口吃下，而且阿昌族还有火上烤和油里炸的米线吃法；德宏的红米线以独特的红米为原料，配料复杂，要用豌豆粉来和（huo）烤熟剁碎的猪肉或牛肉，食用时再配碗健胃消食的酸水。

另外，在米线的民族融合中，还有一个特殊的现象值得关注，具有重商传统的回族穆斯林在米线的饮食文化圈中，不仅发展出了清真米线，而且在米线的加工制作上具有一定优势，在学者对回族家族企业的研究中发现，仅云南通海纳古镇就有两家具有一定影响力的米线厂，其中一家就是我们前述的马老表米线厂。[①]

三 从地方到国家：过桥米线的“遗产化”反思

“当某项文化或自然遗产出现在人们眼前时，它已经经历了一个复杂的‘遗产化’过程，经过了所谓‘遗产产业’（Heritage Industry）运行机制的选择与制作，并已经进入遗产消费的阶段。”[②] 就“蒙自过桥米线制作技艺”这项国家级非遗而言，被定位为云南米线中最有代表性的一种，其所走过的从省级到国家级非遗的历程、被认定为国家级非遗后的一系列有关遗产的表述与被表述过程，在某种程度上也是一种影响米线“嵌入式”传承以及未来发展的因变量，特别是在当下中国遗产功用化和资源化的语境下，天生具有行业属性的饮食制作技艺在“遗产化”的过程中，更不可避免地带有功利性和特定目的性。因此，审视反思这一“遗产化”过程，将成为我们思考饮食类非遗保护传承发展的切入点。

（一）认定遗产：政治因素与政绩化目标

按国家非遗的四级申报制度，“蒙自过桥米线”历经了从市/州脱颖而出的认定之路。在“蒙自过桥米线”被认定为红河州非物质文化遗产的同

---

① 刘耀辉、徐磊等：《小型回族家族企业发展研究——以云南纳古镇伊兰米线厂为例》，《价值工程》2014 年第 18 期。

② 李春霞、彭兆荣：《从滇越铁路看遗产的“遗产化”》，《云南民族大学学报》（哲学社会科学版）2009 年第 1 期。

时，昆明和玉溪分别也认定了“昆明过桥米线”和“玉溪米线节”，最终“蒙自过桥米线”和“玉溪米线节”入选省级。其实，在一开始的认定之路中就潜藏着蒙自过桥米线的危机，在发展空间上不如昆明，在历史传承上未必比得过玉溪，而且“嵌入”生活的米线也使得蒙自过桥米线在云南省内的独特性偏弱，因此其最终入选国家级非遗，更多强调的是遗产的现代价值和意义。过桥米线借由昆明土壤所形成的历史知名度，甚至还掺杂了汉族为主体的传统文化因素，如体现历史传承和符号精神的“妻子过桥送饭”“秀才考取功名”等儒家文化思想内容。但是，米线在“嵌入”发展中所体现的地缘性、历史性、民族性却明显挖掘不足，如蒙自在近现代史中的特殊性：曾经是开放最早的国家级口岸，云南 80% 以上的进出口物资通过蒙自转运，设有 5 个国家的领事馆，西南联大文学院和法商学院曾迁来蒙自等。人口物资的流动、对外的文化交流以及对内的学术氛围，其实都增加了蒙自过桥米线所承载的文化意蕴和历史厚重感。

此外，在认定中还掺杂了地方政府或地方精英的政绩化目标。包括过桥米线在内的云南米线体现了包含生态、民族和族群的多重饮食特征，但是在蒙自过桥米线申遗成功后，却使得打造“滇菜”的饮食体系成为新的话题，并人为划分出以行政区域或地理范围为依据的饮食风味区，族群特色在这种划分体系中逐渐被埋没。

（二）做遗产：文化搭台与经济唱戏

在蒙自过桥米线“遗产化”的过程中，地方政府作为申报主体，所主导的重点工作就是以“文化搭台，经济唱戏”的方式来运作遗产，以多样的市场化手段来证明蒙自过桥米线的“价值”，尤其是地方名片的品牌价值和拉动经济发展的产业价值。一方面，将过桥米线的文化价值通过城市品牌来彰显，如 2009 年人为创造了一个“蒙自过桥米线美食文化旅游节”（简称“米线节”），以节展经济的模式来造势，并申请“中国过桥米线之乡”，营销“中国最长的米线”等新闻事件，以实现社会及民众对蒙自过桥米线的品牌认同和文化认同；另一方面，通过产业化和标准化的方式来推动和传承过桥米线的制作技艺，包括组织烹饪比赛，进行过桥米线名店评选，成立云南省过桥米线协会，举办滇菜论坛，制定过桥米线的制作技艺标准，发布包含6705项要求的《过桥米线企业标准》，扶持小作坊企业走公司经营之路，申请蒙自过桥米线的地理标志证明商标等，以凸显和发挥蒙自过桥米线在制作技艺上的独特价值。

但是，所有以保护和传承蒙自过桥米线非遗的经济活动，最终都未能取得预期效果。“米线节”在坚持了4年后停办了，对省外人而言只知道“云南过桥米线”，却未必知道“蒙自过桥米线”，对省内人而言，多样化的米线品种和习惯化的口味习性，使得选择“过桥米线”更多是基于尝鲜和对非遗的好奇；而在商业市场冲击下，非遗标签不仅没有带来预期的经济价值，反而使得蒙自过桥米线不管是技艺的传承还是文化的传播都面临着日渐窘迫的局面：政府推动的南湖缘米线公司以及从蒙自走出去的“桥香园”，都处于不温不火的发展状态，退缩于市内或省内一隅发展，甚至连昆明的过桥米线老字号“建新园”也于2012年被浙江人收购；地理标志证明商标和企业标准也依然无法改变当前米线小作坊占主流的格局以及过桥米线有产品无品牌的尴尬境地。

（三）表述遗产：真实性与地方性

“遗产作为一种特殊的人类‘财产’，与社会、历史、自然、文化、表述方式等存在着复杂的关系。对它的认识、理解、诠释呈现诸多的差异与变化。”[①] 以不同出发点参与到遗产表述中的内部和“他者”的因素推动了这种差异，进而使得遗产在不同背景下表述或扮演着不同的角色。对于“蒙自过桥米线制作技艺”而言，政治话语的烙印和经济驱动的目标，使得其作为非遗的“真实性”和成为“遗产”社会建构中的“地方性”都受到巨大冲击。

首先，被表述的遗产与被认同的过桥米线之间存在分离。过桥米线申遗从申报组织到申报材料加工和上报，都是由当地及省级文化部门、行业协会以及其他社会文化名人来主导，这些群体的参与在确保“蒙自过桥米线”顺利取得合法而正统的“遗产”名分的同时，也在“遗产化”的建

① 彭兆荣：《遗产政治学：现代语境中的表述与被表述关系》，《云南民族大学学报》（哲学社会科学版）2008年第2期。

构过程中将树立形象、精英思维、地方政绩和旅游发展等诉求掺杂进去。但这些诉求并不是源于遗产的创造者和发明者，而是遗产所有权的代理人或遗产保护者，能代表遗产族群特性的人群在建构过程中是处于“失语”状态的。这就使得过桥米线的发展之路越来越窄，遗产的身份反而使得过桥米线日趋处于“脱嵌”状态，遗产认同更多停留在政府宣传的自我感觉中，米线在云南的普泛性和多样性，使得云南人对于“蒙自过桥米线”的认同和记忆并不强烈，真正“嵌入”云南社会生活各层面的是“米线”，而且在“蒙自过桥米线”的正统性得到认可的同时，也会使得一些处于话语权边缘的少数民族特色米线的传承与发展问题被掩盖和忽视，如前述的傣族煎饼米线。

其次，真实性与遗产表述的日益狭窄化。“蒙自过桥米线”因为典型的制作技艺、独特的食用方式以及悠久深厚的历史渊源被作为云南米线的代表，进而扮演着非遗的角色。但是，作为遗产的“蒙自过桥米线”在“真实性”的表述中却面临着诸多困境。传统的酸浆米线制法在工业化的冲击下，正慢慢被机制干浆米线和方便即食米线取代，存在被边缘化的风险，制作上的费工费时和缺乏经济性，使得传统的做法仅仅留存在一些偏远的民族村寨；独特的食用方式在餐饮经营多元化的竞争下，日渐失去优势，只能作为博“外部人”新鲜感的“雕虫小技”；值得书写的历史渊源，也变成了商业营销的碎片化符号。起家于蒙自的“桥香园”曾特意设计了状元、进士、举人、秀才等主题文化的过桥米线套餐，但这种良苦用心除了吸引外来旅游者体验外，并不能得到云南人甚至蒙自人的认同，在蒙自最受欢迎的米线是王记菊花过桥米线和火烧房子菊花米线，甚至同为红河州的兄弟县——建水县，则另立门户，主打十七孔桥过桥米线。而到了省外，遗产“真实性”被表述的可能性则更小，前述的米线品牌“蒙自源”和“云味馆”并不主打过桥米线，而是以混搭了消费者喜欢的日韩口味的快捷米线为主要产品，连锁化的经营模式使得它们更追逐市场的口味变化和消费的娱乐性和便利性，而不是文化的真实性。

最后，地方性与遗产表述中的品位意识。人们对食物的认同和品位意识往往与食物产生的环境（或称为地方风土）息息相关，食物是深深嵌入所依存的自然环境（气候、土地、地形等）以及人文环境（传统生产技术、地方信仰、社会文化与价值）中的，入选联合国教科文组织非遗名录的传统墨西哥美食就特别重视传统的农业生产技术、器具和在地食物。而当前作为传统制作技艺表述的中国饮食遗产，不仅忽视了遗产背后的品位意识，而且也使得与地理复杂性、季节多样性和农业永续性相关的地方性被湮没。包括过桥米线在内的云南米线主配料搭配和使用中的包容和多样，体现的正是云南最独特的风土性，正是这些风土性才使得米线的制作技艺更具价值和魅力，成为彰显食物与人、农业生产以及社会关系的文化符号。而当前在过桥米线非遗保护中对制作技艺标准的强化，却在某种程度上人为剥离了传统美味与地方风土间的关系，进而导致对美味的感官记忆越来越模糊。

四　从内部到外部：过桥米线的精品化发展

食物是生活，人类通过食物可以了解和理解生活。[①] 但是生活成了遗产后，它就具有了超越地方的政治、经济、文化等多种价值，成为一种公共的文化资源。包括“蒙自过桥米线”在内的众多饮食类非遗原本根植于生活，是人们最熟悉的生活味觉，但经过“遗产化”后，反而使人们对这种味觉的记忆日益模糊。这种模糊不是食物本身的错，是在现代化进程中，食品工业化和城镇化冲击带来的品位意识淡化和味觉认同感降低，是全球化所面临的挑战之一。遗产事业本身就是应对全球化挑战的一种策略性表达，但是“遗产化”和遗产运动又使得很多遗产从自在自为的发展状态偏离到“无所适从”甚至“过犹不及”的状态。就饮食遗产而言，生产和消费既是其生存的方式，又是其传承方式，当前将针对传统手工技艺的生产性保护思路照搬在具有更多情感记忆和地域认同的饮食非遗上，在某种程度上极易产生这样的倾向：非遗保护简化为制作技艺的标准化和程式化；非遗传承过分强调有形载体，非遗表述过度

---

① Counihan and P. Van Esterik, eds., *Food and Culture*: *A Reader*, 3rd ed., John Wiley & Sons, Inc., 1997, p. 1. 转引自彭兆荣《饮食人类学》，北京大学出版社，2013。

功利化甚至具有附会性。

因此，基于对米线“嵌入式”存续方式的分析以及遗产化过程中问题的反思，我们尝试通过精品化的思路去探寻云南过桥米线的未来出路，并为饮食类非遗项目的传承发展提供些许借鉴。

（一）内部理性：“谁传承”和“如何传承”推动云南过桥米线的精品化

受自然及人文环境的影响，中国有不少地域特色食品，如兰州拉面、沙县小吃、杭州小笼包等，随着中国城镇化的推进，开始随着本地农民工的流动方向进入了经济水平、城镇化程度更高的城市，并成为在异乡打拼的农民工解决生存问题的基本食物选择或者谋生手段，而后随着流动范围的扩大，在内外因素的推动下进而形成了全国性的影响力。沙县小吃成为沙县人走出去的主要动力和反哺沙县经济的重要支柱，标准化和政府扶持是关键因素；兰州拉面走向全国并较好地保留了特色，族群传统是重要因素；杭州小笼包推广至全国与经济富裕、生活安适的杭州人关系不大，更多是周边江苏、安徽外出打工者出于谋生目的的经济因素。生存的本质原动力，使得这些地域食品大都以物美价廉的定位，满足着在外打工的家乡人以及当地的暂住者和居民的需求，这种定位适用于小作坊模式的杭州小笼包，也适用于已经实现标准化、连锁化经营的沙县小吃和兰州拉面。

但是，云南过桥米线的全国推广却有着不一样的模式。云南人素有“家乡宝”的称谓，相比同处西南的四川人，云南人出省打工的概率相对偏低，出省从事过桥米线经营的更是稀少。在笔者曾调研的山东、湖北、广州等地，经营米线馆子的大部分是本地人或周边省份人，借云南元素或过桥米线的标签符号在进行着本地化经营。因此，过桥米线向外推广是一种典型的剥离了技艺和传承人（记忆）的发展模式。结合前述过桥米线在省内定位和认同的模糊，我们认为，精品化是当前云南过桥米线传承发展的理性选择。

一方面，精品化思路在某种程度上是实现传承从自发“嵌入”自为发展的突破口。从非遗原真性存续的要求来看，过桥米线“遗产化”过程及认定为非遗的事实，对内外传承主体和载体的行为并未产生实质性影响，“谁”传承以及“如何”传承仍处在不同遗产参与者基于不同诉求的自谋阶段。在省内丰富包容的米线有着各自的生存状态，作为被关注的传承载体——餐厅，其对米线所阐释或展演的非遗内容，更多的是餐厅营销的一种方式，和文化沾边，但和传承基本上没有太多关系；在省外，米线是快捷营养的地方小吃，生理功能大于文化功能，过桥米线则被抽离为符号消费的标签，蒙自的地域特色通常会被省略或杂糅化；而作为米线内核的食材地域特色和技艺独特性，日益变成了标准化的产品控制，米线主料大米可以当地化采购或选用方便干制米线，米线汤头熬制并无定例，甚至以复合调味料来进行勾兑（如猪骨粉、鸡骨膏等）。至于丰富多元的配料特色，更被快餐模式下规模化的农副产品所消解，根本无法展示制作技艺后面的风土与人情。而云南以制定标准的方式来维护非遗原真性的做法，在某种程度上依然是受到食品工业化思维的影响。这种思维在本地往往会陷入安全性与口味正宗性的纠葛中，而对于早已成形的外地市场，标准化更是鞭长莫及。

另一方面，精品化思路是传递味觉记忆与保存文化特色的支撑点。从非遗传承传播的内容实质来看，城市化进程和餐厅跨越时空的连锁化、工业化趋势，使得饮食的传播推广日益扁平化和表面化，地域性特色正在逐渐淡化。尽管饮食载体的跨时空有利于饮食文化的快速传播和交流，但在某种程度上也屏蔽了地域饮食所独有的生态与文化根基。当下消费需求的个性化要求，正是全球化和同质化的时代洪流中对特色的怀念与渴望。因此，在地域饮食异地化生存趋势下，我们更需要通过精品化之路，来确保过桥米线的文化记忆和内涵与传播地之间有更为紧密的联系和更为深入的信息传递，否则当前作为谋生手段的定位和过度依赖餐厅经营者的方式，将随着功能定位的变化和经营者的消失或转型而消失，其蕴含的饮食文化“内在意义”亦不复存在。

（二）外部驱动：云南过桥米线基于创意化重构和体验化提升的精品化

“当今的中国，每座城市外表都很接近，唯有饮食习惯，楼宇森林之间烹饪的食物和空气中食物的香气，能成为区别于其他地方的标签。"[①] 这段摘自纪录片《舌尖上的中国》的旁白，从一个侧面说明，当下饮食文化的传承更多的是根植于乡土、基于地方经验、唤醒身体感觉并认同饮食的行为。

在探究云南过桥米线精品化发展思路时，基于经营和经济视角的发展和利益诉求也会引致作为商品的米线走上精品化的发展之路，如地方政府和行业精英一直希望实现的打造米线品牌、叫响城市名片、吸引旅游客源和创造经济收入的目标，都必须以实现精品化为前提。但这些思路与真正存续作为非遗的米线饮食文化以及实现米线文化认同的目标，在当下的语境中还处在从"殊途亦不同归"到"目标博弈中平衡"的转变状态。因此，笔者提出的精品化思路更侧重于如何能加快或推进这个转变的过程。

1. 创意化重构过桥米线作为非遗的"地方性"特征

对于以生产和消费为核心的过桥米线制作技艺，其内核在于在稻作文化中通过借鉴面条制作实现大米的创意化利用，并通过体现云南地域气候的稻作农业系统来展示不同大米制品的创新，再以对本地动植物的驯化和利用，造就包容而丰富的过桥米线的辅料和调料。可以说，对过桥米线制作技艺这项非遗而言，对"地方性"的创意创新利用是最核心的技术，保护传承发展都必然围绕这一核心展开，这也是解决当前云南过桥米线传承中特色被冲淡问题的逻辑基础。因此，创意化重构实际是以打造和重塑"地方性"这一概念为起点，将"地方性"从遗产基因变为能彰显品牌、实现资本化和市场化的成果。台湾休闲农业中打造的很多地方特产，都被定位为文化创意产品，将在地化作为核心附加值进行售卖，典型如"掌生谷粒"就以人与自然的和谐与生态共存作为大米等农产品的主要售卖点，"有乡下味的米"是其明星产品。

因此，在云南省内对过桥米线文化的传承，如建设"云南蒙自过桥米线传习馆"和"云南蒙自过桥米线博物馆"以及打造过桥米线小镇等举措，都应该以创意化的思路来推进。在技艺传习和展示中，强化过桥米线

---

① 中央电视台：《舌尖上的中国》，CCTV 节目官网，2012 年 5 月 22 日，http：//jishi. cntv. cn/program/sjsdzg//index. shtml，2016 年 10 月 14 日。

文化元素的提炼、创意设计和符号价值运用，设计过桥米线的“CI 产品”（具有地域和食物双重视觉识别的系列载体）并开发周边衍生产品和“IP 产品”（实现米线历史文化内涵知识产权化的产品）；在传播过桥米线文化时，应将氛围集中营造和主题随处渗透结合，以饮食景观化的方式彰显非遗的地域特色，以增强对过桥米线的在地文化认同。然后以省内创意化重构为基础，在形成创意品牌和认同强度后，再以品牌化和标准化双管齐下的方式来进行跨区域的传播，而不是当前纯技艺式的标准化宣传。

2. 体验化提升过桥米线作为非遗的“真实性”特征

有关遗产“真实性”的问题一直存在诸多讨论视角，特别是非遗的“活态性”本身就会对“真实性”认知构成挑战。非遗的价值包括过去、现在和未来，特别是经过了带有某些政治和经济博弈的“遗产化”过程，使得非遗“真实性”存在客观性真实和解释性真实之分。因此，在全球化的当下，一成不变的真实性只能存在于真空和静止状态下。从生产的角度来看，技艺在漫长历程中的继承是不断变化和革新的，从消费的角度来看，味觉的记忆既可以是停留在唤醒身体特殊感受的某一刻，又可以是执着于某一口味的偏好，甚至在跨地域的饮食文化生产中，“原真性环境和服务比原真性食物更重要”。①

因此，我们对于“真实性”的传承是通过体验化提升的方式，允许技艺在可变范围内创新的基础上来实现对味觉记忆的唤醒，进而借由身体感官形成文化认同。体验化提升方式的核心理念在于文化，通过日常细节来安抚人心和达成共鸣，将一切可以调动个体各个感觉器官的元素、符号、氛围、情境都聚焦于食物，使“吃”食物的过程和品尝食物给体验者留下深刻的印记，进而留下这一体现“原真性”的味觉记忆。对于云南过桥米线而言，一方面，要善于运用云南元素与过桥米线的关联性，在对地方性进行文化赋值的前提下，将消费过桥米线打造为“选择了一种自然、和谐与独特的生活方式”，如前文提到的“云味馆”一句“世界很大，云南不远”的口号，切中的正是逃离现实的情怀诉求，虽然与“原真性”无关，

---

① 曾国军、李凌、刘博等：《跨地方饮食文化生产中的原真性重塑——西贝西北菜在广州的案例研究》，《地理学报》2014 年第 12 期。

但这种善于调动和利用能引起共鸣和共情的元素，却值得借鉴。另一方面，借云南旅游产业转型升级的契机，转变过去将过桥米线作为“旅游体验中的饮食”视角，形成以体验过桥米线为中心的“美食旅游”视角，利用旅游消费的现场性来充分展示过桥米线从技艺到记忆的互动体验，通过了解的完整性来强化遗产的“真实性”。

五　结语

基于过桥米线的案例，可以发现，包括过桥米线在内的众多中国传统饮食文化内容，在全球化的洪流中，一方面以“遗产”的遴选身份强化着“传承文化”的责任，另一方面以“生活”的自然状态延续着“文化传承”的规律。但是，不管是“传承文化”的身体力行，还是“文化传承”的演化演进，在当下社会转型的语境和实践中，以饮食非遗为代表的中国传统饮食文化，都面临着保护过程外化于形（技艺）与内化于心（记忆）的平衡问题、传承过程“在地化”与“跨地域”的选择问题以及发展过程“变”与“不变”的界定问题。解决这些问题，应以把握饮食非遗与生产生活“嵌入”的内在传承规律为前提，以激活饮食非遗的当代价值为目标。笔者提出的“精品化”思路，实质上是聚焦于如何实现传统饮食文化多元价值的创造性转化，创意化重构和体验化提升既是饮食非遗研究视角的新尝试，又是传承发展传统饮食文化的一种“资本化”探索。

第三节　2001—2011 年中国饮食文化研究综述①

中国饮食文化研究始于 20 世纪初，但其热潮直至 20 世纪 80 年代初才兴起。随着我国社会经济的不断发展和对外开放的持续进行，饮食文化作为中国文化的一大瑰宝在中国国内发展建设和对外交流展示中显现出越来越重要的作用和深远的影响，因此，国内越来越多的学者逐渐关注和重视饮食文化的研究，并产生了大量的研究成果。这些研究成果既有共同点，

① 王晋、于千千：《中国餐饮产业发展报告（2012）》B25，社会科学文献出版社，2012。

也存在分歧，因此非常有必要对这些研究成果进行梳理和归纳，以指导后续进一步深入研究。

笔者以“饮食文化”为主题词检索《中国学术文献网络出版总库》，获得 9100 多篇相关文献，而 2001—2011 年就有 7100 多篇相关文献，显然这十年是我国饮食文化研究快速发展的十年。笔者通过较为全面的文献调查，就 2001—2011 年我国饮食文化研究状况进行评析，以期对饮食文化的理论研究和实践发展有所裨益。笔者经过梳理发现，目前我国饮食文化研究的文献主要体现在以下几个方面。

一　饮食文化的基础理论研究

（一）饮食文化的定义研究

关于饮食文化的定义，贾岷江、王鑫将目前国内学者的研究分为狭义和广义两大类。[①] 狭义的饮食文化专注于饮食的精神方面。毛丽蓉认为，所谓餐饮文化指的就是通过食物、烹饪以及餐具、就餐的形式等体现出来的价值观念、习惯方式和被人们普遍接受、沿袭相传的各种习俗。[②] 广义的饮食文化则同时关注饮食的物质和精神两个方面。巢夫认为，餐饮文化包括：观念文化——围绕餐饮活动所产生的一切思想、观念和认识等观念形态的东西；制度文化——直接用以规范企业群体以及职工个人行为准则的一种文化现象，亦称为“行为文化”；环境文化——包含着企业外部与企业内部的诸多内容；伦理文化——在社会中人与人之间的道德关系、情感的表达方式及其行为规范，以及烹饪文化、面食文化、小吃文化、药膳文化、烹具文化、器皿文化、食俗文化、服务文化。[③] 张少飞认为，中国饮食文化的内涵包括饮食物质文化、技术文化、意识文化，以及养生文化、艺术文化与社会文化等方面。[④]

---

① 贾岷江、王鑫：《近三十年国内饮食文化研究述评》，《扬州大学烹饪学报》2009 年第 3 期。

② 毛丽蓉：《餐饮文化建设中的扬弃》，《金华职业技术学院学报》2003 年第 2 期。

③ 巢夫：《餐饮文化刍议之三　宣扬餐饮文化的意义及作用》，《烹调知识》2004 年第 8 期。

④ 张少飞：《中国饮食的文化内涵》，《郑州航空工业管理学院学报》（社会科学版）2005 年第 6 期。

另外，有些学者提出了“烹饪文化”的概念。巢夫认为，烹饪文化只是餐饮文化中的一个分支，是指饭菜烹制过程中所体现出来的文化现象，它包括各种动植物原料的鉴别、取料和使用，灶具、火候的运用和掌握，调料、作料的配制和使用，以及各种原材料的配伍和饭菜的烹制技能。说到底，它只是一种技能文化。而餐饮文化则不同，首先它是一种行业文化，它对整个餐饮行业的形成与发展，对餐饮企业的发展起着重要的制约或促进使用。同时它又是一种民俗文化，各个地域的民众习惯吃喝什么，各种节令、季节需要吃喝什么，都有一定的道理和讲究。① 其他多数学者普遍认为烹饪文化应属于饮食文化的一个组成部分。

（二）饮食文化的特点研究

关于饮食文化的特点，已有一些学者进行了探讨，例如，金炳镐认为，中国饮食文化的特点在于：继承性和发展性、层次性、地域性、民族宗教性。② 王子辉认为，注重快捷方便、崇尚绿色天然、讲究营养平衡、强调口味清淡、鉴赏异俗奇食、追求身心愉悦将是未来中国饮食文化发展的六大具体走向。③ 近年来一些学者在前人研究的基础上进行了一定的补充和完善。朱基富认为，饮食文化具有民族性和涵摄性。饮食文化的民族性主要体现在传统的食物摄取、食物原料的烹制方法及食品的风味特色以及由不同原因形成的不同的饮食习惯、饮食礼仪和饮食禁忌等几个方面；饮食文化的涵摄性是指在一种饮食文化和另外一种饮食文化相碰撞时表现的既不全盘否定，也不全盘吸收的一种特性。④ 曾晖认为，中国饮食文化基本特征包括多样性、统一性、等级性、伦理性。他认为中国饮食文化具有鲜明的伦理性，中国饮食文化的伦理性主要体现在饮食的礼仪上，伦理性特征是中国饮食文化与世界各国饮食文化相区别的最为重要的特色。⑤ 王赛时提出了中国饮食文化的精髓“和”的鲜明特征。

---

① 巢夫：《餐饮文化刍议之三　宣扬餐饮文化的意义及作用》，《烹调知识》2004 年第 8 期。

② 金炳镐：《中国饮食文化的发展及特点》，《黑龙江民族丛刊》1999 年第 3 期。

③ 王子辉：《中国饮食文化发展趋势探析》，《中国烹饪研究》1999 年第 4 期。

④ 朱基富：《浅谈饮食文化的民族性与涵摄性》，《吉林商业高等专科学校学报》2005 年第 4 期。

⑤ 曾晖：《当代中国饮食文化的伦理审视》，硕士学位论文，湖南师范大学，2011。

他认为，中国人用吃的方式来表述自己的思想与观念，其中最重要的表述就是一个“和”字，饮食之“和”既追求身体与食物的合宜状态，也追求人与社会的文化境界，中国饮食烹饪以“和”为要素而构建物质形态，中国饮食以“和”为中心而构建精神形态。[①]

（三）饮食文化的功能研究

有关饮食文化的功能研究，巢夫认为，饮食文化是提高餐饮企业整体素质和从业人员服务水平的主要途径，是继承和发扬中华民族传统文化的一个重要方面，是提高企业竞争能力、增强经济效益的有效途径，是促进餐饮企业建立现代企业制度、向现代化企业发展的重要手段，是餐饮行业进行爱国主义教育、加强精神文明建设的内容之一。[②] 周全霞认为，饮食除了具有满足人类发展的营养功能外，在社会文化中还具有饮食成礼、激发艺术思维、陶冶性情、和谐人际关系等功能。[③] 贾岷江、王鑫认为，总的说来，饮食文化的个体功能主要可以归纳为：生理功能——解决温饱、营养和治病的问题；社会功能——实现社会交际和娱乐需要；审美功能——得到感官的刺激和心灵的愉悦。其中，中国饮食文化的社会功能和审美功能尤其突出，受到了众多学者的关注。而饮食文化的企业功能则是提高餐饮经营水平，实现其经济和社会职能的目的。[④]

（四）中国饮食文化的发展趋势研究

我们研究饮食文化的过去和现在，目的是更好地把握饮食文化的未来发展趋势，从而将中华饮食文化这个民族瑰宝发扬光大。王子辉认为，注重快捷方便、崇尚绿色天然、讲究营养平衡、强调口味清淡、鉴赏异俗奇食、追求身心愉悦将是未来中国饮食文化发展的六大具体走向。[⑤] 毛丽蓉认为，餐饮文化建设，就是要扬其精华、弃其糟粕。扬真善美文化之根

---

① 王赛时：《中国饮食文化的精髓——和》，《扬州大学烹饪学报》2010 年第 1 期。

② 巢夫：《餐饮文化刍议之三　宣扬餐饮文化的意义及作用》，《烹调知识》2004 年第 8 期。

③ 周全霞：《略论中国饮食文化的特点与功能》，《科教文汇》2007 年第 3 期。

④ 贾岷江、王鑫：《近三十年国内饮食文化研究述评》，《扬州大学烹饪学报》2009 年第 3 期。

⑤ 王子辉：《中国饮食文化发展趋势探析》，《中国烹饪研究》1999 年第 4 期。

本，扬真诚服务之理念，扬民族餐饮之特色；弃粗俗低级之意识，弃排场铺张之陋习，弃暴力残忍之行为。以文化魅力在竞争中稳固并不断拓展市场，以丰富、高尚的文化内涵升华人们的人格、净化人们的心灵。① 季鸿崑就从饮食文化的学科定位、内地人民食物生产和饮食生活概况的变化、中华饮食文化传统、食品安全和营养科学、饮食文化社团和学术交流、食科教育、饮食文艺、餐饮行业和餐饮文化等 8 个方面讨论新中国成立 60 年我国饮食文化的变化过程，既总结已取得的成绩，也不回避发生的争论和存在的问题，并对未来我国饮食文化的发展趋势进行了一定的展望。②

二　中外饮食文化比较研究

中外饮食文化比较研究是关于中国与外国饮食文化之间相互比较、交流、融合等现象的研究。目前我国关于中外饮食文化的研究主要集中在中日饮食文化比较研究、中韩饮食文化比较研究和中西方饮食文化比较研究三个方面。

（一）中日饮食文化比较研究

日本是与中国一衣带水的“邻邦”，自古以来各方面深受中国的影响。中日饮食文化交流了 2000 多年，有着深切的文化血缘，日本的饮食文化与中国有着许多相同之处，但是又存在很大差异，我国很多学者都非常关注中日饮食文化的比较研究。郑雅珂从饮食文化特点、茶道文化、饮食习惯三个方面阐述了中日饮食文化的差异性，进而揭示日本文化的精髓——传统与现代充分结合，崇尚自然并且兼并东西。③ 吉牧从待客方式、菜肴的烹饪方法及见面时的问候语着手，分析了中日饮食文化的差异及其形成的原因，提出应该有一个健康的饮食习惯。④ 李直认为，中国重视的是食物

① 毛丽蓉：《餐饮文化建设中的扬弃》，《金华职业技术学院学报》2003 年第 2 期。

② 季鸿崑：《食在中国：中国人饮食生活大视野》，山东画报出版社，2008。

③ 郑雅珂：《浅谈中日的饮食文化》，《吉林华桥外国语学院学报》2006 年第 2 期。

④ 吉牧：《中日饮食文化的差异及其形成原因分析》，《和田师范专科学校学报》2007 年第 1 期。

本身，日本人则对器具有更深的讲究。对味觉和视觉的不同追求造就了中日不同的饮食文化。朴素、自然的味道与洗练的文化的结合——这就是日本料理的真髓；而中国菜的制作方法是调和鼎鼐，讲究的是分寸，是整体的配合，可以说中国菜中包含的是哲学。① 方海燕通过对中日饮食关系的探讨和分析，发现日本的饮食正如日本文化一般充满了极大的混杂性。“混杂”一词，不仅反映了日本饮食的特征，也概括了日本文化的特征。②

（二）中韩饮食文化比较研究

韩国是中国的友好近邻，但两国有着不同的历史、文化和习俗，两国的饮食文化既有共同点也存在差异。随着中韩饮食文化交流的不断深入，越来越多的学者开始关注韩国饮食文化和中国饮食文化的比较研究。文英子认为，韩国是发酵食品的王国，酱类和泡菜类发酵食品一直是韩国副食的主旋律，此外，辣椒和凉拌菜也是其饮食特点所在。③ 贾莉娜认为韩国饮食文化虽然不如中国饮食文化那么博大精深，但是勤劳智慧的韩国人民同样把对生活的美好憧憬与礼仪孝的文化信念根植在韩食，最终形成了独特的韩食文化。④ 金菩提对中韩两国相似或相同节日的风俗、饮食进行比较，区别其异同，然后再从地理环境、宗教影响、传统文化等因素分析中韩两国饮食文化差异的原因，最后总结出中韩两国在饮食文化方面的异同点及其现实意义。⑤ 王书明认为古代中国以儒家文化为载体，通过儒家文化在世界的传播影响着周边其他国家的饮食文化，尤其是对作为中国邻邦的韩国，更是影响深远。通过研究中韩各自饮食文化的特点，探讨中国传统饮食文化对韩国饮食文化的影响，有助于促进中韩两国更好地进行交流与合作。⑥

---

① 李直：《中日饮食文化比较》，《商业文化》（学术版）2007 年第 5 期。

② 方海燕：《从饮食看日本文化的特征——以中日饮食文化的关系为中心》，《科技信息》（科学教研）2008 年第 4 期。

③ 文英子：《韩国饮食文化》，《扬州大学烹饪学报》2007 年第 1 期。

④ 贾莉娜：《中韩饮食文化对比》，《齐齐哈尔师范高等专科学校学报》2009 年第 4 期。

⑤ 金菩提：《韩中节日饮食文化比较》，硕士学位论文，中央民族大学，2009。

⑥ 王书明：《中国传统饮食文化对韩国饮食文化的影响》，《科技信息》2011 年第 20 期。

（三）中西方饮食文化比较研究

中西文化历来是世界文化的两大派系，而饮食在两个文化中都占有非常重要的地位，因此很多学者对中西方饮食文化进行了大量的比较研究。我国中西方饮食文化的对比研究主要集中在我国与以美国、法国为代表的西方饮食文化的对比研究上，并从价值观、跨文化、民族文化心理、文化地理等角度分析中西饮食文化的差异和交流融合。姜毓锋从美式食物、美式餐馆、美式烹饪以及美式用餐习俗等几个方面对美国饮食文化进行了介绍。① 玉笛认为世界上最懂得美食意义，并用它来充实生活和提高生活质量的民族不外乎法国和中国。所以这两个国家的美食史不仅与它们的文明史一样悠久，而且成为本国文明史的一部分。② 魏瑜芬认为中西不同的价值观念造成了中西方人们在饮食内容、烹调方法、饮食方式等方面的差异。③ 张洪萍认为，饮食文化差异是跨文化交际中影响交际结果的因素之一，并从跨文化角度对中西饮食文化进行对比研究，了解中西饮食文化的差异与不同。④ 刘立新、王东根据自己几十年从事西式餐饮的经验，提出中西文化之间的差异造就了中西饮食文化的差异，在两种不同的文化背景下，中西方饮食习俗，不论在其观念、性质，还是在其方式、对象等诸多方面，所存在的差异都是非常鲜明的。⑤ 单士坤、王敏从民族文化心理出发，剖析了中西方饮食文化的具体差异，并分析了造成此差异的深层哲学根源。他们认为不同国家和民族在饮食文化方面表现出各自的独特性，而这种独特性也能从侧面反映出一个民族的性格、思维方式等。⑥ 孙婧认为中西方餐饮文化的差异归根结底还是感性与理性之间的差异，透过不同的饮食文化可以看到中西方的传统文化和风俗，不同的思维方式和处世哲学

---

① 姜毓锋：《美国饮食文化综述》，《大学英语》2006 年第 3 期。

② 玉笛：《法国的饮食文化》，《上海调味品》2005 年第 1 期。

③ 魏瑜芬：《价值观念与中西饮食文化》，《渭南师范学院学报》2009 年第 6 期。

④ 张洪萍：《试论中西饮食文化的差异》，《天津职业院校联合学报》2010 年第 6 期。

⑤ 刘立新、王东：《论中西饮食文化差异》，《烹调知识》2007 年第 8 期。

⑥ 单士坤、王敏：《民族文化心理与中西饮食文化之对比》，《山东省农业管理干部学院学报》2005 年第 2 期。

的碰撞与融合。[①] 孙太群透过中美不同的文化价值观，主要对饮食观念、饮食结构和餐桌礼仪三方面的饮食文化内涵进行了研究，并分析了中美饮食文化的对立统一性，以及二者相互融合的趋势，最后指出了中式快餐业发展的对策。[②] 鲁莉、曹诗图从饮食餐具、饮食内容、烹饪方法、进餐座次、饮食方式、饮食观念等几个方面对中西方饮食文化进行比较，并从文化地理的角度进行了原因分析，探讨中西方饮食的借鉴内容和融合的思路，并对中西方饮食文化融合的趋势进行了展望。[③]

三　中国饮食文化的历史研究

中国饮食文化源远流长，历史璀璨，研究中国古代饮食文化史是为了更好地总结我国饮食生活的经验教训，取其精华，去其糟粕，为进一步提高与改进我国人民的饮食生活，为我们今天的物质文明和精神文明建设提供借鉴。目前我国饮食文化历史研究主要分为秦汉、魏晋南北朝、唐宋、明清等不同历史时期的饮食文化研究。

陈文华从饮食结构、烹饪技术、进食方式和饮食器具等方面详细全面地介绍了春秋战国、秦汉时期的饮食文化。[④] 丁晶通过历史考证认为，秦汉时期在以汉族统治者为主导的战争、贸易、迁徙活动中，粮食、肉类、蔬菜、瓜果、饮料等饮食内容开始全方位突破地域界限，在与周边少数民族地区的流动中趋向融合，也为华夏饮食文化圈的形成奠定了基础，为秦汉以后的饮食文化交流拓展了新的渠道。[⑤]

王玲探讨魏晋南北朝时期饮食的地区性差异和社会环境对饮食文化的影响，并考察了胡汉饮食文化饮食原料与成品、加工方法与饮食方式等方面的交流，借助于社会学、人类学的一些理论考察了胡汉饮食文化从初期

---

① 孙婧：《饮食文化折射中西文化差异》，《商丘职业技术学院学报》2011 年第 4 期。

② 孙太群：《中美饮食文化的对比研究》，《齐齐哈尔大学学报》（哲学社会科学版）2009 年第 1 期。

③ 鲁莉、曹诗图：《中西饮食文化比较及文化地理分析》，《四川烹饪高等专科学校学报》2007 年第 3 期。

④ 陈文华：《春秋战国、秦汉时期的饮食文化》，《农业考古》2007 年第 4 期。

⑤ 丁晶：《秦汉饮食文化交流》，《扬州大学烹饪学报》2006 年第 2 期。

的抗拒到最后的融合过程，并探讨了胡汉饮食文化交融的意义。[①] 李杰介绍和分析了魏晋南北朝时期烹饪原料的逐渐丰富、烹饪技术和方法的变革、胡汉饮食烹饪技术的交融、饮食著作的大量出现等历史问题。[②] 王静认为魏晋南北朝的饮食文化交流除了物态层面上的交流外，还有精神层面上的交流。[③]

王惠认为，宋代饮食原料的来源不断增多，食品加工和制作技术也更加成熟，饮食业打破了坊市分隔的界限，酒楼、茶坊、食店等饮食店遍布城乡各地，出现了前所未有的繁荣景象。宋代在饮食业的布局、营业时间、饮食结构以及进食方式上都得到了改进，并形成了简朴的饮食观。周智武认为，唐宋时期，随着北方士民的大量南迁和中原先进文化的南传，南北经济文化有了频繁的交流。这不仅促进了东南经济的发展，而且对东南饮食文化也产生了重要的影响，促进了东南沿海城市饮食业的兴旺。[④] 刘朴兵认为唐宋饮食文化有着许多显著的不同。唐代饮食文化深受游牧民族和异域风情的影响，具有鲜明的“胡化”色彩，宋代饮食文化的“胡化”色彩则大大减弱。唐代饮食文化显得豪迈粗犷，宋代饮食文化则显得细腻精致。唐代饮食文化的贵族化色彩显著，宋代饮食文化的平民化色彩突出。唐代饮食文化的发展基本局限于自然经济的范畴，而宋代饮食文化中的商品经济因素则显著增多。[⑤]

明清时期的饮食文化研究侧重于中外饮食文化的交流和融合，张旗、谢有斌认为，清代是中西方饮食文化交流的重要时期，分为闭关自守和门户开放两个阶段。第一阶段中西方饮食文化交流的规模扩大，力度都受到极大的限制，交流的时间短，交流内容局限于高档菜肴和广东地方特色菜，并以西方人对东方餐饮文化的感受为交流特点；第二阶段中西方饮食文化交流的规模和力度空前增强，中国人接触西餐的机会明显增多，西餐的影响扩大了。同时，大规模的海外移民，推

① 王玲：《魏晋南北朝时期北方地区的胡汉饮食文化交流》，硕士学位论文，华中师范大学，2002。

② 李杰：《魏晋南北朝时期的饮食文化》，硕士学位论文，山东大学，2008。

③ 王静：《魏晋南北朝的移民与饮食文化交流》，《南宁职业技术学院学报》2008 年第 4 期。

④ 王惠：《试论宋代饮食文化》，《南宁职业技术学院学报》2006 年第 1 期。

⑤ 刘朴兵：《略论唐宋饮食文化的差异》，《殷都学刊》2008 年第 3 期。

动了中国饮食文化的广泛外传。① 侯波分别从食品食料、饮食器具、饮食习俗三个方面对明清时期中国与东南亚地区的饮食文化交流进行了较为系统的探讨，分析了中国饮食文化如何影响东南亚地区的饮食与民俗，对中国饮食如何吸收外来的饮食文化做出归纳总结，并强调了中外使节、海贸商人、华人华侨在中国与东南亚地区的文化交流中发挥了重要的桥梁作用。②

四 中国民族饮食文化研究

中国的饮食文化在漫长的历史发展中伴随着中华文明的发展不断积淀，形成了独具特色的传统，正是由于历史上在中华大地生存和繁衍的不同民族的饮食文化相互交流和借鉴，中国饮食文化才能不断发展完善，于今蔚为大观。中国有55个少数民族，各民族在长期的历史发展过程中形成了特色鲜明的饮食文化，越来越多的学者开始关注少数民族的饮食文化研究，目前我国的民族饮食文化主要集中在民族饮食文化的历史变迁和民族特色研究。蒋英从川西少数民族与以川菜为代表的汉族饮食文化交流和变迁的角度，运用民族学、人类学、社会学、历史学、经济学等学科的一些理论和方法，研究在现代社会背景下，民族间饮食文化的交流和变迁，进而探讨在现代社会发展中如何保护和传承民族传统饮食文化。③ 方铁阐述了云南饮食文化形成的自然环境、影响云南饮食文化的历史因素、云南饮食文化的内涵与基本特征等问题。④ 刘明新、李自然认为，满族饮食文化可划分为三个类型：保留了较多的传统饮食文化特质的东北满族饮食文化，具有稳定性和传承性特征；入乡随俗的直省驻防满族饮食文化，具有开放性和包容性特征；水准最高的京旗满族饮食文化，八方文化荟萃的北京使满族饮食文化的发展性特征得到高度体现。⑤ 全信子认为，朝鲜族饮

---

① 张旗、谢有斌：《清代中晚期中西饮食文化交流》，《扬州大学烹饪学报》2003年第4期。

② 侯波：《明清时期中国与东南亚地区的饮食文化交流》，硕士学位论文，暨南大学，2006。

③ 蒋英：《川西各民族饮食文化研究》，硕士学位论文，中央民族大学，2010。

④ 方铁：《论云南饮食文化》，《社会科学战线》2007年第3期。

⑤ 刘明新、李自然：《满族饮食文化的形成与发展》，《中央民族大学学报》2004年第4期。

食文化以其重保健、重食疗，崇尚自然、融合多元，精诚细作、讲究美感和手功的饮食特征和文化内涵，成为中华民族饮食文化中一颗奇异的明珠。[①] 包羽认为，黔东南地区由于其特殊的自然地理环境和各少数民族特别是苗族、侗族大杂居、小聚居的特点，形成了苗、侗民族独特的饮食文化，主要表现在独具民族特色的风味食物和极具内涵的酒文化方面。[②] 买提库尔班·买吐迪详细全面地从历史和社会的角度对维吾尔饮食文化的历史来源，维吾尔饮食器具的主要类别、制作方式、主要原料、形式、使用方式、与器具有关的审美观念，以及历史上和现今的状态进行详细介绍和探讨。以维吾尔人的宗教信仰观念、价值观念、审美观念、自然和生命观念为基础，科学、深入、全面地诠释与维吾尔饮食文化有关的各种习俗。[③] 龙明锋认为，湘西苗族饮食文化的主要特点有：食品原料种类繁多，野生原料突出；餐饮器具古朴、原始取材源于自然；烹饪加工方法多样、凸显民族特色；饮食风味特色鲜明、以酸辣香型为主；饮食习俗风格独特、文化底蕴浓厚。[④] 刘朴兵认为，壮族的饮食文化习俗具有三大特点：喜食福米食品、喜食生腌酸辣、饮食礼俗丰富多彩。[⑤]

五　中国名人、名著饮食文化研究

目前我国有部分学者比较专注历史名人的饮食文化观念的研究和某些名著所涉及的饮食文化的研究，从而揭示某一历史时期的饮食文化，同时突出名人、名著对中国饮食文化的贡献。

赵建民认为，管仲的富国强兵以“民食”为重的治国战略和饮食思想，对后世齐鲁饮食文化的形成与发展产生了极其重要的影响。[⑥] 刘少和

① 全信子：《民族学视野下的朝鲜族传统饮食文化及其传承》，《南宁职业技术学院学报》2010 年第 4 期。

② 包羽：《黔东南苗侗民族的饮食文化初探》，《黔东南民族职业技术学院学报》（综合版）2010 年第 2 期。

③ 买提库尔班·买吐迪：《维吾尔饮食文化研究》，博士学位论文，新疆大学，2007。

④ 龙明锋：《湘西苗族饮食文化浅析》，《扬州大学烹饪学报》2004 年第 4 期。

⑤ 刘朴兵：《壮族饮食文化习俗初探》，《南宁职业技术学院学报》2007 年第 1 期。

⑥ 赵建民：《〈管子〉饮食思想对齐鲁饮食文化的影响》，《扬州大学烹饪学报》2011 年第 1 期。

认为，孙中山对东西方饮食文化领域进行过深入的比较与研究，并从政治战略的高度对人类这一最基本的物质生活给予了深刻的关注，将其纳入《三民主义》和《建国方略》之中，构成了孙中山思想体系的独特方面——东西方饮食文化观。[①] 张慧姝把袁枚诗文中的饮食文化作为主要研究对象，用袁枚的其他文学作品及其同人的文学作品为佐证，从袁枚饮食文化的基本内容、袁枚与酒文化的关系、袁枚的饮食与交际、《随园食单》中的饮食文化等四方面进行具体研究。[②]

赵玫分析了《红楼梦》中的丰富饮食文化内涵，揭示《红楼梦》中饮食描写与小说思想、艺术的关系，并指出明清之际的文化背景和曹氏家世传统是造成小说中出现频繁的饮宴描写的原因，总结了曹雪芹在饮食描写方面的艺术贡献。[③] 慈云双全面考察了《儒林外史》中饮食的地域性与层次性，考证《儒林外史》中叙写的多样饮食原料与饮食品种，阐明复杂的饮食加工方法和流传情况，全面论述了《儒林外史》中的大量饮食民俗，结合吴敬梓的思想构成揭示民俗活动中的饮食行为所反映的富有传统色彩的饮食思想。[④] 范丽花以《世说新语》为主要研究资料，通过对魏晋士人饮食的特色、饮食时尚以及饮食文化发展的原因等方面的研究，得出结论：从饮食结构的视角看，魏晋士人饮食文化具有很大特色；这一时期，士人饮食文化中出现了很多饮食时尚，并具有独特的内涵；士人的饮食文化在魏晋时期显得尤为光彩夺目，这与社会经济、科学技术的发展，南北饮食文化的交流，士族的积极参与是分不开的。[⑤] 李建凤认为，《水浒传》小说重点描写了梁山人物族群的饮食生活面貌；《水浒传》中的饮食文化有市井特点、侠士特点、少数民族特点和商市特点；《水浒传》中的饮食描写蕴含了丰富多元的饮食文化心态；《水浒传》中颇有争议的关于食人的描写在历史上确实存在，诠释了“民以食为天”的深刻内涵。[⑥]

---

① 刘少和：《孙中山饮食文化思想研究》，《扬州大学烹饪学报》2001 年第 1 期。
② 张慧姝：《袁枚与饮食文化研究》，硕士学位论文，山东师范大学，2010。
③ 赵玫：《〈红楼梦〉中的饮食文化》，硕士学位论文，浙江工业大学，2007。
④ 慈云双：《〈儒林外史〉之饮食文化研究》，硕士学位论文，江南大学，2007。
⑤ 范丽花：《〈世说新语〉中魏晋士人饮食文化研究》，硕士学位论文，江南大学，2007。
⑥ 李建凤：《〈水浒传〉饮食文化研究》，硕士学位论文，江南大学，2008。

六　中国饮食文化的应用研究

目前中国饮食文化的应用研究大多是关于饮食文化与旅游开发的探讨，大多结合当地饮食文化特点提出开发饮食文化旅游的对策措施。熊姝闻结合成都的实际情况和本地特色，提出了饮食文化旅游产品的开发设想：增加游客的参与性，发展体验性饮食文化旅游，让游客亲手制作，身临其境；根据不同主题，举办旅游美食文化节，从而激发游客的兴趣；根据饮食文化品牌和地理位置建立美食地标，使游客易吃、乐吃；发扬成都特色的三国文化、利用农家乐优势，设计饮食文化特色旅游线路，使旅游者得到一次流连忘返的饮食文化旅游过程。① 胡晓远、朱多生、田华在对四川饮食文化资源充分分析的基础上，从旅游资源开发的角度，提出了建立川菜文化博物馆，设立川菜质量标准体系，打造川菜知名品牌等新的观点和开发措施，对四川旅游的功能提出了新的思路。② 周书云认为，从旅游视角看，开发好地方饮食文化，可从以下方面着手：突出地方饮食文化的特色，挖掘地方饮食资源的文化，兼容并蓄、创新地方饮食品种，建设美食一条街，发展美食旅游，加大宣传地方饮食的力度，加强联合参与认证培育饮食文化品牌。③ 周爱东认为，饮食文化产业体系是自然存在的，但近些年来，传统饮食体系在逐渐解体，而新的体系还没有完善，导致饮食文化的发展陷入了困境。解困之道即在于用文化来整合产业，构建新的产业体系，尤其是要注意与其他文化产业的联合。④

七　中国饮食文化专题研究

中国饮食文化的专题研究主要指某种原料、某一食类、某一菜系或某

① 熊姝闻：《成都饮食文化资源的旅游开发》，硕士学位论文，山东大学，2011。

② 胡晓远、朱多生、田华：《结合川菜饮食文化　提升四川旅游资源》，《四川烹饪高等专科学校学报》2007 年第 1 期。

③ 周书云：《旅游视角下地方饮食文化开发措施探析》，《黑河学刊》2010 年第 8 期。

④ 周爱东：《扬州饮食文化产业体系研究》，《扬州大学烹饪学报》2011 年第 2 期。

种器具的专题性研究。

肖云忠、苏玉琼通过对成都地区消费者关于川菜文化消费观念和行为的调查，发现川菜文化社会分层功能集中体现在川菜消费认知和行为与消费者个人和客人的社会身份地位密切相关，川菜文化的符号消费价值胜过其实用价值，具有炫耀性、品位性、区隔性、类别性特征。川菜、阅历、面子和交际是影响川菜文化社会分层功能的四个重要因素，正是以阅历、面子和交际为代表的消费的社会性成为川菜文化社会分层功能最深刻的内在根据，川菜企业和消费者共同建构了川菜文化的符号价值，呈现出川菜企业和消费者社会分层的现实表象。① 王赛时提出，现代鲁菜不但继承了历史鲁菜的精华遗传，而且吸纳了最新的时代元素和科研成果，攀升到更高的境界，应从历史与现实相结合的科学视角出发，对鲁菜文化进行新时代的探讨和重新评价，从而提出了全新的理论观点，纠正了以往鲁菜概念和定义的偏差。②

金文伟、万斐分别从饮食文化中食物与餐具的角度、饮食文化中地域与经济的角度探讨了我国陶瓷餐具的设计问题。③ 史珞从设计学的角度，研讨湖湘饮食文化发展沿革，以及其对湖湘地区餐具造型特点发展的影响，为设计出符合湖湘地域饮食文化特色的现代餐具这个课题找到设计学上的解决方案。④ 文艺通过对土家历史渊源中有着本土饮食文化特色的陶瓷餐具具体造型要素的研究，提炼出其中土家饮食器具中的文化艺术精髓；从历代土家餐具的演变与发展中找寻独特的设计元素、设计灵感，将其运用到土家现代日常餐具的再设计之中。⑤ 边文竞详细地分析了传统饮食文化影响下的中西方餐具设计和现代饮食文化影响下的中西方餐具设计的问题。⑥

---

① 肖云忠、苏玉琼：《川菜文化的社会分层功能及影响因素研究》，《扬州大学烹饪学报》2010 年第 3 期。

② 王赛时：《鲁菜文化的现代认识与重新评价》，《扬州大学烹饪学报》2008 年第 3 期。

③ 金文伟、万斐：《从饮食文化的角度谈我国陶瓷餐具的文化设计》，《陶瓷研究》2009 年第 2 期。

④ 史珞：《湖湘饮食文化对餐具设计的影响》，硕士学位论文，湖南大学，2010。

⑤ 文艺：《基于本土化的土家族餐具设计研究》，硕士学位论文，江南大学，2009。

⑥ 边文竞：《饮食文化影响下的餐具设计》，硕士学位论文，吉林大学，2008。

姚勤智认为，山西以小杂粮为主的面食文化在全国独树一帜，其形成因素特殊，品种繁多，结构独特；特殊的饮食习俗也是饮食王国中的一大景观。他尝试对这些特征做出挖掘和阐释，以使山西面食文化内涵能更多地为世人所了解。[①] 黄德民等对我国不同时期花椒饮食文化从多角度进行比较探源，深入发掘其深层次的文化和历史原因。[②]

综上所述，近十年来我国饮食文化研究取得了丰硕的理论成果，这些优秀成果为中国饮食文化的进一步研究提供了丰富的资料和宝贵的经验，使中国饮食文化研究呈现出良好的发展势头和前景。然而，目前关于中国饮食文化的研究及其成果也表现出了明显的缺陷和不足。

一是研究视野偏向于中国传统饮食文化，关于当代中国饮食文化的研究内容较少，通常只有少量论文进行浅层次研究。

二是研究主题偏向于对中华美食文化的赞扬与追求，对于中国传统饮食文化中的糟粕成分疏于批判，关于当代中国饮食文化现状的反思也并不多见。

三是从非物质文化遗产角度研究中国饮食文化的论文较少，这是今后应当引起学界关注的问题，也是中国传统饮食文化走向国际的必由之路。

四是偏向于从民族学、人类学、文学和历史学的角度研究，较少从社会科学和自然科学（如现代医学、经济学、管理学、社会学和心理学等学科）的角度研究。

五是研究成果还存在“为研究而研究”的问题，研究成果对餐饮产业的实践指导意义较弱。

---

① 姚勤智：《山西面食文化的成因、特点及饮食习俗》，《山西师范大学学报》（社会科学版）2004 年第 1 期。

② 黄德民等：《我国花椒的饮食文化探源》，《中国调味品》2006 年第 1 期。

主要参考文献

中共中央、国务院：《关于深化改革加强食品安全工作的意见》，2019年5月19日。

中华人民共和国商务部：《商务部关于加快发展大众化餐饮的工作意见》，《中国对外经济贸易文告》2007年第68期。

鲍步云：《我国中小企业技术创新的深层障碍与突破方略》，《经济社会体制比较》2006年第5期。

本刊评论员：《积极面对机遇和挑战　促进国防经济学与现代经济学同步发展——2011年军事经济研究中心年会暨国防经济国际研讨会综述》，《军事经济研究》2011年第12期。

毕军平、夏斌、郑奔等：《中小城市公共卫生安全预警反应体系建设策略》，《中国公共卫生》2008年第2期。

卞文志：《新冠疫情冲击下的经济保卫战》，《中国审计报》2020年2月17日。

曹岚、李旭、王新梅、魏莹、董玉杰：《传统饮食文化类非物质文化遗产的保护及转型研究》，《中国调味品》2015年第1期。

程小敏：《餐饮联合体看上去很美　走下去不易　走出来最强》，《餐饮世界》2014年第3期。

程小敏：《新常态视角下对中国餐饮业增长性的思考》，《美食研究》2015年第3期。

程小敏：《中餐申遗是否要"高大上"?》（上），《中国食品报》2014年10月7日。

程小敏：《中餐申遗是否要"高大上"?》（中），《中国食品报》2014

年 10 月 14 日。

程小敏：《中餐申遗是否要“高大上”?》，《中国食品报》（下）2014 年 10 月 21 日。

程小敏、于干千：《中国餐饮业发展“十二五”回顾与“十三五”展望》，《经济与管理研究》2016 年第 11 期。

丁晶：《秦汉饮食文化交流》，《扬州大学烹饪学报》2006 年第 2 期。

丁玲、李士杰：《基于国家应急管理综合平台的后勤保障体系构建》，《军事经济研究》2010 年第 2 期。

丁文洁：《滇西北少数民族饮食非物质文化遗产调研与保护机制研究》，硕士学位论文，云南财经大学，2013。

都大明：《中华饮食文化》，复旦大学出版社，2011。

〔日〕渡部武：《中国西南诸民族的制粉技术和饮食文化》，陈川译，《南宁职业技术学院学报》2004 年第 2 期。

段朋飞：《新常态下我国餐饮业创新发展研究》，《中国餐饮产业发展报告（2016）》，社会科学文献出版社，2016。

方铁：《云南饮食文化与云南历史发展》，《饮食文化研究》2007 年第 3 期。

冯正强：《从模仿创新到后来居上》，《技术经济》2002 年第 4 期。

傅家骥：《技术创新学》，清华大学出版社，1998。

高洪森：《区域经济学》，中国人民大学出版社，2006。

郭于华：《关于“吃”的文化人类学思考——评尤金·安德森的〈中国食物〉》，《民间文化论坛》2006 年第 5 期。

何宏：《论中国烹饪文化的民族特征》，《安徽科技学院学报》2007 年第 5 期。

侯波：《明清时期中国与东南亚地区的饮食文化交流》，硕士学位论文，暨南大学，2006。

侯惠荣：《以“互联网 +”促进居家养老服务业供给侧改革》，《中央社会主义学院学报》2016 年第 6 期。

黄礼堂：《政府在产业升级中的作用——基于产业政策演进的分析》，硕士学位论文，兰州大学，2009。

黄泰岩、秦志辉：《中小企业研究热点》，经济科学出版社，2007。

季鸿崑：《食在中国：中国人饮食生活大视野》，山东画报出版社，2008。

贾莉娜：《中韩饮食文化对比》，《齐齐哈尔师范高等专科学校学报》2009 年第 4 期。

贾岷江、王鑫：《近三十年国内饮食文化研究述评》，《扬州大学烹饪学报》2009 年第 3 期。

蒋楠：《社区餐饮距离风口只有五步之遥》，《餐饮公会》2016 年 9 月 12 日。

蒋英：《川西各民族饮食文化研究》，硕士学位论文，中央民族大学，2010。

杰夕、薇冉：《盘点：六项世界非遗食文化项目》，《中国文化报》2013 年 12 月 12 日。

金春梅：《日韩饮食文化申遗的成功经验与启示》，《黑龙江史志》2014 年第 5 期。

荆林波：《十九大报告中提出的四个"新"》，《财经智库》2017 年第 6 期。

康保成主编《中国非物质文化遗产保护发展报告（2012）》，社会科学文献出版社，2012。

黎虎：《略论中国古代饮食文化研究》，《扬州大学烹饪学报》2008 年第 3 期。

李春霞、彭兆荣：《从滇越铁路看遗产的"遗产化"》，《云南民族大学学报》（哲学社会科学版）2009 年第 1 期。

李佳霖、李治国：《诚意满满助力企业渡过难关》，《经济日报》2020 年 2 月 5 日。

李柯：《浅谈提高我国中小企业自主创新能力的对策》，《经济师》2006 年第 9 期。

李旭：《推进绿色食品标准化基地建设》，《奋斗》2014 年第 12 期。

李旭正：《面条之路》，华中科技大学出版社，2012。

〔韩〕李旭正：《面条之路：传承三千年的奇妙饮食》，〔韩〕韩亚仁、洪微微译，华中科技大学出版社，2013。

李直：《中日饮食文化比较》，《商业文化》（学术版）2007 年第 5 期。

梁达：《服务业发展新动能在加快释放》，《上海证券报》2017 年 5 月 18 日。

凌永辉、刘志彪：《中国服务业发展的轨迹、逻辑与战略转变——改革开放 40 年来的经验分析》，《经济学家》2018 年第 7 期。

刘明新、李自然：《满族饮食文化的形成与发展》，《中央民族大学学报》2004 年第 4 期。

刘朴兵：《略论唐宋饮食文化的差异》，《殷都学刊》2008 年第 3 期。

刘诗萌：《我国再推一批财税金融政策支持防疫保供为企业经营减轻负担》，《中国产经新闻》2020 年 2 月 13 日。

刘世明、温安龙、姚姗：《基层餐饮安全存在的主要问题及建议》，《公共卫生与预防医学》2011 年第 6 期。

刘耀辉、徐磊、李德庆、尚朝秋：《小型回族家族企业发展研究——以云南纳古镇伊兰米线厂为例》，《价值工程》2014 年第 18 期。

刘奕、夏杰长：《推动中国服务业高质量发展：主要任务与政策建议》，《国际贸易》2018 年第 8 期。

鲁莉、曹诗图：《中西饮食文化比较及文化地理分析》，《四川烹饪高等专科学校学报》2007 年第 3 期。

毛丽蓉：《餐饮文化建设中的扬弃》，《金华职业技术学院学报》2003 年第 2 期。

宁吉喆：《如何全面辩证看待一季度经济形势》，《统计科学与实践》2020 年第 5 期。

彭灿：《基于模仿创新的企业技术跨越》，《科学与科学技术管理》2002 年第 12 期。

彭兆荣：《遗产政治学：现代语境中的表述与被表述关系》，《云南民族大学学报》（哲学社会科学版）2008 年第 2 期。

任社宣：《阶段性减免企业社保费支持有序复工复产稳就业》，《中国劳动保障报》2020 年 2 月 22 日。

宋佳烜：《中国食文化应该如何申遗》，《中国文化报》2013 年 12 月 12 日。

隋昕禹：《消费升级视角下“最后一公里”新商业模式发展探究》，

《商业经济研究》2018年第3期。

孙太群：《中美饮食文化的对比研究》，《齐齐哈尔大学学报》（哲学社会科学版）2009年第1期。

索维：《地方餐饮美食产业的发展路径分析——以桂林米粉为例》，《广西职业技术学院学报》2015年第1期。

谭宏：《产生于农业文明背景下的传统饮食文化之现代化问题研究——基于非物质文化遗产保护和传承的视角》，《农业考古》2011年第1期。

童芬芬：《多地出台政策紧急帮扶中小微企业》，《中华工商时报》2020年2月6日。

王惠：《试论宋代饮食文化》，《南宁职业技术学院学报》2006年第1期。

王赛时：《中国饮食文化的精髓——和》，《扬州大学烹饪学报》2010年第1期。

王文章：《非物质文化遗产保护研究》，文化艺术出版社，2013。

王雪峰等主编《中国商业发展报告（2019－2020）》，社会科学文献出版社，2019。

王永：《抗“疫”期间，如何打好稳就业“战役”》，《中国劳动保障报》2020年2月22日。

王哲：《广西米粉制作工艺考察及文化流变研究》，硕士学位论文，广西民族大学，2013。

危敬祥：《创造性思维和自主创新》，《江西社会科学》2006年第2期。

温源：《中小微企业贷款可延期还款》，《光明日报》2020年3月3日。

谢孟军：《文化“走出去”的投资效应研究》，《全球1326所孔子学院的数据　国际贸易问题》2017年第1期。

邢颖、于干千等主编《中国餐饮产业发展报告（2018）》，社会科学文献出版社，2018。

邢颖、于干千等主编《中国餐饮产业发展报告（2019）》，社会科学文献出版社，2019。

徐新鹏、高福霞、张昕宇：《共享经济的冷思考——以劳动保护为视角》，《理论导刊》2016年第11期。

徐振华：《餐饮新消费的投资逻辑探究》，《产业与科技论坛》2018 年第 5 期。

杨柳：《社区餐饮发展的现状与对策》，社会科学文献出版社，2009。

杨柳：《中国餐饮产业竞争力研究》，经济科学出版社，2009。

杨柳、荆林波：《2006 年中国餐饮产业运行报告》，湖南科学技术出版社，2006。

杨柳、荆林波：《中国餐饮产业发展报告（2009）》，社会科学文献出版社，2009。

杨智勇：《中国餐饮业竞争力的省域差异分析》，《未来与发展》2010 年第 12 期。

殷艳、陈兆波、余健、王汉中：《自主原料基地建设对保障我国农产品质量安全的思考》，《生态经济》2010 年第 8 期。

于干千：《中国餐饮业循环经济实现模式的探讨》，《经济问题探索》2006 年第 1 期。

于干千、程小敏：《我国餐饮业供给侧结构性改革的实效与对策研究》，《商业经济研究》2017 年第 24 期。

于干千、程小敏：《中国饮食文化申报世界非物质文化遗产的标准研究》，《思想战线》2015 年第 2 期。

于干千、杜晓春：《产业政策推动餐饮产业升级的实证分析》，《扬州大学烹饪学报》2011 年第 3 期。

于干千、王晋：《中国餐饮业供给侧改革策略研究》，《美食研究》2016 年第 4 期。

于干千、赵京桥：《新时代中国餐饮业的特征与趋势》，《商业经济研究》2019 年第 3 期。

于干千、赵京桥、杨遥：《公共卫生安全视域下餐饮业高质量发展的产业政策转型》，《开发研究》2020 年第 4 期。

余明社、谢定源：《中国饮食类非物质文化遗产生产性保护探讨》，《四川旅游学院学报》2014 年第 6 期。

玉笛：《法国的饮食文化》，《上海调味品》2005 年第 1 期。

云南省餐饮产业转型与升级与饮食文化研究课题组：《中国餐饮业“十

二五”发展回顾与“十三五”展望》，《中国餐饮产业发展报告（2016）》，社会科学文献出版社，2016。

曾国军、李凌、刘博、陆汝瑞：《跨地方饮食文化生产中的原真性重塑——西贝西北菜在广州的案例研究》，《地理学报》2014 年第 12 期。

张岱年、方克立主编《中国文化概论》，北京师范大学出版社，2004。

张杰、张少军、刘志彪：《多维技术溢出效应、本土企业技术创新动力与产业升级的路径选择——基于中国地方产业集群形态的研究》，《南开经济研究》2007 年第 3 期。

张晶、陈高峰：《对我国中小企业技术创新中几个问题的思考》，《山西高等学校社会学学报》2006 年第 12 期。

张旗、谢有斌：《清代中晚期中西饮食文化交流》，《扬州大学烹饪学报》2003 年第 4 期。

张少飞：《中国饮食的文化内涵》，《郑州航空工业管理学院学报》（社会科学版）2005 年第 6 期。

赵峰：《推进创新是产业结构优化升级的核心》，《财贸经济》2005 年第 10 期。

赵京桥：《基于产业发展视角的中国餐饮业食品安全研究》，《商业研究》2014 年第 12 期。

《中餐申遗提上国家战略日程　加快“走出去”助推国际化》，《中国食品报》2016 年 8 月 30 日。

中华预防医学会：《携手共济同战“疫”凝心聚力克时艰——致全国公共卫生与预防医学科技工作者的一封信》，《中国工业医学杂志》2020 年第 1 期。

周鸿承：《论中国饮食文化遗产的保护和申遗问题》，《扬州大学烹饪学报》2012 年第 3 期。

周文天：《扶持中小企业多地出台“暖企”政策》，《中国证券报》2020 年 2 月 7 日。

周耀林、王咏梅、戴旸：《论我国非物质文化遗产分类方法的重构》，《江汉大学学报》（人文科学版）2012 年第 2 期。

周智武：《唐宋南北经济文化的交流与东南饮食文化的发展》，《南宁职业技术学院学报》2007 年第 2 期。

朱兵、黄龙祥、杨金生、张丽等：《“中医针灸”申报人类非物质文化遗产代表作名录文本解析》，《中国针灸》2011 年第 3 期。

朱基富：《浅谈饮食文化的民族性与涵摄性》，《吉林商业高等专科学校学报》2005 年第 4 期。

邹启山主编《联合国教科文组织人类口头和非物质遗产代表作申报指南》，文化艺术出版社，2005。

王艺锭：《农村营养改善计划　助力 3200 万农村学生健康》，人民网教育频道，http：//edu. people. com. cn/n1/2016/0304/c367001 - 28172833. html。

严琦：《应发挥餐饮业在精准扶贫中的主力军作用》，央广网，http：//news. cnr. cn/native/city/20160305/t20160305_521540614. shtml。

中国烹饪协会发布 2016 年 1—7 月份全国餐饮市场分析报告，http：//www. ccas. com. cn/Article/HTML/107916. Html。

Counihan and P. Van Esterik, eds. , *Food and Culture*: *A Reader*, 3rd ed. , John Wiley & Sons, Inc. , 1997. 转引自彭兆荣《饮食人类学》，北京大学出版社，2013。

IMF, World Economic Outlook: The Great Lockdown, https：//www. imf. org/en/Publications/WEO/Issues/2020/04/14/weo - april - 2020.

图书在版编目（CIP）数据

中国餐饮产业发展研究：2000－2020年／于干千著
.--北京：社会科学文献出版社，2021.8
（云南省哲学社会科学创新团队成果文库）
ISBN 978－7－5201－8286－7

Ⅰ.①中… Ⅱ.①于… Ⅲ.①饮食业－产业发展－研究－中国－2000－2020 Ⅳ.①F719.3

中国版本图书馆CIP数据核字（2021）第073208号

·云南省哲学社会科学创新团队成果文库·
中国餐饮产业发展研究：2000—2020年

著　　者／于干千

出 版 人／王利民
责任编辑／袁卫华
责任印制／王京美

出　　版／社会科学文献出版社·人文分社（010）59367215
地址：北京市北三环中路甲29号院华龙大厦　邮编：100029
网址：www.ssap.com.cn
发　　行／市场营销中心（010）59367081　59367083
印　　装／唐山玺诚印务有限公司

规　　格／开　本：787mm×1092mm　1/16
印　张：23　字　数：365千字
版　　次／2021年8月第1版　2021年8月第1次印刷
书　　号／ISBN 978－7－5201－8286－7
定　　价／158.00元

本书如有印装质量问题，请与读者服务中心（010－59367028）联系